2013

中国教育经费统计年鉴

China Educational Finance Statistical Yearbook

教　育　部　财　务　司
国家统计局社会科技和文化产业统计司　编

图书在版编目(CIP)数据

中国教育经费统计年鉴. 2013 / 教育部财务司，国家统计局社会科技和文化产业统计司编. -- 北京：中国统计出版社，2016.4
ISBN 978-7-5037-7767-7

Ⅰ. ①中… Ⅱ. ①教… ②国… Ⅲ. ①教育经费-统计资料-中国-2013-年鉴 Ⅳ. ①G526.72-54

中国版本图书馆 CIP 数据核字(2016)第 070893 号

中国教育经费统计年鉴—2013

作　　者/教育部财务司　国家统计局社会科技和文化产业统计司
责任编辑/尹　伊
封面设计/李雪燕
出版发行/中国统计出版社
通信地址/北京市丰台区西三环南路甲 6 号　　邮政编码/100073
电　　话/邮购(010)63376909　　书店(010)68783171
网　　址/http://www.zgtjcbs.com
印　　刷/河北天普润印刷厂
经　　销/新华书店
开　　本/787×1092mm　1/16
字　　数/948 千字
印　　张/39.5
版　　别/2016 年 4 月第 1 版
版　　次/2016 年 4 月第 1 次印刷
定　　价/220.00 元

中国统计版图书，如有印装错误，本社发行部负责调换。

《中国教育经费统计年鉴—2013》
编辑委员会

前 言

《中国教育经费统计年鉴—2013》比较全面、系统地反映了2012年全国教育经费来源和使用的情况，为国家和地方编制教育发展规划、制定教育财政政策提供了重要的参考依据。它对于研究教育经费结构和使用效益有一定价值；对于各地之间的情况交流，提高教育财务管理水平，也将会起到促进作用。

随着我国公共财政体制的逐步建立和各项财政制度改革的深入，为完整、准确地反映政府收支活动，经国务院同意，财政部制定了《政府收支分类改革方案》，决定自2007年1月1日起，全面实施政府收支分类改革。改革后，政府收支的分类范围、分类体系和具体科目设置方法等都有较大变化。为了与这项改革相适应，并配合近年来教育事业自身的改革和发展，特对全国教育经费统计部分指标作了相应的调整。

全国教育经费统计资料的各项数据是从最基层单位开始填报，经过乡(镇)、县(市、区)、地(市)、省(自治区、直辖市)等教育主管部门层层汇总的。各级教育和统计部门对教育经费统计工作十分重视，从人员、时间、设备等方面给予了保证，并认真组织，按照准确、及时、完整的要求编制报表，保证了全国教育经费统计资料汇总工作的顺利完成。

教育部财务司组织了全国教育经费统计资料的审核、整理工作，以及全国教育经费统计分析的计算机程序编制工作。国家统计局社会科技和文化产业统计司对全国教育经费统计工作给予了很大的支持，并与教育部财务司联衔编印出版此年鉴。参加这项工作的除教育部财务司的同志外，还有上海智力开发研究所以及陈永年、周亚君、宋吉国、张利生、苗笑明等地方教育部门的同志。

目前，中国教育经费统计工作还处于充实、完善阶段，加之全国性教育经费统计涉及范围广，工作量大，因此在资料的收集、编排、整理等环节上难免有不足之处，诚望同志们提出批评和建议，以便今后加以改进，把教育经费统计工作做得更好。

编 者

2016年1月

目　　录

第一部分　全国教育经费收支

第三部分 各地区各级各类教育机构教育经费收入情况

第四部分　各地区各级各类教育机构教育经费支出明细

第五部分 各地区各级各类教育机构公共财政预算教育事业费和基本建设支出明细

第六部分 各地区教育和其他部门各级各类学校生均教育经费支出

第一部分

全国教育经费收支

1-1 全国教育经费

指　　标	总　　计		
	合　　计	中　　央	地　　方
总　　计	**2865530519**	**238868493**	**2626662026**
一、国家财政性教育经费	2314756979	161943027	2152813952
1.公共财政预算教育经费	2081626412	147947679	1933678733
(1)教育事业费拨款	1835235786	107081453	1728154333
(2)基本建设拨款	69621845	7280108	62341737
(3)科研拨款	25268456	18441219	6827237
(4)其他拨款	151500325	15144899	136355426
2.各级政府征收用于教育的税费	209303939		209303939
(1)教育费附加	126559220		126559220
(2)地方教育附加	54222664		54222664
(3)地方基金	28522055		28522055
3.企业办学中的企业拨款	4895784	1879999	3015785
4.校办产业和社会服务收入用于教育的经费	2782281	1387774	1394507
5.其他属于国家财政性教育经费	16148563	10727575	5420988
二、民办学校中举办者投入	12817531		12817531
三、社会捐赠经费	9569193	2424919	7144274
#农村	471263		471263
四、事业收入	461984036	60516321	401467715
#学杂费	350483008	30193716	320289292
五、其他收入	66402780	13984226	52418554

注：表中“#”表示其中的主要项，以下同；表中“空格”表示无该项数据，以下同。

总收入

单位:千元

教育部门和其他部门			企业办学			民办学校
合　计	中　央	地　方	合　计	中　央	地　方	地　方
2631212640	**228824736**	**2402387904**	**30793626**	**10043757**	**20749869**	**203524253**
2271473641	154261235	2117212406	22089685	7681792	14407893	21193653
2052328801	142209974	1910118827	11269313	5737705	5531608	18028298
1808515732	102319875	1706195857	9745848	4761578	4984270	16974206
69187725	6879948	62307777	400520	400160	360	33600
25268456	18441219	6827237				
149356888	14568932	134787956	1122945	575967	546978	1020492
200433936		200433936	5778696		5778696	3091307
124412765		124412765	151250		151250	1995205
48162981		48162981	5626999		5626999	432684
27858190		27858190	447		447	663418
			4895784	1879999	3015785	
2649512	1326493	1323019	132769	61281	71488	
16061392	10724768	5336624	13123	2807	10316	74048
						12817531
8434306	2403006	6031300	86855	21913	64942	1048032
471263		471263				
291950409	59025062	232925347	7069283	1491259	5578024	162964344
199545120	29107771	170437349	5842964	1085945	4757019	145094924
59354284	13135433	46218851	1547803	848793	699010	5500693

1-2 各级各类教育机构

学校类别	总计	国家财政性教育经费	公共财政预算教育经费					各级政府征收用于教育的税费	
				教育事业费拨款	基本建设拨款	科研拨款	其他拨款		教育费附加
总计	**2865530519**	**2314756979**	**2081626412**	**1835235786**	**69621845**	**25268456**	**151500325**	**209303939**	**126559220**
一、高等学校	801488477	501215910	462884210	392516733	16137666	25050003	29179808	18937078	6132492
1.普通高等学校	780190644	486663122	454602885	385169603	16042263	25017885	28373134	12750604	5772593
高等本科学校	639147055	403470802	378371635	318792639	12435212	24885621	22258163	7384086	2337603
高职高专学校	141043589	83192320	76231250	66376964	3607051	132264	6114971	5366518	3434990
2.成人高等学校	21297833	14552788	8281325	7347130	95403	32118	806674	6186474	359899
二、中等职业学校	190930756	155990852	129090031	110646890	7033324		11409817	25717730	19154263
1.中等专业学校	87587927	69733760	57723751	49140310	2796443		5786998	11483136	8603637
2.职业高中	72430321	62756789	50488843	44180533	2932767		3375543	12135096	9108378
#农村	9387987	8021802	6647209	6018399	396816		231994	1343878	957748
3.技工学校	22281976	16384726	14399076	11579857	1247988		1571231	1516796	1045209
4.成人中专学校	8630532	7115577	6478361	5746190	56126		676045	582702	397039
三、中学	795159325	699363046	619961076	556108670	23357355		40495051	78704887	48468231
1.普通中学	794329946	698651601	619344839	555516276	23357355		40471208	78616175	48445972
普通高中	299593697	231700467	198840787	177847673	7375133		13617981	32545597	19707470
#农村	41529336	31777752	27705039	25694435	539179		1471425	4063451	2583877
普通初中	494736249	466951134	420504052	377668603	15982222		26853227	46070578	28738502
#农村	271988415	266135668	245276313	221706289	9108536		14461488	20746293	12017676
2.成人中学	829379	711445	616237	592394			23843	88712	22259
四、小学	726347884	697238038	640164565	576864257	14017849		49282459	56503047	35465810
1.普通小学	726310443	697201404	640127992	576829112	14017849		49281031	56502986	35465809
#农村	459134742	450301653	422498331	382130269	8730785		31637277	27629365	16116852
2.成人小学	37441	36634	36573	35145			1428	61	1
五、特殊教育	8798242	8520414	7395844	6677598	231261		486985	1124398	735725
1.特殊教育学校	8472854	8201202	7134362	6449545	230621		454196	1066771	712108
2.工读学校	325388	319212	261482	228053	640		32789	57627	23617
六、幼儿园	150392846	74765045	63695230	56888180	3597645		3209405	9611269	5261435
#农村	57375707	31432087	27707186	24934465	2209054		563667	3600072	1929442
七、教育行政单位	39494401	37163902	33293630	29088704	1415802		2789124	3866203	2657026
八、教育事业单位	96479607	86529627	77258795	67709614	2360860		7188321	8843946	5729032
九、其他	56438981	53970145	47883031	38735140	1470083	218453	7459355	5995381	2955206

教育经费收入情况(全国)

单位:千元

地方教育附加	地方基金	企业办学中的企业拨款	校办产业和社会服务收入用于教育的经费	其他属于国家财政性教育经费	民办学校中举办者投入	社会捐赠经费	#农村	事业收入	#学杂费	其他收入
54222664	**28522055**	**4895784**	**2782281**	**16148563**	**12817531**	**9569193**	**471263**	**461984036**	**350483008**	**66402780**
10269907	2534679	1564344	1981931	15848347	2483850	4160364		253778789	191430026	39849564
4531198	2446813	1518548	1946681	15844404	2483850	4125208		247629488	186607486	39288976
3422980	1623503	199995	1779006	15736080	1270884	3825989		196755751	142352662	33823629
1108218	823310	1318553	167675	108324	1212966	299219		50873737	44254824	5465347
5738709	87866	45796	35250	3943		35156		6149301	4822540	560588
4390324	2173143	814344	116730	252017	1057577	145285	3779	29527370	23749314	4209672
1900261	979238	371377	60979	94517	616053	107628	3049	14844392	12076696	2286094
2064488	962230	77615	5760	49475	381166	28123	700	8359645	6997048	904598
287688	98442	10265	548	19902	60394	6666	447	1134686	920524	164439
294343	177244	325485	46159	97210	47835	8104		5017851	4012040	823460
131232	54431	39867	3832	10815	12523	1430	30	1305482	663530	195520
17785419	12451237	542950	143301	10832	2639819	3044624	222778	80912086	57694923	9199750
17742968	12427235	542950	143261	4376	2639819	3044605	222759	80834526	57686209	9159395
7099671	5738456	218263	92784	3036	865830	1582471	99767	60484335	42788706	4960594
1060000	419574	8165	1090	7	135739	255126	67941	8827159	6349675	533560
10643297	6688779	324687	50477	1340	1773989	1462134	122992	20350191	14897503	4198801
5927499	2801118	94162	18546	354	611557	578093	107830	3236566	2091197	1426531
42451	24002		40	6456		19	19	77560	8714	40355
14301180	6736057	535580	34846		2596641	1595927	210246	19474758	14379475	5442520
14301120	6736057	535580	34846		2596641	1595927	210246	19474351	14379475	5442120
8464211	3048302	158742	15215		1318550	739691	192831	4527727	3021195	2247121
60								407		400
234516	154157		172		2019	37012	3192	101444	17389	137353
219802	134861		69		2019	36869	3192	98214	17389	134550
14714	19296		103			143		3230		2803
2841936	1507898	1405500	53046		4037625	422205	20222	68495576	62816042	2672395
1044345	626285	122405	2424		1315620	89919	17075	23888050	21828773	650031
877037	332140	3639	430			81742	4102	993339		1255418
1964230	1150684	7116	406686	13084		78536	6923	6833020		3038424
1558115	1482060	22311	45139	24283		3498	21	1867654	395839	597684

1-3 各级各类教育机构

学校类别	总计	国家财政性教育经费	公共财政预算教育经费					各级政府征收用于教育的税费	
				教育事业费拨款	基本建设拨款	科研拨款	其他拨款		教育费附加
总计	**251107364**	**174181898**	**158043176**	**112572751**	**7107192**	**21195251**	**17167982**	**861414**	**62408**
一、高等学校	225179533	152730271	137939650	99873187	6655712	21195251	10215500	861414	62408
1.普通高等学校	224198658	152544800	137774151	99756603	6635152	21173181	10209215	861414	62408
高等本科学校	221202404	151065986	136893766	99242753	6387714	21172531	10090768	861414	62408
高职高专学校	2996254	1478814	880385	513850	247438	650	118447		
2.成人高等学校	980875	185471	165499	116584	20560	22070	6285		
二、中等职业学校	1215019	809319	721768	551890	60000		109878		
1.中等专业学校	934398	649869	609538	449933	60000		99605		
2.职业高中	37199	26714	23729	22147			1582		
#农村									
3.技工学校	209024	112894	74067	65520			8547		
4.成人中专学校	34398	19842	14434	14290			144		
三、中　学	4992801	4188197	4006426	3535245	122962		348219		
1.普通中学	4992801	4188197	4006426	3535245	122962		348219		
普通高中	2456034	1865741	1782789	1547959	44380		190450		
#农村	239304	188074	183746	157748	14380		11618		
普通初中	2536767	2322456	2223637	1987286	78582		157769		
#农村	1110009	1031573	976781	840862	62371		73548		
2.成人中学									
四、小　学	3238503	2974189	2808558	2513098	87038		208422		
1.普通小学	3238503	2974189	2808558	2513098	87038		208422		
#农村	1683715	1617617	1533106	1337719	73249		122138		
2.成人小学									
五、特殊教育									
1.特殊教育学校									
2.工读学校									
六、幼儿园	1503498	972072	186982	81542	83080		22360		
#农村	241541	167908	102254	20275	80000		1979		
七、教育行政单位	176152	133283	129644	122620			7024		
八、教育事业单位	8724614	6856568	6778824	5050345			1728479		
九、其　他	6077244	5517999	5471324	844824	98400		4528100		

教育经费收入情况(中央)

单位:千元

地方教育附加	地方基金	企业办学中的企业拨款	校办产业和社会服务收入用于教育的经费	其他属于国家财政性教育经费	民办学校中举办者投入	社会捐赠经费	#农村	事业收入	#学杂费	其他收入
799006		**1879999**	**1387774**	**12009535**		**2424919**		**60516321**	**30193716**	**13984226**
799006		640262	1302061	11986884		2325372		58152445	29441473	11971445
799006		629226	1294625	11985384		2325082		57393819	28846163	11934957
799006		83240	1242838	11984728		2324312		56222246	28011097	11589860
		545986	51787	656		770		1171573	835066	345097
		11036	7436	1500		290		758626	595310	36488
		80002	6898	651		55		235871	155931	169774
		40114	217			11		139439	95321	145079
		2985						3721	2830	6764
		31495	6681	651		44		79384	56205	16702
		5408						13327	1575	1229
		180455	1316			38768		296372	204263	469464
		180455	1316			38768		296372	204263	469464
		81922	1030			31356		261927	203970	297010
		4328				4375		18716	17269	28139
		98533	286			7412		34445	293	172454
		54525	267			4021		1886	244	72529
		165110	521			17727		14002	1084	232585
		165110	521			17727		14002	1084	232585
		84035	476			1556		4205	535	60337
		781104	3986			42628		431912	376387	56886
		65471	183			8245		57875	40485	7513
		3639						1914		40955
		7116	70628					964337		903709
		22311	2364	22000		369		419468	14578	139408

1-4　各级各类教育机构

学校类别	总　计	国家财政性教育经费	公共财政预算教育经费	教育事业费拨款	基本建设拨款	科研拨款	其他拨款	各级政府征收用于教育的税费	教育费附加
总　　计	**2614423155**	**2140575081**	**1923583236**	**1722663035**	**62514653**	**4073205**	**134332343**	**208442525**	**126496812**
一、高等学校	576308944	348485639	324944560	292643546	9481954	3854752	18964308	18075664	6070084
1.普通高等学校	555991986	334118322	316828734	285413000	9407111	3844704	18163919	11889190	5710185
高等本科学校	417944651	252404816	241477869	219549886	6047498	3713090	12167395	6522672	2275195
高职高专学校	138047335	81713506	75350865	65863114	3359613	131614	5996524	5366518	3434990
2.成人高等学校	20316958	14367317	8115826	7230546	74843	10048	800389	6186474	359899
二、中等职业学校	189715737	155181533	128368263	110095000	6973324		11299939	25717730	19154263
1.中等专业学校	86653529	69083891	57114213	48690377	2736443		5687393	11483136	8603637
2.职业高中	72393122	62730075	50465114	44158386	2932767		3373961	12135096	9108378
#农村	9387987	8021802	6647209	6018399	396816		231994	1343878	957748
3.技工学校	22072952	16271832	14325009	11514337	1247988		1562684	1516796	1045209
4.成人中专学校	8596134	7095735	6463927	5731900	56126		675901	582702	397039
三、中　学	790166524	695174849	615954650	552573425	23234393		40146832	78704887	48468231
1.普通中学	789337145	694463404	615338413	551981031	23234393		40122989	78616175	48445972
普通高中	297137663	229834726	197057998	176299714	7330753		13427531	32545597	19707470
#农村	41290032	31589678	27521293	25536687	524799		1459807	4063451	2583877
普通初中	492199482	464628678	418280415	375681317	15903640		26695458	46070578	28738502
#农村	270878406	265104095	244299532	220865427	9046165		14387940	20746293	12017676
2.成人中学	829379	711445	616237	592394			23843	88712	22259
四、小　学	723109381	694263849	637356007	574351159	13930811		49074037	56503047	35465810
1.普通小学	723071940	694227215	637319434	574316014	13930811		49072609	56502986	35465809
#农村	457451027	448684036	420965225	380792550	8657536		31515139	27629365	16116852
2.成人小学	37441	36634	36573	35145			1428	61	1
五、特殊教育	8798242	8520414	7395844	6677598	231261		486985	1124398	735725
1.特殊教育学校	8472854	8201202	7134362	6449545	230621		454196	1066771	712108
2.工读学校	325388	319212	261482	228053	640		32789	57627	23617
六、幼儿园	148889348	73792973	63508248	56806638	3514565		3187045	9611269	5261435
#农村	57134166	31264179	27604932	24914190	2129054		561688	3600072	1929442
七、教育行政单位	39318249	37030619	33163986	28966084	1415802		2782100	3866203	2657026
八、教育事业单位	87754993	79673059	70479971	62659269	2360860		5459842	8843946	5729032
九、其　他	50361737	48452146	42411707	37890316	1371683	218453	2931255	5995381	2955206

教育经费收入情况（地方）

单位：千元

地方教育附加	地方基金	企业办学中的企业拨款	校办产业和社会服务收入用于教育的经费	其他属于国家财政性教育经费	民办学校中举办者投入	社会捐赠经费	#农村	事业收入	#学杂费	其他收入
53423658	**28522055**	**3015785**	**1394507**	**4139028**	**12817531**	**7144274**	**471263**	**401467715**	**320289292**	**52418554**
9470901	2534679	924082	679870	3861463	2483850	1834992		195626344	161988553	27878119
3732192	2446813	889322	652056	3859020	2483850	1800126		190235669	157761323	27354019
2623974	1623503	116755	536168	3751352	1270884	1501677		140533505	114341565	22233769
1108218	823310	772567	115888	107668	1212966	298449		49702164	43419758	5120250
5738709	87866	34760	27814	2443		34866		5390675	4227230	524100
4390324	2173143	734342	109832	251366	1057577	145230	3779	29291499	23593383	4039898
1900261	979238	331263	60762	94517	616053	107617	3049	14704953	11981375	2141015
2064488	962230	74630	5760	49475	381166	28123	700	8355924	6994218	897834
287688	98442	10265	548	19902	60394	6666	447	1134686	920524	164439
294343	177244	293990	39478	96559	47835	8060		4938467	3955835	806758
131232	54431	34459	3832	10815	12523	1430	30	1292155	661955	194291
17785419	12451237	362495	141985	10832	2639819	3005856	222778	80615714	57490660	8730286
17742968	12427235	362495	141945	4376	2639819	3005837	222759	80538154	57481946	8689931
7099671	5738456	136341	91754	3036	865830	1551115	99767	60222408	42584736	4663584
1060000	419574	3837	1090	7	135739	250751	67941	8808443	6332406	505421
10643297	6688779	226154	50191	1340	1773989	1454722	122992	20315746	14897210	4026347
5927499	2801118	39637	18279	354	611557	574072	107830	3234680	2090953	1354002
42451	24002		40	6456		19	19	77560	8714	40355
14301180	6736057	370470	34325		2596641	1578200	210246	19460756	14378391	5209935
14301120	6736057	370470	34325		2596641	1578200	210246	19460349	14378391	5209535
8464211	3048302	74707	14739		1318550	738135	192831	4523522	3020660	2186784
60								407		400
234516	154157		172		2019	37012	3192	101444	17389	137353
219802	134861		69		2019	36869	3192	98214	17389	134550
14714	19296		103			143		3230		2803
2841936	1507898	624396	49060		4037625	379577	20222	68063664	62439655	2615509
1044345	626285	56934	2241		1315620	81674	17075	23830175	21788288	642518
877037	332140		430			81742	4102	991425		1214463
1964230	1150684		336058	13084		78536	6923	5868683		2134715
1558115	1482060		42775	2283		3129	21	1448186	381261	458276

1-5 各级各类教育机构教育经费

学校类别	总计	公共财政预算教育经费	教育事业费拨款	基本建设拨款	科研拨款	其他拨款	各级政府征收用于教育的税费	教育费附加
总计	**2631212640**	**2052328801**	**1808515732**	**69187725**	**25268456**	**149356888**	**200433936**	**124412765**
一、高等学校	716166880	453810375	384343037	16126676	25050003	28290659	12213856	5723901
1.普通高等学校	700740582	445574044	377031536	16034273	25017885	27490350	11592382	5364002
高等本科学校	581390268	373198048	314208691	12432902	24885621	21670834	6368328	2070733
高职高专学校	119350314	72375996	62822845	3601371	132264	5819516	5224054	3293269
2.成人高等学校	15426298	8236331	7311501	92403	32118	800309	621474	359899
二、中等职业学校	176410059	124094790	105967420	6973324		11154046	25573506	19026015
1.中等专业学校	81564393	55780109	47373448	2736443		5670218	11413629	8546197
2.职业高中	68208087	49108814	42845986	2932767		3330061	12080819	9055503
#农村	8779241	6406868	5780098	396816		229954	1341651	955551
3.技工学校	18529803	12861190	10113024	1247988		1500178	1501185	1030541
4.成人中专学校	8107776	6344677	5634962	56126		653589	577873	393774
三、中　学	747894389	613113465	549782902	23276324		40054239	78157771	48019673
1.普通中学	747065010	612497228	549190508	23276324		40030396	78069059	47997414
普通高中	279524180	196798867	175958384	7356473		13484010	32294910	19504412
#农村	38544222	27252730	25269040	524799		1458891	4057051	2580152
普通初中	467540830	415698361	373232124	15919851		26546386	45774149	28493002
#农村	266368607	243336925	219908185	9046165		14382575	20716564	11998291
2.成人中学	829379	616237	592394			23843	88712	22259
四、小　学	699323906	635470862	572633694	13944600		48892568	55590978	34633568
1.普通小学	699286465	635434289	572598549	13944600		48891140	55590917	34633567
#农村	450956538	420032069	379874613	8657536		31499920	27366491	15890018
2.成人小学	37441	36573	35145			1428	61	1
五、特殊教育	8717689	7348135	6636019	225261		486855	1123780	735725
1.特殊教育学校	8392301	7086653	6407966	224621		454066	1066153	712108
2.工读学校	325388	261482	228053	640		32789	57627	23617
六、幼儿园	90645258	60304571	53742379	3493195		3068997	9068515	4932619
#农村	37511295	26002504	23371730	2114954		515820	3382704	1795503
七、教育行政单位	39412214	33251185	29053283	1415802		2782100	3866203	2657026
八、教育事业单位	96442458	77231812	67684115	2360860		7186837	8843946	5729032
九、其　他	56199787	47703606	38672883	1371683	218453	7440587	5995381	2955206

收入情况(全国教育和其他部门)

单位:千元

地方教育附加	地方基金	事业收入	#学杂费	校办产业和社会服务收入用于教育的经费	捐赠收入	其他收入	附:本年实际收取学费	#普通本专科学费
48162981	**27858190**	**307643769**	**199545120**	**2649512**	**8434306**	**59722316**	**205883484**	**100943505**
4534534	1955421	206521086	132662282	1892347	3995386	37733830	137776149	100943505
4360825	1867555	200547322	127989335	1866642	3960230	37199962	132972820	99665066
3252767	1044828	163613525	96479832	1779006	3706949	32724412	99541973	69174667
1108058	822727	36933797	31509503	87636	253281	4475550	33430847	30490399
173709	87866	5973764	4672947	25705	35156	533868	4803329	1278439
4374924	2172567	22859346	18243565	78634	129499	3674284	18708779	
1888749	978683	12171805	9853718	50868	101918	2046064	10050690	
2063088	962228	6199610	5124816	4708	23550	790586	5311209	
287658	98442	854965	692144	498	5016	170243	697862	
293400	177244	3492990	2844764	20226	2712	651500	2911569	
129687	54412	994941	420267	2832	1319	186134	435311	
17717702	12420396	46581422	30083321	141959	2407648	7492124	30545156	
17675251	12396394	46503862	30074607	141919	2407629	7445313	30538983	
7064731	5725767	44741920	30074607	91728	1318145	4278610	30538983	
1059539	417360	6581297	4615903	1090	198623	453431	4666660	
10610520	6670627	1761942		50191	1089484	3166703		
5917320	2800953	497777		18279	550616	1248446		
42451	24002	77560	8714	40	19	46811	6173	
14233582	6723828	2413330		34356	1388063	4426317		
14233522	6723828	2412923		34356	1388063	4425917		
8431448	3045025	821817		14739	717076	2004346		
60		407				400		
234006	154049	80077		172	35386	130139		
219292	134753	76847		69	35243	127336		
14714	19296	3230		103	143	2803		
2668851	1467045	19517437	18160313	49789	314548	1390398	18483928	
971575	615626	7740045	7289193	1603	66015	318424	7364282	
877037	332140	991425		430	81742	1221229		
1964230	1150684	6831984		406686	78536	3049494		
1558115	1482060	1847662	395639	45139	3498	604501	369472	

1-6 各级各类教育机构教育经费

学校类别	总计	公共财政预算教育经费	教育事业费拨款	基本建设拨款	科研拨款	其他拨款	各级政府征收用于教育的税费	教育费附加
总计	**241063607**	**152305471**	**107811173**	**6707032**	**21195251**	**16592015**	**861414**	**62408**
一、高等学校	221931789	136722705	98823143	6647032	21195251	10057279	861414	62408
1.普通高等学校	221041168	136590702	98730770	6629472	21173181	10057279	861414	62408
高等本科学校	219717017	135866102	98314852	6387714	21172531	9991005	861414	62408
高职高专学校	1324151	724600	415918	241758	650	66274		
2.成人高等学校	890621	132003	92373	17560	22070			
二、中等职业学校	434682	341596	294697			46899		
1.中等专业学校	406329	323347	277963			45384		
2.职业高中	28353	18249	16734			1515		
#农村								
3.技工学校								
4.成人中专学校								
三、中学	2685735	2172773	1928926	46211		197636		
1.普通中学	2685735	2172773	1928926	46211		197636		
普通高中	1617121	1198968	1030151	30000		138817		
#农村	11843	5710	4242			1468		
普通初中	1068614	973805	898775	16211		58819		
#农村	6243	4504	3474			1030		
2.成人中学								
四、小学	1052394	924144	859244	13789		51111		
1.普通小学	1052394	924144	859244	13789		51111		
#农村	15719	7664	6268			1396		
2.成人小学								
五、特殊教育								
1.特殊教育学校								
2.工读学校								
六、幼儿园	339527	13314	10551			2763		
#农村	5971							
七、教育行政单位	93965	87199	87199					
八、教育事业单位	8687465	6751841	5024846			1726995		
九、其他	5838050	5291899	782567			4509332		

收入情况(中央教育和其他部门)

单位:千元

地方教育附加	地方基金	事业收入	#学杂费	校办产业和社会服务收入用于教育的经费	捐赠收入	其他收入	附:本年实际收取学费	#普通本专科学费
799006		**71009790**	**29107771**	**1326493**	**2403006**	**13157433**	**28591030**	**11350959**
799006		69175615	28746937	1249611	2324528	11597916	28190599	11350959
799006		68456256	28182719	1244911	2324238	11563647	27626381	11350959
799006		67883432	27768217	1242838	2323479	11539752	27211879	11078344
		572824	414502	2073	759	23895	414502	272615
		719359	564218	4700	290	34269	564218	
		50090	24926		9	42987	24926	
		46740	22267		9	36233	22267	
		3350	2659			6754	2659	
		174779	101758	42	29273	308868	141349	
		174779	101758	42	29273	308868	141349	
		147011	101758	23	26331	244788	141349	
		1805	1211			4328	1211	
		27768		19	2942	64080		
		7				1732		
		6097		45	14732	107376		
		6097		45	14732	107376		
		14				8041		
		240432	219772	3803	34095	47883	219778	
		1687	1130			4284	1130	
						6766		
		963301		70628		901695		
		399476	14378	2364	369	143942	14378	

1-7 各级各类教育机构教育经费

学校类别	总计	公共财政预算教育经费	教育事业费拨款	基本建设拨款	科研拨款	其他拨款	各级政府征收用于教育的税费	教育费附加
总计	**2390149033**	**1900023330**	**1700704559**	**62480693**	**4073205**	**132764873**	**199572522**	**124350357**
一、高等学校	494235091	317087670	285519894	9479644	3854752	18233380	11352442	5661493
1.普通高等学校	479699414	308983342	278300766	9404801	3844704	17433071	10730968	5301594
高等本科学校	361673251	237331946	215893839	6045188	3713090	11679829	5506914	2008325
高职高专学校	118026163	71651396	62406927	3359613	131614	5753242	5224054	3293269
2.成人高等学校	14535677	8104328	7219128	74843	10048	800309	621474	359899
二、中等职业学校	175975377	123753194	105672723	6973324		11107147	25573506	19026015
1.中等专业学校	81158064	55456762	47095485	2736443		5624834	11413629	8546197
2.职业高中	68179734	49090565	42829252	2932767		3328546	12080819	9055503
#农村	8779241	6406868	5780098	396816		229954	1341651	955551
3.技工学校	18529803	12861190	10113024	1247988		1500178	1501185	1030541
4.成人中专学校	8107776	6344677	5634962	56126		653589	577873	393774
三、中　学	745208654	610940692	547853976	23230113		39856603	78157771	48019673
1.普通中学	744379275	610324455	547261582	23230113		39832760	78069059	47997414
普通高中	277907059	195599899	174928233	7326473		13345193	32294910	19504412
#农村	38532379	27247020	25264798	524799		1457423	4057051	2580152
普通初中	466472216	414724556	372333349	15903640		26487567	45774149	28493002
#农村	266362364	243332421	219904711	9046165		14381545	20716564	11998291
2.成人中学	829379	616237	592394			23843	88712	22259
四、小　学	698271512	634546718	571774450	13930811		48841457	55590978	34633568
1.普通小学	698234071	634510145	571739305	13930811		48840029	55590917	34633567
#农村	450940819	420024405	379868345	8657536		31498524	27366491	15890018
2.成人小学	37441	36573	35145			1428	61	1
五、特殊教育	8717689	7348135	6636019	225261		486855	1123780	735725
1.特殊教育学校	8392301	7086653	6407966	224621		454066	1066153	712108
2.工读学校	325388	261482	228053	640		32789	57627	23617
六、幼儿园	90305731	60291257	53731828	3493195		3066234	9068515	4932619
#农村	37505324	26002504	23371730	2114954		515820	3382704	1795503
七、教育行政单位	39318249	33163986	28966084	1415802		2782100	3866203	2657026
八、教育事业单位	87754993	70479971	62659269	2360860		5459842	8843946	5729032
九、其　他	50361737	42411707	37890316	1371683	218453	2931255	5995381	2955206

收入情况(地方教育和其他部门)

单位:千元

地方教育附加	地方基金	事业收入	#学杂费	校办产业和社会服务收入用于教育的经费	捐赠收入	其他收入	附:本年实际收取学费	#普通本专科学费
47363975	**27858190**	**236633979**	**170437349**	**1323019**	**6031300**	**46564883**	**177292454**	**89592546**
3735528	1955421	137345471	103915345	642736	1670858	26135914	109585550	89592546
3561819	1867555	132091066	99806616	621731	1635992	25636315	105346439	88314107
2453761	1044828	95730093	68711615	536168	1383470	21184660	72330094	58096323
1108058	822727	36360973	31095001	85563	252522	4451655	33016345	30217784
173709	87866	5254405	4108729	21005	34866	499599	4239111	1278439
4374924	2172567	22809256	18218639	78634	129490	3631297	18683853	
1888749	978683	12125065	9831451	50868	101909	2009831	10028423	
2063088	962228	6196260	5122157	4708	23550	783832	5308550	
287658	98442	854965	692144	498	5016	170243	697862	
293400	177244	3492990	2844764	20226	2712	651500	2911569	
129687	54412	994941	420267	2832	1319	186134	435311	
17717702	12420396	46406643	29981563	141917	2378375	7183256	30403807	
17675251	12396394	46329083	29972849	141877	2378356	7136445	30397634	
7064731	5725767	44594909	29972849	91705	1291814	4033822	30397634	
1059539	417360	6579492	4614692	1090	198623	449103	4665449	
10610520	6670627	1734174		50172	1086542	3102623		
5917320	2800953	497770		18279	550616	1246714		
42451	24002	77560	8714	40	19	46811	6173	
14233582	6723828	2407233		34311	1373331	4318941		
14233522	6723828	2406826		34311	1373331	4318541		
8431448	3045025	821803		14739	717076	1996305		
60		407				400		
234006	154049	80077		172	35386	130139		
219292	134753	76847		69	35243	127336		
14714	19296	3230		103	143	2803		
2668851	1467045	19277005	17940541	45986	280453	1342515	18264150	
971575	615626	7738358	7288063	1603	66015	314140	7363152	
877037	332140	991425		430	81742	1214463		
1964230	1150684	5868683		336058	78536	2147799		
1558115	1482060	1448186	381261	42775	3129	460559	355094	

1-8 各级各类教育机构教育经费

学校类别	总计	公共财政预算教育经费	教育事业费拨款	基本建设拨款	其他拨款	各级政府征收用于教育的税费	教育费附加	地方教育附加
总计	**30793626**	**11269313**	**9745848**	**400520**	**1122945**	**5778696**	**151250**	**5626999**
一、高等学校	15738554	3855653	3597989	8680	248984	5686560	100034	5586526
1.普通高等学校	9868162	3810659	3562360	5680	242619	121560	100034	21526
高等本科学校	3113861	1471957	1357492		114465	41401	19875	21526
高职高专学校	6754301	2338702	2204868	5680	128154	80159	80159	
2.成人高等学校	5870392	44994	35629	3000	6365	5565000		5565000
二、中等职业学校	4648895	2029613	1817630	60000	151983	31070	27855	3215
1.中等专业学校	1654365	657526	516181	60000	81345	1945	851	1094
2.职业高中	370800	179988	167570		12418	16973	16456	517
#农村	173880	133228	133228			30		30
3.技工学校	2452590	1141858	1103901		37957	8982	8739	243
4.成人中专学校	171140	50241	29978		20263	3170	1809	1361
三、中　学	4043020	2638619	2225759	76751	336109	12309	9568	2741
1.普通中学	4043020	2638619	2225759	76751	336109	12309	9568	2741
普通高中	1482665	706907	593165	14380	99362	4732	3716	1016
#农村	245281	178038	153508	14380	10150	225	115	110
普通初中	2560355	1931712	1632594	62371	236747	7577	5852	1725
#农村	1549993	1369856	1234967	62371	72518	2174	456	1718
2.成人中学								
四、小　学	3104792	2269613	1867102	73249	329262	29115	9325	19790
1.普通小学	3104792	2269613	1867102	73249	329262	29115	9325	19790
#农村	1778347	1547271	1352911	73249	121111	748	552	196
2.成人小学								
五、特殊教育								
1.特殊教育学校								
2.工读学校								
六、幼儿园	2899835	226962	114191	83440	29331	19642	4468	14727
#农村	388073	107286	25307	80000	1979	1638	649	989
七、教育行政单位	82187	42445	35421		7024			
八、教育事业单位	37149	26983	25499		1484			
九、其　他	239194	179425	62257	98400	18768			

收入情况(企业办)

单位:千元

地方基金	企业拨款	事业收入	#学杂费	校办产业和经营收益用于教育的经费	捐赠收入	其他收入	附:本年实际收取学杂费	#普通本专科学费
447	4895784	7073717	5842964	132769	86855	1556492	5904484	2756269
	1564344	3823055	3114348	89584	4027	715331	3171625	2756269
	1518548	3647381	2965374	80039	4027	685948	3020411	2654970
	199995	1313957	1121107		2870	83681	1135888	1092688
	1318553	2333424	1844267	80039	1157	602267	1884523	1562282
	45796	175674	148974	9545		29383	151214	101299
	814344	1327990	1012799	38096	639	407143	1015574	
	371377	409311	327843	10111	2	204093	330671	
	77615	70608	60424	1052	50	24514	60424	
	10265	29701	27056	50		606	27056	
	325485	777861	588832	25933	551	171920	588779	
	39867	70210	35700	1000	36	6616	35700	
	542950	610256	562330	1342	52952	184592	562373	
	542950	610256	562330	1342	52952	184592	562373	
	218263	445201	420603	1056	42643	63863	420646	
	8165	21811	20102		12375	24667	20102	
	324687	165055	141727	286	10309	120729	141727	
	94162	8663	6684	267	4021	70850	6684	
	535580	123939	108074	490	5214	140841	108074	
	535580	123939	108074	490	5214	140841	108074	
	158742	16500	11596	476	1807	52803	11596	
447	1405500	1165535	1045213	3257	24023	54916	1046638	
	122405	135167	114035	821	8331	12425	115460	
	3639	1914				34189		
	7116	1036				2014		
	22311	19992	200			17466	200	

1-9　各级各类教育机构教育经费

学校类别	总　计	公共财政预算教育经费	教育事业费拨款	基本建设拨款	其他拨款	各级政府征收用于教育的税费	教育费附加	地方教育附加
总　　计	**10043757**	**5737705**	**4761578**	**400160**	**575967**			
一、高等学校	3247744	1216945	1050044	8680	158221			
1.普通高等学校	3157490	1183449	1025833	5680	151936			
高等本科学校	1485387	1027664	927901		99763			
高职高专学校	1672103	155785	97932	5680	52173			
2.成人高等学校	90254	33496	24211	3000	6285			
二、中等职业学校	780337	380172	257193	60000	62979			
1.中等专业学校	528069	286191	171970	60000	54221			
2.职业高中	8846	5480	5413		67			
#农村								
3.技工学校	209024	74067	65520		8547			
4.成人中专学校	34398	14434	14290		144			
三、中　学	2307066	1833653	1606319	76751	150583			
1.普通中学	2307066	1833653	1606319	76751	150583			
普通高中	838913	583821	517808	14380	51633			
#农村	227461	178036	153506	14380	10150			
普通初中	1468153	1249832	1088511	62371	98950			
#农村	1103766	972277	837388	62371	72518			
2.成人中学								
四、小　学	2186109	1884414	1653854	73249	157311			
1.普通小学	2186109	1884414	1653854	73249	157311			
#农村	1667996	1525442	1331451	73249	120742			
2.成人小学								
五、特殊教育								
1.特殊教育学校								
2.工读学校								
六、幼儿园	1163971	173668	70991	83080	19597			
#农村	235570	102254	20275	80000	1979			
七、教育行政单位	82187	42445	35421		7024			
八、教育事业单位	37149	26983	25499		1484			
九、其　他	239194	179425	62257	98400	18768			

收入情况(中央企业办)

单位:千元

地方基金	企业拨款	事业收入	#学杂费	校办产业和经营收益用于教育的经费	捐赠收入	其他收入	附:本年实际收取学杂费	#普通本专科学费
	1879999	**1491757**	**1085945**	**61281**	**21913**	**851102**	**1106437**	**580830**
	640262	962056	694536	52450	844	375187	711485	580830
	629226	922789	663444	49714	844	371468	678153	572733
	83240	323542	242880		833	50108	257661	226215
	545986	599247	420564	49714	11	321360	420492	346518
	11036	39267	31092	2736		3719	33332	8097
	80002	185781	131005	6898	46	127438	133123	
	40114	92699	73054	217	2	108846	75172	
	2985	371	171			10	171	
	31495	79384	56205	6681	44	17353	56205	
	5408	13327	1575			1229	1575	
	180455	121593	102505	1274	9495	160596	102505	
	180455	121593	102505	1274	9495	160596	102505	
	81922	114916	102212	1007	5025	52222	102212	
	4328	16911	16058		4375	23811	16058	
	98533	6677	293	267	4470	108374	293	
	54525	1879	244	267	4021	70797	244	
	165110	7905	1084	476	2995	125209	1084	
	165110	7905	1084	476	2995	125209	1084	
	84035	4191	535	476	1556	52296	535	
	781104	191480	156615	183	8533	9003	158040	
	65471	56188	39355	183	8245	3229	40780	
	3639	1914				34189		
	7116	1036				2014		
	22311	19992	200			17466	200	

1-10 各级各类教育机构教育经费

学校类别	总计	公共财政预算教育经费	教育事业费拨款	基本建设拨款	其他拨款	各级政府征收用于教育的税费	教育费附加	地方教育附加
总计	**20749869**	**5531608**	**4984270**	**360**	**546978**	**5778696**	**151250**	**5626999**
一、高等学校	12490810	2638708	2547945		90763	5686560	100034	5586526
1.普通高等学校	6710672	2627210	2536527		90683	121560	100034	21526
高等本科学校	1628474	444293	429591		14702	41401	19875	21526
高职高专学校	5082198	2182917	2106936		75981	80159	80159	
2.成人高等学校	5780138	11498	11418		80	5565000		5565000
二、中等职业学校	3868558	1649441	1560437		89004	31070	27855	3215
1.中等专业学校	1126296	371335	344211		27124	1945	851	1094
2.职业高中	361954	174508	162157		12351	16973	16456	517
#农村	173880	133228	133228			30		30
3.技工学校	2243566	1067791	1038381		29410	8982	8739	243
4.成人中专学校	136742	35807	15688		20119	3170	1809	1361
三、中学	1735954	804966	619440		185526	12309	9568	2741
1.普通中学	1735954	804966	619440		185526	12309	9568	2741
普通高中	643752	123086	75357		47729	4732	3716	1016
#农村	17820	2	2			225	115	110
普通初中	1092202	681880	544083		137797	7577	5852	1725
#农村	446227	397579	397579			2174	456	1718
2.成人中学								
四、小学	918683	385199	213248		171951	29115	9325	19790
1.普通小学	918683	385199	213248		171951	29115	9325	19790
#农村	110351	21829	21460		369	748	552	196
2.成人小学								
五、特殊教育								
1.特殊教育学校								
2.工读学校								
六、幼儿园	1735864	53294	43200	360	9734	19642	4468	14727
#农村	152503	5032	5032			1638	649	989
七、教育行政单位								
八、教育事业单位								
九、其他								

收入情况(地方企业办)

单位:千元

地方基金	企业拨款	事业收入	#学杂费	校办产业和经营收益用于教育的经费	捐赠收入	其他收入	附:本年实际收取学杂费	#普通本专科学费
447	**3015785**	**5581960**	**4757019**	**71488**	**64942**	**705390**	**4798047**	**2175439**
	924082	2860999	2419812	37134	3183	340144	2460140	2175439
	889322	2724592	2301930	30325	3183	314480	2342258	2082237
	116755	990415	878227		2037	33573	878227	866473
	772567	1734177	1423703	30325	1146	280907	1464031	1215764
	34760	136407	117882	6809		25664	117882	93202
	734342	1142209	881794	31198	593	279705	882451	
	331263	316612	254789	9894		95247	255499	
	74630	70237	60253	1052	50	24504	60253	
	10265	29701	27056	50		606	27056	
	293990	698477	532627	19252	507	154567	532574	
	34459	56883	34125	1000	36	5387	34125	
	362495	488663	459825	68	43457	23996	459868	
	362495	488663	459825	68	43457	23996	459868	
	136341	330285	318391	49	37618	11641	318434	
	3837	4900	4044		8000	856	4044	
	226154	158378	141434	19	5839	12355	141434	
	39637	6784	6440			53	6440	
	370470	116034	106990	14	2219	15632	106990	
	370470	116034	106990	14	2219	15632	106990	
	74707	12309	11061		251	507	11061	
447	624396	974055	888598	3074	15490	45913	888598	
	56934	78979	74680	638	86	9196	74680	

1-11　各级各类教育机构

学校类别	总　计	公共财政预算教育经费	教育事业费拨款	基本建设拨款	其他拨款	各级政府征收用于教育的税费	教育费附加	地方教育附加
总　　计	**203524253**	**18028298**	**16974206**	**33600**	**1020492**	**3091307**	**1995205**	**432684**
一、高等学校	69583043	5218182	4575707	2310	640165	1036662	308557	148847
1.普通高等学校	69581900	5218182	4575707	2310	640165	1036662	308557	148847
高等本科学校	54642926	3701630	3226456	2310	472864	974357	246995	148687
高职高专学校	14938974	1516552	1349251		167301	62305	61562	160
2.成人高等学校	1143							
二、中等职业学校	9871802	2965628	2861840		103788	113154	100393	12185
1.中等专业学校	4369169	1286116	1250681		35435	67562	56589	10418
2.职业高中	3851434	1200041	1166977		33064	37304	36419	883
#农村	434866	107113	105073		2040	2197	2197	
3.技工学校	1299583	396028	362932		33096	6629	5929	700
4.成人中专学校	351616	83443	81250		2193	1659	1456	184
三、中　学	43221916	4208992	4100009	4280	104703	534807	438990	64976
1.普通中学	43221916	4208992	4100009	4280	104703	534807	438990	64976
普通高中	18586852	1335013	1296124	4280	34609	245955	199342	33924
#农村	2739833	274271	271887		2384	6175	3610	351
普通初中	24635064	2873979	2803885		70094	288852	239648	31052
#农村	4069815	569532	563137		6395	27555	18929	8461
2.成人中学								
四、小　学	23919186	2424090	2363461		60629	882954	822917	47808
1.普通小学	23919186	2424090	2363461		60629	882954	822917	47808
#农村	6399857	918991	902745		16246	262126	226282	32567
2.成人小学								
五、特殊教育	80553	47709	41579	6000	130	618		510
1.特殊教育学校	80553	47709	41579	6000	130	618		510
2.工读学校								
六、幼儿园	56847753	3163697	3031610	21010	111077	523112	324348	158358
#农村	19476339	1597396	1537428	14100	45868	215730	133290	71781
七、教育行政单位								
八、教育事业单位								
九、其　他								

教育经费收入情况(民办)

单位:千元

地方基金	举办单位、个人投入	事业收入	#学杂费	校办产业和经营收益用于教育的经费	捐赠收入	其他收入	附:本年实际收取学杂费	#普通本专科学费
663418	**12817531**	**163002534**	**145094924**	**441434**	**1048032**	**5095117**	**145869561**	**54071254**
579258	2483850	59170632	55653396	91189	160951	1421577	56449441	54071254
579258	2483850	59170013	55652777	91189	160951	1421053	56448822	54070635
578675	1270884	47526145	44751723	75435	116170	978305	45536655	44195001
583	1212966	11643868	10901054	15754	44781	442748	10912167	9875634
		619	619			524	619	619
576	1057577	5340034	4492950	42254	15147	338008	4492943	
555	616053	2263276	1895135	18646	5708	111808	1895128	
2	381166	2089427	1811808	15249	4523	123724	1811808	
	60394	250020	201324	501	1650	12991	201324	
	47835	747000	578444	7839	4841	89411	578444	
19	12523	240331	207563	520	75	13065	207563	
30841	2639819	33720408	27049272	57471	584024	1476395	27020229	
30841	2639819	33720408	27049272	57471	584024	1476395	27020229	
12689	865830	15297214	12293496	28929	221683	592228	12265742	
2214	135739	2224051	1713670	6035	44128	49434	1713670	
18152	1773989	18423194	14755776	28542	362341	884167	14754487	
165	611557	2730126	2084513	4636	23456	102953	2084519	
12229	2596641	16937489	14271401	65812	202650	809550	14275458	
12229	2596641	16937489	14271401	65812	202650	809550	14275458	
3277	1318550	3689410	3009599	5636	20808	184336	3009677	
108	2019	21367	17389	50	1626	7164	17389	
108	2019	21367	17389	50	1626	7164	17389	
40406	4037625	47812604	43610516	184658	83634	1042423	43614101	
10659	1315620	16012838	14425545	40469	15573	278713	14425545	

1-12 各级各类教育机构

学校类别	合计	事业性经费支出	个人部分	工资福利支出	对个人和家庭的补助支出	#助学金
总计	**2763335051**	**2685897790**	**1394849634**	**951381589**	**443468045**	**107541879**
一、高等学校	759168067	738003485	285837136	172793486	113043650	43788913
1.普通高等学校	738756743	717849167	279068206	168223633	110844573	43393869
高等本科学校	600111780	583524615	224155819	132438011	91717808	35127636
高职高专学校	138644963	134324552	54912387	35785622	19126765	8266233
2.成人高等学校	20411324	20154318	6768930	4569853	2199077	395044
二、中等职业学校	182495330	175053111	87190348	53722658	33467690	14963617
1.中等专业学校	82795052	79745524	39655109	23372491	16282618	7653925
2.职业高中	69766968	66789220	32401955	20807600	11594355	5236539
#农村	9231599	8816165	4076888	2763688	1313200	691698
3.技工学校	21409173	20051764	9929287	6104708	3824579	1894849
4.成人中专学校	8524137	8466603	5203997	3437859	1766138	178304
三、中　学	774408864	749865027	438912251	318874391	120037860	26927835
1.普通中学	773584203	749040366	438625307	318652622	119972685	26926571
普通高中	284775571	276870239	151491762	112308369	39183393	8684028
#农村	39182053	38585511	22982287	17646530	5335757	1458169
普通初中	488808632	472170127	287133545	206344253	80789292	18242543
#农村	268043888	258733555	161892043	114685222	47206821	13334383
2.成人中学	824661	824661	286944	221769	65175	1264
四、小　学	714175942	699454666	459878906	310982876	148896030	20199405
1.普通小学	714138466	699417190	459846759	310953600	148893159	20199400
#农村	453715206	444710444	302769800	201652938	101116862	17028628
2.成人小学	37476	37476	32147	29276	2871	5
五、特殊教育	8562309	8323008	4549374	3222077	1327297	194459
1.特殊教育学校	8260681	8022020	4353921	3097674	1256247	192725
2.工读学校	301628	300988	195453	124403	71050	1734
六、幼儿园	146386923	142587192	73030652	64791540	8239112	1443330
#农村	55719436	53492002	24160089	22112421	2047668	859301
七、教育行政单位	37054805	35634788	12508085	7226337	5281748	
八、教育事业单位	86466754	83867191	22605196	13462473	9142723	
九、其　他	54616057	53109322	10337686	6305751	4031935	24320

教育经费支出明细(全国)

单位:千元

公用部分	商品和服务支出	其他资本性支出			基本建设支出
			专项公用支出	专项项目支出	
1291048156	**604274883**	**686773273**	**221898066**	**464875207**	**77437261**
452166349	235196948	216969401	96931622	120037779	21164582
438780961	224568313	214212648	95842723	118369925	20907576
359368796	191108556	168260240	79213760	89046480	16587165
79412165	33459757	45952408	16628963	29323445	4320411
13385388	10628635	2756753	1088899	1667854	257006
87862763	37023704	50839059	15800272	35038787	7442219
40090415	17268563	22821852	7869209	14952643	3049528
34387265	12585491	21801774	5712635	16089139	2977748
4739277	1646695	3092582	701496	2391086	415434
10122477	4935772	5186705	1832921	3353784	1357409
3262606	2233878	1028728	385507	643221	57534
310952776	129130881	181821895	44380170	137441725	24543837
310415059	128897031	181518028	44358375	137159653	24543837
125378477	53212824	72165653	18882669	53282984	7905332
15603224	7145677	8457547	2059636	6397911	596542
185036582	75684207	109352375	25475706	83876669	16638505
96841512	39371546	57469966	12577613	44892353	9310333
537717	233850	303867	21795	282072	
239575760	106846364	132729396	34363467	98365929	14721276
239570431	106841230	132729201	34363272	98365929	14721276
141940644	63370118	78570526	18233122	60337404	9004762
5329	5134	195	195		
3773634	1470536	2303098	540086	1763012	239301
3668099	1395180	2272919	526180	1746739	238661
105535	75356	30179	13906	16273	640
69556540	32366076	37190464	9714755	27475709	3799731
29331913	11325163	18006750	3491319	14515431	2227434
23126703	11899884	11226819	3490606	7736213	1420017
61261995	32210498	29051497	10761837	18289660	2599563
42771636	18129992	24641644	5915251	18726393	1506735

1-13 各级各类教育机构

学校类别	合计	事业性经费支出	个人部分	工资福利支出	对个人和家庭的补助支出	#助学金
总计	**228071287**	**218477206**	**87762189**	**49785406**	**37976783**	**13670534**
一、高等学校	202984219	193962792	79553082	43597812	35955270	13394549
1.普通高等学校	202262992	193262125	79318438	43425605	35892833	13393053
高等本科学校	199296837	190627361	77965633	42383872	35581761	13294967
高职高专学校	2966155	2634764	1352805	1041733	311072	98086
2.成人高等学校	721227	700667	234644	172207	62437	1496
二、中等职业学校	1222970	1157346	542886	378609	164277	59503
1.中等专业学校	916883	851259	362146	241145	121001	41812
2.职业高中	42017	42017	27417	18575	8842	1825
#农村						
3.技工学校	220209	220209	123959	96027	27932	11655
4.成人中专学校	43861	43861	29364	22862	6502	4211
三、中学	5101192	4920510	3268963	2435289	833674	111133
1.普通中学	5101192	4920510	3268963	2435289	833674	111133
普通高中	2361865	2287876	1418562	1039710	378852	55917
#农村	231588	217208	170552	111101	59451	10154
普通初中	2739327	2632634	1850401	1395579	454822	55216
#农村	1117579	1054851	800034	521122	278912	49168
2.成人中学						
四、小学	3389298	3246870	2315212	1731892	583320	86893
1.普通小学	3389298	3246870	2315212	1731892	583320	86893
#农村	1684448	1610556	1223314	835975	387339	81041
2.成人小学						
五、特殊教育						
1.特殊教育学校						
2.工读学校						
六、幼儿园	1624293	1538773	1051576	962583	88993	1120
#农村	242919	160629	109428	98687	10741	943
七、教育行政单位	175785	175785	93308	69140	24168	
八、教育事业单位	7613968	7613968	556888	390032	166856	
九、其他	5959562	5861162	380274	220049	160225	17336

教育经费支出明细(中央)

单位:千元

公用部分	商品和服务支出	其他资本性支出			基本建设支出
			专项公用支出	专项项目支出	
130715017	**95774039**	**34940978**	**20564405**	**14376573**	**9594081**
114409710	81542767	32866943	19702030	13164913	9021427
113943687	81128132	32815555	19661394	13154161	9000867
112661728	80223290	32438438	19513102	12925336	8669476
1281959	904842	377117	148292	228825	331391
466023	414635	51388	40636	10752	20560
614460	285428	329032	207859	121173	65624
489113	207751	281362	187613	93749	65624
14600	8075	6525	1360	5165	
96250	64537	31713	9734	21979	
14497	5065	9432	9152	280	
1651547	903409	748138	263222	484916	180682
1651547	903409	748138	263222	484916	180682
869314	466650	402664	136767	265897	73989
46656	24214	22442	6300	16142	14380
782233	436759	345474	126455	219019	106693
254817	117814	137003	41312	95691	62728
931658	479228	452430	179541	272889	142428
931658	479228	452430	179541	272889	142428
387242	188733	198509	73571	124938	73892
487197	358137	129060	35185	93875	85520
51201	34545	16656	9610	7046	82290
82477	78639	3838	3838		
7057080	6906376	150704	129048	21656	
5480888	5220055	260833	43682	217151	98400

1-14 各级各类教育机构

学校类别	合计	事业性经费支出	个人部分	工资福利支出	对个人和家庭的补助支出	#助学金
总　　计	**2535263764**	**2467420584**	**1307087445**	**901596183**	**405491262**	**93871345**
一、高等学校	556183848	544040693	206284054	129195674	77088380	30394364
1.普通高等学校	536493751	524587042	199749768	124798028	74951740	30000816
高等本科学校	400814943	392897254	146190186	90054139	56136047	21832669
高职高专学校	135678808	131689788	53559582	34743889	18815693	8168147
2.成人高等学校	19690097	19453651	6534286	4397646	2136640	393548
二、中等职业学校	181272360	173895765	86647462	53344049	33303413	14904114
1.中等专业学校	81878169	78894265	39292963	23131346	16161617	7612113
2.职业高中	69724951	66747203	32374538	20789025	11585513	5234714
#农村	9231599	8816165	4076888	2763688	1313200	691698
3.技工学校	21188964	19831555	9805328	6008681	3796647	1883194
4.成人中专学校	8480276	8422742	5174633	3414997	1759636	174093
三、中　学	769307672	744944517	435643288	316439102	119204186	26816702
1.普通中学	768483011	744119856	435356344	316217333	119139011	26815438
普通高中	282413706	274582363	150073200	111268659	38804541	8628111
#农村	38950465	38368303	22811735	17535429	5276306	1448015
普通初中	486069305	469537493	285283144	204948674	80334470	18187327
#农村	266926309	257678704	161092009	114164100	46927909	13285215
2.成人中学	824661	824661	286944	221769	65175	1264
四、小　学	710786644	696207796	457563694	309250984	148312710	20112512
1.普通小学	710749168	696170320	457531547	309221708	148309839	20112507
#农村	452030758	443099888	301546486	200816963	100729523	16947587
2.成人小学	37476	37476	32147	29276	2871	5
五、特殊教育	8562309	8323008	4549374	3222077	1327297	194459
1.特殊教育学校	8260681	8022020	4353921	3097674	1256247	192725
2.工读学校	301628	300988	195453	124403	71050	1734
六、幼儿园	144762630	141048419	71979076	63828957	8150119	1442210
#农村	55476517	53331373	24050661	22013734	2036927	858358
七、教育行政单位	36879020	35459003	12414777	7157197	5257580	
八、教育事业单位	78852786	76253223	22048308	13072441	8975867	
九、其　他	48656495	47248160	9957412	6085702	3871710	6984

教育经费支出明细(地方)

单位:千元

公用部分	商品和服务支出	其他资本性支出			基本建设支出
			专项公用支出	专项项目支出	
1160333139	**508500844**	**651832295**	**201333661**	**450498634**	**67843180**
337756639	153654181	184102458	77229592	106872866	12143155
324837274	143440181	181397093	76181329	105215764	11906709
246707068	110885266	135821802	59700658	76121144	7917689
78130206	32554915	45575291	16480671	29094620	3989020
12919365	10214000	2705365	1048263	1657102	236446
87248303	36738276	50510027	15592413	34917614	7376595
39601302	17060812	22540490	7681596	14858894	2983904
34372665	12577416	21795249	5711275	16083974	2977748
4739277	1646695	3092582	701496	2391086	415434
10026227	4871235	5154992	1823187	3331805	1357409
3248109	2228813	1019296	376355	642941	57534
309301229	128227472	181073757	44116948	136956809	24363155
308763512	127993622	180769890	44095153	136674737	24363155
124509163	52746174	71762989	18745902	53017087	7831343
15556568	7121463	8435105	2053336	6381769	582162
184254349	75247448	109006901	25349251	83657650	16531812
96586695	39253732	57332963	12536301	44796662	9247605
537717	233850	303867	21795	282072	
238644102	106367136	132276966	34183926	98093040	14578848
238638773	106362002	132276771	34183731	98093040	14578848
141553402	63181385	78372017	18159551	60212466	8930870
5329	5134	195	195		
3773634	1470536	2303098	540086	1763012	239301
3668099	1395180	2272919	526180	1746739	238661
105535	75356	30179	13906	16273	640
69069343	32007939	37061404	9679570	27381834	3714211
29280712	11290618	17990094	3481709	14508385	2145144
23044226	11821245	11222981	3486768	7736213	1420017
54204915	25304122	28900793	10632789	18268004	2599563
37290748	12909937	24380811	5871569	18509242	1408335

1-15 各级各类教育机构教育经费

学校类别	合计	事业性经费支出	个人部分	工资福利支出	对个人和家庭的补助支出	#助学金
总计	**2533547040**	**2457752283**	**1289210788**	**859251992**	**429958796**	**98210671**
一、高等学校	676157115	655886731	261011794	153931663	107080131	39060152
1.普通高等学校	661616700	641600322	254430748	149510529	104920219	38674062
高等本科学校	547286662	531464059	207212678	119931313	87281365	31504970
高职高专学校	114330038	110136263	47218070	29579216	17638854	7169092
2.成人高等学校	14540415	14286409	6581046	4421134	2159912	386090
二、中等职业学校	168231133	160866520	79575691	48825114	30750577	12696668
1.中等专业学校	76842807	73861618	36476735	21400975	15075760	6690090
2.职业高中	65608146	62631547	30033009	19341671	10691338	4397661
#农村	8613451	8199166	3816811	2583619	1233192	617521
3.技工学校	17747936	16398645	8160559	4841542	3319017	1508750
4.成人中专学校	8032244	7974710	4905388	3240926	1664462	100167
三、中学	728575212	704301997	414614688	297051434	117563254	25654952
1.普通中学	727750551	703477336	414327744	296829665	117498079	25653688
普通高中	267367142	259608176	142137891	103896332	38241559	8108188
#农村	36398070	35815908	21604088	16451211	5152877	1359449
普通初中	460383409	443869160	272189853	192933333	79256520	17545500
#农村	262119709	252872387	158870175	112186979	46683196	13109292
2.成人中学	824661	824661	286944	221769	65175	1264
四、小学	686525916	671958322	445296230	297799327	147496903	19585574
1.普通小学	686488440	671920846	445264083	297770051	147494032	19585569
#农村	445242441	436312304	298220012	197840300	100379712	16686423
2.成人小学	37476	37476	32147	29276	2871	5
五、特殊教育	8471147	8237846	4524650	3200555	1324095	191417
1.特殊教育学校	8169519	7936858	4329197	3076152	1253045	189683
2.工读学校	301628	300988	195453	124403	71050	1734
六、幼儿园	87807394	84149659	38881487	31530487	7351000	1000857
#农村	36346650	34218793	12760101	11070357	1689744	634937
七、教育行政单位	36972655	35552638	12473382	7208756	5264626	
八、教育事业单位	86429605	83830042	22581061	13446018	9135043	
九、其他	54376863	52968528	10251805	6258638	3993167	21051

支出明细(全国教育和其他部门)

单位:千元

公用部分	商品和服务支出	其他资本性支出			基本建设支出
			专项公用支出	专项项目支出	
1168541495	**532290781**	**636250714**	**203554139**	**432696575**	**75794757**
394874937	203263301	191611636	89071109	102540527	20270384
387169574	198287850	188881724	87992477	100889247	20016378
324251381	171912054	152339327	73581866	78757461	15822603
62918193	26375796	36542397	14410611	22131786	4193775
7705363	4975451	2729912	1078632	1651280	254006
81290829	33194103	48096726	14759194	33337532	7364613
37384883	15753056	21631827	7253695	14378132	2981189
32598538	11495599	21102939	5470919	15632020	2976599
4382355	1496730	2885625	659470	2226155	414285
8238086	3847985	4390101	1695701	2694400	1349291
3069322	2097463	971859	338879	632980	57534
289687309	115987550	173699759	41534680	132165079	24273215
289149592	115753700	173395892	41512885	131883007	24273215
117470285	47989037	69481248	17916491	51564757	7758966
14211820	6286608	7925212	1884260	6040952	582162
171679307	67764663	103914644	23596394	80318250	16514249
94002212	38078316	55923896	12223762	43700134	9247322
537717	233850	303867	21795	282072	
226662092	99368347	127293745	32174353	95119392	14567594
226656763	99363213	127293550	32174158	95119392	14567594
138092292	61468327	76623965	17638112	58985853	8930137
5329	5134	195	195		
3713196	1458607	2254589	537372	1717217	233301
3607661	1383251	2224410	523466	1700944	232661
105535	75356	30179	13906	16273	640
45268172	16875270	28392902	5316575	23076327	3657735
21458692	6610378	14848314	2080040	12768274	2127857
23079256	11854423	11224833	3488620	7736213	1420017
61248981	32198083	29050898	10761238	18289660	2599563
42716723	18091097	24625626	5910998	18714628	1408335

1-16 各级各类教育机构教育经费

学校类别	合 计	事业性经费支出	个人部分	工资福利支出	对个人和家庭的补助支出	#助学金
总 计	**217942076**	**208869329**	**81793215**	**45525591**	**36267624**	**13282842**
一、高等学校	199717949	190705202	77978280	42489694	35488586	13241830
1.普通高等学校	199083561	190088374	77797387	42353577	35443810	13241828
高等本科学校	197811220	189141744	77250172	41969822	35280350	13195774
高职高专学校	1272341	946630	547215	383755	163460	46054
2.成人高等学校	634388	616828	180893	136117	44776	2
二、中等职业学校	363748	363748	130635	91660	38975	8152
1.中等专业学校	330577	330577	109008	77837	31171	6442
2.职业高中	33171	33171	21627	13823	7804	1710
#农村						
3.技工学校						
4.成人中专学校						
三、中 学	2804990	2758779	1694815	1382829	311986	18168
1.普通中学	2804990	2758779	1694815	1382829	311986	18168
普通高中	1544470	1514470	879218	676048	203170	16993
#农村	11214	11214	9412	6588	2824	276
普通初中	1260520	1244309	815597	706781	108816	1175
#农村	6703	6703	5728	4209	1519	72
2.成人中学						
四、小 学	1194477	1180688	776184	670428	105756	482
1.普通小学	1194477	1180688	776184	670428	105756	482
#农村	16923	16923	14958	12972	1986	344
2.成人小学						
五、特殊教育						
1.特殊教育学校						
2.工读学校						
六、幼儿园	470090	470090	327550	292908	34642	143
#农村	7349	7349	6142	6080	62	
七、教育行政单位	93635	93635	58605	51559	7046	
八、教育事业单位	7576819	7576819	532753	373577	159176	
九、其 他	5720368	5720368	294393	172936	121457	14067

支出明细(中央教育和其他部门)

单位:千元

公用部分	商品和服务支出	其他资本性支出			基本建设支出
			专项公用支出	专项项目支出	
127076114	**93670296**	**33405818**	**20089395**	**13316423**	**9072747**
112726922	80535554	32191368	19518981	12672387	9012747
112290987	80141436	32149551	19482346	12667205	8995187
111891572	79833519	32058053	19408387	12649666	8669476
399415	307917	91498	73959	17539	325711
435935	394118	41817	36635	5182	17560
233113	83022	150091	124304	25787	
221569	77716	143853	123066	20787	
11544	5306	6238	1238	5000	
1063964	610478	453486	175078	278408	46211
1063964	610478	453486	175078	278408	46211
635252	344393	290859	104275	186584	30000
1802	1498	304	304		
428712	266085	162627	70803	91824	16211
975	735	240	240		
404504	221655	182849	85037	97812	13789
404504	221655	182849	85037	97812	13789
1965	1613	352	352		
142540	111288	31252	16265	14987	
1207	1134	73	73		
35030	33178	1852	1852		
7044066	6893961	150105	128449	21656	
5425975	5181160	244815	39429	205386	

1-17 各级各类教育机构教育经费

学校类别	合 计	事业性经费支出	个人部分	工资福利支出	对个人和家庭的补助支出	#助学金
总 计	**2315604964**	**2248882954**	**1207417573**	**813726401**	**393691172**	**84927829**
一、高等学校	476439166	465181529	183033514	111441969	71591545	25818322
1.普通高等学校	462533139	451511948	176633361	107156952	69476409	25432234
高等本科学校	349475442	342322315	129962506	77961491	52001015	18309196
高职高专学校	113057697	109189633	46670855	29195461	17475394	7123038
2.成人高等学校	13906027	13669581	6400153	4285017	2115136	386088
二、中等职业学校	167867385	160502772	79445056	48733454	30711602	12688516
1.中等专业学校	76512230	73531041	36367727	21323138	15044589	6683648
2.职业高中	65574975	62598376	30011382	19327848	10683534	4395951
#农村	8613451	8199166	3816811	2583619	1233192	617521
3.技工学校	17747936	16398645	8160559	4841542	3319017	1508750
4.成人中专学校	8032244	7974710	4905388	3240926	1664462	100167
三、中 学	725770222	701543218	412919873	295668605	117251268	25636784
1.普通中学	724945561	700718557	412632929	295446836	117186093	25635520
普通高中	265822672	258093706	141258673	103220284	38038389	8091195
#农村	36386856	35804694	21594676	16444623	5150053	1359173
普通初中	459122889	442624851	271374256	192226552	79147704	17544325
#农村	262113006	252865684	158864447	112182770	46681677	13109220
2.成人中学	824661	824661	286944	221769	65175	1264
四、小 学	685331439	670777634	444520046	297128899	147391147	19585092
1.普通小学	685293963	670740158	444487899	297099623	147388276	19585087
#农村	445225518	436295381	298205054	197827328	100377726	16686079
2.成人小学	37476	37476	32147	29276	2871	5
五、特殊教育	8471147	8237846	4524650	3200555	1324095	191417
1.特殊教育学校	8169519	7936858	4329197	3076152	1253045	189683
2.工读学校	301628	300988	195453	124403	71050	1734
六、幼儿园	87337304	83679569	38553937	31237579	7316358	1000714
#农村	36339301	34211444	12753959	11064277	1689682	634937
七、教育行政单位	36879020	35459003	12414777	7157197	5257580	
八、教育事业单位	78852786	76253223	22048308	13072441	8975867	
九、其 他	48656495	47248160	9957412	6085702	3871710	6984

支出明细(地方教育和其他部门)

单位:千元

公用部分	商品和服务支出	其他资本性支出			基本建设支出
			专项公用支出	专项项目支出	
1041465381	**438620485**	**602844896**	**183464744**	**419380152**	**66722010**
282148015	122727747	159420268	69552128	89868140	11257637
274878587	118146414	156732173	68510131	88222042	11021191
212359809	92078535	120281274	54173479	66107795	7153127
62518778	26067879	36450899	14336652	22114247	3868064
7269428	4581333	2688095	1041997	1646098	236446
81057716	33111081	47946635	14634890	33311745	7364613
37163314	15675340	21487974	7130629	14357345	2981189
32586994	11490293	21096701	5469681	15627020	2976599
4382355	1496730	2885625	659470	2226155	414285
8238086	3847985	4390101	1695701	2694400	1349291
3069322	2097463	971859	338879	632980	57534
288623345	115377072	173246273	41359602	131886671	24227004
288085628	115143222	172942406	41337807	131604599	24227004
116835033	47644644	69190389	17812216	51378173	7728966
14210018	6285110	7924908	1883956	6040952	582162
171250595	67498578	103752017	23525591	80226426	16498038
94001237	38077581	55923656	12223522	43700134	9247322
537717	233850	303867	21795	282072	
226257588	99146692	127110896	32089316	95021580	14553805
226252259	99141558	127110701	32089121	95021580	14553805
138090327	61466714	76623613	17637760	58985853	8930137
5329	5134	195	195		
3713196	1458607	2254589	537372	1717217	233301
3607661	1383251	2224410	523466	1700944	232661
105535	75356	30179	13906	16273	640
45125632	16763982	28361650	5300310	23061340	3657735
21457485	6609244	14848241	2079967	12768274	2127857
23044226	11821245	11222981	3486768	7736213	1420017
54204915	25304122	28900793	10632789	18268004	2599563
37290748	12909937	24380811	5871569	18509242	1408335

1-18 各级各类教育机构教育经费

学校类别	合计	事业性经费支出				
			个人部分			
				工资福利支出	对个人和家庭的补助支出	
						#助学金
总　　计	**30402890**	**29881167**	**12845461**	**9896772**	**2948689**	**948861**
一、高等学校	15365208	15356528	3991575	3050279	941296	398390
1.普通高等学校	9494945	9489265	3804286	2902155	902131	389436
高等本科学校	2810534	2810534	1208999	845953	363046	146751
高职高专学校	6684411	6678731	2595287	2056202	539085	242685
2.成人高等学校	5870263	5867263	187289	148124	39165	8954
二、中等职业学校	4620835	4555211	2305199	1668398	636801	337149
1.中等专业学校	1653854	1588230	895683	606637	289046	127185
2.职业高中	374901	374901	130724	104703	26021	11841
#农村	177273	177273	26511	24389	2122	1572
3.技工学校	2416795	2416795	1178053	877888	300165	188522
4.成人中专学校	175285	175285	100739	79170	21569	9601
三、中　学	3984399	3849928	2350609	1717255	633354	110391
1.普通中学	3984399	3849928	2350609	1717255	633354	110391
普通高中	1357449	1313460	866422	654300	212122	50749
#农村	235288	220908	172722	115194	57528	9894
普通初中	2626950	2536468	1484187	1062955	421232	59642
#农村	1559719	1496991	830404	549324	281080	49639
2.成人中学						
四、小　学	3156185	3027546	2100271	1514339	585932	92090
1.普通小学	3156185	3027546	2100271	1514339	585932	92090
#农村	1778884	1704992	1278075	885879	392196	82410
2.成人小学						
五、特殊教育						
1.特殊教育学校						
2.工读学校						
六、幼儿园	2917770	2831861	1953088	1865352	87736	7572
#农村	391457	309167	216836	202412	14424	3333
七、教育行政单位	82150	82150	34703	17581	17122	
八、教育事业单位	37149	37149	24135	16455	7680	
九、其　他	239194	140794	85881	47113	38768	3269

支出明细(企业办)

单位:千元

公用部分	商品和服务支出	其他资本性支出	专项公用支出	专项项目支出	基本建设支出
17035706	**10636522**	**6399184**	**1150462**	**5248722**	**521723**
11364953	7806026	3558927	549822	3009105	8680
5684979	2152893	3532086	539555	2992531	5680
1601535	632613	968922	172068	796854	
4083444	1520280	2563164	367487	2195677	5680
5679974	5653133	26841	10267	16574	3000
2250012	1084334	1165678	223578	942100	65624
692547	377526	315021	124888	190133	65624
244177	67187	176990	14684	162306	
150762	6416	144346	4288	140058	
1238742	587230	651512	62594	588918	
74546	52391	22155	21412	743	
1499319	578356	920963	151544	769419	134471
1499319	578356	920963	151544	769419	134471
447038	252515	194523	54235	140288	43989
48186	25779	22407	6265	16142	14380
1052281	325841	726440	97309	629131	90482
666587	126619	539968	42437	497531	62728
927275	432120	495155	131750	363405	128639
927275	432120	495155	131750	363405	128639
426917	212659	214258	75683	138575	73892
878773	638915	239858	86930	152928	85909
92331	61256	31075	16088	14987	82290
47447	45461	1986	1986		
13014	12415	599	599		
54913	38895	16018	4253	11765	98400

1-19 各级各类教育机构教育经费

学校类别	合计	事业性经费支出	个人部分	工资福利支出	对个人和家庭的补助支出	#助学金
总计	**10129211**	**9607877**	**5968974**	**4259815**	**1709159**	**387692**
一、高等学校	3266270	3257590	1574802	1108118	466684	152719
1.普通高等学校	3179431	3173751	1521051	1072028	449023	151225
高等本科学校	1485617	1485617	715461	414050	301411	99193
高职高专学校	1693814	1688134	805590	657978	147612	52032
2.成人高等学校	86839	83839	53751	36090	17661	1494
二、中等职业学校	859222	793598	412251	286949	125302	51351
1.中等专业学校	586306	520682	253138	163308	89830	35370
2.职业高中	8846	8846	5790	4752	1038	115
#农村						
3.技工学校	220209	220209	123959	96027	27932	11655
4.成人中专学校	43861	43861	29364	22862	6502	4211
三、中学	2296202	2161731	1574148	1052460	521688	92965
1.普通中学	2296202	2161731	1574148	1052460	521688	92965
普通高中	817395	773406	539344	363662	175682	38924
#农村	220374	205994	161140	104513	56627	9878
普通初中	1478807	1388325	1034804	688798	346006	54041
#农村	1110876	1048148	794306	516913	277393	49096
2.成人中学						
四、小学	2194821	2066182	1539028	1061464	477564	86411
1.普通小学	2194821	2066182	1539028	1061464	477564	86411
#农村	1667525	1593633	1208356	823003	385353	80697
2.成人小学						
五、特殊教育						
1.特殊教育学校						
2.工读学校						
六、幼儿园	1154203	1068683	724026	669675	54351	977
#农村	235570	153280	103286	92607	10679	943
七、教育行政单位	82150	82150	34703	17581	17122	
八、教育事业单位	37149	37149	24135	16455	7680	
九、其他	239194	140794	85881	47113	38768	3269

支出明细(中央企业办)

单位:千元

公用部分	商品和服务支出	其他资本性支出			基本建设支出
			专项公用支出	专项项目支出	
3638903	**2103743**	**1535160**	**475010**	**1060150**	**521334**
1682788	1007213	675575	183049	492526	8680
1652700	986696	666004	179048	486956	5680
770156	389771	380385	104715	275670	
882544	596925	285619	74333	211286	5680
30088	20517	9571	4001	5570	3000
381347	202406	178941	83555	95386	65624
267544	130035	137509	64547	72962	65624
3056	2769	287	122	165	
96250	64537	31713	9734	21979	
14497	5065	9432	9152	280	
587583	292931	294652	88144	206508	134471
587583	292931	294652	88144	206508	134471
234062	122257	111805	32492	79313	43989
44854	22716	22138	5996	16142	14380
353521	170674	182847	55652	127195	90482
253842	117079	136763	41072	95691	62728
527154	257573	269581	94504	175077	128639
527154	257573	269581	94504	175077	128639
385277	187120	198157	73219	124938	73892
344657	246849	97808	18920	78888	85520
49994	33411	16583	9537	7046	82290
47447	45461	1986	1986		
13014	12415	599	599		
54913	38895	16018	4253	11765	98400

1-20 各级各类教育机构教育经费

学校类别	合 计	事业性经费支出	个人部分	工资福利支出	对个人和家庭的补助支出	#助学金
总 计	**20273679**	**20273290**	**6876487**	**5636957**	**1239530**	**561169**
一、高等学校	12098938	12098938	2416773	1942161	474612	245671
1.普通高等学校	6315514	6315514	2283235	1830127	453108	238211
高等本科学校	1324917	1324917	493538	431903	61635	47558
高职高专学校	4990597	4990597	1789697	1398224	391473	190653
2.成人高等学校	5783424	5783424	133538	112034	21504	7460
二、中等职业学校	3761613	3761613	1892948	1381449	511499	285798
1.中等专业学校	1067548	1067548	642545	443329	199216	91815
2.职业高中	366055	366055	124934	99951	24983	11726
#农村	177273	177273	26511	24389	2122	1572
3.技工学校	2196586	2196586	1054094	781861	272233	176867
4.成人中专学校	131424	131424	71375	56308	15067	5390
三、中 学	1688197	1688197	776461	664795	111666	17426
1.普通中学	1688197	1688197	776461	664795	111666	17426
普通高中	540054	540054	327078	290638	36440	11825
#农村	14914	14914	11582	10681	901	16
普通初中	1148143	1148143	449383	374157	75226	5601
#农村	448843	448843	36098	32411	3687	543
2.成人中学						
四、小 学	961364	961364	561243	452875	108368	5679
1.普通小学	961364	961364	561243	452875	108368	5679
#农村	111359	111359	69719	62876	6843	1713
2.成人小学						
五、特殊教育						
1.特殊教育学校						
2.工读学校						
六、幼儿园	1763567	1763178	1229062	1195677	33385	6595
#农村	155887	155887	113550	109805	3745	2390
七、教育行政单位						
八、教育事业单位						
九、其 他						

支出明细(地方企业办)

单位:千元

公用部分	商品和服务支出	其他资本性支出	专项公用支出	专项项目支出	基本建设支出
13396803	**8532779**	**4864024**	**675452**	**4188572**	**389**
9682165	6798813	2883352	366773	2516579	
4032279	1166197	2866082	360507	2505575	
831379	242842	588537	67353	521184	
3200900	923355	2277545	293154	1984391	
5649886	5632616	17270	6266	11004	
1868665	881928	986737	140023	846714	
425003	247491	177512	60341	117171	
241121	64418	176703	14562	162141	
150762	6416	144346	4288	140058	
1142492	522693	619799	52860	566939	
60049	47326	12723	12260	463	
911736	285425	626311	63400	562911	
911736	285425	626311	63400	562911	
212976	130258	82718	21743	60975	
3332	3063	269	269		
698760	155167	543593	41657	501936	
412745	9540	403205	1365	401840	
400121	174547	225574	37246	188328	
400121	174547	225574	37246	188328	
41640	25539	16101	2464	13637	
534116	392066	142050	68010	74040	389
42337	27845	14492	6551	7941	

1-21 各级各类教育机构

学校类别	合计	事业性经费支出	个人部分	工资福利支出	对个人和家庭的补助支出	#助学金
总　　计	**199385121**	**198264340**	**92793385**	**82232825**	**10560560**	**8382347**
一、高等学校	67645744	66760226	20833767	15811544	5022223	4330371
1.普通高等学校	67645098	66759580	20833172	15810949	5022223	4330371
高等本科学校	50014584	49250022	15734142	11660745	4073397	3475915
高职高专学校	17630514	17509558	5099030	4150204	948826	854456
2.成人高等学校	646	646	595	595		
二、中等职业学校	9643362	9631380	5309458	3229146	2080312	1929800
1.中等专业学校	4298391	4295676	2282691	1364879	917812	836650
2.职业高中	3783921	3782772	2238222	1361226	876996	827037
#农村	440875	439726	233566	155680	77886	72605
3.技工学校	1244442	1236324	590675	385278	205397	197577
4.成人中专学校	316608	316608	197870	117763	80107	68536
三、中　学	41849253	41713102	21946954	20105702	1841252	1162492
1.普通中学	41849253	41713102	21946954	20105702	1841252	1162492
普通高中	16050980	15948603	8487449	7757737	729712	525091
#农村	2548695	2548695	1205477	1080125	125352	88826
普通初中	25798273	25764499	13459505	12347965	1111540	637401
#农村	4364460	4364177	2191464	1948919	242545	175452
2.成人中学						
四、小　学	24493841	24468798	12482405	11669210	813195	521741
1.普通小学	24493841	24468798	12482405	11669210	813195	521741
#农村	6693881	6693148	3271713	2926759	344954	259795
2.成人小学						
五、特殊教育	91162	85162	24724	21522	3202	3042
1.特殊教育学校	91162	85162	24724	21522	3202	3042
2.工读学校						
六、幼儿园	55661759	55605672	32196077	31395701	800376	434901
#农村	18981329	18964042	11183152	10839652	343500	221031
七、教育行政单位						
八、教育事业单位						
九、其　他						

教育经费支出明细(民办)

单位:千元

公用部分	商品和服务支出	其他资本性支出			基本建设支出
			专项公用支出	专项项目支出	
105470955	**61347580**	**44123375**	**17193465**	**26929910**	**1120781**
45926459	24127621	21798838	7310691	14488147	885518
45926408	24127570	21798838	7310691	14488147	885518
33515880	18563889	14951991	5459826	9492165	764562
12410528	5563681	6846847	1850865	4995982	120956
51	51				
4321922	2745267	1576655	817500	759155	11982
2012985	1137981	875004	490626	384378	2715
1544550	1022705	521845	227032	294813	1149
206160	143549	62611	37738	24873	1149
645649	500557	145092	74626	70466	8118
118738	84024	34714	25216	9498	
19766148	12564975	7201173	2693946	4507227	136151
19766148	12564975	7201173	2693946	4507227	136151
7461154	4971272	2489882	911943	1577939	102377
1343218	833290	509928	169111	340817	
12304994	7593703	4711291	1782003	2929288	33774
2172713	1166611	1006102	311414	694688	283
11986393	7045897	4940496	2057364	2883132	25043
11986393	7045897	4940496	2057364	2883132	25043
3421435	1689132	1732303	519327	1212976	733
60438	11929	48509	2714	45795	6000
60438	11929	48509	2714	45795	6000
23409595	14851891	8557704	4311250	4246454	56087
7780890	4653529	3127361	1395191	1732170	17287

1-22 各级各类教育机构公共财政预算

学校类别	合 计	事业费支出	个人部分	工资福利支出	对个人和家庭的补助支出	#助学金
总 计	**1868761624**	**1799139779**	**1071909353**	**758397184**	**313512169**	**92664560**
一、高等学校	401832898	385695232	174388268	100319717	74068551	33892499
1.普通高等学校	394980606	378938343	170226437	97558464	72667973	33582548
高等本科学校	325784282	313349070	137957783	77953102	60004681	27010920
高职高专学校	69196324	65589273	32268654	19605362	12663292	6571628
2.成人高等学校	6852292	6756889	4161831	2761253	1400578	309951
二、中等职业学校	114486965	107453641	65252735	40851831	24400904	12801346
1.中等专业学校	49822634	47026191	28396190	16811210	11584980	6357274
2.职业高中	46350106	43417339	26130086	17330056	8800030	4668262
#农村	6281438	5884622	3315182	2270462	1044720	626584
3.技工学校	12555405	11307417	6628959	3804134	2824825	1609050
4.成人中专学校	5758820	5702694	4097500	2906431	1191069	166760
三、中 学	570254961	546897606	364551149	277044067	87507082	25075729
1.普通中学	569660578	546303223	364302980	276846708	87456272	25075168
普通高中	182649892	175274759	116785895	89855249	26930646	7722193
#农村	25847767	25308588	18082813	14264817	3817996	1301190
普通初中	387010686	371028464	247517085	186991459	60525626	17352975
#农村	227199374	218090838	146036664	109515114	36521550	12843387
2.成人中学	594383	594383	248169	197359	50810	561
四、小 学	583256686	569238837	398769436	290293763	108475673	19445707
1.普通小学	583221609	569203760	398738850	290265039	108473811	19445702
#农村	386638531	377907746	268220731	193681503	74539228	16490580
2.成人小学	35077	35077	30586	28724	1862	5
五、特殊教育	6765378	6534117	4070971	3084755	986216	173878
1.特殊教育学校	6539940	6309319	3910662	2966917	943745	172423
2.工读学校	225438	224798	160309	117838	42471	1455
六、幼儿园	58832593	55234948	27762832	22556552	5206280	1253158
#农村	26282265	24073211	9532204	8006103	1526101	758589
七、教育行政单位	29226129	27810327	10272380	6763617	3508763	
八、教育事业单位	64480826	62119966	18484824	11948119	6536705	
九、其 他	39625188	38155105	8356758	5534763	2821995	22243

教育事业费和基本建设支出明细(全国)

单位:千元

公用部分	商品和服务支出	其他资本性支出	专项公用支出	专项项目支出	基本建设支出
727230426	**327181657**	**400048769**	**123964889**	**276083880**	**69621845**
211306964	95275519	116031445	54614299	61417146	16137666
208711906	93763622	114948284	54323772	60624512	16042263
175391287	80840462	94550825	47094780	47456045	12435212
33320619	12923160	20397459	7228992	13168467	3607051
2595058	1511897	1083161	290527	792634	95403
42200906	17502762	24698144	6857815	17840329	7033324
18630001	7911793	10718208	3305792	7412416	2796443
17287253	6403376	10883877	2447842	8436035	2932767
2569440	831553	1737887	348957	1388930	396816
4678458	2118554	2559904	925762	1634142	1247988
1605194	1069039	536155	178419	357736	56126
182346457	78702823	103643634	23538590	80105044	23357355
182000243	78587349	103412894	23529632	79883262	23357355
58488864	21943900	36544964	7744866	28800098	7375133
7225775	2625993	4599782	906602	3693180	539179
123511379	56643449	66867930	15784766	51083164	15982222
72054174	33361474	38692700	8878505	29814195	9108536
346214	115474	230740	8958	221782	
170469401	85909299	84560102	21203072	63357030	14017849
170464910	85904982	84559928	21202898	63357030	14017849
109687015	55040096	54646919	12808930	41837989	8730785
4491	4317	174	174		
2463146	1113050	1350096	324386	1025710	231261
2398657	1062091	1336566	315177	1021389	230621
64489	50959	13530	9209	4321	640
27472116	7232091	20240025	3194721	17045304	3597645
14541007	2844168	11696839	1320248	10376591	2209054
17537947	8863862	8674085	2460205	6213880	1415802
43635142	21967533	21667609	8021141	13646468	2360860
29798347	10614718	19183629	3750660	15432969	1470083

1-23 各级各类教育机构公共财政预算

学校类别	合计	事业费支出	个人部分	工资福利支出	对个人和家庭的补助支出	#助学金
总 计	**118921631**	**111814439**	**58106517**	**32426294**	**25680223**	**10915170**
一、高等学校	105219912	98564200	52825964	28405902	24420062	10681568
1.普通高等学校	105080133	98444981	52774313	28382216	24392097	10681434
高等本科学校	104203212	97815498	52409657	28127840	24281817	10605028
高职高专学校	876921	629483	364656	254376	110280	76406
2.成人高等学校	139779	119219	51651	23686	27965	134
二、中等职业学校	591646	531646	259208	175581	83627	38666
1.中等专业学校	488582	428582	196552	138198	58354	25701
2.职业高中	23777	23777	14418	10113	4305	1758
#农村						
3.技工学校	64929	64929	37636	22004	15632	6996
4.成人中专学校	14358	14358	10602	5266	5336	4211
三、中 学	3780831	3657869	2485787	1960429	525358	93217
1.普通中学	3780831	3657869	2485787	1960429	525358	93217
普通高中	1679859	1635479	1057437	813015	244422	40109
#农村	172355	157975	129694	102775	26919	9619
普通初中	2100972	2022390	1428350	1147414	280936	53108
#农村	903472	841101	649807	498466	151341	47917
2.成人中学						
四、小 学	2623291	2536253	1846412	1465699	380713	84915
1.普通小学	2623291	2536253	1846412	1465699	380713	84915
#农村	1410769	1337520	1035210	795581	239629	79560
2.成人小学						
五、特殊教育						
1.特殊教育学校						
2.工读学校						
六、幼儿园	164751	81671	63513	54021	9492	201
#农村	100275	20275	15454	14056	1398	60
七、教育行政单位	121829	121829	71242	63293	7949	
八、教育事业单位	5407889	5407889	258355	136323	122032	
九、其 他	1011482	913082	296036	165046	130990	16603

教育事业费和基本建设支出明细(中央)

单位:千元

公用部分	商品和服务支出	其他资本性支出			基本建设支出
			专项公用支出	专项项目支出	
53707922	**36939413**	**16768509**	**11616638**	**5151871**	**7107192**
45738236	30312738	15425498	11093051	4332447	6655712
45670668	30271653	15399015	11070134	4328881	6635152
45405841	30077533	15328308	11021906	4306402	6387714
264827	194120	70707	48228	22479	247438
67568	41085	26483	22917	3566	20560
272438	91597	180841	140881	39960	60000
232030	65981	166049	135688	30361	60000
9359	3832	5527	362	5165	
27293	20304	6989	2835	4154	
3756	1480	2276	1996	280	
1172082	629923	542159	182727	359432	122962
1172082	629923	542159	182727	359432	122962
578042	298371	279671	85363	194308	44380
28281	17341	10940	4042	6898	14380
594040	331552	262488	97364	165124	78582
191294	100670	90624	26279	64345	62371
689841	391107	298734	100164	198570	87038
689841	391107	298734	100164	198570	87038
302310	166655	135655	44708	90947	73249
18158	14105	4053	1099	2954	83080
4821	4481	340	340		80000
50587	47519	3068	3068		
5149534	5065036	84498	66516	17982	
617046	387388	229658	29132	200526	98400

1-24 各级各类教育机构公共财政预算

学校类别	合 计	事业费支出	个人部分	工资福利支出	对个人和家庭的补助支出	#助学金
总 计	**1749839993**	**1687325340**	**1013802836**	**725970890**	**287831946**	**81749390**
一、高等学校	296612986	287131032	121562304	71913815	49648489	23210931
1.普通高等学校	289900473	280493362	117452124	69176248	48275876	22901114
高等本科学校	221581070	215533572	85548126	49825262	35722864	16405892
高职高专学校	68319403	64959790	31903998	19350986	12553012	6495222
2.成人高等学校	6712513	6637670	4110180	2737567	1372613	309817
二、中等职业学校	113895319	106921995	64993527	40676250	24317277	12762680
1.中等专业学校	49334052	46597609	28199638	16673012	11526626	6331573
2.职业高中	46326329	43393562	26115668	17319943	8795725	4666504
#农村	6281438	5884622	3315182	2270462	1044720	626584
3.技工学校	12490476	11242488	6591323	3782130	2809193	1602054
4.成人中专学校	5744462	5688336	4086898	2901165	1185733	162549
三、中 学	566474130	543239737	362065362	275083638	86981724	24982512
1.普通中学	565879747	542645354	361817193	274886279	86930914	24981951
普通高中	180970033	173639280	115728458	89042234	26686224	7682084
#农村	25675412	25150613	17953119	14162042	3791077	1291571
普通初中	384909714	369006074	246088735	185844045	60244690	17299867
#农村	226295902	217249737	145386857	109016648	36370209	12795470
2.成人中学	594383	594383	248169	197359	50810	561
四、小 学	580633395	566702584	396923024	288828064	108094960	19360792
1.普通小学	580598318	566667507	396892438	288799340	108093098	19360787
#农村	385227762	376570226	267185521	192885922	74299599	16411020
2.成人小学	35077	35077	30586	28724	1862	5
五、特殊教育	6765378	6534117	4070971	3084755	986216	173878
1.特殊教育学校	6539940	6309319	3910662	2966917	943745	172423
2.工读学校	225438	224798	160309	117838	42471	1455
六、幼儿园	58667842	55153277	27699319	22502531	5196788	1252957
#农村	26181990	24052936	9516750	7992047	1524703	758529
七、教育行政单位	29104300	27688498	10201138	6700324	3500814	
八、教育事业单位	59072937	56712077	18226469	11811796	6414673	
九、其 他	38613706	37242023	8060722	5369717	2691005	5640

教育事业费和基本建设支出明细(地方)

单位:千元

公用部分	商品和服务支出	其他资本性支出	专项公用支出	专项项目支出	基本建设支出
673522504	**290242244**	**383280260**	**112348251**	**270932009**	**62514653**
165568728	64962781	100605947	43521248	57084699	9481954
163041238	63491969	99549269	43253638	56295631	9407111
129985446	50762929	79222517	36072874	43149643	6047498
33055792	12729040	20326752	7180764	13145988	3359613
2527490	1470812	1056678	267610	789068	74843
41928468	17411165	24517303	6716934	17800369	6973324
18397971	7845812	10552159	3170104	7382055	2736443
17277894	6399544	10878350	2447480	8430870	2932767
2569440	831553	1737887	348957	1388930	396816
4651165	2098250	2552915	922927	1629988	1247988
1601438	1067559	533879	176423	357456	56126
181174375	78072900	103101475	23355863	79745612	23234393
180828161	77957426	102870735	23346905	79523830	23234393
57910822	21645529	36265293	7659503	28605790	7330753
7197494	2608652	4588842	902560	3686282	524799
122917339	56311897	66605442	15687402	50918040	15903640
71862880	33260804	38602076	8852226	29749850	9046165
346214	115474	230740	8958	221782	
169779560	85518192	84261368	21102908	63158460	13930811
169775069	85513875	84261194	21102734	63158460	13930811
109384705	54873441	54511264	12764222	41747042	8657536
4491	4317	174	174		
2463146	1113050	1350096	324386	1025710	231261
2398657	1062091	1336566	315177	1021389	230621
64489	50959	13530	9209	4321	640
27453958	7217986	20235972	3193622	17042350	3514565
14536186	2839687	11696499	1319908	10376591	2129054
17487360	8816343	8671017	2457137	6213880	1415802
38485608	16902497	21583111	7954625	13628486	2360860
29181301	10227330	18953971	3721528	15232443	1371683

1-25 各级各类教育机构公共财政预算教育事业费

学校类别	合计	事业费支出	个人部分	工资福利支出	对个人和家庭的补助支出	#助学金
总计	**1841883772**	**1772696047**	**1057978119**	**752399959**	**305578160**	**85921308**
一、高等学校	393731534	377604858	170173495	99497330	70676165	30763403
1.普通高等学校	386917881	370883608	166035289	96749681	69285608	30458863
高等本科学校	321270543	308837641	135140565	77592040	57548525	24700685
高职高专学校	65647338	62045967	30894724	19157641	11737083	5758178
2.成人高等学校	6813653	6721250	4138206	2747649	1390557	304540
二、中等职业学校	109833276	102859952	62370499	40167466	22203033	10849003
1.中等专业学校	48067517	45331074	27155212	16494654	10660558	5558421
2.职业高中	45024100	42091333	25239773	17235041	8004732	3906457
#农村	6042981	5646165	3239767	2261424	978343	563740
3.技工学校	11094589	9846601	5969975	3543605	2426370	1291050
4.成人中专学校	5647070	5590944	4005539	2894166	1111373	93075
三、中学	563861726	540585402	361143243	274791200	86352043	24235901
1.普通中学	563267343	539991019	360895074	274593841	86301233	24235340
普通高中	180739628	173383155	115562727	89080517	26482210	7361555
#农村	25408331	24883532	17845466	14106910	3738556	1242662
普通初中	382527715	366607864	245332347	185513324	59819023	16873785
#农村	225339502	216293337	145109429	108893156	36216273	12658785
2.成人中学	594383	594383	248169	197359	50810	561
四、小学	578939346	564994746	396383279	288671182	107712097	18974221
1.普通小学	578904269	564959669	396352693	288642458	107710235	18974216
#农村	384296197	375638661	266808936	192760765	74048171	16195232
2.成人小学	35077	35077	30586	28724	1862	5
五、特殊教育	6717799	6492538	4063309	3079742	983567	171229
1.特殊教育学校	6492361	6267740	3903000	2961904	941096	169774
2.工读学校	225438	224798	160309	117838	42471	1455
六、幼儿园	55689525	52196330	26817508	22003442	4814066	907973
#农村	24691267	22576313	9110416	7786867	1323549	573830
七、教育行政单位	29190708	27774906	10253083	6751883	3501200	
八、教育事业单位	64455327	62094467	18465558	11934354	6531204	
九、其他	39464531	38092848	8308145	5503360	2804785	19578

和基本建设支出明细(全国教育和其他部门)

单位:千元

公用部分	商品和服务支出	其他资本性支出			基本建设支出
			专项公用支出	专项项目支出	
714717928	**322006033**	**392711895**	**122490240**	**270221655**	**69187725**
207431363	94639398	112791965	54218331	58573634	16126676
204848319	93135264	111713055	53928855	57784200	16034273
173697076	80503596	93193480	46812544	46380936	12432902
31151243	12631668	18519575	7116311	11403264	3601371
2583044	1504134	1078910	289476	789434	92403
40489453	16825974	23663479	6641068	17022411	6973324
18175862	7684930	10490932	3163729	7327203	2736443
16851560	6200342	10651218	2402530	8248688	2932767
2406398	813317	1593081	339476	1253605	396816
3876626	1881245	1995381	902807	1092574	1247988
1585405	1059457	525948	172002	353946	56126
179442159	77159714	102282445	23309662	78972783	23276324
179095945	77044240	102051705	23300704	78751001	23276324
57820428	21562441	36257987	7689508	28568479	7356473
7038066	2567539	4470527	900533	3569994	524799
121275517	55481799	65793718	15611196	50182522	15919851
71183908	33037388	38146520	8833811	29312709	9046165
346214	115474	230740	8958	221782	
168611467	84511374	84100093	21000205	63099888	13944600
168606976	84507057	84099919	21000031	63099888	13944600
108829725	54406653	54423072	12710820	41712252	8657536
4491	4317	174	174		
2429229	1109578	1319651	323941	995710	225261
2364740	1058619	1306121	314732	991389	224621
64489	50959	13530	9209	4321	640
25378822	6345007	19033815	2769205	16264610	3493195
13465897	2449089	11016808	1107893	9908915	2114954
17521823	8848954	8672869	2458989	6213880	1415802
43628909	21961506	21667403	8020935	13646468	2360860
29784703	10604528	19180175	3747904	15432271	1371683

1-26 各级各类教育机构公共财政预算教育事业费

学校类别	合计	事业费支出	个人部分	工资福利支出	对个人和家庭的补助支出	#助学金
总　计	**113666720**	**106959688**	**54741423**	**29952567**	**24788856**	**10620584**
一、高等学校	104058351	97411319	52256281	28061725	24194556	10587280
1.普通高等学校	103945783	97316311	52221227	28049892	24171335	10587280
高等本科学校	103275311	96887597	51996314	27878806	24117508	10555160
高职高专学校	670472	428714	224913	171086	53827	32120
2.成人高等学校	112568	95008	35054	11833	23221	
二、中等职业学校	281163	281163	93955	68296	25659	5690
1.中等专业学校	262799	262799	82125	60610	21515	3980
2.职业高中	18364	18364	11830	7686	4144	1710
#农村						
3.技工学校						
4.成人中专学校						
三、中　学	2099887	2053676	1252013	1006103	245910	13108
1.普通中学	2099887	2053676	1252013	1006103	245910	13108
普通高中	1148550	1118550	651868	495669	156199	12357
#农村	4430	4430	2966	1204	1762	276
普通初中	951337	935126	600145	510434	89711	751
#农村	3579	3579	2630	1707	923	72
2.成人中学						
四、小　学	897015	883226	591033	499322	91711	431
1.普通小学	897015	883226	591033	499322	91711	431
#农村	6376	6376	4430	3111	1319	344
2.成人小学						
五、特殊教育						
1.特殊教育学校						
2.工读学校						
六、幼儿园	10681	10681	9684	9361	323	137
#农村						
七、教育行政单位	86408	86408	51945	51559	386	
八、教育事业单位	5382390	5382390	239089	122558	116531	
九、其　他	850825	850825	247423	133643	113780	13938

和基本建设支出明细(中央教育和其他部门)

单位:千元

公用部分	商品和服务支出	其他资本性支出	专项公用支出	专项项目支出	基本建设支出
52218265	**36153711**	**16064554**	**11407211**	**4657343**	**6707032**
45155038	30058045	15096993	11025769	4071224	6647032
45095084	30020623	15074461	11003803	4070658	6629472
44891283	29870343	15020940	10964868	4056072	6387714
203801	150280	53521	38935	14586	241758
59954	37422	22532	21966	566	17560
187208	44518	142690	116903	25787	
180674	43224	137450	116663	20787	
6534	1294	5240	240	5000	
801663	410263	391400	129997	261403	46211
801663	410263	391400	129997	261403	46211
466682	219485	247197	70162	177035	30000
1464	1163	301	301		
334981	190778	144203	59835	84368	16211
949	709	240	240		
292193	171790	120403	39708	80695	13789
292193	171790	120403	39708	80695	13789
1946	1596	350	350		
997	277	720	296	424	
34463	32611	1852	1852		
5143301	5059009	84292	66310	17982	
603402	377198	226204	26376	199828	

1-27 各级各类教育机构公共财政预算教育事业费

学校类别	合计	事业费支出	个人部分	工资福利支出	对个人和家庭的补助支出	#助学金
总计	**1728217052**	**1665736359**	**1003236696**	**722447392**	**280789304**	**75300724**
一、高等学校	289673183	280193539	117917214	71435605	46481609	20176123
1.普通高等学校	282972098	273567297	113814062	68699789	45114273	19871583
高等本科学校	217995232	211950044	83144251	49713234	33431017	14145525
高职高专学校	64976866	61617253	30669811	18986555	11683256	5726058
2.成人高等学校	6701085	6626242	4103152	2735816	1367336	304540
二、中等职业学校	109552113	102578789	62276544	40099170	22177374	10843313
1.中等专业学校	47804718	45068275	27073087	16434044	10639043	5554441
2.职业高中	45005736	42072969	25227943	17227355	8000588	3904747
#农村	6042981	5646165	3239767	2261424	978343	563740
3.技工学校	11094589	9846601	5969975	3543605	2426370	1291050
4.成人中专学校	5647070	5590944	4005539	2894166	1111373	93075
三、中　学	561761839	538531726	359891230	273785097	86106133	24222793
1.普通中学	561167456	537937343	359643061	273587738	86055323	24222232
普通高中	179591078	172264605	114910859	88584848	26326011	7349198
#农村	25403901	24879102	17842500	14105706	3736794	1242386
普通初中	381576378	365672738	244732202	185002890	59729312	16873034
#农村	225335923	216289758	145106799	108891449	36215350	12658713
2.成人中学	594383	594383	248169	197359	50810	561
四、小　学	578042331	564111520	395792246	288171860	107620386	18973790
1.普通小学	578007254	564076443	395761660	288143136	107618524	18973785
#农村	384289821	375632285	266804506	192757654	74046852	16194888
2.成人小学	35077	35077	30586	28724	1862	5
五、特殊教育	6717799	6492538	4063309	3079742	983567	171229
1.特殊教育学校	6492361	6267740	3903000	2961904	941096	169774
2.工读学校	225438	224798	160309	117838	42471	1455
六、幼儿园	55678844	52185649	26807824	21994081	4813743	907836
#农村	24691267	22576313	9110416	7786867	1323549	573830
七、教育行政单位	29104300	27688498	10201138	6700324	3500814	
八、教育事业单位	59072937	56712077	18226469	11811796	6414673	
九、其　他	38613706	37242023	8060722	5369717	2691005	5640

和基本建设支出明细(地方教育和其他部门)

单位:千元

公用部分	商品和服务支出	其他资本性支出			基本建设支出
			专项公用支出	专项项目支出	
662499663	**285852322**	**376647341**	**111083029**	**265564312**	**62480693**
162276325	64581353	97694972	43192562	54502410	9479644
159753235	63114641	96638594	42925052	53713542	9404801
128805793	50633253	78172540	35847676	42324864	6045188
30947442	12481388	18466054	7077376	11388678	3359613
2523090	1466712	1056378	267510	788868	74843
40302245	16781456	23520789	6524165	16996624	6973324
17995188	7641706	10353482	3047066	7306416	2736443
16845026	6199048	10645978	2402290	8243688	2932767
2406398	813317	1593081	339476	1253605	396816
3876626	1881245	1995381	902807	1092574	1247988
1585405	1059457	525948	172002	353946	56126
178640496	76749451	101891045	23179665	78711380	23230113
178294282	76633977	101660305	23170707	78489598	23230113
57353746	21342956	36010790	7619346	28391444	7326473
7036602	2566376	4470226	900232	3569994	524799
120940536	55291021	65649515	15551361	50098154	15903640
71182959	33036679	38146280	8833571	29312709	9046165
346214	115474	230740	8958	221782	
168319274	84339584	83979690	20960497	63019193	13930811
168314783	84335267	83979516	20960323	63019193	13930811
108827779	54405057	54422722	12710470	41712252	8657536
4491	4317	174	174		
2429229	1109578	1319651	323941	995710	225261
2364740	1058619	1306121	314732	991389	224621
64489	50959	13530	9209	4321	640
25377825	6344730	19033095	2768909	16264186	3493195
13465897	2449089	11016808	1107893	9908915	2114954
17487360	8816343	8671017	2457137	6213880	1415802
38485608	16902497	21583111	7954625	13628486	2360860
29181301	10227330	18953971	3721528	15232443	1371683

1-28　各级各类教育机构公共财政预算

学校类别	合　计	事业费支出	个人部分	工资福利支出	对个人和家庭的补助支出	#助学金
总　计	**10121041**	**9720521**	**4805663**	**3257881**	**1547782**	**713740**
一、高等学校	3638818	3630138	1016023	550067	465956	258475
1.普通高等学校	3600179	3594499	992398	536463	455935	253064
高等本科学校	1357462	1357462	434390	249034	185356	70915
高职高专学校	2242717	2237037	558008	287429	270579	182149
2.成人高等学校	38639	35639	23625	13604	10021	5411
二、中等职业学校	1826452	1766452	880873	453160	427713	268068
1.中等专业学校	521872	461872	359074	188456	170618	95448
2.职业高中	167498	167498	14077	3562	10515	10342
#农村	133228	133228	1835	575	1260	1260
3.技工学校	1104057	1104057	481846	250627	231219	152811
4.成人中专学校	33025	33025	25876	10515	15361	9467
三、中　学	2298340	2221589	1373182	1070351	302831	90556
1.普通中学	2298340	2221589	1373182	1070351	302831	90556
普通高中	606270	591890	460711	361248	99463	34780
#农村	167927	153547	126728	101571	25157	9343
普通初中	1692070	1629699	912471	709103	203368	55776
#农村	1297473	1235102	647350	496919	150431	47858
2.成人中学						
四、小　学	1937423	1864174	1379965	1074123	305842	88128
1.普通小学	1937423	1864174	1379965	1074123	305842	88128
#农村	1426171	1352922	1035393	796393	239000	79936
2.成人小学						
五、特殊教育						
1.特殊教育学校						
2.工读学校						
六、幼儿园	198431	114991	68444	53278	15166	5848
#农村	105307	25307	18592	15165	3427	2027
七、教育行政单位	35421	35421	19297	11734	7563	
八、教育事业单位	25499	25499	19266	13765	5501	
九、其　他	160657	62257	48613	31403	17210	2665

教育事业费和基本建设支出明细(企业办)

单位:千元

公用部分	商品和服务支出	其他资本性支出	专项公用支出	专项项目支出	基本建设支出
4914858	**1071644**	**3843214**	**323667**	**3519547**	**400520**
2614115	354619	2259496	113104	2146392	8680
2602101	346856	2255245	112053	2143192	5680
923072	210704	712368	57038	655330	
1679029	136152	1542877	55015	1487862	5680
12014	7763	4251	1051	3200	3000
885579	132937	752642	65289	687353	60000
102798	50286	52512	42938	9574	60000
153421	10122	143299	7254	136045	
131393	923	130470		130470	
622211	67656	554555	13101	541454	
7149	4873	2276	1996	280	
848407	265044	583363	64964	518399	76751
848407	265044	583363	64964	518399	76751
131179	90916	40263	18781	21482	14380
26819	16180	10639	3741	6898	14380
717228	174128	543100	46183	496917	62371
587752	101173	486579	26094	460485	62371
484209	257540	226669	70264	156405	73249
484209	257540	226669	70264	156405	73249
317529	172091	145438	44798	100640	73249
46547	30379	16168	5868	10300	83440
6715	5596	1119	619	500	80000
16124	14908	1216	1216		
6233	6027	206	206		
13644	10190	3454	2756	698	98400

1-29 各级各类教育机构公共财政预算

学校类别	合计	事业费支出	个人部分	工资福利支出	对个人和家庭的补助支出	#助学金
总计	**5254911**	**4854751**	**3365094**	**2473727**	**891367**	**294586**
一、高等学校	1161561	1152881	569683	344177	225506	94288
1.普通高等学校	1134350	1128670	553086	332324	220762	94154
高等本科学校	927901	927901	413343	249034	164309	49868
高职高专学校	206449	200769	139743	83290	56453	44286
2.成人高等学校	27211	24211	16597	11853	4744	134
二、中等职业学校	310483	250483	165253	107285	57968	32976
1.中等专业学校	225783	165783	114427	77588	36839	21721
2.职业高中	5413	5413	2588	2427	161	48
#农村						
3.技工学校	64929	64929	37636	22004	15632	6996
4.成人中专学校	14358	14358	10602	5266	5336	4211
三、中　学	1680944	1604193	1233774	954326	279448	80109
1.普通中学	1680944	1604193	1233774	954326	279448	80109
普通高中	531309	516929	405569	317346	88223	27752
#农村	167925	153545	126728	101571	25157	9343
普通初中	1149635	1087264	828205	636980	191225	52357
#农村	899893	837522	647177	496759	150418	47845
2.成人中学						
四、小　学	1726276	1653027	1255379	966377	289002	84484
1.普通小学	1726276	1653027	1255379	966377	289002	84484
#农村	1404393	1331144	1030780	792470	238310	79216
2.成人小学						
五、特殊教育						
1.特殊教育学校						
2.工读学校						
六、幼儿园	154070	70990	53829	44660	9169	64
#农村	100275	20275	15454	14056	1398	60
七、教育行政单位	35421	35421	19297	11734	7563	
八、教育事业单位	25499	25499	19266	13765	5501	
九、其　他	160657	62257	48613	31403	17210	2665

教育事业费和基本建设支出明细(中央企业办)

单位:千元

公用部分	商品和服务支出	其他资本性支出	专项公用支出	专项项目支出	基本建设支出
1489657	**785702**	**703955**	**209427**	**494528**	**400160**
583198	254693	328505	67282	261223	8680
575584	251030	324554	66331	258223	5680
514558	207190	307368	57038	250330	
61026	43840	17186	9293	7893	5680
7614	3663	3951	951	3000	3000
85230	47079	38151	23978	14173	60000
51356	22757	28599	19025	9574	60000
2825	2538	287	122	165	
27293	20304	6989	2835	4154	
3756	1480	2276	1996	280	
370419	219660	150759	52730	98029	76751
370419	219660	150759	52730	98029	76751
111360	78886	32474	15201	17273	14380
26817	16178	10639	3741	6898	14380
259059	140774	118285	37529	80756	62371
190345	99961	90384	26039	64345	62371
397648	219317	178331	60456	117875	73249
397648	219317	178331	60456	117875	73249
300364	165059	135305	44358	90947	73249
17161	13828	3333	803	2530	83080
4821	4481	340	340		80000
16124	14908	1216	1216		
6233	6027	206	206		
13644	10190	3454	2756	698	98400

1-30 各级各类教育机构公共财政预算

学校类别	合计	事业费支出	个人部分	工资福利支出	对个人和家庭的补助支出	#助学金
总　计	**4866130**	**4865770**	**1440569**	**784154**	**656415**	**419154**
一、高等学校	2477257	2477257	446340	205890	240450	164187
1.普通高等学校	2465829	2465829	439312	204139	235173	158910
高等本科学校	429561	429561	21047		21047	21047
高职高专学校	2036268	2036268	418265	204139	214126	137863
2.成人高等学校	11428	11428	7028	1751	5277	5277
二、中等职业学校	1515969	1515969	715620	345875	369745	235092
1.中等专业学校	296089	296089	244647	110868	133779	73727
2.职业高中	162085	162085	11489	1135	10354	10294
#农村	133228	133228	1835	575	1260	1260
3.技工学校	1039128	1039128	444210	228623	215587	145815
4.成人中专学校	18667	18667	15274	5249	10025	5256
三、中　学	617396	617396	139408	116025	23383	10447
1.普通中学	617396	617396	139408	116025	23383	10447
普通高中	74961	74961	55142	43902	11240	7028
#农村	2	2				
普通初中	542435	542435	84266	72123	12143	3419
#农村	397580	397580	173	160	13	13
2.成人中学						
四、小　学	211147	211147	124586	107746	16840	3644
1.普通小学	211147	211147	124586	107746	16840	3644
#农村	21778	21778	4613	3923	690	720
2.成人小学						
五、特殊教育						
1.特殊教育学校						
2.工读学校						
六、幼儿园	44361	44001	14615	8618	5997	5784
#农村	5032	5032	3138	1109	2029	1967
七、教育行政单位						
八、教育事业单位						
九、其　他						

教育事业费和基本建设支出明细(地方企业办)

单位:千元

公用部分	商品和服务支出	其他资本性支出	专项公用支出	专项项目支出	基本建设支出
3425201	**285942**	**3139259**	**114240**	**3025019**	**360**
2030917	99926	1930991	45822	1885169	
2026517	95826	1930691	45722	1884969	
408514	3514	405000		405000	
1618003	92312	1525691	45722	1479969	
4400	4100	300	100	200	
800349	85858	714491	41311	673180	
51442	27529	23913	23913		
150596	7584	143012	7132	135880	
131393	923	130470		130470	
594918	47352	547566	10266	537300	
3393	3393				
477988	45384	432604	12234	420370	
477988	45384	432604	12234	420370	
19819	12030	7789	3580	4209	
2	2				
458169	33354	424815	8654	416161	
397407	1212	396195	55	396140	
86561	38223	48338	9808	38530	
86561	38223	48338	9808	38530	
17165	7032	10133	440	9693	
29386	16551	12835	5065	7770	360
1894	1115	779	279	500	

1-31 各级各类教育机构公共财政预算

学校类别	合 计	事业费支出	个人部分	工资福利支出	对个人和家庭的补助支出	#助学金
总 计	**16756811**	**16723211**	**9125571**	**2739344**	**6386227**	**6029512**
一、高等学校	4462546	4460236	3198750	272320	2926430	2870621
1.普通高等学校	4462546	4460236	3198750	272320	2926430	2870621
高等本科学校	3156277	3153967	2382828	112028	2270800	2239320
高职高专学校	1306269	1306269	815922	160292	655630	631301
2.成人高等学校						
二、中等职业学校	2827237	2827237	2001363	231205	1770158	1684275
1.中等专业学校	1233245	1233245	881904	128100	753804	703405
2.职业高中	1158508	1158508	876236	91453	784783	751463
#农村	105229	105229	73580	8463	65117	61584
3.技工学校	356759	356759	177138	9902	167236	165189
4.成人中专学校	78725	78725	66085	1750	64335	64218
三、中 学	4094895	4090615	2034724	1182516	852208	749272
1.普通中学	4094895	4090615	2034724	1182516	852208	749272
普通高中	1303994	1299714	762457	413484	348973	325858
#农村	271509	271509	110619	56336	54283	49185
普通初中	2790901	2790901	1272267	769032	503235	423414
#农村	562399	562399	279885	125039	154846	136744
2.成人中学						
四、小 学	2379917	2379917	1006192	548458	457734	383358
1.普通小学	2379917	2379917	1006192	548458	457734	383358
#农村	916163	916163	376402	124345	252057	215412
2.成人小学						
五、特殊教育	47579	41579	7662	5013	2649	2649
1.特殊教育学校	47579	41579	7662	5013	2649	2649
2.工读学校						
六、幼儿园	2944637	2923627	876880	499832	377048	339337
#农村	1485691	1471591	403196	204071	199125	182732
七、教育行政单位						
八、教育事业单位						
九、其 他						

教育事业费和基本建设支出明细(民办)

单位:千元

公用部分	商品和服务支出	其他资本性支出		基本建设支出
			专项公用支出	专项项目支出	
7597640	**4103980**	**3493660**	**1150982**	**2342678**	**33600**
1261486	281502	979984	282864	697120	2310
1261486	281502	979984	282864	697120	2310
771139	126162	644977	225198	419779	2310
490347	155340	335007	57666	277341	
825874	543851	282023	151458	130565	
351341	176577	174764	99125	75639	
282272	192912	89360	38058	51302	
31649	17313	14336	9481	4855	
179621	169653	9968	9854	114	
12640	4709	7931	4421	3510	
2055891	1278065	777826	163964	613862	4280
2055891	1278065	777826	163964	613862	4280
537257	290543	246714	36577	210137	4280
160890	42274	118616	2328	116288	
1518634	987522	531112	127387	403725	
282514	222913	59601	18600	41001	
1373725	1140385	233340	132603	100737	
1373725	1140385	233340	132603	100737	
539761	461352	78409	53312	25097	
33917	3472	30445	445	30000	6000
33917	3472	30445	445	30000	6000
2046747	856705	1190042	419648	770394	21010
1068395	389483	678912	211736	467176	14100

1-32 各级学校生均教育经费支出（全国教育和其他部门）

单位：元

学校类别	教育经费支出	事业性经费支出	个人部分	公用部分	基本建设支出
总　计	**11854.23**	**11499.59**	**6032.10**	**5467.50**	**354.64**
一、高等学校	26106.61	25323.96	10077.74	15246.23	782.64
1.普通高等学校	26850.26	26037.94	10325.51	15712.43	812.32
高等本科学校	30630.19	29744.64	11597.15	18147.50	885.55
高职高专学校	16879.22	16260.07	6971.08	9288.98	619.15
2.成人高等学校	11550.37	11348.60	5227.74	6120.86	201.77
二、中等职业学校	12371.12	11829.55	5851.71	5977.84	541.57
1.中等专业学校	12706.53	12213.57	6031.70	6181.87	492.96
2.职业高中	11786.47	11251.73	5395.42	5856.31	534.74
#农村	9999.33	9518.39	4430.92	5087.46	480.94
3.技工学校	10832.31	10008.78	4980.73	5028.05	823.53
4.成人中专学校	23189.24	23023.14	14161.95	8861.19	166.10
三、中　学	10810.54	10450.38	6152.02	4298.36	360.16
1.普通中学	10805.21	10444.82	6151.69	4293.12	360.39
普通高中	11990.96	11642.98	6374.64	5268.34	347.98
#农村	9589.40	9436.02	5691.79	3744.23	153.38
普通初中	10218.39	9851.85	6041.36	3810.49	366.54
#农村	9581.79	9243.76	5807.50	3436.25	338.04
2.成人中学	19141.22	19141.22	6660.26	12480.96	
四、小　学	7446.76	7288.74	4830.14	2458.61	158.01
1.普通小学	7447.39	7289.36	4830.46	2458.89	158.04
#农村	7132.61	6989.55	4777.37	2212.18	143.06
2.成人小学	2904.67	2904.67	2491.63	413.04	
五、特殊教育	45790.48	44529.38	24457.83	20071.55	1261.10
1.特殊教育学校	45780.18	44476.40	24259.86	20216.54	1303.78
2.工读学校	46071.18	45973.42	29853.83	16119.60	97.75
六、幼儿园	6166.77	5909.88	2730.67	3179.21	256.88
#农村	4018.96	3783.68	1410.92	2372.76	235.28

1-33　各级学校生均公共财政预算教育经费支出（全国教育和其他部门）

单位：元

学校类别	公共财政预算教育经费支出	事业费支出			基本建设支出
			个人部分	公用部分	
总　　计	**8726.26**	**8398.47**	**5012.36**	**3386.10**	**327.79**
一、高等学校	16935.79	16242.13	7319.77	8922.36	693.67
1.普通高等学校	17074.81	16367.21	7327.19	9040.02	707.60
高等本科学校	19874.20	19105.08	8359.97	10745.12	769.11
高职高专学校	10107.44	9552.96	4756.73	4796.23	554.49
2.成人高等学校	11581.40	11424.34	7033.85	4390.49	157.06
二、中等职业学校	8076.75	7563.95	4586.50	2977.45	512.79
1.中等专业学校	7948.32	7495.83	4490.32	3005.51	452.49
2.职业高中	8088.56	7561.69	4534.31	3027.37	526.87
#农村	7015.28	6554.61	3761.04	2793.58	460.66
3.技工学校	6771.49	6009.79	3643.73	2366.07	761.70
4.成人中专学校	16303.20	16141.16	11564.07	4577.09	162.04
三、中　学	8366.53	8021.16	5358.61	2662.55	345.37
1.普通中学	8363.06	8017.47	5358.36	2659.11	345.59
普通高中	8105.86	7775.94	5182.79	2593.15	329.93
#农村	6694.05	6555.79	4701.55	1854.24	138.26
普通初中	8490.35	8137.00	5445.25	2691.76	353.35
#农村	8237.29	7906.61	5304.48	2602.13	330.68
2.成人中学	13796.23	13796.23	5760.25	8035.98	
四、小　学	6279.77	6128.51	4299.58	1828.93	151.26
1.普通小学	6280.26	6128.99	4299.85	1829.14	151.28
#农村	6156.27	6017.58	4274.17	1743.41	138.69
2.成人小学	2718.73	2718.73	2370.64	348.09	
五、特殊教育	36312.82	35095.18	21964.07	13131.11	1217.64
1.特殊教育学校	36381.76	35123.03	21871.55	13251.48	1258.73
2.工读学校	34433.79	34336.03	24485.87	9850.16	97.75
六、幼儿园	3911.11	3665.78	1883.41	1782.37	245.33
#农村	2730.19	2496.33	1007.37	1488.97	233.86

1-34 各级学校生均教育经费支出（中央教育和其他部门）

单位:元

学校类别	教育经费支出	事业性经费支出	个人部分	公用部分	基本建设支出
总　计	**44171.85**	**42333.02**	**16577.61**	**25755.41**	**1838.84**
一、高等学校	43999.99	42014.39	17179.45	24834.94	1985.60
1.普通高等学校	43940.85	41955.47	17171.10	24784.37	1985.38
高等本科学校	44325.80	42383.13	17310.32	25072.81	1942.67
高职高专学校	18696.87	13910.60	8041.25	5869.35	4786.28
2.成人高等学校	–	–	–	–	–
二、中等职业学校	38671.91	38671.91	13888.48	24783.44	
1.中等专业学校	53491.42	53491.42	17638.83	35852.59	
2.职业高中	10282.39	10282.39	6703.97	3578.43	
#农村					
3.技工学校					
4.成人中专学校					
三、中　学	13897.30	13668.35	8396.95	5271.40	228.95
1.普通中学	13897.30	13668.35	8396.95	5271.40	228.95
普通高中	21366.69	20951.66	12163.38	8788.28	415.03
#农村	7097.47	7097.47	5956.96	1140.51	
普通初中	9729.76	9604.63	6295.47	3309.16	125.13
#农村	6874.87	6874.87	5874.87	1000.00	
2.成人中学					
四、小　学	8639.98	8540.24	5614.35	2925.89	99.74
1.普通小学	8639.98	8540.24	5614.35	2925.89	99.74
#农村	5357.08	5357.08	4735.04	622.03	
2.成人小学					
五、特殊教育					
1.特殊教育学校					
2.工读学校					
六、幼儿园	10710.64	10710.64	7462.98	3247.66	
#农村	8854.22	8854.22	7400.00	1454.22	

1-35 各级学校生均公共财政预算教育经费支出（中央教育和其他部门）

单位：元

学校类别	公共财政预算教育经费支出	事业费支出	个人部分	公用部分	基本建设支出
总　计	**25164.83**	**23679.95**	**12119.28**	**11560.67**	**1484.88**
一、高等学校	25244.78	23632.19	12677.48	10954.71	1612.58
1.普通高等学校	25217.46	23609.14	12668.98	10940.16	1608.32
高等本科学校	25466.20	23891.08	12821.54	11069.54	1575.12
高职高专学校	10068.91	6438.27	3377.66	3060.61	3630.64
2.成人高等学校	-	-	-	-	-
二、中等职业学校	29891.88	29891.88	9988.84	19903.04	
1.中等专业学校	42524.11	42524.11	13288.83	29235.28	
2.职业高中	5692.50	5692.50	3667.08	2025.42	
#农村					
3.技工学校					
4.成人中专学校					
三、中　学	10403.88	10174.92	6203.09	3971.83	228.95
1.普通中学	10403.88	10174.92	6203.09	3971.83	228.95
普通高中	15889.41	15474.38	9018.15	6456.23	415.03
#农村	2803.80	2803.80	1877.22	926.58	
普通初中	7343.23	7218.10	4632.43	2585.67	125.13
#农村	3670.77	3670.77	2697.44	973.33	
2.成人中学					
四、小　学	6488.35	6388.61	4275.10	2113.51	99.74
1.普通小学	6488.35	6388.61	4275.10	2113.51	99.74
#农村	2018.36	2018.36	1402.34	616.02	
2.成人小学					
五、特殊教育					
1.特殊教育学校					
2.工读学校					
六、幼儿园	243.36	243.36	220.64	22.72	
#农村					

1-36 各级学校生均教育经费支出（地方教育和其他部门）

单位:元

学校类别	教育经费支出	事业性经费支出	个人部分	公用部分	基本建设支出
总　计	**11090.53**	**10770.97**	**5782.90**	**4988.07**	**319.56**
一、高等学校	22304.37	21777.35	8568.66	13208.68	527.02
1.普通高等学校	22999.86	22451.82	8783.25	13668.58	548.04
高等本科学校	26070.74	25537.12	9695.16	15841.97	533.62
高职高专学校	16860.77	16283.91	6960.22	9323.69	576.86
2.成人高等学校	11120.00	10930.93	5117.90	5813.02	189.07
二、中等职业学校	12352.91	11810.97	5846.15	5964.82	541.94
1.中等专业学校	12664.81	12171.34	6019.83	6151.52	493.47
2.职业高中	11787.34	11252.29	5394.66	5857.63	535.05
#农村	9999.33	9518.39	4430.92	5087.46	480.94
3.技工学校	10832.31	10008.78	4980.73	5028.05	823.53
4.成人中专学校	23189.24	23023.14	14161.95	8861.19	166.10
三、中　学	10801.27	10440.71	6145.28	4295.43	360.56
1.普通中学	10795.92	10435.13	6144.95	4290.18	360.79
普通高中	11960.47	11612.71	6355.81	5256.89	347.76
#农村	9590.44	9437.00	5691.68	3745.32	153.44
普通初中	10219.79	9852.56	6040.62	3811.93	367.24
#农村	9581.89	9243.84	5807.50	3436.34	338.05
2.成人中学	19141.22	19141.22	6660.26	12480.96	
四、小　学	7444.97	7286.86	4828.96	2457.91	158.10
1.普通小学	7445.60	7287.48	4829.29	2458.19	158.12
#农村	7132.70	6989.63	4777.37	2212.26	143.06
2.成人小学	2904.67	2904.67	2491.63	413.04	
五、特殊教育	45790.48	44529.38	24457.83	20071.55	1261.10
1.特殊教育学校	45780.18	44476.40	24259.86	20216.54	1303.78
2.工读学校	46071.18	45973.42	29853.83	16119.60	97.75
六、幼儿园	6152.72	5895.04	2716.04	3179.00	257.68
#农村	4018.52	3783.21	1410.37	2372.84	235.31

1-37 各级学校生均公共财政预算教育经费支出（地方教育和其他部门）

单位：元

学校类别	公共财政预算教育经费支出	事业费支出	个人部分	公用部分	基本建设支出
总　计	**8366.78**	**8064.30**	**4856.95**	**3207.35**	**302.49**
一、高等学校	15145.12	14649.49	6165.12	8484.37	495.63
1.普通高等学校	15264.29	14756.97	6139.44	8617.53	507.32
高等本科学校	18001.53	17502.33	6865.85	10636.48	499.20
高职高专学校	10107.84	9585.22	4771.02	4814.20	522.62
2.成人高等学校	11390.05	11262.84	6974.26	4288.58	127.21
二、中等职业学校	8061.65	7548.50	4582.76	2965.73	513.15
1.中等专业学校	7912.95	7460.00	4481.32	2978.68	452.95
2.职业高中	8089.95	7562.77	4534.82	3027.96	527.18
#农村	7015.28	6554.61	3761.04	2793.58	460.66
3.技工学校	6771.49	6009.79	3643.73	2366.07	761.70
4.成人中专学校	16303.20	16141.16	11564.07	4577.09	162.04
三、中　学	8360.41	8014.69	5356.08	2658.62	345.72
1.普通中学	8356.93	8010.98	5355.82	2655.17	345.94
普通高中	8080.55	7750.90	5170.32	2580.58	329.65
#农村	6695.67	6557.35	4702.72	1854.63	138.32
普通初中	8493.66	8139.65	5447.59	2692.06	354.01
#农村	8237.45	7906.76	5304.57	2602.19	330.69
2.成人中学	13796.23	13796.23	5760.25	8035.98	
四、小　学	6279.45	6128.12	4299.61	1828.50	151.33
1.普通小学	6279.95	6128.60	4299.88	1828.71	151.36
#农村	6156.48	6017.79	4274.32	1743.47	138.70
2.成人小学	2718.73	2718.73	2370.64	348.09	
五、特殊教育	36312.82	35095.18	21964.07	13131.11	1217.64
1.特殊教育学校	36381.76	35123.03	21871.55	13251.48	1258.73
2.工读学校	34433.79	34336.03	24485.87	9850.16	97.75
六、幼儿园	3922.45	3676.36	1888.55	1787.81	246.09
#农村	2730.44	2496.56	1007.46	1489.10	233.88

第二部分

各地区按来源分类教育经费收入

2-1 教育经费

地区	总计			教育部门和其他部门		
	合计	中央	地方	合计	中央	地方
合计	**2865530519**	**238868493**	**2626662026**	**2631212640**	**228824736**	**2402387904**
北京	161543725	74369108	87174617	156182796	74361595	81821201
天津	56627746	6120067	50507679	51511746	6037373	45474373
河北	106336526	1986028	104350498	98061747	1418358	96643389
山西	64881459	348759	64532700	60017675	328023	59689652
内蒙古	57019993	390	57019603	55186909	390	55186519
辽宁	101763068	6951541	94811527	96125208	6951541	89173667
吉林	60830281	5522307	55307974	57604726	5504307	52100419
黑龙江	73940632	9155699	64784933	69201590	7914084	61287506
上海	104548839	20092212	84456627	92514233	20035437	72478796
江苏	200358888	17146641	183212247	185763068	17096246	168666822
浙江	139923124	6153435	133769689	121926984	6153435	115773549
安徽	103512770	4336535	99176235	95747165	4308590	91438575
福建	81982426	4424667	77557759	74181045	4424667	69756378
江西	77460740	68713	77392027	71198185	41671	71156514
山东	173681476	6919081	166762395	161843675	6495504	155348171
河南	147432053	861348	146570705	133015449	495155	132520294
湖北	105103066	18469318	86633748	96325734	18201792	78123942
湖南	106662441	5223080	101439361	96852584	5198340	91654244
广东	229105139	9026445	220078694	194454177	8914681	185539496
广西	73952587		73952587	69814514		69814514
海南	21833112	407476	21425636	19299469	407476	18891993
重庆	71378421	5915267	65463154	66232434	5913427	60319007
四川	144746706	13078305	131668401	132517481	13047068	119470413
贵州	60252904	248733	60004171	57105449	138858	56966591
云南	86697524	51538	86645986	82351265	51538	82299727
西藏	9961292		9961292	9897016		9897016
陕西	100613543	11629866	88983677	92871723	11615675	81256048
甘肃	48414823	2926855	45487968	46993656	2908292	44085364
青海	19662908	7528	19655380	19326059	7528	19318531
宁夏	14931071	518689	14412382	13987821	518689	13469132
新疆	60371236	6908862	53462374	53101057	334996	52766061

总收入

单位:千元

企业办学			民办学校
合　　计	中　　央	地　　方	地　　方
30793626	**10043757**	**20749869**	**203524253**
302961	7513	295448	5057968
3386219	82694	3303525	1729781
1122964	567670	555294	7151815
415359	20736	394623	4448425
357121		357121	1475963
447069		447069	5190791
90075	18000	72075	3135480
2071865	1241615	830250	2667177
6137442	56775	6080667	5897164
527916	50395	477521	14067904
943959		943959	17052181
696592	27945	668647	7069013
38881		38881	7762500
67728	27042	40686	6194827
2450098	423577	2026521	9387703
861129	366193	494936	13555475
562634	267526	295108	8214698
89002	24740	64262	9720855
715699	111764	603935	33935263
51446		51446	4086627
623448		623448	1910195
270001	1840	268161	4875986
375510	31237	344273	11853715
504837	109875	394962	2642618
367444		367444	3978815
			64276
304982	14191	290791	7436838
194316	18563	175753	1226851
78163		78163	258686
72214		72214	871036
6666552	6573866	92686	603627

2-2 国家财政性

地区	总计			教育部门和其他部门		
	合计	中央	地方	合计	中央	地方
合计	**2314756979**	**161943027**	**2152813952**	**2271473641**	**154261235**	**2117212406**
北京	126358691	51126565	75232126	126103947	51123476	74980471
天津	47659217	4325663	43333554	44783077	4283273	40499804
河北	88402811	1296107	87106704	87055991	977911	86078080
山西	54798773	346513	54452260	54098964	326321	53772643
内蒙古	51343328	390	51342938	50866841	390	50866451
辽宁	84454526	4601478	79853048	84058855	4601478	79457377
吉林	52353780	4447265	47906515	52095168	4431265	47663903
黑龙江	62687010	6243390	56443620	60584831	5262144	55322687
上海	84067826	12366353	71701473	77324363	12339973	64984390
江苏	154671479	11953036	142718443	152836078	11922928	140913150
浙江	102907514	3932811	98974703	100242586	3932811	96309775
安徽	83761398	2598458	81162940	82837047	2592706	80244341
福建	64291659	2724347	61567312	63739653	2724347	61015306
江西	64899530	50498	64849032	64045042	41671	64003371
山东	145389332	4741554	140647778	142448416	4466427	137981989
河南	120657780	562810	120094970	118431384	473893	117957491
湖北	76406772	12891471	63515301	75875049	12787925	63087124
湖南	83242604	3718864	79523740	82283900	3709129	78574771
广东	168002788	5410110	162592678	165369898	5336032	160033866
广西	62555667		62555667	62192856		62192856
海南	17662558	402466	17260092	17476570	402466	17074104
重庆	55555699	3437152	52118547	54795792	3436310	51359482
四川	115427897	7437774	107990123	113682061	7415304	106266757
贵州	53169352	189021	52980331	52693467	138858	52554609
云南	76367506	51538	76315968	75656245	51538	75604707
西藏	9760465		9760465	9740829		9740829
陕西	78751473	8517239	70234234	77336279	8504050	68832229
甘肃	42766705	2207468	40559237	42474223	2199176	40275047
青海	18655680	7528	18648152	18544113	7528	18536585
宁夏	13131157	436909	12694248	12885653	436909	12448744
新疆	54596002	5918249	48677753	48914463	334996	48579467

教育经费

单位:千元

企业办学			民办学校
合　计	中　央	地　方	地　方
22089685	**7681792**	**14407893**	**21193653**
87239	3089	84150	167505
2854298	42390	2811908	21842
604838	318196	286642	741982
260083	20192	239891	439726
290963		290963	185524
212638		212638	183033
77921	16000	61921	180691
1780577	981246	799331	321602
5737839	26380	5711459	1005624
234145	30108	204037	1601256
137561		137561	2527367
331680	5752	325928	592671
16252		16252	535754
30447	8827	21620	824041
1635815	275127	1360688	1305101
276128	88917	187211	1950268
201675	103546	98129	330048
27615	9735	17880	931089
392974	74078	318896	2239916
12640		12640	350171
77803		77803	108185
161075	842	160233	598832
194475	22470	172005	1551361
279461	50163	229298	196424
177689		177689	533572
			19636
113198	13189	100009	1301996
137650	8292	129358	154832
66163		66163	45404
24510		24510	220994
5654333	5583253	71080	27206

2-3 公共财政预算

地区	总计			教育部门和其他部门		
	合计	中央	地方	合计	中央	地方
合计	**2081626412**	**147947679**	**1933678733**	**2052328801**	**142209974**	**1910118827**
北京	107436373	43534663	63901710	107273759	43534533	63739226
天津	39936264	4218728	35717536	37233077	4207094	33025983
河北	79973411	895174	79078237	79170883	886694	78284189
山西	50138973	342193	49796780	49666759	326321	49340438
内蒙古	46761360	390	46760970	46541869	390	46541479
辽宁	76840438	3773813	73066625	76649470	3773813	72875657
吉林	48164384	4251962	43912422	47982210	4251962	43730248
黑龙江	58254667	5630821	52623846	56853375	5240700	51612675
上海	65972680	12014664	53958016	65574727	12008284	53566443
江苏	131506501	11305138	120201363	130499710	11302757	119196953
浙江	84645114	3747119	80897995	82925220	3747119	79178101
安徽	76822407	2533377	74289030	76176397	2529198	73647199
福建	56214620	2288954	53925666	55754036	2288954	53465082
江西	61862951	34977	61827974	61052934	32671	61020263
山东	127904951	4214009	123690942	125627507	4214009	121413498
河南	113938467	461829	113476638	111926880	454529	111472351
湖北	70636510	12693954	57942556	70251404	12665984	57585420
湖南	78563376	3688342	74875034	77636459	3682554	73953905
广东	149692538	4713221	144979317	147591867	4659863	142932004
广西	58632693		58632693	58277841		58277841
海南	16463016	391954	16071062	16332573	391954	15940619
重庆	50920928	3407660	47513268	50326611	3406818	46919793
四川	105352804	7386481	97966323	103880945	7365785	96515160
贵州	49472405	164912	49307493	49113259	135530	48977729
云南	71205006	35177	71169829	70673793	35177	70638616
西藏	9538311		9538311	9518675		9518675
陕西	73999759	8120803	65878956	72686725	8119716	64567009
甘肃	40142408	2173189	37969219	39990879	2172783	37818096
青海	17776528	7528	17769000	17688479	7528	17680951
宁夏	12105374	432258	11673116	11875693	432258	11443435
新疆	50751195	5484389	45266806	45574785	334996	45239789

教育经费

单位:千元

企业办学			民办学校
合　计	中　央	地　方	地　方
11269313	**5737705**	**5531608**	**18028298**
5614	130	5484	157000
2681385	11634	2669751	21802
80646	8480	72166	721882
43818	15872	27946	428396
39794		39794	179697
9465		9465	181503
4529		4529	177645
1079849	390121	689728	321443
88597	6380	82217	309356
26352	2381	23971	980439
74777		74777	1645117
98254	4179	94075	547756
4636		4636	455948
9104	2306	6798	800913
1016234		1016234	1261210
96367	7300	89067	1915220
68140	27970	40170	316966
9460	5788	3672	917457
147451	53358	94093	1953220
5202		5202	349650
22259		22259	108184
22064	842	21222	572253
78314	20696	57618	1393545
180887	29382	151505	178259
90763		90763	440450
			19636
68845	1087	67758	1244189
13836	406	13430	137693
42645		42645	45404
8787		8787	220894
5151239	5149393	1846	25171

2-4 公共财政预算

地区	总计			教育部门和其他部门		
	合计	中央	地方	合计	中央	地方
合计	**1835235786**	**107081453**	**1728154333**	**1808515732**	**102319875**	**1706195857**
北京	82687880	31224922	51462958	82525464	31224922	51300542
天津	36820869	2902065	33918804	34145854	2890656	31255198
河北	75057867	779744	74278123	74296603	775544	73521059
山西	44979172	256760	44722412	44524654	244888	44279766
内蒙古	37983273		37983273	37769600		37769600
辽宁	66148711	2963999	63184712	65960711	2963999	62996712
吉林	45520642	3203562	42317080	45339206	3203562	42135644
黑龙江	51346319	4284899	47061420	50461229	3998811	46462418
上海	58224668	8317832	49906836	57914881	8311452	49603429
江苏	120156101	8153902	112002199	119193663	8151983	111041680
浙江	77148701	1713497	75435204	75522044	1713497	73808547
安徽	67549324	1711471	65837853	66925285	1707292	65217993
福建	50658261	1946527	48711734	50209274	1946527	48262747
江西	58579880	22306	58557574	57872978	20000	57852978
山东	125152227	3006965	122145262	122922906	3006965	119915941
河南	98796311	400293	98396018	96820757	393293	96427464
湖北	58462981	9044556	49418425	58109548	9020744	49088804
湖南	68687382	2617982	66069400	67809532	2613234	65196298
广东	126247744	3751804	122495940	124511452	3701239	120810213
广西	54730275		54730275	54393708		54393708
海南	13730452	346701	13383751	13624214	346701	13277513
重庆	39420340	2898481	36521859	38873905	2897639	35976266
四川	95163768	5646352	89517416	93727861	5626201	88101660
贵州	46666542	59522	46607020	46332742	49750	46282992
云南	59300940		59300940	58799793		58799793
西藏	7757455		7757455	7737819		7737819
陕西	65133066	5311691	59821375	63832056	5310604	58521452
甘肃	34717779	1692280	33025499	34578411	1691874	32886537
青海	11440368		11440368	11366026		11366026
宁夏	9924404	375554	9548850	9704662	375554	9329108
新疆	47042084	4447786	42594298	42708894	132944	42575950

教育事业费拨款

单位:千元

企业办学			民办学校
合计	中央	地方	地方
9745848	**4761578**	**4984270**	**16974206**
5484		5484	156932
2653406	11409	2641997	21609
54535	4200	50335	706729
39228	11872	27356	415290
36410		36410	177263
9465		9465	178535
4120		4120	177316
599382	286088	313294	285708
79232	6380	72852	230555
21945	1919	20026	940493
68445		68445	1558212
85384	4179	81205	538655
3388		3388	445599
9104	2306	6798	697798
1011120		1011120	1218201
90738	7000	83738	1884816
58351	23812	34539	295082
8402	4748	3654	869448
112181	50565	61616	1624111
4275		4275	332292
4438		4438	101800
20682	842	19840	525753
76557	20151	56406	1359350
161277	9772	151505	172523
90763		90763	410384
			19636
60724	1087	59637	1240286
13758	406	13352	125610
41698		41698	32644
4668		4668	215074
4316688	4314842	1846	16502

2-5 公共财政预算

地区	总计			教育部门和其他部门		
	合计	中央	地方	合计	中央	地方
合计	**69621845**	**7280108**	**62341737**	**69187725**	**6879948**	**62307777**
北京	5083738	2244478	2839260	5083738	2244478	2839260
天津	1108499	324480	784019	1108499	324480	784019
河北	1337321	28440	1308881	1337321	28440	1308881
山西	1165672		1165672	1165672		1165672
内蒙古	1135712		1135712	1135712		1135712
辽宁	4279082	181980	4097102	4279082	181980	4097102
吉林	479575	97030	382545	479575	97030	382545
黑龙江	4519064	381964	4137100	4510304	373204	4137100
上海	1039211	354930	684281	1039211	354930	684281
江苏	749555	518062	231493	749555	518062	231493
浙江	614286	49540	564746	614286	49540	564746
安徽	2150091	20000	2130091	2144091	20000	2124091
福建	896595	128550	768045	896595	128550	768045
江西	1201909		1201909	1201909		1201909
山东	321540	98100	223440	321540	98100	223440
河南	2607899		2607899	2607899		2607899
湖北	3251546	516100	2735446	3251546	516100	2735446
湖南	2463436	264170	2199266	2454936	264170	2190766
广东	7298322	278702	7019620	7293682	278702	7014980
广西	2005718		2005718	2005718		2005718
海南	1164246	16889	1147357	1164246	16889	1147357
重庆	3100767	40000	3060767	3100767	40000	3060767
四川	3847924	347759	3500165	3845514	347759	3497755
贵州	1597012	33000	1564012	1597012	33000	1564012
云南	2753494		2753494	2753494		2753494
西藏	1168028		1168028	1168028		1168028
陕西	2499801	541840	1957961	2499801	541840	1957961
甘肃	2048906	182690	1866216	2048906	182690	1866216
青海	4811521		4811521	4799111		4799111
宁夏	405224	56704	348520	405224	56704	348520
新疆	2516151	574700	1941451	2124751	183300	1941451

基本建设拨款

单位:千元

企业办学			民办学校
合　　计	中　　央	地　　方	地　　方
400520	**400160**	**360**	**33600**
8760	8760		
			6000
			8500
360		360	4280
			2410
			12410
391400	391400		

2-6 公共财政预算

地区	总计			教育部门和其他部门		
	合计	中央	地方	合计	中央	地方
合计	**25268456**	**18441219**	**6827237**	**25268456**	**18441219**	**6827237**
北京	2245553	2033319	212234	2245553	2033319	212234
天津	879564	764059	115505	879564	764059	115505
河北	58020	30	57990	58020	30	57990
山西	125668	38425	87243	125668	38425	87243
内蒙古	65047		65047	65047		65047
辽宁	175592	69030	106562	175592	69030	106562
吉林	865073	653367	211706	865073	653367	211706
黑龙江	587974	524029	63945	587974	524029	63945
上海	3972044	2678176	1293868	3972044	2678176	1293868
江苏	2439074	1841527	597547	2439074	1841527	597547
浙江	2360370	1874599	485771	2360370	1874599	485771
安徽	789902	704513	85389	789902	704513	85389
福建	258847	86770	172077	258847	86770	172077
江西	92007	12671	79336	92007	12671	79336
山东	1051051	774984	276067	1051051	774984	276067
河南	190541	30480	160061	190541	30480	160061
湖北	2751841	2406846	344995	2751841	2406846	344995
湖南	1016693	694209	322484	1016693	694209	322484
广东	1225972	419235	806737	1225972	419235	806737
广西	82210		82210	82210		82210
海南	51104	2100	49004	51104	2100	49004
重庆	477240	369344	107896	477240	369344	107896
四川	1241083	1001264	239819	1241083	1001264	239819
贵州	212403	47442	164961	212403	47442	164961
云南	125123	7781	117342	125123	7781	117342
西藏	3007		3007	3007		3007
陕西	1579298	1231429	347869	1579298	1231429	347869
甘肃	225719	175590	50129	225719	175590	50129
青海	47827		47827	47827		47827
宁夏	37683		37683	37683		37683
新疆	34926		34926	34926		34926

科研拨款

单位：千元

企业办学			民办学校
合　计	中　央	地　方	地　方

2-7 公共财政预算

地区	总计			教育部门和其他部门		
	合计	中央	地方	合计	中央	地方
合计	**151500325**	**15144899**	**136355426**	**149356888**	**14568932**	**134787956**
北京	17419202	8031944	9387258	17419004	8031814	9387190
天津	1127332	228124	899208	1099160	227899	871261
河北	3520203	86960	3433243	3478939	82680	3396259
山西	3868461	47008	3821453	3850765	43008	3807757
内蒙古	7577328	390	7576938	7571510	390	7571120
辽宁	6237053	558804	5678249	6234085	558804	5675281
吉林	1299094	298003	1001091	1298356	298003	1000353
黑龙江	1801310	439929	1361381	1293868	344656	949212
上海	2736757	663726	2073031	2648591	663726	1984865
江苏	8161771	791647	7370124	8117418	791185	7326233
浙江	4521757	109483	4412274	4428520	109483	4319037
安徽	6333090	97393	6235697	6317119	97393	6219726
福建	4400917	127107	4273810	4389320	127107	4262213
江西	1989155		1989155	1886040		1886040
山东	1380133	333960	1046173	1332010	333960	998050
河南	12343716	31056	12312660	12307683	30756	12276927
湖北	6170142	726452	5443690	6138469	722294	5416175
湖南	6395865	111981	6283884	6355298	110941	6244357
广东	14920500	263480	14657020	14560761	260687	14300074
广西	1814490		1814490	1796205		1796205
海南	1517214	26264	1490950	1493009	26264	1466745
重庆	7922581	99835	7822746	7874699	99835	7774864
四川	5100029	391106	4708923	5066487	390561	4675926
贵州	996448	24948	971500	971102	5338	965764
云南	9025449	27396	8998053	8995383	27396	8967987
西藏	609821		609821	609821		609821
陕西	4787594	1035843	3751751	4775570	1035843	3739727
甘肃	3150004	122629	3027375	3137843	122629	3015214
青海	1476812	7528	1469284	1475515	7528	1467987
宁夏	1738063		1738063	1728124		1728124
新疆	1158034	461903	696131	706214	18752	687462

其他拨款

单位:千元

企业办学			民办学校
合　　计	中　　央	地　　方	地　　方
1122945	**575967**	**546978**	**1020492**
130	130		68
27979	225	27754	193
26111	4280	21831	15153
4590	4000	590	13106
3384		3384	2434
			2968
409		409	329
471707	95273	376434	35735
9365		9365	78801
4407	462	3945	39946
6332		6332	86905
12870		12870	3101
1248		1248	10349
			103115
5114		5114	43009
5629	300	5329	30404
9789	4158	5631	21884
1058	1040	18	39509
34910	2793	32117	324829
927		927	17358
17821		17821	6384
1382		1382	46500
1757	545	1212	31785
19610	19610		5736
			30066
8121		8121	3903
78		78	12083
947		947	350
4119		4119	5820
443151	443151		8669

2-8 各级政府征收

地区	总计			教育部门和其他部门		
	合计	中央	地方	合计	中央	地方
合计	**209303939**		**209303939**	**200433936**		**200433936**
北京	9780705		9780705	9767860		9767860
天津	7454731		7454731	7375821		7375821
河北	7650999		7650999	7630899		7630899
山西	4409207		4409207	4396940		4396940
内蒙古	4316968		4316968	4310403		4310403
辽宁	6375537		6375537	6374903		6374903
吉林	3496152		3496152	3493106		3493106
黑龙江	2766366		2766366	2752909		2752909
上海	17657579		17657579	11396311		11396311
江苏	21896404		21896404	21246063		21246063
浙江	17756391		17756391	16836788		16836788
安徽	6589388		6589388	6540686		6540686
福建	7498457		7498457	7429404		7429404
江西	2993769		2993769	2975177		2975177
山东	16198424		16198424	16136806		16136806
河南	6462945		6462945	6425456		6425456
湖北	5341514		5341514	5328687		5328687
湖南	4560048		4560048	4549610		4549610
广东	16734498		16734498	16463878		16463878
广西	3708589		3708589	3708580		3708580
海南	1110211		1110211	1110210		1110210
重庆	4325351		4325351	4302430		4302430
四川	9768719		9768719	9612573		9612573
贵州	3554475		3554475	3536509		3536509
云南	5011960		5011960	4923914		4923914
西藏	219381		219381	219381		219381
陕西	4133750		4133750	4076485		4076485
甘肃	2438090		2438090	2420951		2420951
青海	854428		854428	854428		854428
宁夏	930335		930335	930235		930235
新疆	3308568		3308568	3306533		3306533

用于教育的税费

单位:千元

企业办学			民办学校
合　计	中　央	地　方	地　方
5778696		**5778696**	**3091307**
2340		2340	10505
78910		78910	
			20100
968		968	11299
1465		1465	5100
			634
			3046
13438		13438	19
5565000		5565000	696268
32986		32986	617355
46792		46792	872811
5220		5220	43482
1516		1516	67537
			18592
17727		17727	43891
2651		2651	34838
211		211	12616
			10438
4868		4868	265752
			9
			1
1086		1086	21835
			156146
3218		3218	14748
300		300	87746
			57265
			17139
			100
			2035

2-9 教育费

地区	总计			教育部门和其他部门		
	合计	中央	地方	合计	中央	地方
合计	**126559220**		**126559220**	**124412765**		**124412765**
北京	6889453		6889453	6878948		6878948
天津	3172095		3172095	3093185		3093185
河北	3996099		3996099	3975999		3975999
山西	3141407		3141407	3129741		3129741
内蒙古	2904236		2904236	2898736		2898736
辽宁	4974755		4974755	4974755		4974755
吉林	2405745		2405745	2405647		2405647
黑龙江	2554157		2554157	2540700		2540700
上海	10483664		10483664	9787448		9787448
江苏	14101817		14101817	13770186		13770186
浙江	8138305		8138305	7806772		7806772
安徽	3574130		3574130	3531746		3531746
福建	3786483		3786483	3741727		3741727
江西	1873239		1873239	1854647		1854647
山东	8741923		8741923	8693313		8693313
河南	4113125		4113125	4076519		4076519
湖北	2930284		2930284	2926283		2926283
湖南	2975542		2975542	2965264		2965264
广东	12036780		12036780	11862734		11862734
广西	2242176		2242176	2242176		2242176
海南	397369		397369	397368		397368
重庆	2167081		2167081	2144176		2144176
四川	5322342		5322342	5220777		5220777
贵州	1923011		1923011	1915877		1915877
云南	4352422		4352422	4283004		4283004
西藏	207257		207257	207257		207257
陕西	3244354		3244354	3196985		3196985
甘肃	1326055		1326055	1308916		1308916
青海	456240		456240	456240		456240
宁夏	391646		391646	391646		391646
新疆	1736028		1736028	1733993		1733993

附加

单位:千元

企业办学			民办学校
合　计	中　央	地　方	地　方
151250		**151250**	**1995205**
			10505
78910		78910	
			20100
475		475	11191
400		400	5100
			98
13438		13438	19
			696216
1225		1225	330406
23735		23735	307798
5220		5220	37164
20		20	44736
			18592
17384		17384	31226
2651		2651	33955
120		120	3881
			10278
4458		4458	169588
			1
1070		1070	21835
			101565
1844		1844	5290
300		300	69118
			47369
			17139
			2035

2-10 地方

地区	总计			教育部门和其他部门		
	合计	中央	地方	合计	中央	地方
合计	**54222664**		**54222664**	**48162981**		**48162981**
北京	1954333		1954333	1951993		1951993
天津	1726145		1726145	1726145		1726145
河北	2817642		2817642	2817642		2817642
山西	915886		915886	915749		915749
内蒙古	951531		951531	950466		950466
辽宁	990156		990156	989522		989522
吉林	859165		859165	856217		856217
黑龙江	24678		24678	24678		24678
上海	6515443		6515443	950443		950443
江苏	6192688		6192688	5980067		5980067
浙江	5047130		5047130	4952611		4952611
安徽	1339530		1339530	1335426		1335426
福建	2839099		2839099	2814802		2814802
江西	313973		313973	313973		313973
山东	4432605		4432605	4422781		4422781
河南	1556826		1556826	1555943		1555943
湖北	1092975		1092975	1091965		1091965
湖南	1311243		1311243	1311123		1311123
广东	3892000		3892000	3809351		3809351
广西	930805		930805	930796		930796
海南	341640		341640	341640		341640
重庆	1103701		1103701	1103685		1103685
四川	2373970		2373970	2328133		2328133
贵州	1287365		1287365	1285691		1285691
云南	43183		43183	43183		43183
西藏	12124		12124	12124		12124
陕西	751123		751123	741227		741227
甘肃	777149		777149	777149		777149
青海	273760		273760	273760		273760
宁夏	314023		314023	313923		313923
新疆	1240773		1240773	1240773		1240773

教育附加

单位:千元

企业办学			民办学校
合　　计	中　　央	地　　方	地　　方
5626999		**5626999**	**432684**
2340		2340	
137		137	
1065		1065	
			634
			2948
5565000		5565000	
31761		31761	180860
23057		23057	71462
			4104
1496		1496	22801
343		343	9481
			883
			1010
			120
410		410	82239
			9
16		16	
			45837
1374		1374	300
			9896
			100

2-11 地方

地区	总计			教育部门和其他部门		
	合计	中央	地方	合计	中央	地方
合计	**28522055**		**28522055**	**27858190**		**27858190**
北京	936919		936919	936919		936919
天津	2556491		2556491	2556491		2556491
河北	837258		837258	837258		837258
山西	351914		351914	351450		351450
内蒙古	461201		461201	461201		461201
辽宁	410626		410626	410626		410626
吉林	231242		231242	231242		231242
黑龙江	187531		187531	187531		187531
上海	658472		658472	658420		658420
江苏	1601899		1601899	1495810		1495810
浙江	4570956		4570956	4077405		4077405
安徽	1675728		1675728	1673514		1673514
福建	872875		872875	872875		872875
江西	806557		806557	806557		806557
山东	3023896		3023896	3020712		3020712
河南	792994		792994	792994		792994
湖北	1318255		1318255	1310439		1310439
湖南	273263		273263	273223		273223
广东	805718		805718	791793		791793
广西	535608		535608	535608		535608
海南	371202		371202	371202		371202
重庆	1054569		1054569	1054569		1054569
四川	2072407		2072407	2063663		2063663
贵州	344099		344099	334941		334941
云南	616355		616355	597727		597727
西藏						
陕西	138273		138273	138273		138273
甘肃	334886		334886	334886		334886
青海	124428		124428	124428		124428
宁夏	224666		224666	224666		224666
新疆	331767		331767	331767		331767

基金

单位:千元

企业办学			民办学校
合　计	中　央	地　方	地　方
447		**447**	**663418**
356		356	108
			52
			106089
			493551
			2214
			3184
91		91	7725
			40
			13925
			8744
			9158
			18628

2-12 企业办学中

地区	总计			教育部门和其他部门		
	合计	中央	地方	合计	中央	地方
合计	**4895784**	**1879999**	**3015785**			
北京	79285	2959	76326			
天津	88639	30756	57883			
河北	474110	261543	212567			
山西	215242	4320	210922			
内蒙古	249704		249704			
辽宁	203173		203173			
吉林	73392	16000	57392			
黑龙江	687290	591125	96165			
上海	62117	20000	42117			
江苏	171507	26727	144780			
浙江	12636		12636			
安徽	222130	1356	220774			
福建	9657		9657			
江西	21343	6521	14822			
山东	599614	275127	324487			
河南	174651	81617	93034			
湖北	129695	73877	55818			
湖南	13398	3560	9838			
广东	234785	14921	219864			
广西	7238		7238			
海南	46135		46135			
重庆	135125		135125			
四川	108783	1123	107660			
贵州	90320	16545	73775			
云南	84309		84309			
西藏						
陕西	43353	12102	31251			
甘肃	122914	7886	115028			
青海	18348		18348			
宁夏	15723		15723			
新疆	501168	431934	69234			

的企业拨款

单位:千元

企业办学			民办学校
合　计	中　央	地　方	地　方
4895784	**1879999**	**3015785**	
79285	2959	76326	
88639	30756	57883	
474110	261543	212567	
215242	4320	210922	
249704		249704	
203173		203173	
73392	16000	57392	
687290	591125	96165	
62117	20000	42117	
171507	26727	144780	
12636		12636	
222130	1356	220774	
9657		9657	
21343	6521	14822	
599614	275127	324487	
174651	81617	93034	
129695	73877	55818	
13398	3560	9838	
234785	14921	219864	
7238		7238	
46135		46135	
135125		135125	
108783	1123	107660	
90320	16545	73775	
84309		84309	
43353	12102	31251	
122914	7886	115028	
18348		18348	
15723		15723	
501168	431934	69234	

2-13 校办产业和社会服务

地 区	总 计			教育部门和其他部门		
	合 计	中 央	地 方	合 计	中 央	地 方
合 计	**2782281**	**1387774**	**1394507**	**2649512**	**1326493**	**1323019**
北 京	679634	454403	225231	679634	454403	225231
天 津	14095	1978	12117	8808	1978	6830
河 北	63855	55653	8202	13773	7480	6293
山 西	24969		24969	24914		24914
内蒙古	9913		9913	9913		9913
辽 宁	29177	25066	4111	29177	25066	4111
吉 林	21637		21637	21637		21637
黑龙江	21708	13602	8106	21708	13602	8106
上 海	353361	309689	43672	331236	309689	21547
江 苏	260563	43859	216704	257263	42859	214404
浙 江	218854	94422	124432	217942	94422	123520
安 徽	32848	1165	31683	32631	948	31683
福 建	25322	11500	13822	24879	11500	13379
江 西	3879		3879	3879		3879
山 东	97112	73914	23198	94919	73914	21005
河 南	11658		11658	9779		9779
湖 北	97746	73330	24416	94275	71789	22486
湖 南	82270	25888	56382	77513	25501	52012
广 东	184152	43136	141016	178282	37337	140945
广 西	49160		49160	48960		48960
海 南	19353		19353	10353		10353
重 庆	134845	9235	125610	132045	9235	122810
四 川	57292	7158	50134	50565	7158	43407
贵 州	34322	2736	31586	30786		30786
云 南	34219		34219	31902		31902
西 藏	700		700	700		700
陕 西	148101	113219	34882	147101	113219	33882
甘 肃	51417	26393	25024	51417	26393	25024
青 海	6376		6376	1206		1206
宁 夏						
新 疆	13743	1428	12315	12315		12315

收入用于教育的经费

单位:千元

企业办学			民办学校
合　　计	中　　央	地　　方	地　　方
132769	**61281**	**71488**	
5287		5287	
50082	48173	1909	
55		55	
22125		22125	
3300	1000	2300	
912		912	
217	217		
443		443	
2193		2193	
1879		1879	
3471	1541	1930	
4757	387	4370	
5870	5799	71	
200		200	
9000		9000	
2800		2800	
6727		6727	
3536	2736	800	
2317		2317	
1000		1000	
5170		5170	
1428	1428		

2-14 其他属于国家

地区	总计			教育部门和其他部门		
	合计	中央	地方	合计	中央	地方
合计	**16148563**	**10727575**	**5420988**	**16061392**	**10724768**	**5336624**
北京	8382694	7134540	1248154	8382694	7134540	1248154
天津	165488	74201	91287	165371	74201	91170
河北	240436	83737	156699	240436	83737	156699
山西	10382		10382	10351		10351
内蒙古	5383		5383	4656		4656
辽宁	1006201	802599	203602	1005305	802599	202706
吉林	598215	179303	418912	598215	179303	418912
黑龙江	956979	7842	949137	956839	7842	948997
上海	22089	22000	89	22089	22000	89
江苏	836504	577312	259192	833042	577312	255730
浙江	274519	91270	183249	262636	91270	171366
安徽	94625	62560	32065	87333	62560	24773
福建	543603	423893	119710	531334	423893	107441
江西	17588	9000	8588	13052	9000	4052
山东	589231	178504	410727	589184	178504	410680
河南	70059	19364	50695	69269	19364	49905
湖北	201307	50310	150997	200683	50152	150531
湖南	23512	1074	22438	20318	1074	19244
广东	1156815	638832	517983	1135871	638832	497039
广西	157987		157987	157475		157475
海南	23843	10512	13331	23434	10512	12922
重庆	39450	20257	19193	34706	20257	14449
四川	140299	43012	97287	137978	42361	95617
贵州	17830	4828	13002	12913	3328	9585
云南	32012	16361	15651	26636	16361	10275
西藏	2073		2073	2073		2073
陕西	426510	271115	155395	425968	271115	154853
甘肃	11876		11876	10976		10976
青海						
宁夏	79725	4651	75074	79725	4651	75074
新疆	21328	498	20830	20830		20830

财政性教育经费

单位:千元

企业办学			民办学校
合　　计	中　　央	地　　方	地　　方
13123	**2807**	**10316**	**74048**
77		77	40
			31
			727
			896
			140
			3462
2444		2444	9439
5859		5859	1433
			12269
			4536
47		47	
580		580	210
158	158		466
			3194
			20944
			512
409		409	
			4744
651	651		1670
1500	1500		3417
			5376
			542
900		900	
498	498		

2-15 民办学校中

地区	总计			教育部门和其他部门		
	合计	中央	地方	合计	中央	地方
合计	**12817531**		**12817531**			
北京	34060		34060			
天津	23357		23357			
河北	384444		384444			
山西	388096		388096			
内蒙古	227173		227173			
辽宁	146187		146187			
吉林	118490		118490			
黑龙江	70767		70767			
上海	35330		35330			
江苏	277244		277244			
浙江	321741		321741			
安徽	604990		604990			
福建	705067		705067			
江西	575946		575946			
山东	765728		765728			
河南	1474738		1474738			
湖北	276659		276659			
湖南	806512		806512			
广东	2545113		2545113			
广西	144899		144899			
海南	410513		410513			
重庆	448438		448438			
四川	912105		912105			
贵州	426417		426417			
云南	373403		373403			
西藏	1155		1155			
陕西	149385		149385			
甘肃	50534		50534			
青海	37527		37527			
宁夏	58833		58833			
新疆	22680		22680			

举办者投入

单位:千元

企业办学			民办学校
合　计	中　央	地　方	地　方
			12817531
			34060
			23357
			384444
			388096
			227173
			146187
			118490
			70767
			35330
			277244
			321741
			604990
			705067
			575946
			765728
			1474738
			276659
			806512
			2545113
			144899
			410513
			448438
			912105
			426417
			373403
			1155
			149385
			50534
			37527
			58833
			22680

2-16 社会捐赠

地区	总计			教育部门和其他部门		
	合计	中央	地方	合计	中央	地方
合计	**9569193**	**2424919**	**7144274**	**8434306**	**2403006**	**6031300**
北京	1202842	1022722	180120	1142285	1022722	119563
天津	119491	29765	89726	109403	29765	79638
河北	76662	1741	74921	73937	1708	72229
山西	158700		158700	156802		156802
内蒙古	32811		32811	32114		32114
辽宁	65561	25158	40403	55309	25158	30151
吉林	55438	15461	39977	53764	15461	38303
黑龙江	18094	5791	12303	12222	5791	6431
上海	256683	191197	65486	224336	191197	33139
江苏	2204523	315294	1889229	1950611	315294	1635317
浙江	949039	146612	802427	589146	146612	442534
安徽	260300	25130	235170	229615	25119	204496
福建	622295	159256	463039	603593	159256	444337
江西	121526		121526	119037		119037
山东	221857	28622	193235	209998	28527	181471
河南	62905		62905	57630		57630
湖北	293164	111307	181857	284070	111307	172763
湖南	151598	12870	138728	137478	12870	124608
广东	807831	77722	730109	766632	77722	688910
广西	63780		63780	46559		46559
海南	185984		185984	185622		185622
重庆	459865	40154	419711	335011	40154	294857
四川	445702	87074	358628	435995	87030	348965
贵州	60304		60304	57661		57661
云南	247023		247023	204668		204668
西藏						
陕西	228671	98315	130356	191321	98315	93006
甘肃	37136	8998	28138	35771	8998	26773
青海	12692		12692	12392		12392
宁夏	27797		27797	24446		24446
新疆	118919	21730	97189	96878		96878

经费

单位:千元

企业办学			民办学校
合　计	中　央	地　方	地　方
86855	**21913**	**64942**	**1048032**
7430		7430	53127
36		36	10052
249	33	216	2476
118		118	1780
8		8	689
			10252
			1674
			5872
2072		2072	30275
7		7	253905
43590		43590	316303
154	11	143	30531
34		34	18668
			2489
515	95	420	11344
20		20	5255
881		881	8213
12		12	14108
8153		8153	33046
4		4	17217
16		16	346
			124854
1743	44	1699	7964
24		24	2619
			42355
59		59	37291
			1365
			300
			3351
21730	21730		311

2-17 农村捐赠

地区	总计			教育部门和其他部门		
	合计	中央	地方	合计	中央	地方
合计	**471263**		**471263**	**471263**		**471263**
北京	302		302	302		302
天津	5299		5299	5299		5299
河北	4676		4676	4676		4676
山西	7464		7464	7464		7464
内蒙古	214		214	214		214
辽宁	379		379	379		379
吉林						
黑龙江						
上海						
江苏	59948		59948	59948		59948
浙江	26716		26716	26716		26716
安徽	5364		5364	5364		5364
福建	98848		98848	98848		98848
江西	6328		6328	6328		6328
山东	41811		41811	41811		41811
河南	4365		4365	4365		4365
湖北	15640		15640	15640		15640
湖南	21776		21776	21776		21776
广东	93476		93476	93476		93476
广西	806		806	806		806
海南	2959		2959	2959		2959
重庆	9030		9030	9030		9030
四川	14627		14627	14627		14627
贵州	7504		7504	7504		7504
云南	15074		15074	15074		15074
西藏						
陕西	15421		15421	15421		15421
甘肃	4370		4370	4370		4370
青海	2166		2166	2166		2166
宁夏	5359		5359	5359		5359
新疆	1341		1341	1341		1341

经费

单位:千元

企业办学			民办学校
合　　计	中　　央	地　　方	地　　方

2-18 事业

地 区	总 计			教育部门和其他部门		
	合 计	中 央	地 方	合 计	中 央	地 方
合 计	**461984036**	**60516321**	**401467715**	**291950409**	**59025062**	**232925347**
北 京	26909148	17365255	9543893	22129362	17364027	4765335
天 津	7660781	1481885	6178896	5530156	1448924	4081232
河 北	16465922	584756	15881166	10083730	347729	9736001
山 西	8826793	2246	8824547	5078683	1702	5076981
内蒙古	4897449		4897449	3780833		3780833
辽 宁	15696906	2147812	13549094	10854749	2147812	8706937
吉 林	7728032	829613	6898419	4917005	827613	4089392
黑龙江	9638444	1520351	8118093	7117452	1287835	5829617
上 海	16892953	6324627	10568326	12164139	6317758	5846381
江 苏	35353390	4013991	31339399	23553970	3994260	19559710
浙 江	29416345	1834078	27582267	15684139	1834078	13850061
安 徽	17412034	1311837	16100197	11438104	1292494	10145610
福 建	14966327	1408181	13558146	8749483	1408181	7341302
江 西	10782583	14195	10768388	6044355		6044355
山 东	25728275	1870392	23857883	17959387	1815338	16144049
河 南	22407743	61897	22345846	12247152	15021	12232131
湖 北	23020942	4734849	18286093	15669177	4594081	11075096
湖 南	19954726	1312706	18642020	12149560	1300604	10848956
广 东	54034335	2859195	51175140	25159110	2826652	22332458
广 西	10444072		10444072	6926511		6926511
海 南	3176358	1541	3174817	1308030	1541	1306489
重 庆	13120495	2161891	10958604	9480339	2160893	7319446
四 川	26086724	4908950	21177774	16904923	4905754	11999169
贵 州	5939351	55364	5883987	3750493		3750493
云 南	8371635		8371635	5271423		5271423
西 藏	166503		166503	123318		123318
陕 西	16396630	2594899	13801731	10386154	2593897	7792257
甘 肃	4949615	482129	4467486	3892069	473289	3418780
青 海	661955		661955	479467		479467
宁 夏	1316074	65579	1250495	691591	65579	626012
新 疆	3561496	568102	2993394	2425545		2425545

收入

单位:千元

企业办学			民办学校
合　　计	中　　央	地　　方	地　　方
7069283	**1491259**	**5578024**	**162964344**
165463	1228	164235	4614323
498799	32961	465838	1631826
467711	237027	230684	5914481
154306	544	153762	3593804
64225		64225	1052391
109775		109775	4732382
11748	2000	9748	2799279
263106	232516	30590	2257886
339185	6869	332316	4389629
281693	19731	261962	11517727
738368		738368	12993838
265765	19343	246422	5708165
14605		14605	6202239
33261	14195	19066	4704967
643221	55054	588167	7125667
302382	46876	255506	9858209
297319	140768	156551	7054446
54972	12102	42870	7750194
293172	32543	260629	28582053
38785		38785	3478776
530587		530587	1337741
104994	998	103996	3535162
145916	3196	142720	9035885
219150	55364	163786	1969708
144401		144401	2955811
			43185
186020	1002	185018	5824456
55093	8840	46253	1002453
8218		8218	174270
47704		47704	576779
589339	568102	21237	546612

2-19 学杂费

地 区	总 计			教育部门和其他部门		
	合 计	中 央	地 方	合 计	中 央	地 方
合 计	**350483008**	**30193716**	**320289292**	**199545120**	**29107771**	**170437349**
北 京	14486163	7586602	6899561	9940840	7585374	2355466
天 津	5625875	867240	4758635	3679510	851150	2828360
河 北	13699540	372123	13327417	8369571	254709	8114862
山 西	6521244	2246	6518998	3568917	1702	3567215
内蒙古	3855951		3855951	2804550		2804550
辽 宁	12650527	1032362	11618165	8130202	1032362	7097840
吉 林	6673853	809674	5864179	4018601	808874	3209727
黑龙江	8145834	809922	7335912	5837493	634638	5202855
上 海	12594985	3698020	8896965	7985548	3691668	4293880
江 苏	26076039	1535469	24540570	15425430	1518693	13906737
浙 江	23472342	877729	22594613	10633637	877729	9755908
安 徽	12462091	314696	12147395	7464168	301759	7162409
福 建	10855418	461837	10393581	5019375	461837	4557538
江 西	8908845	14195	8894650	4910083		4910083
山 东	19616742	1025885	18590857	13158954	981082	12177872
河 南	19919745	57202	19862543	10466177	13833	10452344
湖 北	17198153	2897603	14300550	10171734	2768376	7403358
湖 南	14965743	761543	14204200	8502952	752822	7750130
广 东	43973951	1853073	42120878	17930152	1828188	16101964
广 西	8545455		8545455	5318289		5318289
海 南	2430568	926	2429642	1028878	926	1027952
重 庆	9231442	1254399	7977043	6233424	1253930	4979494
四 川	15869753	1734733	14135020	9113380	1731839	7381541
贵 州	4608528	41963	4566565	2667064		2667064
云 南	6685812		6685812	4066821		4066821
西 藏	131835		131835	89397		89397
陕 西	12903996	1357697	11546299	7235101	1356695	5878406
甘 肃	4048669	343452	3705217	3054707	336085	2718622
青 海	502727		502727	354542		354542
宁 夏	1081974	63500	1018474	548447	63500	484947
新 疆	2739208	419625	2319583	1817176		1817176

收入

单位:千元

企业办学			民办学校
合　计	中　央	地　方	地　方
5842964	**1085945**	**4757019**	**145094924**
155117	1228	153889	4390206
428866	16090	412776	1517499
302500	117414	185086	5027469
125081	544	124537	2827246
53831		53831	997570
104213		104213	4416112
10548	800	9748	2644704
205527	175284	30243	2102814
295194	6352	288842	4314243
250314	16776	233538	10400295
706969		706969	12131736
217624	12937	204687	4780299
7119		7119	5828924
27298	14195	13103	3971464
441949	44803	397146	6015839
265568	43369	222199	9188000
269969	129227	140742	6756450
26095	8721	17374	6436696
257246	24885	232361	25786553
29852		29852	3197314
469751		469751	931939
97504	469	97035	2900514
100425	2894	97531	6655948
195945	41963	153982	1745519
126926		126926	2492065
			42438
175283	1002	174281	5493612
41800	7367	34433	952162
6538		6538	141647
7557		7557	525970
440355	419625	20730	481677

2-20 其他

地区	总计			教育部门和其他部门		
	合计	中央	地方	合计	中央	地方
合计	**66402780**	**13984226**	**52418554**	**59354284**	**13135433**	**46218851**
北京	7038984	4854566	2184418	6807202	4851370	1955832
天津	1164900	282754	882146	1089110	275411	813699
河北	1006687	103424	903263	848089	91010	757079
山西	709097		709097	683226		683226
内蒙古	519232		519232	507121		507121
辽宁	1399888	177093	1222795	1156295	177093	979202
吉林	574541	229968	344573	538789	229968	308821
黑龙江	1526317	1386167	140150	1487085	1358314	128771
上海	3296047	1210035	2086012	2801395	1186509	1614886
江苏	7852252	864320	6987932	7422409	863764	6558645
浙江	6328485	239934	6088551	5411113	239934	5171179
安徽	1474048	401110	1072938	1242399	398271	844128
福建	1397078	132883	1264195	1088316	132883	955433
江西	1081155	4020	1077135	989751		989751
山东	1576284	278513	1297771	1225874	185212	1040662
河南	2828887	236641	2592246	2279283	6241	2273042
湖北	5105529	731691	4373838	4497438	708479	3788959
湖南	2507001	178640	2328361	2281646	175737	2105909
广东	3715072	679418	3035654	3158537	674275	2484262
广西	744169		744169	648588		648588
海南	397699	3469	394230	329247	3469	325778
重庆	1793924	276070	1517854	1621292	276070	1345222
四川	1874278	644507	1229771	1494502	638980	855522
贵州	657480	4348	653132	603828		603828
云南	1337957		1337957	1218929		1218929
西藏	33169		33169	32869		32869
陕西	5087384	419413	4667971	4957969	419413	4538556
甘肃	610833	228260	382573	591593	226829	364764
青海	295054		295054	290087		290087
宁夏	397210	16201	381009	386131	16201	369930
新疆	2072139	400781	1671358	1664171		1664171

收入

单位:千元

企业办学			民办学校
合　　计	中　　央	地　　方	地　　方
1547803	**848793**	**699010**	**5500693**
42829	3196	39633	188953
33086	7343	25743	42704
50166	12414	37752	108432
852		852	25019
1925		1925	10186
124656		124656	118937
406		406	35346
28182	27853	329	11050
58346	23526	34820	436306
12071	556	11515	417772
24440		24440	892932
98993	2839	96154	132656
7990		7990	300772
4020	4020		87384
170547	93301	77246	179863
282599	230400	52199	267005
62759	23212	39547	545332
6403	2903	3500	218952
21400	5143	16257	535135
17		17	95564
15042		15042	53410
3932		3932	168700
33376	5527	27849	346400
6202	4348	1854	47450
45354		45354	73674
			300
5705		5705	123710
1573	1431	142	17667
3782		3782	1185
			11079
401150	400781	369	6818

第三部分

各地区各级各类教育机构教育经费收入情况

3-1 教育经费收入情况

地区	总计	国家财政性教育经费	公共财政预算教育经费					各级政府征收用于教育的税费	
				教育事业费拨款	基本建设拨款	科研拨款	其他拨款		教育费附加
合计	**2865530519**	**2314756979**	**2081626412**	**1835235786**	**69621845**	**25268456**	**151500325**	**209303939**	**126559220**
北京	161543725	126358691	107436373	82687880	5083738	2245553	17419202	9780705	6889453
天津	56627746	47659217	39936264	36820869	1108499	879564	1127332	7454731	3172095
河北	106336526	88402811	79973411	75057867	1337321	58020	3520203	7650999	3996099
山西	64881459	54798773	50138973	44979172	1165672	125668	3868461	4409207	3141407
内蒙古	57019993	51343328	46761360	37983273	1135712	65047	7577328	4316968	2904236
辽宁	101763068	84454526	76840438	66148711	4279082	175592	6237053	6375537	4974755
吉林	60830281	52353780	48164384	45520642	479575	865073	1299094	3496152	2405745
黑龙江	73940632	62687010	58254667	51346319	4519064	587974	1801310	2766366	2554157
上海	104548839	84067826	65972680	58224668	1039211	3972044	2736757	17657579	10483664
江苏	200358888	154671479	131506501	120156101	749555	2439074	8161771	21896404	14101817
浙江	139923124	102907514	84645114	77148701	614286	2360370	4521757	17756391	8138305
安徽	103512770	83761398	76822407	67549324	2150091	789902	6333090	6589388	3574130
福建	81982426	64291659	56214620	50658261	896595	258847	4400917	7498457	3786483
江西	77460740	64899530	61862951	58579880	1201909	92007	1989155	2993769	1873239
山东	173681476	145389332	127904951	125152227	321540	1051051	1380133	16198424	8741923
河南	147432053	120657780	113938467	98796311	2607899	190541	12343716	6462945	4113125
湖北	105103066	76406772	70636510	58462981	3251546	2751841	6170142	5341514	2930284
湖南	106662441	83242604	78563376	68687382	2463436	1016693	6395865	4560048	2975542
广东	229105139	168002788	149692538	126247744	7298322	1225972	14920500	16734498	12036780
广西	73952587	62555667	58632693	54730275	2005718	82210	1814490	3708589	2242176
海南	21833112	17662558	16463016	13730452	1164246	51104	1517214	1110211	397369
重庆	71378421	55555699	50920928	39420340	3100767	477240	7922581	4325351	2167081
四川	144746706	115427897	105352804	95163768	3847924	1241083	5100029	9768719	5322342
贵州	60252904	53169352	49472405	46666542	1597012	212403	996448	3554475	1923011
云南	86697524	76367506	71205006	59300940	2753494	125123	9025449	5011960	4352422
西藏	9961292	9760465	9538311	7757455	1168028	3007	609821	219381	207257
陕西	100613543	78751473	73999759	65133066	2499801	1579298	4787594	4133750	3244354
甘肃	48414823	42766705	40142408	34717779	2048906	225719	3150004	2438090	1326055
青海	19662908	18655680	17776528	11440368	4811521	47827	1476812	854428	456240
宁夏	14931071	13131157	12105374	9924404	405224	37683	1738063	930335	391646
新疆	60371236	54596002	50751195	47042084	2516151	34926	1158034	3308568	1736028

（各级各类教育机构）

单位：千元

地方教育附加	地方基金	企业办学中的企业拨款	校办产业和社会服务收入用于教育的经费	其他属于国家财政性教育经费	民办学校中举办者投入	社会捐赠经费	#农村	事业收入	#学杂费	其他收入
54222664	**28522055**	**4895784**	**2782281**	**16148563**	**12817531**	**9569193**	**471263**	**461984036**	**350483008**	**66402780**
1954333	936919	79285	679634	8382694	34060	1202842	302	26909148	14486163	7038984
1726145	2556491	88639	14095	165488	23357	119491	5299	7660781	5625875	1164900
2817642	837258	474110	63855	240436	384444	76662	4676	16465922	13699540	1006687
915886	351914	215242	24969	10382	388096	158700	7464	8826793	6521244	709097
951531	461201	249704	9913	5383	227173	32811	214	4897449	3855951	519232
990156	410626	203173	29177	1006201	146187	65561	379	15696906	12650527	1399888
859165	231242	73392	21637	598215	118490	55438		7728032	6673853	574541
24678	187531	687290	21708	956979	70767	18094		9638444	8145834	1526317
6515443	658472	62117	353361	22089	35330	256683		16892953	12594985	3296047
6192688	1601899	171507	260563	836504	277244	2204523	59948	35353390	26076039	7852252
5047130	4570956	12636	218854	274519	321741	949039	26716	29416345	23472342	6328485
1339530	1675728	222130	32848	94625	604990	260300	5364	17412034	12462091	1474048
2839099	872875	9657	25322	543603	705067	622295	98848	14966327	10855418	1397078
313973	806557	21343	3879	17588	575946	121526	6328	10782583	8908845	1081155
4432605	3023896	599614	97112	589231	765728	221857	41811	25728275	19616742	1576284
1556826	792994	174651	11658	70059	1474738	62905	4365	22407743	19919745	2828887
1092975	1318255	129695	97746	201307	276659	293164	15640	23020942	17198153	5105529
1311243	273263	13398	82270	23512	806512	151598	21776	19954726	14965743	2507001
3892000	805718	234785	184152	1156815	2545113	807831	93476	54034335	43973951	3715072
930805	535608	7238	49160	157987	144899	63780	806	10444072	8545455	744169
341640	371202	46135	19353	23843	410513	185984	2959	3176358	2430568	397699
1103701	1054569	135125	134845	39450	448438	459865	9030	13120495	9231442	1793924
2373970	2072407	108783	57292	140299	912105	445702	14627	26086724	15869753	1874278
1287365	344099	90320	34322	17830	426417	60304	7504	5939351	4608528	657480
43183	616355	84309	34219	32012	373403	247023	15074	8371635	6685812	1337957
12124			700	2073	1155			166503	131835	33169
751123	138273	43353	148101	426510	149385	228671	15421	16396630	12903996	5087384
777149	334886	122914	51417	11876	50534	37136	4370	4949615	4048669	610833
273760	124428	18348	6376		37527	12692	2166	661955	502727	295054
314023	224666	15723		79725	58833	27797	5359	1316074	1081974	397210
1240773	331767	501168	13743	21328	22680	118919	1341	3561496	2739208	2072139

3-2 教育经费收入情况

地区	总计	国家财政性教育经费	公共财政预算教育经费	教育事业费拨款	基本建设拨款	科研拨款	其他拨款	各级政府征收用于教育的税费	教育费附加
合计	**251107364**	**174181898**	**158043176**	**112572751**	**7107192**	**21195251**	**17167982**	**861414**	**62408**
北京	77273496	54030953	44998525	31748368	2244478	2175013	8830666	700000	
天津	5848543	4054139	4021255	2689655	272480	811064	248056	150	150
河北	1945682	1255761	938565	779744	28440	19914	110467		
山西	23283	21037	16717	12369			4348		
内蒙古	390	390	390				390		
辽宁	7162823	4812760	4186056	3166790	355951	69030	594285		
吉林	5866404	4791362	4483988	3286162	97030	767477	333319		
黑龙江	9929392	7017083	5490374	4126898	371964	547073	444439		
上海	23178014	15452155	15100466	10741523	354930	3143175	860838		
江苏	17976405	12782800	12215554	8402814	511750	2326960	974030		
浙江	7395954	5175330	4851239	2590507	49540	2003998	207194	72314	62258
安徽	4750837	3012760	3010239	2133471	20000	759375	97393		
福建	4615467	2915147	2580513	2000195	130550	107927	341841		
江西	27042	8827	2306	2306					
山东	7596175	5418648	4777824	3408165	98100	866096	405463		
河南	483882	185344	103727	72671			31056		
湖北	18803223	13225376	13049221	9072403	516100	2636315	824403		
湖南	5417101	3912885	3883437	2676805	264170	792157	150305		
广东	11193364	7577029	6759374	5290000	287816	881515	300043		
广西									
海南	20477	15467	15467	11573			3894		
重庆	6054840	3576725	3478540	2850241	48500	472731	107068	88950	
四川	13393950	7753419	7744487	5835352	347759	1115657	445719		
贵州	113213	53501	32720	9772			22948		
云南	27396	27396	27396				27396		
西藏									
陕西	12100032	8987405	8640576	5390775	541840	1505020	1202941		
甘肃	2781104	2061717	2021019	1583796	117690	189484	130049		
青海	7528	7528	7528				7528		
宁夏	528729	446949	437528	375554	56704	5270			
新疆	6592618	5602005	5168145	4314842	391400		461903		

（中央属各级各类教育机构）

单位：千元

地方教育附加	地方基金	企业办学中的企业拨款	校办产业和社会服务收入用于教育的经费	其他属于国家财政性教育经费	民办学校中举办者投入	社会捐赠经费	#农村	事业收入	#学杂费	其他收入
799006		**1879999**	**1387774**	**12009535**		**2424919**		**60516321**	**30193716**	**13984226**
700000		2959	454403	7875066		1022722		17365255	7586602	4854566
		30756	1978			29765		1481885	867240	282754
		261543	55653			1741		584756	372123	103424
		4320						2246	2246	
			25066	601638		25158		2147812	1032362	177093
		16000		291374		15461		829613	809674	229968
		591125	13602	921982		5791		1520351	809922	1386167
		20000	309689	22000		191197		6324627	3698020	1210035
		26727	43859	496660		315294		4013991	1535469	864320
10056			94422	157355		146612		1834078	877729	239934
		1356	1165			25130		1311837	314696	401110
			11500	323134		159256		1408181	461837	132883
		6521						14195	14195	4020
		275127	73914	291783		28622		1870392	1025885	278513
		81617						61897	57202	236641
		73877	73330	28948		111307		4734849	2897603	731691
		3560	25888			12870		1312706	761543	178640
		14921	43136	759598		77722		2859195	1853073	679418
								1541	926	3469
88950			9235			40154		2161891	1254399	276070
		1123	7158	651		87074		4908950	1734733	644507
		16545	2736	1500				55364	41963	4348
		12102	113219	221508		98315		2594899	1357697	419413
		7886	26393	6419		8998		482129	343452	228260
				9421				65579	63500	16201
		431934	1428	498		21730		568102	419625	400781

3-3 教育经费收入情况

地区	总计	国家财政性教育经费	公共财政预算教育经费					各级政府征收用于教育的税费	
				教育事业费拨款	基本建设拨款	科研拨款	其他拨款		教育费附加
合计	**2614423155**	**2140575081**	**1923583236**	**1722663035**	**62514653**	**4073205**	**134332343**	**208442525**	**126496812**
北京	84270229	72327738	62437848	50939512	2839260	70540	8588536	9080705	6889453
天津	50779203	43605078	35915009	34131214	836019	68500	879276	7454581	3171945
河北	104390844	87147050	79034846	74278123	1308881	38106	3409736	7650999	3996099
山西	64858176	54777736	50122256	44966803	1165672	125668	3864113	4409207	3141407
内蒙古	57019603	51342938	46760970	37983273	1135712	65047	7576938	4316968	2904236
辽宁	94600245	79641766	72654382	62981921	3923131	106562	5642768	6375537	4974755
吉林	54963877	47562418	43680396	42234480	382545	97596	965775	3496152	2405745
黑龙江	64011240	55669927	52764293	47219421	4147100	40901	1356871	2766366	2554157
上海	81370825	68615671	50872214	47483145	684281	828869	1875919	17657579	10483664
江苏	182382483	141888679	119290947	111753287	237805	112114	7187741	21896404	14101817
浙江	132527170	97732184	79793875	74558194	564746	356372	4314563	17684077	8076047
安徽	98761933	80748638	73812168	65415853	2130091	30527	6235697	6589388	3574130
福建	77366959	61376512	53634107	48658066	766045	150920	4059076	7498457	3786483
江西	77433698	64890703	61860645	58577574	1201909	92007	1989155	2993769	1873239
山东	166085301	139970684	123127127	121744062	223440	184955	974670	16198424	8741923
河南	146948171	120472436	113834740	98723640	2607899	190541	12312660	6462945	4113125
湖北	86299843	63181396	57587289	49390578	2735446	115526	5345739	5341514	2930284
湖南	101245340	79329719	74679939	66010577	2199266	224536	6245560	4560048	2975542
广东	217911775	160425759	142933164	120957744	7010506	344457	14620457	16734498	12036780
广西	73952587	62555667	58632693	54730275	2005718	82210	1814490	3708589	2242176
海南	21812635	17647091	16447549	13718879	1164246	51104	1513320	1110211	397369
重庆	65323581	51978974	47442388	36570099	3052267	4509	7815513	4236401	2167081
四川	131352756	107674478	97608317	89328416	3500165	125426	4654310	9768719	5322342
贵州	60139691	53115851	49439685	46656770	1597012	212403	973500	3554475	1923011
云南	86670128	76340110	71177610	59300940	2753494	125123	8998053	5011960	4352422
西藏	9961292	9760465	9538311	7757455	1168028	3007	609821	219381	207257
陕西	88513511	69764068	65359183	59742291	1957961	74278	3584653	4133750	3244354
甘肃	45633719	40704988	38121389	33133983	1931216	36235	3019955	2438090	1326055
青海	19655380	18648152	17769000	11440368	4811521	47827	1469284	854428	456240
宁夏	14402342	12684208	11667846	9548850	348520	32413	1738063	930335	391646
新疆	53778618	48993997	45583050	42727242	2124751	34926	696131	3308568	1736028

（地方各级各类教育机构）

单位：千元

地方教育附加	地方基金	企业办学中的企业拨款	校办产业和社会服务收入用于教育的经费	其他属于国家财政性教育经费	民办学校中举办者投入	社会捐赠经费	#农村	事业收入	#学杂费	其他收入
53423658	**28522055**	**3015785**	**1394507**	**4139028**	**12817531**	**7144274**	**471263**	**401467715**	**320289292**	**52418554**
1254333	936919	76326	225231	507628	34060	180120	302	9543893	6899561	2184418
1726145	2556491	57883	12117	165488	23357	89726	5299	6178896	4758635	882146
2817642	837258	212567	8202	240436	384444	74921	4676	15881166	13327417	903263
915886	351914	210922	24969	10382	388096	158700	7464	8824547	6518998	709097
951531	461201	249704	9913	5383	227173	32811	214	4897449	3855951	519232
990156	410626	203173	4111	404563	146187	40403	379	13549094	11618165	1222795
859165	231242	57392	21637	306841	118490	39977		6898419	5864179	344573
24678	187531	96165	8106	34997	70767	12303		8118093	7335912	140150
6515443	658472	42117	43672	89	35330	65486		10568326	8896965	2086012
6192688	1601899	144780	216704	339844	277244	1889229	59948	31339399	24540570	6987932
5037074	4570956	12636	124432	117164	321741	802427	26716	27582267	22594613	6088551
1339530	1675728	220774	31683	94625	604990	235170	5364	16100197	12147395	1072938
2839099	872875	9657	13822	220469	705067	463039	98848	13558146	10393581	1264195
313973	806557	14822	3879	17588	575946	121526	6328	10768388	8894650	1077135
4432605	3023896	324487	23198	297448	765728	193235	41811	23857883	18590857	1297771
1556826	792994	93034	11658	70059	1474738	62905	4365	22345846	19862543	2592246
1092975	1318255	55818	24416	172359	276659	181857	15640	18286093	14300550	4373838
1311243	273263	9838	56382	23512	806512	138728	21776	18642020	14204200	2328361
3892000	805718	219864	141016	397217	2545113	730109	93476	51175140	42120878	3035654
930805	535608	7238	49160	157987	144899	63780	806	10444072	8545455	744169
341640	371202	46135	19353	23843	410513	185984	2959	3174817	2429642	394230
1014751	1054569	135125	125610	39450	448438	419711	9030	10958604	7977043	1517854
2373970	2072407	107660	50134	139648	912105	358628	14627	21177774	14135020	1229771
1287365	344099	73775	31586	16330	426417	60304	7504	5883987	4566565	653132
43183	616355	84309	34219	32012	373403	247023	15074	8371635	6685812	1337957
12124			700	2073	1155			166503	131835	33169
751123	138273	31251	34882	205002	149385	130356	15421	13801731	11546299	4667971
777149	334886	115028	25024	5457	50534	28138	4370	4467486	3705217	382573
273760	124428	18348	6376		37527	12692	2166	661955	502727	295054
314023	224666	15723		70304	58833	27797	5359	1250495	1018474	381009
1240773	331767	69234	12315	20830	22680	97189	1341	2993394	2319583	1671358

3-4 教育经费收入情况

地区	总计	国家财政性教育经费	公共财政预算教育经费	教育事业费拨款	基本建设拨款	科研拨款	其他拨款	各级政府征收用于教育的税费	教育费附加
合计	**801488477**	**501215910**	**462884210**	**392516733**	**16137666**	**25050003**	**29179808**	**18937078**	**6132492**
北京	82536195	58151443	48160200	39419687	2896956	2239465	3604092	1104912	104821
天津	22353477	16078401	14810711	12954948	393480	877724	584559	1096904	213250
河北	26811182	16820063	16092382	15665498	92725	57762	276397	207325	128155
山西	13791487	9353063	8990225	7776982	174397	110608	928238	336771	139706
内蒙古	11299342	8079599	7869213	6669312	157283	60927	981691	122463	11491
辽宁	31285324	19771982	18226149	13642011	2522583	174481	1887074	366424	215835
吉林	20061957	14241372	13484241	12042408	165493	863292	413048	162155	112785
黑龙江	22402227	13805561	12400606	10866609	496589	587616	449792	201582	201582
上海	48470069	34916618	28055376	22540676	354930	3970456	1189314	6509093	29093
江苏	59741572	34423544	31474497	27138328	588202	2426911	1321056	2053677	1158650
浙江	35437382	18888318	16596167	12539844	161540	2353793	1540990	1864880	874218
安徽	24780829	15219126	14847120	13089302	323709	784227	649882	163256	149122
福建	21768305	12404095	11251737	10281366	154600	207769	608002	612807	173511
江西	21206865	14032495	13988195	13280224	63182	92007	552782	20129	20129
山东	40599609	26621089	25158759	23198487	238740	1048691	672841	535467	396956
河南	33238840	20694283	19777617	17662924	167574	188273	1758846	819161	330932
湖北	44202788	25268821	24384553	18058525	1174648	2746391	2404989	523158	375951
湖南	29555531	18328165	17840723	15469680	680663	1001386	688994	426086	367521
广东	50961773	27628659	25739855	20767186	2078775	1216245	1677649	663186	516457
广西	14139175	8324824	7997139	7553257	160952	76772	206158	144744	97088
海南	4048660	2326042	2304667	1626958	520203	18201	139305		
重庆	19897023	10455472	9881131	8609121	102317	474586	695107	311254	7620
四川	36622498	20535518	20051818	16725454	512526	1232008	1581830	258803	147253
贵州	8568808	5496275	5337847	4806297	254605	211723	65222	109289	97017
云南	17302178	12087654	11853206	10657328	302913	118661	774304	155007	144994
西藏	1090611	978475	975135	932043	27067	3007	13018	2950	1500
陕西	36038639	19817440	19192872	14616065	668040	1579148	2329619	61993	42585
甘肃	10257880	6875576	6742327	5598281	341390	225719	576937	88083	59228
青海	1567253	1178245	1173815	924982	11618	44529	192686	3505	3505
宁夏	3266288	2463310	2372274	1987901	93774	28529	262070	5077	4700
新疆	8184710	5950382	5853653	5415049	256192	29096	153316	6937	6837

（高等学校）

单位：千元

地方教育附加	地方基金	企业办学中的企业拨款	校办产业和社会服务收入用于教育的经费	其他属于国家财政性教育经费	民办学校中举办者投入	社会捐赠经费	#农村	事业收入	#学杂费	其他收入
10269907	**2534679**	**1564344**	**1981931**	**15848347**	**2483850**	**4160364**		**253778789**	**191430026**	**39849564**
1000091		13630	490864	8381837		968811		19397450	10316231	4018491
	883654	435	4863	165488		47819		5355425	3932320	871832
29890	49280	223482	57214	239660	10780	19843		9424874	7634409	535622
19410	177655	10840	6770	8457	150000	2403		3742685	3132741	543336
22766	88206	85351	896	1676	21037	13792		2844486	2356480	340428
132191	18398	147749	25903	1005757	63751	44860		10497869	8193139	906862
49070	300	4646	1654	588676		21432		5381191	4799133	417962
		232444	14304	956625		10248		7188909	6243357	1397509
6480000		26510	325639			204307		11398906	7663476	1950238
702244	192783		127072	768298		1240753		19252256	13132532	4825019
387706	602956		165602	261669	84726	215240		13598448	10480164	2650650
14114	20	121294	2797	84659	197030	37805		8398793	6048391	928075
426839	12457		16280	523271	185871	266197		8129616	5561819	782526
		6000	583	17588	384000	14227		6194941	5328187	581202
105248	33263	272301	79234	575328	403406	34418		12869908	10267971	670788
172649	315580	20000	9666	67839	184092	26517		10229876	9270438	2104072
110106	37101	86586	80248	194276	7480	126883		15873251	11866895	2926353
33186	25379		43381	17975	21305	28320		9675839	7693464	1501902
136217	10512		116707	1108911	115993	343263		20776915	17150780	2096943
45306	2350	2060	38563	142318	1906	20696		5539331	4803411	252418
		120	9702	11553		988		1555338	1420793	166292
294074	9560	103218	127837	32032	256264	44457		7980668	6143382	1160162
72332	39218	62473	27171	135253	146677	112316		14667982	9160242	1160005
11454	818	9353	25891	13895	219452	27144		2563198	2000781	262739
500	9513	43472	10742	25227	1380	78795		4403221	3683258	731128
1450				390				108421	79457	3715
	19408		136953	425622	20200	173059		11286344	8592104	4741596
22864	5991	6936	26393	11837		10170		2921406	2415532	450728
			925			1025		281960	256576	106023
100	277	12081		73878	8500	1009		615359	515050	178110
100		73363	8077	8352		23567		1623923	1287513	586838

3-5 教育经费收入情况

地区	总计	国家财政性教育经费	公共财政预算教育经费	教育事业费拨款	基本建设拨款	科研拨款	其他拨款	各级政府征收用于教育的税费	教育费附加
合计	**225179533**	**152730271**	**137939650**	**99873187**	**6655712**	**21195251**	**10215500**	**861414**	**62408**
北京	62150423	41667477	32714304	25112270	2244478	2175013	3182543	700000	
天津	5713048	3973829	3971701	2640326	272480	811064	247831	150	150
河北	1826632	1157796	934403	779744	28440	19914	106305		
山西									
内蒙古									
辽宁	7027503	4737463	4110759	3146060	355951	69030	539718		
吉林	5700856	4640006	4348632	3175512	97030	767477	308613		
黑龙江	7536565	4724530	3556502	2398916	308884	547073	301629		
上海	22429099	15002943	14693753	10585596	354930	3143175	610052		
江苏	17880214	12713557	12174038	8399743	511750	2326960	935585		
浙江	7392604	5171980	4847889	2590507	49540	2003998	203844	72314	62258
安徽	4663333	2939219	2937738	2113422	20000	759375	44941		
福建	4488131	2872747	2538113	1972061	130550	107927	327575		
江西	26426	8231	2231	2231					
山东	7375168	5224649	4758609	3408165	98100	866096	386248		
河南	300702	92155	92155	65671			26484		
湖北	18426054	12912749	12761755	8846257	516100	2636315	763083		
湖南	5383795	3894584	3869083	2672057	264170	792157	140699		
广东	11024147	7454413	6657478	5239435	287816	881515	248712		
广西									
海南									
重庆	5890266	3463537	3365352	2738593	48500	472731	105528	88950	
四川	13246066	7636912	7628654	5778814	347759	1115657	386424		
贵州	34443	15909	8673	6804			1869		
云南									
西藏									
陕西	11931242	8824646	8489919	5282279	541840	1505020	1160780		
甘肃	2725472	2021866	1982118	1580979	117690	189484	93965		
青海									
宁夏	528729	446949	437528	375554	56704	5270			
新疆	1478615	1132124	1058263	962191	3000		93072		

（中央属高等学校）

单位：千元

地方教育附加	地方基金	企业办学中的企业拨款	校办产业和社会服务收入用于教育的经费	其他属于国家财政性教育经费	民办学校中举办者投入	社会捐赠经费	#农村	事业收入	#学杂费	其他收入
799006		**640262**	**1302061**	**11986884**		**2325372**		**58152445**	**29441473**	**11971445**
700000			378107	7875066		966734		15997165	7408881	3519047
			1978			29743		1434498	837510	274978
		167740	55653			1708		563987	351354	103141
			25066	601638		25158		2089809	978107	175073
				291374		15461		823813	805074	221576
		232444	13602	921982		5791		1455567	753344	1350677
			309190			190492		6104055	3658605	1131609
			42859	496660		314700		3988193	1512626	863764
10056			94422	157355		146612		1834078	877729	239934
		620	861			15188		1308218	311077	400708
			11500	323134		159256		1327484	461837	128644
		6000						14195	14195	4000
		100343	73914	291783		28527		1843515	1009259	278477
								39906	38718	168641
		48716	73330	28948		106087		4702779	2866636	704439
			25501			12870		1300604	752822	175737
			37337	759598		77581		2817895	1820298	674258
88950			9235			34336		2156756	1250916	235637
		1100	7158			87030		4896332	1726108	625792
		3000	2736	1500				18064	16094	470
			113219	221508		98267		2588916	1355202	419413
		6936	26393	6419		8998		481264	342587	213344
				9421				65579	63500	16201
		73363		498		833		299773	228994	45885

3-6 教育经费收入情况

地区	总计	国家财政性教育经费	公共财政预算教育经费	教育事业费拨款	基本建设拨款	科研拨款	其他拨款	各级政府征收用于教育的税费	教育费附加
合计	**576308944**	**348485639**	**324944560**	**292643546**	**9481954**	**3854752**	**18964308**	**18075664**	**6070084**
北京	20385772	16483966	15445896	14307417	652478	64452	421549	404912	104821
天津	16640429	12104572	10839010	10314622	121000	66660	336728	1096754	213100
河北	24984550	15662267	15157979	14885754	64285	37848	170092	207325	128155
山西	13791487	9353063	8990225	7776982	174397	110608	928238	336771	139706
内蒙古	11299342	8079599	7869213	6669312	157283	60927	981691	122463	11491
辽宁	24257821	15034519	14115390	10495951	2166632	105451	1347356	366424	215835
吉林	14361101	9601366	9135609	8866896	68463	95815	104435	162155	112785
黑龙江	14865662	9081031	8844104	8467693	187705	40543	148163	201582	201582
上海	26040970	19913675	13361623	11955080		827281	579262	6509093	29093
江苏	41861358	21709987	19300459	18738585	76452	99951	385471	2053677	1158650
浙江	28044778	13716338	11748278	9949337	112000	349795	1337146	1792566	811960
安徽	20117496	12279907	11909382	10975880	303709	24852	604941	163256	149122
福建	17280174	9531348	8713624	8309305	24050	99842	280427	612807	173511
江西	21180439	14024264	13985964	13277993	63182	92007	552782	20129	20129
山东	33224441	21396440	20400150	19790322	140640	182595	286593	535467	396956
河南	32938138	20602128	19685462	17597253	167574	188273	1732362	819161	330932
湖北	25776734	12356072	11622798	9212268	658548	110076	1641906	523158	375951
湖南	24171736	14433581	13971640	12797623	416493	209229	548295	426086	367521
广东	39937626	20174246	19082377	15527751	1790959	334730	1428937	663186	516457
广西	14139175	8324824	7997139	7553257	160952	76772	206158	144744	97088
海南	4048660	2326042	2304667	1626958	520203	18201	139305		
重庆	14006757	6991935	6515779	5870528	53817	1855	589579	222304	7620
四川	23376432	12898606	12423164	10946640	164767	116351	1195406	258803	147253
贵州	8534365	5480366	5329174	4799493	254605	211723	63353	109289	97017
云南	17302178	12087654	11853206	10657328	302913	118661	774304	155007	144994
西藏	1090611	978475	975135	932043	27067	3007	13018	2950	1500
陕西	24107397	10992794	10702953	9333786	126200	74128	1168839	61993	42585
甘肃	7532408	4853710	4760209	4017302	223700	36235	482972	88083	59228
青海	1567253	1178245	1173815	924982	11618	44529	192686	3505	3505
宁夏	2737559	2016361	1934746	1612347	37070	23259	262070	5077	4700
新疆	6706095	4818258	4795390	4452858	253192	29096	60244	6937	6837

（地方高等学校）

单位：千元

地方教育附加	地方基金	企业办学中的企业拨款	校办产业和社会服务收入用于教育的经费	其他属于国家财政性教育经费	民办学校中举办者投入	社会捐赠经费	#农村	事业收入	#学杂费	其他收入
9470901	**2534679**	**924082**	**679870**	**3861463**	**2483850**	**1834992**		**195626344**	**161988553**	**27878119**
300091		13630	112757	506771		2077		3400285	2907350	499444
	883654	435	2885	165488		18076		3920927	3094810	596854
29890	49280	55742	1561	239660	10780	18135		8860887	7283055	432481
19410	177655	10840	6770	8457	150000	2403		3742685	3132741	543336
22766	88206	85351	896	1676	21037	13792		2844486	2356480	340428
132191	18398	147749	837	404119	63751	19702		8408060	7215032	731789
49070	300	4646	1654	297302		5971		4557378	3994059	196386
			702	34643		4457		5733342	5490013	46832
6480000		26510	16449			13815		5294851	4004871	818629
702244	192783		84213	271638		926053		15264063	11619906	3961255
377650	602956		71180	104314	84726	68628		11764370	9602435	2410716
14114	20	120674	1936	84659	197030	22617		7090575	5737314	527367
426839	12457		4780	200137	185871	106941		6802132	5099982	653882
			583	17588	384000	14227		6180746	5313992	577202
105248	33263	171958	5320	283545	403406	5891		11026393	9258712	392311
172649	315580	20000	9666	67839	184092	26517		10189970	9231720	1935431
110106	37101	37870	6918	165328	7480	20796		11170472	9000259	2221914
33186	25379		17880	17975	21305	15450		8375235	6940642	1326165
136217	10512		79370	349313	115993	265682		17959020	15330482	1422685
45306	2350	2060	38563	142318	1906	20696		5539331	4803411	252418
		120	9702	11553		988		1555338	1420793	166292
205124	9560	103218	118602	32032	256264	10121		5823912	4892466	924525
72332	39218	61373	20013	135253	146677	25286		9771650	7434134	534213
11454	818	6353	23155	12395	219452	27144		2545134	1984687	262269
500	9513	43472	10742	25227	1380	78795		4403221	3683258	731128
1450				390				108421	79457	3715
	19408		23734	204114	20200	74792		8697428	7236902	4322183
22864	5991			5418		1172		2440142	2072945	237384
			925			1025		281960	256576	106023
100	277	12081		64457	8500	1009		549780	451550	161909
100			8077	7854		22734		1324150	1058519	540953

3-7 教育经费收入情况

地区	总计	国家财政性教育经费	公共财政预算教育经费					各级政府征收用于教育的税费	
				教育事业费拨款	基本建设拨款	科研拨款	其他拨款		教育费附加
合计	**780190644**	**486663122**	**454602885**	**385169603**	**16042263**	**25017885**	**28373134**	**12750604**	**5772593**
北京	80908769	57495019	47575287	38935387	2879396	2217395	3543109	1045140	45140
天津	21786578	15623425	14355735	12516285	393480	877724	568246	1096904	213250
河北	26099532	16398262	15681527	15314874	84824	57732	224097	196379	125909
山西	13537534	9199146	8843448	7638173	173733	110608	920934	336057	138992
内蒙古	11141241	7978452	7801318	6623109	157283	60837	960089	89394	9443
辽宁	30828880	19511118	17986571	13432340	2522583	169070	1862578	347748	214159
吉林	19473017	13783390	13058504	11629743	165493	863252	400016	134556	94746
黑龙江	21932711	13487020	12089446	10559145	496589	587616	446096	194201	194201
上海	41427916	28370138	27103001	21687169	354930	3970456	1090446	915000	
江苏	58847429	33869021	30992570	26672585	588202	2426852	1304931	1981854	1100916
浙江	34435866	18421422	16264052	12231746	161540	2353746	1517020	1732857	801947
安徽	24405300	15055889	14685524	12951484	307709	784167	642164	161615	148069
福建	21416488	12224775	11084466	10120937	154600	207669	601260	603126	172800
江西	20629102	13727784	13683502	12984650	62182	91596	545074	20111	20111
山东	39943571	26259184	24801155	22867353	228470	1048061	657271	532467	394956
河南	32664600	20327610	19421810	17374322	162174	187713	1697601	809172	329812
湖北	43983271	25151048	24267870	17943616	1174648	2746391	2403215	522208	375501
湖南	29257073	18221028	17755364	15392319	680663	1001386	680996	404308	351750
广东	49963502	27211670	25343539	20430436	2067553	1215895	1629655	642925	496955
广西	13792222	8127578	7800188	7372670	148556	75777	203185	144585	97058
海南	3995501	2299694	2278319	1600610	520203	18201	139305		
重庆	19859530	10437080	9863027	8594008	102317	474586	692116	311184	7550
四川	35683444	19916180	19601565	16558907	506336	1231473	1304849	122787	104643
贵州	8374987	5399646	5253465	4729257	250805	211723	61680	104278	92990
云南	16736344	11646699	11412251	10219701	302913	118541	771096	155007	144994
西藏	1090611	978475	975135	932043	27067	3007	13018	2950	1500
陕西	35628427	19666261	19052476	14481474	668040	1579148	2323814	54359	34951
甘肃	10060308	6799850	6684687	5548130	341390	225719	569448	76933	48128
青海	1543840	1169564	1165134	918072	11618	44019	191425	3505	3505
宁夏	3266288	2463310	2372274	1987901	93774	28529	262070	5077	4700
新疆	7476762	5443384	5349675	4921157	253192	28996	146330	3917	3917

(普通高等学校)

单位:千元

地方教育附加	地方基金	企业办学中的企业拨款	校办产业和社会服务收入用于教育的经费	其他属于国家财政性教育经费	民办学校中举办者投入	社会捐赠经费	#农村	事业收入	#学杂费	其他收入
4531198	**2446813**	**1518548**	**1946681**	**15844404**	**2483850**	**4125208**		**247629488**	**186607486**	**39288976**
1000000		13630	479125	8381837		968811		18481263	9590108	3963676
	883654	435	4863	165488		47819		5252562	3842677	862772
29190	41280	223482	57214	239660	10780	19794		9152344	7385742	518352
19410	177655	10840	344	8457	150000	2403		3642843	3071881	543142
11616	68335	85351	713	1676	21037	13792		2788266	2337155	339694
115191	18398	145139	25903	1005757	63751	44570		10303356	8085504	906085
39810			1654	588676		21432		5279878	4736838	388317
		232444	14304	956625		10155		7044221	6109433	1391315
915000		26510	325627			204293		11045278	7485881	1808207
688805	192133		127072	767525		1224061		18966280	12906059	4788067
349054	581856		164102	260411	84726	213240		13159608	10160255	2556870
13526	20	121294	2797	84659	197030	37805		8199788	5877357	914788
421369	8957		13912	523271	185871	266197		7963357	5423949	776288
		6000	583	17588	384000	14227		5936218	5132406	566873
104248	33263	271801	78433	575328	403406	34418		12586670	10024606	659893
163780	315580	20000	8789	67839	184092	26517		10053145	9129108	2073236
109606	37101	86586	80108	194276	7480	126878		15775529	11818419	2922336
27179	25379		43381	17975	21305	28320		9502658	7535874	1483762
135458	10512		116707	1108499	115993	343195		20201689	16634898	2090955
45177	2350	2060	38427	142318	1906	16373		5398401	4673362	247964
		120	9702	11553		988		1529660	1395189	165159
294074	9560	103000	127837	32032	256264	44457		7962905	6130307	1158824
13371	4773	34587	21988	135253	146677	112098		14373703	8912412	1134786
10470	818	6353	23155	12395	219452	27144		2468504	1913897	260241
500	9513	43472	10742	25227	1380	78795		4280618	3592015	728852
1450				390				108421	79457	3715
	19408		133804	425622	20200	173042		11035354	8386150	4733570
22814	5991		26393	11837		10170		2807717	2315555	442571
			925			1025		267837	242453	105414
100	277	12081		73878	8500	1009		615359	515050	178110
		73363	8077	8352		12180		1446056	1163489	575142

3-8 教育经费收入情况

地区	总计	国家财政性教育经费	公共财政预算教育经费	教育事业费拨款	基本建设拨款	科研拨款	其他拨款	各级政府征收用于教育的税费	教育费附加
合计	**224198658**	**152544800**	**137774151**	**99756603**	**6635152**	**21173181**	**10209215**	**861414**	**62408**
北京	61265620	41530774	32582301	25019897	2226918	2152943	3182543	700000	
天津	5713048	3973829	3971701	2640326	272480	811064	247831	150	150
河北	1826632	1157796	934403	779744	28440	19914	106305		
山西									
内蒙古									
辽宁	7021364	4737463	4110759	3146060	355951	69030	539718		
吉林	5700856	4640006	4348632	3175512	97030	767477	308613		
黑龙江	7536565	4724530	3556502	2398916	308884	547073	301629		
上海	22429098	15002943	14693753	10585596	354930	3143175	610052		
江苏	17880214	12713557	12174038	8399743	511750	2326960	935585		
浙江	7392604	5171980	4847889	2590507	49540	2003998	203844	72314	62258
安徽	4663333	2939219	2937738	2113422	20000	759375	44941		
福建	4488131	2872747	2538113	1972061	130550	107927	327575		
江西	26426	8231	2231	2231					
山东	7375168	5224649	4758609	3408165	98100	866096	386248		
河南	300702	92155	92155	65671			26484		
湖北	18426054	12912749	12761755	8846257	516100	2636315	763083		
湖南	5383795	3894584	3869083	2672057	264170	792157	140699		
广东	11024147	7454413	6657478	5239435	287816	881515	248712		
广西									
海南									
重庆	5890266	3463537	3365352	2738593	48500	472731	105528	88950	
四川	13244484	7635812	7628654	5778814	347759	1115657	386424		
贵州	19434	8173	8173	6804			1369		
云南									
西藏									
陕西	11931242	8824646	8489919	5282279	541840	1505020	1160780		
甘肃	2708265	2014930	1982118	1580979	117690	189484	93965		
青海									
宁夏	528729	446949	437528	375554	56704	5270			
新疆	1422481	1099128	1025267	937980			87287		

（中央属普通高等学校）

单位：千元

地方教育附加	地方基金	企业办学中的企业拨款	校办产业和社会服务收入用于教育的经费	其他属于国家财政性教育经费	民办学校中举办者投入	社会捐赠经费	#农村	事业收入	#学杂费	其他收入
799006		**629226**	**1294625**	**11985384**		**2325082**		**57393819**	**28846163**	**11934957**
700000			373407	7875066		966734		15283333	6850052	3484779
			1978			29743		1434498	837510	274978
		167740	55653			1708		563987	351354	103141
			25066	601638		24868		2083960	972396	175073
				291374		15461		823813	805074	221576
		232444	13602	921982		5791		1455567	753344	1350677
			309190			190492		6104055	3658605	1131608
			42859	496660		314700		3988193	1512626	863764
10056			94422	157355		146612		1834078	877729	239934
		620	861			15188		1308218	311077	400708
			11500	323134		159256		1327484	461837	128644
		6000						14195	14195	4000
		100343	73914	291783		28527		1843515	1009259	278477
								39906	38718	168641
		48716	73330	28948		106087		4702779	2866636	704439
			25501			12870		1300604	752822	175737
			37337	759598		77581		2817895	1820298	674258
88950			9235			34336		2156756	1250916	235637
			7158			87030		4896030	1726108	625612
								11261	11261	
			113219	221508		98267		2588916	1355202	419413
			26393	6419		8998		472424	335220	211913
				9421				65579	63500	16201
		73363		498		833		276773	210424	45747

3-9 教育经费收入情况

地区	总计	国家财政性教育经费	公共财政预算教育经费					各级政府征收用于教育的税费	
				教育事业费拨款	基本建设拨款	科研拨款	其他拨款		教育费附加
合计	**555991986**	**334118322**	**316828734**	**285413000**	**9407111**	**3844704**	**18163919**	**11889190**	**5710185**
北京	19643149	15964245	14992986	13915490	652478	64452	360566	345140	45140
天津	16073530	11649596	10384034	9875959	121000	66660	320415	1096754	213100
河北	24272900	15240466	14747124	14535130	56384	37818	117792	196379	125909
山西	13537534	9199146	8843448	7638173	173733	110608	920934	336057	138992
内蒙古	11141241	7978452	7801318	6623109	157283	60837	960089	89394	9443
辽宁	23807516	14773655	13875812	10286280	2166632	100040	1322860	347748	214159
吉林	13772161	9143384	8709872	8454231	68463	95775	91403	134556	94746
黑龙江	14396146	8762490	8532944	8160229	187705	40543	144467	194201	194201
上海	18998818	13367195	12409248	11101573		827281	480394	915000	
江苏	40967215	21155464	18818532	18272842	76452	99892	369346	1981854	1100916
浙江	27043262	13249442	11416163	9641239	112000	349748	1313176	1660543	739689
安徽	19741967	12116670	11747786	10838062	287709	24792	597223	161615	148069
福建	16928357	9352028	8546353	8148876	24050	99742	273685	603126	172800
江西	20602676	13719553	13681271	12982419	62182	91596	545074	20111	20111
山东	32568403	21034535	20042546	19459188	130370	181965	271023	532467	394956
河南	32363898	20235455	19329655	17308651	162174	187713	1671117	809172	329812
湖北	25557217	12238299	11506115	9097359	658548	110076	1640132	522208	375501
湖南	23873278	14326444	13886281	12720262	416493	209229	540297	404308	351750
广东	38939355	19757257	18686061	15191001	1779737	334380	1380943	642925	496955
广西	13792222	8127578	7800188	7372670	148556	75777	203185	144585	97058
海南	3995501	2299694	2278319	1600610	520203	18201	139305		
重庆	13969264	6973543	6497675	5855415	53817	1855	586588	222234	7550
四川	22438960	12280368	11972911	10780093	158577	115816	918425	122787	104643
贵州	8355553	5391473	5245292	4722453	250805	211723	60311	104278	92990
云南	16736344	11646699	11412251	10219701	302913	118541	771096	155007	144994
西藏	1090611	978475	975135	932043	27067	3007	13018	2950	1500
陕西	23697185	10841615	10562557	9199195	126200	74128	1163034	54359	34951
甘肃	7352043	4784920	4702569	3967151	223700	36235	475483	76933	48128
青海	1543840	1169564	1165134	918072	11618	44019	191425	3505	3505
宁夏	2737559	2016361	1934746	1612347	37070	23259	262070	5077	4700
新疆	6054281	4344256	4324408	3983177	253192	28996	59043	3917	3917

（地方普通高等学校）

单位：千元

地方教育附加	地方基金	企业办学中的企业拨款	校办产业和社会服务收入用于教育的经费	其他属于国家财政性教育经费	民办学校中举办者投入	社会捐赠经费	#农村	事业收入	#学杂费	其他收入
3732192	**2446813**	**889322**	**652056**	**3859020**	**2483850**	**1800126**		**190235669**	**157761323**	**27354019**
300000		13630	105718	506771		2077		3197930	2740056	478897
	883654	435	2885	165488		18076		3818064	3005167	587794
29190	41280	55742	1561	239660	10780	18086		8588357	7034388	415211
19410	177655	10840	344	8457	150000	2403		3642843	3071881	543142
11616	68335	85351	713	1676	21037	13792		2788266	2337155	339694
115191	18398	145139	837	404119	63751	19702		8219396	7113108	731012
39810			1654	297302		5971		4456065	3931764	166741
			702	34643		4364		5588654	5356089	40638
915000		26510	16437			13801		4941223	3827276	676599
688805	192133		84213	270865		909361		14978087	11393433	3924303
338998	581856		69680	103056	84726	66628		11325530	9282526	2316936
13526	20	120674	1936	84659	197030	22617		6891570	5566280	514080
421369	8957		2412	200137	185871	106941		6635873	4962112	647644
			583	17588	384000	14227		5922023	5118211	562873
104248	33263	171458	4519	283545	403406	5891		10743155	9015347	381416
163780	315580	20000	8789	67839	184092	26517		10013239	9090390	1904595
109606	37101	37870	6778	165328	7480	20791		11072750	8951783	2217897
27179	25379		17880	17975	21305	15450		8202054	6783052	1308025
135458	10512		79370	348901	115993	265614		17383794	14814600	1416697
45177	2350	2060	38427	142318	1906	16373		5398401	4673362	247964
		120	9702	11553		988		1529660	1395189	165159
205124	9560	103000	118602	32032	256264	10121		5806149	4879391	923187
13371	4773	34587	14830	135253	146677	25068		9477673	7186304	509174
10470	818	6353	23155	12395	219452	27144		2457243	1902636	260241
500	9513	43472	10742	25227	1380	78795		4280618	3592015	728852
1450				390				108421.	79457	3715
	19408		20585	204114	20200	74775		8446438	7030948	4314157
22814	5991			5418		1172		2335293	1980335	230658
			925			1025		267837	242453	105414
100	277	12081		64457	8500	1009		549780	451550	161909
			8077	7854		11347		1169283	953065	529395

3-10 教育经费收入情况

地区	总计	国家财政性教育经费	公共财政预算教育经费	教育事业费拨款	基本建设拨款	科研拨款	其他拨款	各级政府征收用于教育的税费	教育费附加
合计	**639147055**	**403470802**	**378371635**	**318792639**	**12435212**	**24885621**	**22258163**	**7384086**	**2337603**
北京	76718252	54301011	44440078	36215865	2627666	2217095	3379452	1001706	1706
天津	17381485	12299790	11273437	9606673	341480	876139	449145	858630	150
河北	20403634	13258921	12988873	12703787	79440	50074	155572	22478	1238
山西	9633284	6633431	6447408	5399785	166194	109698	771731	186023	103203
内蒙古	7576363	5320651	5299568	4408225	117392	59053	714898	19235	2050
辽宁	26304545	16367857	15130555	11535061	1770098	168300	1657096	213358	139760
吉林	16924448	11751519	11161232	9807527	100770	863252	389683		
黑龙江	18884008	11509935	10282838	8882514	421704	583430	395190	175048	175048
上海	39191073	27444921	26200049	21045327	354930	3969467	830325	915000	
江苏	47252132	27430127	25193510	21019631	574202	2418357	1181320	1374491	821507
浙江	26922286	14374655	12683182	9325990	161540	2326022	869630	1290912	563299
安徽	18266390	11235782	11149008	9730493	170509	774005	474001	2000	
福建	17648189	10467290	9544569	8684695	153400	202547	503927	392222	19972
江西	15567082	10622714	10603217	10058887	11000	84926	448404	2711	2711
山东	31056256	21091499	20250264	18427137	215450	1045731	561946	92415	31625
河南	24483934	15540788	15454541	13915018	49688	181163	1308672	13422	3493
湖北	37225672	21258532	20849754	15832890	821898	2742447	1452519	143911	109591
湖南	21609990	13464818	13353335	11789308	346941	990134	226952	70943	68943
广东	37823025	21184569	19952142	15923965	1629311	1200350	1198516	25212	25212
广西	10092465	6354634	6085806	5717053	146000	74324	148429	89239	89239
海南	2695288	1453874	1442022	1153577	159308	18130	111007		
重庆	15830925	8578375	8116562	7363832	60810	474391	217529	303854	1500
四川	29574307	16332480	16175519	13527942	405909	1229673	1011995	4410	2661
贵州	6341601	4067488	4026560	3540454	236794	209333	39979	34056	23646
云南	13645790	9699016	9521686	8763024	2000	112772	643890	145244	144744
西藏	895304	798120	797559	778690	6317	1983	10569	561	
陕西	31710902	17816321	17257173	12782021	668040	1577635	2229477	896	896
甘肃	8226729	5715815	5677002	4702837	331690	225064	417411	2004	1404
青海	1243459	956942	953437	751931	3000	44019	154487	3505	3505
宁夏	2261224	1794711	1726115	1433873	72274	27419	192549	100	
新疆	5757013	4344216	4334634	3964627	229457	28688	111862	500	500

(普通高等本科学校)

单位:千元

地方教育附加	地方基金	企业办学中的企业拨款	校办产业和社会服务收入用于教育的经费	其他属于国家财政性教育经费	民办学校中举办者投入	社会捐赠经费	#农村	事业收入	#学杂费	其他收入
3422980	**1623503**	**199995**	**1779006**	**15736080**	**1270884**	**3825989**		**196755751**	**142352662**	**33823629**
1000000			477390	8381837		966225		17561429	8757520	3889587
	858480		2312	165411		38893		4370126	3133673	672676
20960	280		7910	239660	2600	12709		6721514	5316461	407890
19410	63410				150000	2105		2338150	1886788	509598
7850	9335		713	1135		12941		1919715	1612141	323056
55200	18398		25223	998721	53121	43955		9119882	7040849	719730
			1639	588648		21338		4770006	4261473	381585
		83240	14304	954505		10143		6014222	5135241	1349708
915000		20000	309872			202570		9869155	6413802	1674427
434717	118267		112771	749355		1064618		14778519	9425425	3978868
216287	511326		154778	245783	79726	189330		10242885	7651063	2035690
2000			2315	82459	135752	34981		6122624	4140903	737251
372200	50		11500	518999	44819	260721		6173649	3888274	701710
			4	16782		10455		4435882	3777360	498031
57000	3790	96755	76841	575224	45742	32985		9378203	7278630	507827
6959	2970		8710	64115	156912	22582		7352778	6683580	1410874
8419	25901		75507	189360		117077		13270352	9576858	2579711
2000			33987	6553		24261		6772541	5219692	1348370
			102015	1105200	63000	333520		14352559	11453234	1889377
			38008	141581		6890		3551334	3048941	179607
			702	11150		16		1123013	1037850	118385
292794	9560		126307	31652	211883	43406		6109672	4528635	887589
13	1736		18044	134507	87677	105018		12052817	6938848	996315
10410			535	6337	219452	23619		1875449	1414490	155593
500			9449	22637		52176		3308085	2735925	586513
561								93469	65948	3715
			133700	424552	20200	171544		9374609	6892000	4328228
600			26393	10416		9962		2132540	1732662	368412
								203918	186702	82599
100				68496		1000		365750	337034	99763
			8077	1005		10949		1000904	780660	400944

3-11 教育经费收入情况

地区	总计	国家财政性教育经费	公共财政预算教育经费	教育事业费拨款	基本建设拨款	科研拨款	其他拨款	各级政府征收用于教育的税费	教育费附加
合计	**221202404**	**151065986**	**136893766**	**99242753**	**6387714**	**21172531**	**10090768**	**861414**	**62408**
北京	61202160	41490792	32542319	24979915	2226918	2152943	3182543	700000	
天津	5713048	3973829	3971701	2640326	272480	811064	247831	150	150
河北	1373850	933403	925923	775544	28440	19914	102025		
山西									
内蒙古									
辽宁	7021364	4737463	4110759	3146060	355951	69030	539718		
吉林	5700856	4640006	4348632	3175512	97030	767477	308613		
黑龙江	7238391	4506329	3487505	2357911	303204	547073	279317		
上海	22401935	14990305	14681115	10577330	354930	3143175	605680		
江苏	17880214	12713557	12174038	8399743	511750	2326960	935585		
浙江	7392604	5171980	4847889	2590507	49540	2003998	203844	72314	62258
安徽	4638063	2935132	2934271	2109955	20000	759375	44941		
福建	4488131	2872747	2538113	1972061	130550	107927	327575		
江西									
山东	7153383	5124306	4758609	3408165	98100	866096	386248		
河南									
湖北	18190482	12834440	12733861	8822521	516100	2636315	758925		
湖南	5294746	3859674	3834173	2646495	264170	791507	132001		
广东	10332046	7057603	6261393	5097528	46058	881515	236292		
广西									
海南									
重庆	5752141	3441309	3344472	2717713	48500	472731	105528	88950	
四川	13043648	7507862	7500704	5665164	347759	1115657	372124		
贵州									
云南									
西藏									
陕西	11931242	8824646	8489919	5282279	541840	1505020	1160780		
甘肃	2708265	2014930	1982118	1580979	117690	189484	93965		
青海									
宁夏	528729	446949	437528	375554	56704	5270			
新疆	1217106	988724	988724	921491			67233		

（中央属普通高等本科学校）

单位：千元

地方教育附加	地方基金	企业办学中的企业拨款	校办产业和社会服务收入用于教育的经费	其他属于国家财政性教育经费	民办学校中举办者投入	社会捐赠经费	#农村	事业收入	#学杂费	其他收入
799006		**83240**	**1242838**	**11984728**		**2324312**		**56222246**	**28011097**	**11589860**
700000			373407	7875066		966175		15265844	6834927	3479349
			1978			29743		1434498	837510	274978
			7480			1708		347729	254709	91010
			25066	601638		24868		2083960	972396	175073
				291374		15461		823813	805074	221576
		83240	13602	921982		5791		1380866	702778	1345405
			309190			190492		6092020	3651243	1129118
			42859	496660		314700		3988193	1512626	863764
10056			94422	157355		146612		1834078	877729	239934
			861			15177		1289825	299090	397929
			11500	323134		159256		1327484	461837	128644
			73914	291783		28527		1815338	981082	185212
			71789	28790		106087		4568661	2743436	681294
			25501			12870		1249873	709250	172329
			36612	759598		77381		2527438	1596614	669624
88950			7887			34336		2040859	1197809	235637
			7158			87030		4824836	1668289	623920
			113219	221508		98267		2588916	1355202	419413
			26393	6419		8998		472424	335220	211913
				9421				65579	63500	16201
						833		200012	150776	27537

3-12 教育经费收入情况

地区	总计	国家财政性教育经费	公共财政预算教育经费	教育事业费拨款	基本建设拨款	科研拨款	其他拨款	各级政府征收用于教育的税费	教育费附加
合计	**417944651**	**252404816**	**241477869**	**219549886**	**6047498**	**3713090**	**12167395**	**6522672**	**2275195**
北京	15516092	12810219	11897759	11235950	400748	64152	196909	301706	1706
天津	11668437	8325961	7301736	6966347	69000	65075	201314	858480	
河北	19029784	12325518	12062950	11928243	51000	30160	53547	22478	1238
山西	9633284	6633431	6447408	5399785	166194	109698	771731	186023	103203
内蒙古	7576363	5320651	5299568	4408225	117392	59053	714898	19235	2050
辽宁	19283181	11630394	11019796	8389001	1414147	99270	1117378	213358	139760
吉林	11223592	7111513	6812600	6632015	3740	95775	81070		
黑龙江	11645617	7003606	6795333	6524603	118500	36357	115873	175048	175048
上海	16789138	12454616	11518934	10467997		826292	224645	915000	
江苏	29371918	14716570	13019472	12619888	62452	91397	245735	1374491	821507
浙江	19529682	9202675	7835293	6735483	112000	322024	665786	1218598	501041
安徽	13628327	8300650	8214737	7620538	150509	14630	429060	2000	
福建	13160058	7594543	7006456	6712634	22850	94620	176352	392222	19972
江西	15567082	10622714	10603217	10058887	11000	84926	448404	2711	2711
山东	23902873	15967193	15491655	15018972	117350	179635	175698	92415	31625
河南	24483934	15540788	15454541	13915018	49688	181163	1308672	13422	3493
湖北	19035190	8424092	8115893	7010369	305798	106132	693594	143911	109591
湖南	16315244	9605144	9519162	9142813	82771	198627	94951	70943	68943
广东	27490979	14126966	13690749	10826437	1583253	318835	962224	25212	25212
广西	10092465	6354634	6085806	5717053	146000	74324	148429	89239	89239
海南	2695288	1453874	1442022	1153577	159308	18130	111007		
重庆	10078784	5137066	4772090	4646119	12310	1660	112001	214904	1500
四川	16530659	8824618	8674815	7862778	58150	114016	639871	4410	2661
贵州	6341601	4067488	4026560	3540454	236794	209333	39979	34056	23646
云南	13645790	9699016	9521686	8763024	2000	112772	643890	145244	144744
西藏	895304	798120	797559	778690	6317	1983	10569	561	
陕西	19779660	8991675	8767254	7499742	126200	72615	1068697	896	896
甘肃	5518464	3700885	3694884	3121858	214000	35580	323446	2004	1404
青海	1243459	956942	953437	751931	3000	44019	154487	3505	3505
宁夏	1732495	1347762	1288587	1058319	15570	22149	192549	100	
新疆	4539907	3355492	3345910	3043136	229457	28688	44629	500	500

(地方普通高等本科学校)

单位:千元

地方教育附加	地方基金	企业办学中的企业拨款	校办产业和社会服务收入用于教育的经费	其他属于国家财政性教育经费	民办学校中举办者投入	社会捐赠经费	#农村	事业收入	#学杂费	其他收入
2623974	**1623503**	**116755**	**536168**	**3751352**	**1270884**	**1501677**		**140533505**	**114341565**	**22233769**
300000			103983	506771		50		2295585	1922593	410238
	858480		334	165411		9150		2935628	2296163	397698
20960	280		430	239660	2600	11001		6373785	5061752	316880
19410	63410				150000	2105		2338150	1886788	509598
7850	9335		713	1135		12941		1919715	1612141	323056
55200	18398		157	397083	53121	19087		7035922	6068453	544657
			1639	297274		5877		3946193	3456399	160009
			702	32523		4352		4633356	4432463	4303
915000		20000	682			12078		3777135	2762559	545309
434717	118267		69912	252695		749918		10790326	7912799	3115104
206231	511326		60356	88428	79726	42718		8408807	6773334	1795756
2000			1454	82459	135752	19804		4832799	3841813	339322
372200	50			195865	44819	101465		4846165	3426437	573066
			4	16782		10455		4435882	3777360	498031
57000	3790	96755	2927	283441	45742	4458		7562865	6297548	322615
6959	2970		8710	64115	156912	22582		7352778	6683580	1410874
8419	25901		3718	160570		10990		8701691	6833422	1898417
2000			8486	6553		11391		5522668	4510442	1176041
			65403	345602	63000	256139		11825121	9856620	1219753
			38008	141581		6890		3551334	3048941	179607
			702	11150		16		1123013	1037850	118385
203844	9560		118420	31652	211883	9070		4068813	3330826	651952
13	1736		10886	134507	87677	17988		7227981	5270559	372395
10410			535	6337	219452	23619		1875449	1414490	155593
500			9449	22637		52176		3308085	2735925	586513
561								93469	65948	3715
			20481	203044	20200	73277		6785693	5536798	3908815
600				3997		964		1660116	1397442	156499
								203918	186702	82599
100				59075		1000		300171	273534	83562
			8077	1005		10116		800892	629884	373407

3-13 教育经费收入情况

地区	总计	国家财政性教育经费	公共财政预算教育经费	教育事业费拨款	基本建设拨款	科研拨款	其他拨款	各级政府征收用于教育的税费	教育费附加
合计	**141043589**	**83192320**	**76231250**	**66376964**	**3607051**	**132264**	**6114971**	**5366518**	**3434990**
北京	4190517	3194008	3135209	2719522	251730	300	163657	43434	43434
天津	4405093	3323635	3082298	2909612	52000	1585	119101	238274	213100
河北	5695898	3139341	2692654	2611087	5384	7658	68525	173901	124671
山西	3904250	2565715	2396040	2238388	7539	910	149203	150034	35789
内蒙古	3564878	2657801	2501750	2214884	39891	1784	245191	70159	7393
辽宁	4524335	3143261	2856016	1897279	752485	770	205482	134390	74399
吉林	2548569	2031871	1897272	1822216	64723		10333	134556	94746
黑龙江	3048703	1977085	1806608	1676631	74885	4186	50906	19153	19153
上海	2236843	925217	902952	641842		989	260121		
江苏	11595297	6438894	5799060	5652954	14000	8495	123611	607363	279409
浙江	7513580	4046767	3580870	2905756		27724	647390	441945	238648
安徽	6138910	3820107	3536516	3220991	137200	10162	168163	159615	148069
福建	3768299	1757485	1539897	1436242	1200	5122	97333	210904	152828
江西	5062020	3105070	3080285	2925763	51182	6670	96670	17400	17400
山东	8887315	5167685	4550891	4440216	13020	2330	95325	440052	363331
河南	8180666	4786822	3967269	3459304	112486	6550	388929	795750	326319
湖北	6757599	3892516	3418116	2110726	352750	3944	950696	378297	265910
湖南	7647083	4756210	4402029	3603011	333722	11252	454044	333365	282807
广东	12140477	6027101	5391397	4506471	438242	15545	431139	617713	471743
广西	3699757	1772944	1714382	1655617	2556	1453	54756	55346	7819
海南	1300213	845820	836297	447033	360895	71	28298		
重庆	4028605	1858705	1746465	1230176	41507	195	474587	7330	6050
四川	6109137	3583700	3426046	3030965	100427	1800	292854	118377	101982
贵州	2033386	1332158	1226905	1188803	14011	2390	21701	70222	69344
云南	3090554	1947683	1890565	1456677	300913	5769	127206	9763	250
西藏	195307	180355	177576	153353	20750	1024	2449	2389	1500
陕西	3917525	1849940	1795303	1699453		1513	94337	53463	34055
甘肃	1833579	1084035	1007685	845293	9700	655	152037	74929	46724
青海	300381	212622	211697	166141	8618		36938		
宁夏	1005064	668599	646159	554028	21500	1110	69521	4977	4700
新疆	1719749	1099168	1015041	956530	23735	308	34468	3417	3417

（普通高职高专学校）

单位：千元

地方教育附加	地方基金	企业办学中的企业拨款	校办产业和社会服务收入用于教育的经费	其他属于国家财政性教育经费	民办学校中举办者投入	社会捐赠经费	#农村	事业收入	#学杂费	其他收入
1108218	**823310**	**1318553**	**167675**	**108324**	**1212966**	**299219**		**50873737**	**44254824**	**5465347**
		13630	1735			2586		919834	832588	74089
	25174	435	2551	77		8926		882436	709004	190096
8230	41000	223482	49304		8180	7085		2430830	2069281	110462
	114245	10840	344	8457		298		1304693	1185093	33544
3766	59000	85351		541	21037	851		868551	725014	16638
59991		145139	680	7036	10630	615		1183474	1044655	186355
39810			15	28		94		509872	475365	6732
		149204		2120		12		1029999	974192	41607
		6510	15755			1723		1176123	1072079	133780
254088	73866		14301	18170		159443		4187761	3480634	809199
132767	70530		9324	14628	5000	23910		2916723	2509192	521180
11526	20	121294	482	2200	61278	2824		2077164	1736454	177537
49169	8907		2412	4272	141052	5476		1789708	1535675	74578
		6000	579	806	384000	3772		1500336	1355046	68842
47248	29473	175046	1592	104	357664	1433		3208467	2745976	152066
156821	312610	20000	79	3724	27180	3935		2700367	2445528	662362
101187	11200	86586	4601	4916	7480	9801		2505177	2241561	342625
25179	25379		9394	11422	21305	4059		2730117	2316182	135392
135458	10512		14692	3299	52993	9675		5849130	5181664	201578
45177	2350	2060	419	737	1906	9483		1847067	1624421	68357
		120	9000	403		972		406647	357339	46774
1280		103000	1530	380	44381	1051		1853233	1601672	271235
13358	3037	34587	3944	746	59000	7080		2320886	1973564	138471
60	818	6353	22620	6058		3525		593055	499407	104648
	9513	43472	1293	2590	1380	26619		972533	856090	142339
889				390				14952	13509	
	19408		104	1070		1498		1660745	1494150	405342
22214	5991			1421		208		675177	582893	74159
			925			1025		63919	55751	22815
	277	12081		5382	8500	9		249609	178016	78347
		73363		7347		1231		445152	382829	174198

3-14 教育经费收入情况

地区	总计	国家财政性教育经费	公共财政预算教育经费					各级政府征收用于教育的税费	
				教育事业费拨款	基本建设拨款	科研拨款	其他拨款		教育费附加
合计	**2996254**	**1478814**	**880385**	**513850**	**247438**	**650**	**118447**		
北京	63460	39982	39982	39982					
天津									
河北	452782	224393	8480	4200			4280		
山西									
内蒙古									
辽宁									
吉林									
黑龙江	298174	218201	68997	41005	5680		22312		
上海	27163	12638	12638	8266			4372		
江苏									
浙江									
安徽	25270	4087	3467	3467					
福建									
江西	26426	8231	2231	2231					
山东	221785	100343							
河南	300702	92155	92155	65671			26484		
湖北	235572	78309	27894	23736			4158		
湖南	89049	34910	34910	25562		650	8698		
广东	692101	396810	396085	141907	241758		12420		
广西									
海南									
重庆	138125	22228	20880	20880					
四川	200836	127950	127950	113650			14300		
贵州	19434	8173	8173	6804			1369		
云南									
西藏									
陕西									
甘肃									
青海									
宁夏									
新疆	205375	110404	36543	16489			20054		

（中央属普通高职高专学校）

单位：千元

地方教育附加	地方基金	企业办学中的企业拨款	校办产业和社会服务收入用于教育的经费	其他属于国家财政性教育经费	民办学校中举办者投入	社会捐赠经费	#农村	事业收入	#学杂费	其他收入
		545986	**51787**	**656**		**770**		**1171573**	**835066**	**345097**
						559		17489	15125	5430
		167740	48173					216258	96645	12131
		149204						74701	50566	5272
								12035	7362	2490
		620				11		18393	11987	2779
		6000						14195	14195	4000
		100343						28177	28177	93265
								39906	38718	168641
		48716	1541	158				134118	123200	23145
								50731	43572	3408
			725			200		290457	223684	4634
			1348					115897	53107	
								71194	57819	1692
								11261	11261	
		73363		498				76761	59648	18210

3-15 教育经费收入情况

地区	总计	国家财政性教育经费	公共财政预算教育经费					各级政府征收用于教育的税费	
				教育事业费拨款	基本建设拨款	科研拨款	其他拨款		教育费附加
合计	**138047335**	**81713506**	**75350865**	**65863114**	**3359613**	**131614**	**5996524**	**5366518**	**3434990**
北京	4127057	3154026	3095227	2679540	251730	300	163657	43434	43434
天津	4405093	3323635	3082298	2909612	52000	1585	119101	238274	213100
河北	5243116	2914948	2684174	2606887	5384	7658	64245	173901	124671
山西	3904250	2565715	2396040	2238388	7539	910	149203	150034	35789
内蒙古	3564878	2657801	2501750	2214884	39891	1784	245191	70159	7393
辽宁	4524335	3143261	2856016	1897279	752485	770	205482	134390	74399
吉林	2548569	2031871	1897272	1822216	64723		10333	134556	94746
黑龙江	2750529	1758884	1737611	1635626	69205	4186	28594	19153	19153
上海	2209680	912579	890314	633576		989	255749		
江苏	11595297	6438894	5799060	5652954	14000	8495	123611	607363	279409
浙江	7513580	4046767	3580870	2905756		27724	647390	441945	238648
安徽	6113640	3816020	3533049	3217524	137200	10162	168163	159615	148069
福建	3768299	1757485	1539897	1436242	1200	5122	97333	210904	152828
江西	5035594	3096839	3078054	2923532	51182	6670	96670	17400	17400
山东	8665530	5067342	4550891	4440216	13020	2330	95325	440052	363331
河南	7879964	4694667	3875114	3393633	112486	6550	362445	795750	326319
湖北	6522027	3814207	3390222	2086990	352750	3944	946538	378297	265910
湖南	7558034	4721300	4367119	3577449	333722	10602	445346	333365	282807
广东	11448376	5630291	4995312	4364564	196484	15545	418719	617713	471743
广西	3699757	1772944	1714382	1655617	2556	1453	54756	55346	7819
海南	1300213	845820	836297	447033	360895	71	28298		
重庆	3890480	1836477	1725585	1209296	41507	195	474587	7330	6050
四川	5908301	3455750	3298096	2917315	100427	1800	278554	118377	101982
贵州	2013952	1323985	1218732	1181999	14011	2390	20332	70222	69344
云南	3090554	1947683	1890565	1456677	300913	5769	127206	9763	250
西藏	195307	180355	177576	153353	20750	1024	2449	2389	1500
陕西	3917525	1849940	1795303	1699453		1513	94337	53463	34055
甘肃	1833579	1084035	1007685	845293	9700	655	152037	74929	46724
青海	300381	212622	211697	166141	8618		36938		
宁夏	1005064	668599	646159	554028	21500	1110	69521	4977	4700
新疆	1514374	988764	978498	940041	23735	308	14414	3417	3417

（地方普通高职高专学校）

单位：千元

地方教育附加	地方基金	企业办学中的企业拨款	校办产业和社会服务收入用于教育的经费	其他属于国家财政性教育经费	民办学校中举办者投入	社会捐赠经费	#农村	事业收入	#学杂费	其他收入
1108218	823310	772567	115888	107668	1212966	298449		49702164	43419758	5120250
		13630	1735			2027		902345	817463	68659
	25174	435	2551	77		8926		882436	709004	190096
8230	41000	55742	1131		8180	7085		2214572	1972636	98331
	114245	10840	344	8457		298		1304693	1185093	33544
3766	59000	85351		541	21037	851		868551	725014	16638
59991		145139	680	7036	10630	615		1183474	1044655	186355
39810			15	28		94		509872	475365	6732
				2120		12		955298	923626	36335
		6510	15755			1723		1164088	1064717	131290
254088	73866		14301	18170		159443		4187761	3480634	809199
132767	70530		9324	14628	5000	23910		2916723	2509192	521180
11526	20	120674	482	2200	61278	2813		2058771	1724467	174758
49169	8907		2412	4272	141052	5476		1789708	1535675	74578
			579	806	384000	3772		1486141	1340851	64842
47248	29473	74703	1592	104	357664	1433		3180290	2717799	58801
156821	312610	20000	79	3724	27180	3935		2660461	2406810	493721
101187	11200	37870	3060	4758	7480	9801		2371059	2118361	319480
25179	25379		9394	11422	21305	4059		2679386	2272610	131984
135458	10512		13967	3299	52993	9475		5558673	4957980	196944
45177	2350	2060	419	737	1906	9483		1847067	1624421	68357
		120	9000	403		972		406647	357339	46774
1280		103000	182	380	44381	1051		1737336	1548565	271235
13358	3037	34587	3944	746	59000	7080		2249692	1915745	136779
60	818	6353	22620	6058		3525		581794	488146	104648
	9513	43472	1293	2590	1380	26619		972533	856090	142339
889				390				14952	13509	
	19408		104	1070		1498		1660745	1494150	405342
22214	5991			1421		208		675177	582893	74159
			925			1025		63919	55751	22815
	277	12081		5382	8500	9		249609	178016	78347
				6849		1231		368391	323181	155988

3-16 教育经费收入情况

地区	总计	国家财政性教育经费	公共财政					各级政府	
			预算教育经费	教育事业费拨款	基本建设拨款	科研拨款	其他拨款	征收用于教育的税费	教育费附加
合计	**21297833**	**14552788**	**8281325**	**7347130**	**95403**	**32118**	**806674**	**6186474**	**359899**
北京	1627426	656424	584913	484300	17560	22070	60983	59772	59681
天津	566899	454976	454976	438663			16313		
河北	711650	421801	410855	350624	7901	30	52300	10946	2246
山西	253953	153917	146777	138809	664		7304	714	714
内蒙古	158101	101147	67895	46203		90	21602	33069	2048
辽宁	456444	260864	239578	209671		5411	24496	18676	1676
吉林	588940	457982	425737	412665		40	13032	27599	18039
黑龙江	469516	318541	311160	307464			3696	7381	7381
上海	7042153	6546480	952375	853507			98868	5594093	29093
江苏	894143	554523	481927	465743		59	16125	71823	57734
浙江	1001516	466896	332115	308098		47	23970	132023	72271
安徽	375529	163237	161596	137818	16000	60	7718	1641	1053
福建	351817	179320	167271	160429		100	6742	9681	711
江西	577763	304711	304693	295574	1000	411	7708	18	18
山东	656038	361905	357604	331134	10270	630	15570	3000	2000
河南	574240	366673	355807	288602	5400	560	61245	9989	1120
湖北	219517	117773	116683	114909			1774	950	450
湖南	298458	107137	85359	77361			7998	21778	15771
广东	998271	416989	396316	336750	11222	350	47994	20261	19502
广西	346953	197246	196951	180587	12396	995	2973	159	30
海南	53159	26348	26348	26348					
重庆	37493	18392	18104	15113			2991	70	70
四川	939054	619338	450253	166547	6190	535	276981	136016	42610
贵州	193821	96629	84382	77040	3800		3542	5011	4027
云南	565834	440955	440955	437627		120	3208		
西藏									
陕西	410212	151179	140396	134591			5805	7634	7634
甘肃	197572	75726	57640	50151			7489	11150	11100
青海	23413	8681	8681	6910		510	1261		
宁夏									
新疆	707948	506998	503978	493892	3000	100	6986	3020	2920

(成人高等学校)

单位:千元

地方教育附加	地方基金	企业办学中的企业拨款	校办产业和社会服务收入用于教育的经费	其他属于国家财政性教育经费	民办学校中举办者投入	社会捐赠经费	#农村	事业收入	#学杂费	其他收入
5738709	**87866**	**45796**	**35250**	**3943**		**35156**		**6149301**	**4822540**	**560588**
91			11739					916187	726123	54815
								102863	89643	9060
700	8000					49		272530	248667	17270
			6426					99842	60860	194
11150	19871		183					56220	19325	734
17000		2610				290		194513	107635	777
9260	300	4646						101313	62295	29645
						93		144688	133924	6194
5565000			12			14		353628	177595	142031
13439	650			773		16692		285976	226473	36952
38652	21100		1500	1258		2000		438840	319909	93780
588								199005	171034	13287
5470	3500		2368					166259	137870	6238
								258723	195781	14329
1000		500	801					283238	243365	10895
8869			877					176731	141330	30836
500			140			5		97722	48476	4017
6007								173181	157590	18140
759				412		68		575226	515882	5988
129			136			4323		140930	130049	4454
								25678	25604	1133
		218						17763	13075	1338
58961	34445	27886	5183			218		294279	247830	25219
984		3000	2736	1500				94694	86884	2498
								122603	91243	2276
			3149			17		250990	205954	8026
50		6936						113689	99977	8157
								14123	14123	609
100						11387		177867	124024	11696

3-17 教育经费收入情况

地区	总计	国家财政性教育经费	公共财政预算教育经费	教育事业费拨款	基本建设拨款	科研拨款	其他拨款	各级政府征收用于教育的税费	教育费附加
合计	**980875**	**185471**	**165499**	**116584**	**20560**	**22070**	**6285**		
北京	884803	136703	132003	92373	17560	22070			
天津									
河北									
山西									
内蒙古									
辽宁	6139								
吉林									
黑龙江									
上海	1								
江苏									
浙江									
安徽									
福建									
江西									
山东									
河南									
湖北									
湖南									
广东									
广西									
海南									
重庆									
四川	1582	1100							
贵州	15009	7736	500				500		
云南									
西藏									
陕西									
甘肃	17207	6936							
青海									
宁夏									
新疆	56134	32996	32996	24211	3000		5785		

（中央属成人高等学校）

单位：千元

地方教育附加	地方基金	企业办学中的企业拨款	校办产业和社会服务收入用于教育的经费	其他属于国家财政性教育经费	民办学校中举办者投入	社会捐赠经费	#农村	事业收入	#学杂费	其他收入
		11036	**7436**	**1500**		**290**		**758626**	**595310**	**36488**
			4700					713832	558829	34268
						290		5849	5711	
										1
		1100						302		180
		3000	2736	1500				6803	4833	470
		6936						8840	7367	1431
								23000	18570	138

3-18 教育经费收入情况

地区	总计	国家财政性教育经费	公共财政预算教育经费	教育事业费拨款	基本建设拨款	科研拨款	其他拨款	各级政府征收用于教育的税费	教育费附加
合计	**20316958**	**14367317**	**8115826**	**7230546**	**74843**	**10048**	**800389**	**6186474**	**359899**
北京	742623	519721	452910	391927			60983	59772	59681
天津	566899	454976	454976	438663			16313		
河北	711650	421801	410855	350624	7901	30	52300	10946	2246
山西	253953	153917	146777	138809	664		7304	714	714
内蒙古	158101	101147	67895	46203		90	21602	33069	2048
辽宁	450305	260864	239578	209671		5411	24496	18676	1676
吉林	588940	457982	425737	412665		40	13032	27599	18039
黑龙江	469516	318541	311160	307464			3696	7381	7381
上海	7042152	6546480	952375	853507			98868	5594093	29093
江苏	894143	554523	481927	465743		59	16125	71823	57734
浙江	1001516	466896	332115	308098		47	23970	132023	72271
安徽	375529	163237	161596	137818	16000	60	7718	1641	1053
福建	351817	179320	167271	160429		100	6742	9681	711
江西	577763	304711	304693	295574	1000	411	7708	18	18
山东	656038	361905	357604	331134	10270	630	15570	3000	2000
河南	574240	366673	355807	288602	5400	560	61245	9989	1120
湖北	219517	117773	116683	114909			1774	950	450
湖南	298458	107137	85359	77361			7998	21778	15771
广东	998271	416989	396316	336750	11222	350	47994	20261	19502
广西	346953	197246	196951	180587	12396	995	2973	159	30
海南	53159	26348	26348	26348					
重庆	37493	18392	18104	15113			2991	70	70
四川	937472	618238	450253	166547	6190	535	276981	136016	42610
贵州	178812	88893	83882	77040	3800		3042	5011	4027
云南	565834	440955	440955	437627		120	3208		
西藏									
陕西	410212	151179	140396	134591			5805	7634	7634
甘肃	180365	68790	57640	50151			7489	11150	11100
青海	23413	8681	8681	6910		510	1261		
宁夏									
新疆	651814	474002	470982	469681		100	1201	3020	2920

（地方成人高等学校）

单位：千元

地方教育附加	地方基金	企业办学中的企业拨款	校办产业和社会服务收入用于教育的经费	其他属于国家财政性教育经费	民办学校中举办者投入	社会捐赠经费	#农村	事业收入	#学杂费	其他收入
5738709	**87866**	**34760**	**27814**	**2443**		**34866**		**5390675**	**4227230**	**524100**
91			7039					202355	167294	20547
								102863	89643	9060
700	8000					49		272530	248667	17270
			6426					99842	60860	194
11150	19871		183					56220	19325	734
17000		2610						188664	101924	777
9260	300	4646						101313	62295	29645
						93		144688	133924	6194
5565000			12			14		353628	177595	142030
13439	650			773		16692		285976	226473	36952
38652	21100		1500	1258		2000		438840	319909	93780
588								199005	171034	13287
5470	3500		2368					166259	137870	6238
								258723	195781	14329
1000		500	801					283238	243365	10895
8869			877					176731	141330	30836
500			140			5		97722	48476	4017
6007								173181	157590	18140
759				412		68		575226	515882	5988
129			136			4323		140930	130049	4454
								25678	25604	1133
		218						17763	13075	1338
58961	34445	26786	5183			218		293977	247830	25039
984								87891	82051	2028
								122603	91243	2276
			3149			17		250990	205954	8026
50								104849	92610	6726
								14123	14123	609
100						11387		154867	105454	11558

3-19 教育经费收入情况

地 区	总 计	国家财政性教育经费	公共财政预算教育经费					各级政府征收用于教育的税费	
				教育事业费拨款	基本建设拨款	科研拨款	其他拨款		教育费附加
合 计	**190930756**	**155990852**	**129090031**	**110646890**	**7033324**		**11409817**	**25717730**	**19154263**
北 京	6294197	5776783	4249639	3466611	108175		674853	1515116	1509068
天 津	2844118	2536285	2239582	2185446			54136	269342	120582
河 北	7925612	6516953	5530602	5081688	121087		327827	853096	695866
山 西	4950974	4429323	4026157	3501347	168181		356629	319782	259236
内蒙古	3916536	3639552	3220925	2639288	125713		455924	305181	189750
辽 宁	6515928	5559452	4713972	3524351	572656		616965	840786	790988
吉 林	3275390	2977211	2328329	2186225	52880		89224	636893	589433
黑龙江	3664466	3191901	3012140	2647841	229877		134422	159610	158272
上 海	5897682	5100087	2737854	2638958	20000		78896	2324612	2321081
江 苏	16353872	12643370	10090234	8487516	36212		1566506	2456347	1533360
浙 江	10565599	8191007	6355674	5664243	211276		480155	1810892	1129087
安 徽	7861925	6410088	4686708	3796629	528961		361118	1702604	1367379
福 建	5596817	4923905	3515995	2991665	126648		397682	1385236	949354
江 西	3220290	2528414	2316036	2148393	66547		101096	208345	124489
山 东	15668377	13375598	10276102	9882423	11500		382179	2993561	1775387
河 南	10560428	8517324	7760027	6560028	440153		759846	706715	505508
湖 北	4599785	3398731	2954061	2459711	143509		350841	440494	324877
湖 南	6085234	4676650	4106707	3659309	166352		281046	547289	312705
广 东	19782944	14821141	12124205	9644457	1100100		1379648	2625321	1929932
广 西	5195424	4077532	3535784	3294626	112348		128810	522772	397595
海 南	1921528	1447269	1361021	1148267	34010		178744	40970	26859
重 庆	5346455	4311770	3568024	2458682	633340		476002	708281	335876
四 川	10552840	8349644	7344474	6534542	476157		333775	967694	671621
贵 州	3300040	2776423	2398741	2176294	167202		55245	295806	232822
云 南	6234290	5180898	4866038	3457090	700436		708512	296701	239331
西 藏	380876	377458	370189	235458	118350		16381	5586	5586
陕 西	3983328	3252328	3120185	2851067	134528		134590	130849	111338
甘 肃	2886929	2352281	2152328	1824487	138810		189031	163572	116197
青 海	948493	858494	754960	599258	93091		62611	98364	58157
宁 夏	772234	632099	568055	461744	27500		78811	58683	58683
新 疆	3828145	3160881	2805283	2439246	167725		198312	327230	313844

（中等职业学校）

单位：千元

地方教育附加	地方基金	企业办学中的企业拨款	校办产业和社会服务收入用于教育的经费	其他属于国家财政性教育经费	民办学校中举办者投入	社会捐赠经费	#农村	事业收入	#学杂费	其他收入
4390324	**2173143**	**814344**	**116730**	**252017**	**1057577**	**145285**	**3779**	**29527370**	**23749314**	**4209672**
5992	56	6063	5108	857	1969	453		438049	298454	76943
109040	39720	22514	4847		754	305		273382	241840	33392
26411	130819	130596	1883	776	46348	513		1230948	1046633	130850
45720	14826	67197	14262	1925	41675	1180		464264	288856	14532
71140	44291	109739		3707	3006	408		239311	125828	34259
16371	33427	3900	350	444	13860	123		858336	753488	84157
41645	5815	11900	34	55	8168	1472		273588	226240	14951
758	580	19616	181	354	31805	104		409958	340626	30698
3531		30948	6584	89		664		494594	421533	302337
724819	198168	27596	4371	64822	2579	64338	1751	2875936	2213795	767649
254696	427109	10265	6119	8057	131	3098	486	1979337	1533735	392026
159130	176095	10235	575	9966	51154	1429	49	1292427	1056355	106827
330290	105592		2342	20332	20916	11341	1036	533901	371902	106754
10726	73130	2829	1204		22519	1924		610526	546128	56907
910498	307676	77870	14162	13903	42111	3341	24	2014818	1656018	232509
174176	27031	46739	1623	2220	209918	2485		1625582	1380845	205119
18378	97239	892	322	2962	21038	3244		982334	873042	194438
231864	2720	11986	5844	4824	25256	1968		1283557	1054481	97803
600332	95057	11699	12067	47849	138789	16206	292	4612007	3889094	194801
120875	4302	2100	1283	15593	19499	1341	23	946515	761537	150537
	14111	32235	3753	9290	160875	4216	1	270982	231139	38186
211934	160471	24971	3076	7418	7864	1537	15	854253	559710	171031
173241	122832	29413	3017	5046	100347	13255	2	1949814	1355960	139780
47578	15406	75258	2683	3935	6675	523		468029	398392	48390
459	56911	2976	8537	6646	40449	1450	100	906547	786460	104946
				1683				3418	1620	
9541	9970		406	888	25116	330		636044	534387	69510
42005	5370	29541	6801	39	5005	699		472436	418677	56508
38293	1914		5170		6896	1311		55327	39700	26465
				5361	2318	578		85176	64467	52063
10881	2505	15266	126	12976	537	5449		385974	278372	275304

3-20 教育经费收入情况

地区	总计	国家财政性教育经费	公共财政预算教育经费	教育事业费拨款	基本建设拨款	科研拨款	其他拨款	各级政府征收用于教育的税费	教育费附加
合计	**1215019**	**809319**	**721768**	**551890**	**60000**		**109878**		
北京	236510	181163	181163	135649			45514		
天津	35716	11862	11634	11409			225		
河北	924								
山西	20736	20192	15872	11872			4000		
内蒙古									
辽宁									
吉林									
黑龙江	136529	103987	95594	88796			6798		
上海	56775	26380	6380	6380					
江苏	33871	17207	1211	749			462		
浙江									
安徽	2182	1457	712	712					
福建									
江西									
山东									
河南	82807	7300	7300	7000			300		
湖北									
湖南	24015	9735	5788	4748			1040		
广东	37116	17444	11650	10048			1602		
广西									
海南									
重庆	1840	842	842	842					
四川	42608	27638	26964	26419			545		
贵州	70784	32897	20709	2968			17741		
云南									
西藏									
陕西	104500	104500	104500	104500					
甘肃									
青海									
宁夏									
新疆	328106	246715	231449	139798	60000		31651		

（中央属中等职业学校）

单位：千元

地方教育附加	地方基金	企业办学中的企业拨款	校办产业和社会服务收入用于教育的经费	其他属于国家财政性教育经费	民办学校中举办者投入	社会捐赠经费	#农村	事业收入	#学杂费	其他收入
		80002	**6898**	**651**		**55**		**235871**	**155931**	**169774**
						9		40486	16013	14852
		228						16511	2429	7343
								924	924	
		4320						544	544	
		8393						9452	8916	23090
		20000						6869	6352	23526
		14996	1000					16108	13153	556
		528	217					665	665	60
								7507	4000	68000
		3560	387					11949	8721	2331
		500	5294					19221	16840	451
								998	469	
		23		651		44		4524	3844	10402
		12188						34009	22578	3878
		15266				2		66104	50483	15285

3-21 教育经费收入情况

地区	总计	国家财政性教育经费	公共财政预算教育经费					各级政府征收用于教育的税费	
				教育事业费拨款	基本建设拨款	科研拨款	其他拨款		教育费附加
合计	**189715737**	**155181533**	**128368263**	**110095000**	**6973324**		**11299939**	**25717730**	**19154263**
北京	6057687	5595620	4068476	3330962	108175		629339	1515116	1509068
天津	2808402	2524423	2227948	2174037			53911	269342	120582
河北	7924688	6516953	5530602	5081688	121087		327827	853096	695866
山西	4930238	4409131	4010285	3489475	168181		352629	319782	259236
内蒙古	3916536	3639552	3220925	2639288	125713		455924	305181	189750
辽宁	6515928	5559452	4713972	3524351	572656		616965	840786	790988
吉林	3275390	2977211	2328329	2186225	52880		89224	636893	589433
黑龙江	3527937	3087914	2916546	2559045	229877		127624	159610	158272
上海	5840907	5073707	2731474	2632578	20000		78896	2324612	2321081
江苏	16320001	12626163	10089023	8486767	36212		1566044	2456347	1533360
浙江	10565599	8191007	6355674	5664243	211276		480155	1810892	1129087
安徽	7859743	6408631	4685996	3795917	528961		361118	1702604	1367379
福建	5596817	4923905	3515995	2991665	126648		397682	1385236	949354
江西	3220290	2528414	2316036	2148393	66547		101096	208345	124489
山东	15668377	13375598	10276102	9882423	11500		382179	2993561	1775387
河南	10477621	8510024	7752727	6553028	440153		759546	706715	505508
湖北	4599785	3398731	2954061	2459711	143509		350841	440494	324877
湖南	6061219	4666915	4100919	3654561	166352		280006	547289	312705
广东	19745828	14803697	12112555	9634409	1100100		1378046	2625321	1929932
广西	5195424	4077532	3535784	3294626	112348		128810	522772	397595
海南	1921528	1447269	1361021	1148267	34010		178744	40970	26859
重庆	5344615	4310928	3567182	2457840	633340		476002	708281	335876
四川	10510232	8322006	7317510	6508123	476157		333230	967694	671621
贵州	3229256	2743526	2378032	2173326	167202		37504	295806	232822
云南	6234290	5180898	4866038	3457090	700436		708512	296701	239331
西藏	380876	377458	370189	235458	118350		16381	5586	5586
陕西	3878828	3147828	3015685	2746567	134528		134590	130849	111338
甘肃	2886929	2352281	2152328	1824487	138810		189031	163572	116197
青海	948493	858494	754960	599258	93091		62611	98364	58157
宁夏	772234	632099	568055	461744	27500		78811	58683	58683
新疆	3500039	2914166	2573834	2299448	107725		166661	327230	313844

(地方中等职业学校)

单位:千元

		企业办学中的企业拨款	校办产业和社会服务收入用于教育的经费	其他属于国家财政性教育经费	民办学校中举办者投入	社会捐赠经费		事业收入		其他收入
地方教育附加	地方基金						#农村		#学杂费	
4390324	**2173143**	**734342**	**109832**	**251366**	**1057577**	**145230**	**3779**	**29291499**	**23593383**	**4039898**
5992	56	6063	5108	857	1969	444		397563	282441	62091
109040	39720	22286	4847		754	305		256871	239411	26049
26411	130819	130596	1883	776	46348	513		1230024	1045709	130850
45720	14826	62877	14262	1925	41675	1180		463720	288312	14532
71140	44291	109739		3707	3006	408		239311	125828	34259
16371	33427	3900	350	444	13860	123		858336	753488	84157
41645	5815	11900	34	55	8168	1472		273588	226240	14951
758	580	11223	181	354	31805	104		400506	331710	7608
3531		10948	6584	89		664		487725	415181	278811
724819	198168	12600	3371	64822	2579	64338	1751	2859828	2200642	767093
254696	427109	10265	6119	8057	131	3098	486	1979337	1533735	392026
159130	176095	9707	358	9966	51154	1429	49	1291762	1055690	106767
330290	105592		2342	20332	20916	11341	1036	533901	371902	106754
10726	73130	2829	1204		22519	1924		610526	546128	56907
910498	307676	77870	14162	13903	42111	3341	24	2014818	1656018	232509
174176	27031	46739	1623	2220	209918	2485		1618075	1376845	137119
18378	97239	892	322	2962	21038	3244		982334	873042	194438
231864	2720	8426	5457	4824	25256	1968		1271608	1045760	95472
600332	95057	11199	6773	47849	138789	16206	292	4592786	3872254	194350
120875	4302	2100	1283	15593	19499	1341	23	946515	761537	150537
	14111	32235	3753	9290	160875	4216	1	270982	231139	38186
211934	160471	24971	3076	7418	7864	1537	15	853255	559241	171031
173241	122832	29390	3017	4395	100347	13211	2	1945290	1352116	129378
47578	15406	63070	2683	3935	6675	523		434020	375814	44512
459	56911	2976	8537	6646	40449	1450	100	906547	786460	104946
				1683				3418	1620	
9541	9970		406	888	25116	330		636044	534387	69510
42005	5370	29541	6801	39	5005	699		472436	418677	56508
38293	1914		5170		6896	1311		55327	39700	26465
				5361	2318	578		85176	64467	52063
10881	2505		126	12976	537	5447		319870	227889	260019

3-22 教育经费收入情况

地区	总计	国家财政性教育经费	公共财政预算教育经费	教育事业费拨款	基本建设拨款	科研拨款	其他拨款	各级政府征收用于教育的税费	教育费附加
合计	**87587927**	**69733760**	**57723751**	**49140310**	**2796443**		**5786998**	**11483136**	**8603637**
北京	1733734	1551535	1380727	1099134	69870		211723	168652	168652
天津	1866527	1643589	1368119	1326256			41863	264342	115582
河北	2694043	1978269	1759067	1625633	22300		111134	147950	130050
山西	2298225	1953655	1887157	1568152	85869		233136	42602	41221
内蒙古	1802076	1649981	1441801	1171047	32070		238684	106607	34584
辽宁	3497848	2950118	2355899	1779017	115142		461740	590675	555288
吉林	1440955	1331299	882124	824955	20000		37169	442086	408996
黑龙江	1213670	964348	923628	691301	180274		52053	40720	40260
上海	3235697	2697096	1302092	1245561			56531	1369093	1369093
江苏	8177706	6307518	4912025	4183251	9212		719562	1357850	961615
浙江	1361240	871020	697550	586777	5000		105773	171775	50301
安徽	3436054	2701159	1819552	1459577	184795		175180	877446	738715
福建	3781066	3317495	2334057	1972892	93648		267517	975442	638843
江西	1373686	991978	930774	860131	12900		57743	60000	18540
山东	6890503	5859867	4791632	4627683	5000		158949	999752	498766
河南	5183239	4057516	3725464	3010664	301200		413600	312141	209758
湖北	2732207	1928338	1629520	1283520	36310		309690	295167	205202
湖南	1593925	1200425	1080072	990518	30400		59154	113230	70691
广东	10664857	8015694	6225067	5310377	227122		687568	1780817	1326424
广西	4101648	3282837	2801773	2606414	99692		95667	471072	363546
海南	1525924	1100262	1035526	883824	33560		118142	28528	14798
重庆	1062824	757942	610119	462253	55400		92466	140993	72242
四川	4061988	2914142	2720793	2385929	123641		211223	190628	136815
贵州	1598232	1371679	1158028	1036479	82780		38769	211768	167613
云南	3470463	2873367	2770941	1808187	576897		385857	100571	86995
西藏	380876	377458	370189	235458	118350		16381	5586	5586
陕西	1042753	762547	758950	688352	12488		58110	3597	1330
甘肃	1996514	1580344	1477941	1261671	72870		143400	83800	66731
青海	431484	384450	349317	258750	47194		43373	29963	7403
宁夏	478501	366521	329309	260611	15500		53198	31851	31851
新疆	2459462	1991311	1894538	1635936	126959		131643	68432	66146

（中等专业学校）

单位：千元

地方教育附加	地方基金	企业办学中的企业拨款	校办产业和社会服务收入用于教育的经费	其他属于国家财政性教育经费	民办学校中举办者投入	社会捐赠经费	#农村	事业收入	#学杂费	其他收入
1900261	**979238**	**371377**	**60979**	**94517**	**616053**	**107628**	**3049**	**14844392**	**12076696**	**2286094**
			2156			232		152044	103927	29923
109040	39720	10702	426		754	269		199356	185719	22559
570	17330	70869	383		37539	291		615585	539028	62359
	1381	11620	12276		613	1169		334235	199790	8553
29704	42319	97866		3707	450	362		137042	66753	14241
2660	32727	3100		444	3041	100		494476	419404	50113
31040	2050	7000	34	55	500	861		103249	79664	5046
	460				4125			220325	166961	24872
		25812	10	89		500		319448	269115	218653
324547	71688		1028	36615		59116	1721	1424969	1135954	386103
41672	79802		1440	255		395		404925	303083	84900
28620	110111	2530	453	1178	28343	801		660701	587834	45050
268078	68521		2342	5654	12666	7052	1036	364899	249840	78954
2000	39460		1204		568	1218		351484	325146	28438
310844	190142	57548	10695	240	5842	2206		910403	742952	112185
92079	10304	18672	621	618	101047	2137		900929	766391	121610
12662	77303	892		2759	15066	653		632495	561314	155655
42489	50	2050	5073		5667	10		353604	286221	34219
384977	69416	2772	1649	5389	114961	13068	292	2423609	2010588	97525
103324	4202		130	9862	19499	906		678107	545588	120299
	13730	32235	3753	220	160875	4125		230162	195836	30500
6061	62690			6830	2629	359		225516	164081	76378
39675	14138		2278	443	59567	9115		992844	704614	86320
32579	11576		1883		3075	2		191382	157756	32094
	13576	680	1075	100	29416	597		542761	483177	24322
				1683				3418	1620	
	2267				2454	271		228666	200038	48815
15019	2050	11763	6801	39	360	96		366826	322533	48888
22560			5170		4141	100		29293	21770	13500
				5361	2318	501		65342	49183	43819
61	2225	15266	99	12976	537	1116		286297	230816	180201

3-23 教育经费收入情况

地区	总计	国家财政性教育经费	公共财政预算教育经费					各级政府征收用于教育的税费	
				教育事业费拨款	基本建设拨款	科研拨款	其他拨款		教育费附加
合计	**934398**	**649869**	**609538**	**449933**	**60000**		**99605**		
北京	236174	181033	181033	135649			45384		
天津	8869	8208	8208	7983			225		
河北	924								
山西	20736	20192	15872	11872			4000		
内蒙古									
辽宁									
吉林									
黑龙江	69112	41271	41271	40967			304		
上海	56775	26380	6380	6380					
江苏									
浙江									
安徽	2182	1457	712	712					
福建									
江西									
山东									
河南	82807	7300	7300	7000			300		
湖北									
湖南									
广东	2757								
广西									
海南									
重庆									
四川									
贵州	30314	20709	20709	2968			17741		
云南									
西藏									
陕西	104500	104500	104500	104500					
甘肃									
青海									
宁夏									
新疆	319248	238819	223553	131902	60000		31651		

（中央属中等专业学校）

单位：千元

地方教育附加	地方基金	企业办学中的企业拨款	校办产业和社会服务收入用于教育的经费	其他属于国家财政性教育经费	民办学校中举办者投入	社会捐赠经费	#农村	事业收入	#学杂费	其他收入
		40114	**217**			**11**		**139439**	**95321**	**145079**
						9		40280	15807	14852
										661
								924	924	
		4320						544	544	
								6460	6460	21381
		20000						6869	6352	23526
		528	217					665	665	60
								7507	4000	68000
								2757	2757	
								7985	7985	1620
		15266				2		65448	49827	14979

3-24 教育经费收入情况

地区	总计	国家财政性教育经费	公共财政预算教育经费					各级政府征收用于教育的税费	
				教育事业费拨款	基本建设拨款	科研拨款	其他拨款		教育费附加
合计	**86653529**	**69083891**	**57114213**	**48690377**	**2736443**		**5687393**	**11483136**	**8603637**
北京	1497560	1370502	1199694	963485	69870		166339	168652	168652
天津	1857658	1635381	1359911	1318273			41638	264342	115582
河北	2693119	1978269	1759067	1625633	22300		111134	147950	130050
山西	2277489	1933463	1871285	1556280	85869		229136	42602	41221
内蒙古	1802076	1649981	1441801	1171047	32070		238684	106607	34584
辽宁	3497848	2950118	2355899	1779017	115142		461740	590675	555288
吉林	1440955	1331299	882124	824955	20000		37169	442086	408996
黑龙江	1144558	923077	882357	650334	180274		51749	40720	40260
上海	3178922	2670716	1295712	1239181			56531	1369093	1369093
江苏	8177706	6307518	4912025	4183251	9212		719562	1357850	961615
浙江	1361240	871020	697550	586777	5000		105773	171775	50301
安徽	3433872	2699702	1818840	1458865	184795		175180	877446	738715
福建	3781066	3317495	2334057	1972892	93648		267517	975442	638843
江西	1373686	991978	930774	860131	12900		57743	60000	18540
山东	6890503	5859867	4791632	4627683	5000		158949	999752	498766
河南	5100432	4050216	3718164	3003664	301200		413300	312141	209758
湖北	2732207	1928338	1629520	1283520	36310		309690	295167	205202
湖南	1593925	1200425	1080072	990518	30400		59154	113230	70691
广东	10662100	8015694	6225067	5310377	227122		687568	1780817	1326424
广西	4101648	3282837	2801773	2606414	99692		95667	471072	363546
海南	1525924	1100262	1035526	883824	33560		118142	28528	14798
重庆	1062824	757942	610119	462253	55400		92466	140993	72242
四川	4061988	2914142	2720793	2385929	123641		211223	190628	136815
贵州	1567918	1350970	1137319	1033511	82780		21028	211768	167613
云南	3470463	2873367	2770941	1808187	576897		385857	100571	86995
西藏	380876	377458	370189	235458	118350		16381	5586	5586
陕西	938253	658047	654450	583852	12488		58110	3597	1330
甘肃	1996514	1580344	1477941	1261671	72870		143400	83800	66731
青海	431484	384450	349317	258750	47194		43373	29963	7403
宁夏	478501	366521	329309	260611	15500		53198	31851	31851
新疆	2140214	1752492	1670985	1504034	66959		99992	68432	66146

（地方中等专业学校）

单位：千元

地方教育附加	地方基金	企业办学中的企业拨款	校办产业和社会服务收入用于教育的经费	其他属于国家财政性教育经费	民办学校中举办者投入	社会捐赠经费	#农村	事业收入	#学杂费	其他收入
1900261	**979238**	**331263**	**60762**	**94517**	**616053**	**107617**	**3049**	**14704953**	**11981375**	**2141015**
			2156			223		111764	88120	15071
109040	39720	10702	426		754	269		199356	185719	21898
570	17330	70869	383		37539	291		614661	538104	62359
	1381	7300	12276		613	1169		333691	199246	8553
29704	42319	97866		3707	450	362		137042	66753	14241
2660	32727	3100		444	3041	100		494476	419404	50113
31040	2050	7000	34	55	500	861		103249	79664	5046
	460				4125			213865	160501	3491
		5812	10	89		500		312579	262763	195127
324547	71688		1028	36615		59116	1721	1424969	1135954	386103
41672	79802		1440	255		395		404925	303083	84900
28620	110111	2002	236	1178	28343	801		660036	587169	44990
268078	68521		2342	5654	12666	7052	1036	364899	249840	78954
2000	39460		1204		568	1218		351484	325146	28438
310844	190142	57548	10695	240	5842	2206		910403	742952	112185
92079	10304	18672	621	618	101047	2137		893422	762391	53610
12662	77303	892		2759	15066	653		632495	561314	155655
42489	50	2050	5073		5667	10		353604	286221	34219
384977	69416	2772	1649	5389	114961	13068	292	2420852	2007831	97525
103324	4202		130	9862	19499	906		678107	545588	120299
	13730	32235	3753	220	160875	4125		230162	195836	30500
6061	62690			6830	2629	359		225516	164081	76378
39675	14138		2278	443	59567	9115		992844	704614	86320
32579	11576		1883		3075	2		183397	149771	30474
	13576	680	1075	100	29416	597		542761	483177	24322
				1683				3418	1620	
	2267				2454	271		228666	200038	48815
15019	2050	11763	6801	39	360	96		366826	322533	48888
22560			5170		4141	100		29293	21770	13500
				5361	2318	501		65342	49183	43819
61	2225		99	12976	537	1114		220849	180989	165222

3-25 教育经费收入情况

地区	总计	国家财政性教育经费	公共财政预算教育经费					各级政府征收用于教育的税费	
				教育事业费拨款	基本建设拨款	科研拨款	其他拨款		教育费附加
合计	72430321	62756789	50488843	44180533	2932767		3375543	12135096	9108378
北京	3193983	2978830	1733361	1253568	38305		441488	1245469	1239471
天津									
河北	3611495	3255680	2649130	2417308	98787		133035	606047	518894
山西	2037731	1908699	1605995	1456404	78812		70779	255825	197116
内蒙古	1659809	1574839	1386069	1198000	56808		131261	188770	146467
辽宁	2367222	2074292	1850258	1422950	348957		78351	222884	208523
吉林	1218527	1048316	879456	823962	32880		22614	168860	157420
黑龙江	1580139	1436168	1325573	1255266	34580		35727	107075	106839
上海	2097308	1946682	1052387	1022845	20000		9542	894295	894295
江苏	5900216	4963022	4003257	3248339	27000		727918	942221	441297
浙江	7538838	6027439	4645319	4303672	76840		264807	1364518	914454
安徽	3766688	3285068	2521918	2115527	258066		148325	758314	594267
福建	954476	877085	540348	507090	17000		16258	336737	272667
江西	1464811	1205421	1089691	1007126	53647		28918	115730	101864
山东	5856892	5262594	3525117	3513306			11811	1730130	1103991
河南	3515750	2960613	2622578	2392912	58410		171256	326516	255313
湖北	1516542	1236579	1105991	986162	90400		29429	130063	107239
湖南	3716841	2938295	2531777	2249273	131452		151052	403026	222104
广东	3180282	2644889	2255088	1870122	209513		175453	387404	281055
广西	364616	326384	283998	279137			4861	42386	27471
海南	205137	192885	181463	165643	450		15370	11422	11041
重庆	3222276	2836745	2355025	1567634	524940		262451	481132	248592
四川	5157188	4503756	3818778	3431770	310016		76992	681329	454343
贵州	1319373	1168498	1083695	984497	84422		14776	80868	63400
云南	1880467	1655575	1473352	1160121	94839		218392	176253	136502
西藏									
陕西	2676655	2274656	2154640	1974913	122040		57687	118722	102948
甘肃	774876	673080	601823	500425	65940		35458	71157	41377
青海	512851	469886	401485	336350	45897		19238	68401	50754
宁夏	280341	254378	227546	196190	12000		19356	26832	26832
新疆	858991	776435	583725	540021	40766		2938	192710	181842

（职业高中）

单位：千元

地方教育附加	地方基金	企业办学中的企业拨款	校办产业和社会服务收入用于教育的经费	其他属于国家财政性教育经费	民办学校中举办者投入	社会捐赠经费	#农村	事业收入	#学杂费	其他收入
2064488	**962230**	**77615**	**5760**	**49475**	**381166**	**28123**	**700**	**8359645**	**6997048**	**904598**
5942	56				1969	40		183253	114907	29891
23639	63514			503	1439	80		345628	318104	8668
45264	13445	46848	31		41062	5		83802	61198	4163
40331	1972				2556	42		64919	37953	17453
13661	700	800	350		10819	23		270897	248944	11191
8395	3045				7668	580		152784	141973	9179
116	120	2985	181	354	27680	80		112262	102194	3949
						6		120161	111377	30459
380864	120060			17544	1779	4982		808868	645419	121565
173626	276438	10265	50	7287	131	2703	486	1283323	1047609	225242
107613	56434		122	4714	18188	628	49	442902	364265	19902
28525	35545					68		70263	60890	7060
6066	7800				21895	706		215581	200699	21208
528652	97487	6100	405	842	30301	1032	24	497424	435528	65541
59646	11557	10517	1002		107301			408221	387258	39615
5512	17312		322	203	5972	2583		250606	233607	20802
179647	1275		137	3355	17615	1783		724265	620887	34883
105908	441			2397	8072	1102		496320	455435	29899
14815	100					135	23	33347	24951	4750
	381					91	1	10648	10456	1513
140488	92052			588	2655	1174	15	346730	217136	34972
120379	106607		24	3625	29369	3748	2	597099	431716	23216
13638	3830			3935	3600	521		134622	117557	12132
459	39292		2730	3240	11033	618	100	183816	150786	29425
8291	7483		406	888	22662	59		361006	324418	18272
26690	3090	100			4645	603		90468	84930	6080
15733	1914				2755	1211		26034	17930	12965
						77		18553	14173	7333
10588	280					3443		25843	14748	53270

3-26 教育经费收入情况

地区	总计	国家财政性教育经费	公共财政预算教育经费					各级政府征收用于教育的税费	
				教育事业费拨款	基本建设拨款	科研拨款	其他拨款		教育费附加
合计	**72393122**	**62730075**	**50465114**	**44158386**	**2932767**		**3373961**	**12135096**	**9108378**
北京	3193983	2978830	1733361	1253568	38305		441488	1245469	1239471
天津									
河北	3611495	3255680	2649130	2417308	98787		133035	606047	518894
山西	2037731	1908699	1605995	1456404	78812		70779	255825	197116
内蒙古	1659809	1574839	1386069	1198000	56808		131261	188770	146467
辽宁	2367222	2074292	1850258	1422950	348957		78351	222884	208523
吉林	1218527	1048316	879456	823962	32880		22614	168860	157420
黑龙江	1555893	1415722	1308112	1239387	34580		34145	107075	106839
上海	2097308	1946682	1052387	1022845	20000		9542	894295	894295
江苏	5900216	4963022	4003257	3248339	27000		727918	942221	441297
浙江	7538838	6027439	4645319	4303672	76840		264807	1364518	914454
安徽	3766688	3285068	2521918	2115527	258066		148325	758314	594267
福建	954476	877085	540348	507090	17000		16258	336737	272667
江西	1464811	1205421	1089691	1007126	53647		28918	115730	101864
山东	5856892	5262594	3525117	3513306			11811	1730130	1103991
河南	3515750	2960613	2622578	2392912	58410		171256	326516	255313
湖北	1516542	1236579	1105991	986162	90400		29429	130063	107239
湖南	3716841	2938295	2531777	2249273	131452		151052	403026	222104
广东	3180282	2644889	2255088	1870122	209513		175453	387404	281055
广西	364616	326384	283998	279137			4861	42386	27471
海南	205137	192885	181463	165643	450		15370	11422	11041
重庆	3222276	2836745	2355025	1567634	524940		262451	481132	248592
四川	5144235	4497488	3812510	3425502	310016		76992	681329	454343
贵州	1319373	1168498	1083695	984497	84422		14776	80868	63400
云南	1880467	1655575	1473352	1160121	94839		218392	176253	136502
西藏									
陕西	2676655	2274656	2154640	1974913	122040		57687	118722	102948
甘肃	774876	673080	601823	500425	65940		35458	71157	41377
青海	512851	469886	401485	336350	45897		19238	68401	50754
宁夏	280341	254378	227546	196190	12000		19356	26832	26832
新疆	858991	776435	583725	540021	40766		2938	192710	181842

（地方职业高中）

单位：千元

地方教育附加	地方基金	企业办学中的企业拨款	校办产业和社会服务收入用于教育的经费	其他属于国家财政性教育经费	民办学校中举办者投入	社会捐赠经费	#农村	事业收入	#学杂费	其他收入
2064488	**962230**	**74630**	**5760**	**49475**	**381166**	**28123**	**700**	**8355924**	**6994218**	**897834**
5942	56				1969	40		183253	114907	29891
23639	63514			503	1439	80		345628	318104	8668
45264	13445	46848	31		41062	5		83802	61198	4163
40331	1972				2556	42		64919	37953	17453
13661	700	800	350		10819	23		270897	248944	11191
8395	3045				7668	580		152784	141973	9179
116	120		181	354	27680	80		110171	100314	2240
						6		120161	111377	30459
380864	120060			17544	1779	4982		808868	645419	121565
173626	276438	10265	50	7287	131	2703	486	1283323	1047609	225242
107613	56434		122	4714	18188	628	49	442902	364265	19902
28525	35545					68		70263	60890	7060
6066	7800				21895	706		215581	200699	21208
528652	97487	6100	405	842	30301	1032	24	497424	435528	65541
59646	11557	10517	1002		107301			408221	387258	39615
5512	17312		322	203	5972	2583		250606	233607	20802
179647	1275		137	3355	17615	1783		724265	620887	34883
105908	441			2397	8072	1102		496320	455435	29899
14815	100					135	23	33347	24951	4750
	381					91	1	10648	10456	1513
140488	92052			588	2655	1174	15	346730	217136	34972
120379	106607		24	3625	29369	3748	2	595469	430766	18161
13638	3830			3935	3600	521		134622	117557	12132
459	39292		2730	3240	11033	618	100	183816	150786	29425
8291	7483		406	888	22662	59		361006	324418	18272
26690	3090	100			4645	603		90468	84930	6080
15733	1914				2755	1211		26034	17930	12965
						77		18553	14173	7333
10588	280					3443		25843	14748	53270

3-27 教育经费收入情况

地区	总计	国家财政性教育经费	公共财政预算教育经费					各级政府征收用于教育的税费	
				教育事业费拨款	基本建设拨款	科研拨款	其他拨款		教育费附加
合计	**9387987**	**8021802**	**6647209**	**6018399**	**396816**		**231994**	**1343878**	**957748**
北京	281232	237346	137383	117019	13325		7039	99963	99963
天津									
河北	381286	347391	292559	269486	18000		5073	54832	44371
山西	219791	210728	195438	169141	24004		2293	15290	12135
内蒙古	98253	91472	90689	74711	10000		5978	783	783
辽宁	148634	129273	108359	107662			697	20914	19414
吉林	16045	15533	15533	15444			89		
黑龙江	17910	17253	16553	16553				700	700
上海	222809	221472	187145	185703			1442	34327	34327
江苏	667960	565501	434937	434937				117156	40840
浙江	1314858	973922	773879	668744	70000		35135	185672	111047
安徽	1027022	909016	695671	642883	22800		29988	213233	153875
福建	73312	68651	58255	56844			1411	10396	7464
江西	125036	96456	78581	67186	10000		1395	17875	15875
山东	472722	413842	322209	321996			213	91633	66428
河南	579305	507336	429762	388800	10280		30682	77574	58156
湖北	60839	39775	30672	19593	10000		1079	8900	8900
湖南	468597	396162	339501	300638	26500		12363	56583	20549
广东	566940	465646	346698	324171	1719		20808	118948	85990
广西	19463	17173	17149	16902			247	24	24
海南	20890	20497	20486	17584			2902	11	5
重庆	426494	354890	299138	253502	20000		25636	55752	45952
四川	1247354	1075155	972571	886994	68609		16968	100927	78601
贵州	188385	182994	180313	157008	22000		1305	2681	2229
云南	184803	167078	149145	106945	34409		7791	17453	15453
西藏									
陕西	397472	344262	303827	277759	10000		16068	40029	33416
甘肃	156948	149571	147349	116787	25170		5392	2222	1251
青海									
宁夏									
新疆	3627	3407	3407	3407					

（农村职业高中）

单位：千元

地方教育附加	地方基金	企业办学中的企业拨款	校办产业和社会服务收入用于教育的经费	其他属于国家财政性教育经费	民办学校中举办者投入	社会捐赠经费	#农村	事业收入	#学杂费	其他收入
287688	**98442**	**10265**	**548**	**19902**	**60394**	**6666**	**447**	**1134686**	**920524**	**164439**
					1969	40		40550	33513	1327
4696	5765							32354	29914	1541
3000	155				779			8048	5307	236
					746			1924	1875	4111
1500					100			19261	17462	
								510	510	2
								657	657	
								1283	729	54
76316				13408		228		67374	62629	34857
29876	44749	10265	50	4056		1189	395	253899	182328	85848
33635	25723		92	20	2262	467	49	110379	92288	4898
2800	132					62		4299	3673	300
2000					12000	240		13533	10584	2807
25205					875	704		51683	48055	5618
11697	7721				10910			59466	55939	1593
				203	4959	280		12842	11817	2983
36034				78	245	1699		68913	57402	1578
32824	134					12		99231	89191	2051
								2145	2070	145
	6					8	1	383	380	2
7800	2000					31		67301	59851	4272
16969	5357			1657	15740	1693	2	146753	92302	8013
452					50			4644	2169	697
	2000			480	3159			13305	11824	1261
1913	4700		406		6600	10		46358	41498	242
971						3		7371	6437	3
								220	120	

3-28 教育经费收入情况

地区	总计	国家财政性教育经费	公共财政预算教育经费					各级政府征收用于教育的税费	
				教育事业费拨款	基本建设拨款	科研拨款	其他拨款		教育费附加
合计	**22281976**	**16384726**	**14399076**	**11579857**	**1247988**		**1571231**	**1516796**	**1045209**
北京	1302844	1200420	1093004	1075924			17080	97544	97544
天津	914912	846468	825312	816295			9017	5000	5000
河北	960899	681123	556958	525340			31618	63765	17724
山西	312123	285047	261490	225575	3500		32415	12903	12903
内蒙古	148437	122606	109913	86647	10500		12766	820	
辽宁	607851	495726	473075	299436	106557		67082	22651	22601
吉林	58017	53902	38733	37517			1216	15169	15169
黑龙江	578686	534517	513672	473542	13902		26228	9622	9622
上海	172784	102826	91320	84520			6800		
江苏	1649181	887647	760363	686136			74227	95450	84542
浙江	1091173	877846	660470	438945	129436		92089	212292	124792
安徽	416130	266986	229014	121262	85000		22752	26578	17491
福建	742437	632943	574457	449015	16000		109442	43808	29395
江西	104062	87422	80373	80373				4220	
山东	2261886	1754140	1518626	1310504	6500		201622	206010	136375
河南	1197869	902479	837816	672400	70543		94873	45511	21033
湖北	167343	105433	95413	75022	16529		3862	10020	9820
湖南	477417	299944	270558	232017	4500		34041	17347	11666
广东	5554429	3869683	3389020	2245620	658465		484935	421255	288831
广西	626816	392092	379155	349763	10856		18536	4471	2330
海南	162906	133031	122941	81178			41763	1020	1020
重庆	684260	426320	336715	228000	53000		55715	66711	3695
四川	630723	422320	333721	278640	34000		21081	67730	66757
贵州	344670	213241	141053	141053					
云南	625813	416791	406416	334373	28700		43343	41	41
西藏									
陕西	40241	30804	30804	30496			308		
甘肃	51487	42653	27533	22333			5200	7720	7720
青海									
宁夏									
新疆	396580	300316	241151	177931			63220	59138	59138

（技工学校）

单位:千元

地方教育附加	地方基金	企业办学中的企业拨款	校办产业和社会服务收入用于教育的经费	其他属于国家财政性教育经费	民办学校中举办者投入	社会捐赠经费	#农村	事业收入	#学杂费	其他收入
294343	**177244**	**325485**	**46159**	**97210**	**47835**	**8104**		**5017851**	**4012040**	**823460**
		6063	2952	857		181		86341	73985	15902
		11735	4421					59325	53147	9119
	46041	58627	1500	273	7370	142		213742	175907	58522
		8729		1925				26431	22807	645
820		11873						25379	19967	452
50								89997	82436	22128
								4105	3628	10
		11223						42610	40660	1559
		5136	6370					34520	26986	35438
5658	5250	27596	3300	938	800	200		527533	390298	233001
16671	70829		4629	455				160946	137945	52381
27	9060	7705		3689				115353	56799	33791
12887	1526			14678	8250	4221		77362	48358	19661
	4220	2829			56			13846	10246	2738
59335	10300	14222	2461	12821	3500			479950	399732	24296
20481	3997	17550		1602	630			254412	196384	40348
200						8		48945	39712	12957
5133	548	9936	634	1469	500			152591	121660	24382
107224	25200	8927	10418	40063	15756	1830		1608168	1367887	58992
2141		2100	953	5413		300		210912	179398	23512
				9070				25693	24847	4182
63016		19818	3076		2580	4		206223	128113	49133
700	273	19532	686	651	8393	392		182812	107541	16806
		72188						128445	116184	2984
		2296	4732	3306		76		163809	148943	45137
								9419	5437	18
		7400						8300	6700	534
			27			750		60682	26333	34832

3-29 教育经费收入情况

地区	总计	国家财政性教育经费	公共财政预算教育经费					各级政府征收用于教育的税费	
				教育事业费拨款	基本建设拨款	科研拨款	其他拨款		教育费附加
合计	**209024**	**112894**	**74067**	**65520**			**8547**		
北京	336	130	130				130		
天津	13354	3654	3426	3426					
河北									
山西									
内蒙古									
辽宁									
吉林									
黑龙江	31124	30324	30324	25556			4768		
上海									
江苏	33871	17207	1211	749			462		
浙江									
安徽									
福建									
江西									
山东									
河南									
湖北									
湖南	24015	9735	5788	4748			1040		
广东	34359	17444	11650	10048			1602		
广西									
海南									
重庆	1840	842	842	842					
四川	29655	21370	20696	20151			545		
贵州	40470	12188							
云南									
西藏									
陕西									
甘肃									
青海									
宁夏									
新疆									

（中央属技工学校）

单位：千元

地方教育附加	地方基金	企业办学中的企业拨款	校办产业和社会服务收入用于教育的经费	其他属于国家财政性教育经费	民办学校中举办者投入	社会捐赠经费	#农村	事业收入	#学杂费	其他收入
		31495	**6681**	**651**		**44**		**79384**	**56205**	**16702**
								206	206	
		228						3941	1581	5759
								800	505	
		14996	1000					16108	13153	556
		3560	387					11949	8721	2331
		500	5294					16464	14083	451
								998	469	
		23		651		44		2894	2894	5347
		12188						26024	14593	2258

3-30 教育经费收入情况

地 区	总 计	国家财政性教育经费	公共财政预算教育经费	教育事业费拨款	基本建设拨款	科研拨款	其他拨款	各级政府征收用于教育的税费	教育费附加
合 计	**22072952**	**16271832**	**14325009**	**11514337**	**1247988**		**1562684**	**1516796**	**1045209**
北 京	1302508	1200290	1092874	1075924			16950	97544	97544
天 津	901558	842814	821886	812869			9017	5000	5000
河 北	960899	681123	556958	525340			31618	63765	17724
山 西	312123	285047	261490	225575	3500		32415	12903	12903
内蒙古	148437	122606	109913	86647	10500		12766	820	
辽 宁	607851	495726	473075	299436	106557		67082	22651	22601
吉 林	58017	53902	38733	37517			1216	15169	15169
黑龙江	547562	504193	483348	447986	13902		21460	9622	9622
上 海	172784	102826	91320	84520			6800		
江 苏	1615310	870440	759152	685387			73765	95450	84542
浙 江	1091173	877846	660470	438945	129436		92089	212292	124792
安 徽	416130	266986	229014	121262	85000		22752	26578	17491
福 建	742437	632943	574457	449015	16000		109442	43808	29395
江 西	104062	87422	80373	80373				4220	
山 东	2261886	1754140	1518626	1310504	6500		201622	206010	136375
河 南	1197869	902479	837816	672400	70543		94873	45511	21033
湖 北	167343	105433	95413	75022	16529		3862	10020	9820
湖 南	453402	290209	264770	227269	4500		33001	17347	11666
广 东	5520070	3852239	3377370	2235572	658465		483333	421255	288831
广 西	626816	392092	379155	349763	10856		18536	4471	2330
海 南	162906	133031	122941	81178			41763	1020	1020
重 庆	682420	425478	335873	227158	53000		55715	66711	3695
四 川	601068	400950	313025	258489	34000		20536	67730	66757
贵 州	304200	201053	141053	141053					
云 南	625813	416791	406416	334373	28700		43343	41	41
西 藏									
陕 西	40241	30804	30804	30496			308		
甘 肃	51487	42653	27533	22333			5200	7720	7720
青 海									
宁 夏									
新 疆	396580	300316	241151	177931			63220	59138	59138

（地方技工学校）

单位：千元

地方教育附加	地方基金	企业办学中的企业拨款	校办产业和社会服务收入用于教育的经费	其他属于国家财政性教育经费	民办学校中举办者投入	社会捐赠经费	#农村	事业收入	#学杂费	其他收入
294343	177244	293990	39478	96559	47835	8060		4938467	3955835	806758
		6063	2952	857		181		86135	73779	15902
		11507	4421					55384	51566	3360
	46041	58627	1500	273	7370	142		213742	175907	58522
		8729		1925				26431	22807	645
820		11873						25379	19967	452
50								89997	82436	22128
								4105	3628	10
		11223						41810	40155	1559
		5136	6370					34520	26986	35438
5658	5250	12600	2300	938	800	200		511425	377145	232445
16671	70829		4629	455				160946	137945	52381
27	9060	7705		3689				115353	56799	33791
12887	1526			14678	8250	4221		77362	48358	19661
	4220	2829			56			13846	10246	2738
59335	10300	14222	2461	12821	3500			479950	399732	24296
20481	3997	17550		1602	630			254412	196384	40348
200						8		48945	39712	12957
5133	548	6376	247	1469	500			140642	112939	22051
107224	25200	8427	5124	40063	15756	1830		1591704	1353804	58541
2141		2100	953	5413		300		210912	179398	23512
				9070				25693	24847	4182
63016		19818	3076		2580	4		205225	127644	49133
700	273	19509	686		8393	348		179918	104647	11459
		60000						102421	101591	726
		2296	4732	3306		76		163809	148943	45137
								9419	5437	18
		7400						8300	6700	534
			27			750		60682	26333	34832

3-31 教育经费收入情况

地区	总计	国家财政性教育经费	公共财政预算教育经费					各级政府征收用于教育的税费	
				教育事业费拨款	基本建设拨款	科研拨款	其他拨款		教育费附加
合计	**8630532**	**7115577**	**6478361**	**5746190**	**56126**		**676045**	**582702**	**397039**
北京	63636	45998	42547	37985			4562	3451	3401
天津	62679	46228	46151	42895			3256		
河北	659175	601881	565447	513407			52040	35334	29198
山西	302895	281922	271515	251216			20299	8452	7996
内蒙古	306214	292126	283142	183594	26335		73213	8984	8699
辽宁	43007	39316	34740	22948	2000		9792	4576	4576
吉林	557891	543694	528016	499791			28225	10778	7848
黑龙江	291971	256868	249267	227732	1121		20414	2193	1551
上海	391893	353483	292055	286032			6023	61224	57693
江苏	626769	485183	414589	369790			44799	60826	45906
浙江	574348	414702	352335	334849			17486	62307	39540
安徽	243053	156875	116224	100263	1100		14861	40266	16906
福建	118838	96382	67133	62668			4465	29249	8449
江西	277731	243593	215198	200763			14435	28395	4085
山东	659096	498997	440727	430930			9797	57669	36255
河南	663570	596716	574169	484052	10000		80117	22547	19404
湖北	183693	128381	123137	115007	270		7860	5244	2616
湖南	297051	237986	224300	187501			36799	13686	8244
广东	383376	290875	255030	218338	5000		31692	35845	33622
广西	102344	76219	70858	59312	1800		9746	4843	4248
海南	27561	21091	21091	17622			3469		
重庆	377095	290763	266165	200795			65370	19445	11347
四川	702941	509426	471182	438203	8500		24479	28007	13706
贵州	37765	23005	15965	14265			1700	3170	1809
云南	257547	235165	215329	154409			60920	19836	15793
西藏									
陕西	223679	184321	175791	157306			18485	8530	7060
甘肃	64052	56204	45031	40058			4973	895	369
青海	4158	4158	4158	4158					
宁夏	13392	11200	11200	4943			6257		
新疆	113112	92819	85869	85358			511	6950	6718

（成人中等专业学校）

单位：千元

地方教育附加	地方基金	企业办学中的企业拨款	校办产业和社会服务收入用于教育的经费	其他属于国家财政性教育经费	民办学校中举办者投入	社会捐赠经费	#农村	事业收入	#学杂费	其他收入
131232	**54431**	**39867**	**3832**	**10815**	**12523**	**1430**	**30**	**1305482**	**663530**	**195520**
50								16411	5635	1227
		77				36		14701	2974	1714
2202	3934	1100						55993	13594	1301
456			1955			6		19796	5061	1171
285						4		11971	1155	2113
								2966	2704	725
2210	720	4900				31		13450	975	716
642		5408				24		34761	30811	318
3531			204			158		20465	14055	17787
13750	1170		43	9725		40	30	114566	42124	26980
22727	40			60				130143	45098	29503
22870	490			385	4623			73471	47457	8084
20800								21377	12814	1079
2660	21650							29615	10037	4523
11667	9747		601		2468	103		127041	77806	30487
1970	1173				940	348		62020	30812	3546
4	2624							50288	38409	5024
4595	847				1474	175		53097	25713	4319
2223						206		83910	55184	8385
595			200	318				24149	11600	1976
								4479		1991
2369	5729	5153						75784	50380	10548
12487	1814	9881	29	327	3018			177059	112089	13438
1361		3070	800					13580	6895	1180
	4043					159		16161	3554	6062
1250	220							36953	4494	2405
296	230	10278						6842	4514	1006
								1281	1111	911
232						140		13152	6475	7001

3-32 教育经费收入情况

地区	总计	国家财政性教育经费	公共财政预算教育经费					各级政府征收用于教育的税费	
				教育事业费拨款	基本建设拨款	科研拨款	其他拨款		教育费附加
合计	**8596134**	**7095735**	**6463927**	**5731900**	**56126**		**675901**	**582702**	**397039**
北京	63636	45998	42547	37985			4562	3451	3401
天津	49186	46228	46151	42895			3256		
河北	659175	601881	565447	513407			52040	35334	29198
山西	302895	281922	271515	251216			20299	8452	7996
内蒙古	306214	292126	283142	183594	26335		73213	8984	8699
辽宁	43007	39316	34740	22948	2000		9792	4576	4576
吉林	557891	543694	528016	499791			28225	10778	7848
黑龙江	279924	244922	242729	221338	1121		20270	2193	1551
上海	391893	353483	292055	286032			6023	61224	57693
江苏	626769	485183	414589	369790			44799	60826	45906
浙江	574348	414702	352335	334849			17486	62307	39540
安徽	243053	156875	116224	100263	1100		14861	40266	16906
福建	118838	96382	67133	62668			4465	29249	8449
江西	277731	243593	215198	200763			14435	28395	4085
山东	659096	498997	440727	430930			9797	57669	36255
河南	663570	596716	574169	484052	10000		80117	22547	19404
湖北	183693	128381	123137	115007	270		7860	5244	2616
湖南	297051	237986	224300	187501			36799	13686	8244
广东	383376	290875	255030	218338	5000		31692	35845	33622
广西	102344	76219	70858	59312	1800		9746	4843	4248
海南	27561	21091	21091	17622			3469		
重庆	377095	290763	266165	200795			65370	19445	11347
四川	702941	509426	471182	438203	8500		24479	28007	13706
贵州	37765	23005	15965	14265			1700	3170	1809
云南	257547	235165	215329	154409			60920	19836	15793
西藏									
陕西	223679	184321	175791	157306			18485	8530	7060
甘肃	64052	56204	45031	40058			4973	895	369
青海	4158	4158	4158	4158					
宁夏	13392	11200	11200	4943			6257		
新疆	104254	84923	77973	77462			511	6950	6718

（地方成人中等专业学校）

单位：千元

地方教育附加	地方基金	企业办学中的企业拨款	校办产业和社会服务收入用于教育的经费	其他属于国家财政性教育经费	民办学校中举办者投入	社会捐赠经费	#农村	事业收入	#学杂费	其他收入
131232	**54431**	**34459**	**3832**	**10815**	**12523**	**1430**	**30**	**1292155**	**661955**	**194291**
50								16411	5635	1227
		77				36		2131	2126	791
2202	3934	1100						55993	13594	1301
456			1955			6		19796	5061	1171
285						4		11971	1155	2113
								2966	2704	725
2210	720	4900				31		13450	975	716
642						24		34660	30740	318
3531			204			158		20465	14055	17787
13750	1170		43	9725		40	30	114566	42124	26980
22727	40			60				130143	45098	29503
22870	490			385	4623			73471	47457	8084
20800								21377	12814	1079
2660	21650							29615	10037	4523
11667	9747		601		2468	103		127041	77806	30487
1970	1173				940	348		62020	30812	3546
4	2624							50288	38409	5024
4595	847				1474	175		53097	25713	4319
2223						206		83910	55184	8385
595			200	318				24149	11600	1976
								4479		1991
2369	5729	5153						75784	50380	10548
12487	1814	9881	29	327	3018			177059	112089	13438
1361		3070	800					13580	6895	1180
	4043					159		16161	3554	6062
1250	220							36953	4494	2405
296	230	10278						6842	4514	1006
								1281	1111	911
232						140		12496	5819	6695

3-33 教育经费收入情况

地区	总计	国家财政性教育经费	公共财政预算教育经费	教育事业费拨款	基本建设拨款	科研拨款	其他拨款	各级政府征收用于教育的税费	教育费附加
合计	**795159325**	**699363046**	**619961076**	**556108670**	**23357355**		**40495051**	**78704887**	**48468231**
北京	24684779	21773905	18409049	13950562	1503328		2955159	3296045	2538287
天津	11547081	10476477	8568427	8171979	267080		129368	1892851	1412965
河北	30220834	27130887	24072777	22595429	449154		1028194	3057945	1684299
山西	21522117	18206005	16099173	14585339	500990		1012844	2097393	1511882
内蒙古	17482974	16703266	14896653	12524923	485931		1885799	1803958	1290313
辽宁	25435848	23672842	21071315	18784838	856454		1430023	2600453	1962109
吉林	13462540	12546580	11080416	10573615	183498		323303	1433495	994716
黑龙江	19742631	18637280	17495709	15120026	1810678		565005	1062589	918539
上海	21111914	18750061	14324348	13315809	559827		448712	4425713	4068971
江苏	53460779	46151630	37799616	34784002	93670		2921944	8308284	5381293
浙江	38667078	30382370	24731573	23351704	182812		1197057	5646825	2588156
安徽	34265123	28486510	25679411	22935112	710133		2034166	2760186	1069726
福建	22322580	18984769	16450643	14986953	303112		1160578	2531842	1310429
江西	21736370	19553469	18184010	17147354	572479		464177	1365563	698946
山东	55661216	50439101	43055283	42905350	48300		101633	7374378	3864244
河南	46968779	42017557	39250972	33856273	1246232		4148467	2765836	1802025
湖北	27103752	22685972	20693428	17952137	1125067		1616224	1985465	1022807
湖南	31904584	26729169	24631863	21724321	718478		2189064	2073388	1303650
广东	65829430	53371354	48406319	41800249	1746318		4859752	4886863	3395079
广西	22397795	20631978	18955148	17428499	970106		556543	1671149	870010
海南	7426716	6588904	5834816	4896042	421830		516944	733840	268255
重庆	20599452	17903329	16080439	12491096	1280897		2308446	1822890	912106
四川	42311217	37076941	32475843	30138368	1058336		1279139	4598748	2171090
贵州	19915815	18102129	16655186	15793814	555259		306113	1444190	727159
云南	22952614	21313719	19407738	16467010	706866		2233862	1891974	1594029
西藏	2505878	2496200	2482467	2045741	345466		91260	13733	13733
陕西	27152054	24648974	22780789	20987498	912614		880677	1857776	1437063
甘肃	15583203	14621673	13283351	11813824	795339		674188	1289122	626955
青海	5931755	5743979	5437655	3360780	1691549		385326	300357	167965
宁夏	4876833	4534691	4056195	3405118	154150		496927	478496	188223
新疆	20375584	19001325	17610464	16214905	1101402		294157	1233540	673207

（中学）

单位：千元

地方教育附加	地方基金	企业办学中的企业拨款	校办产业和社会服务收入用于教育的经费	其他属于国家财政性教育经费	民办学校中举办者投入	社会捐赠经费	#农村	事业收入	#学杂费	其他收入
17785419	**12451237**	**542950**	**143301**	**10832**	**2639819**	**3044624**	**222778**	**80912086**	**57694923**	**9199750**
389809	367949	23959	44852		4500	91262	196	2225642	1379182	589470
372849	107037	13994	1205		7075	53586	2626	888266	619066	121677
956739	416907	165			123193	21960	1169	2783922	2422686	160872
475108	110403	7576	1863		73338	110525	145	3076984	1870211	55265
414924	98721		2655		30999	8038	1	664717	447206	75954
381046	257298	1058	16		20409	7964	115	1620008	1351659	114625
308350	130429	29868	2801		26712	10864		821564	638069	56820
14785	129265	77710	1272		3559	5648		1070952	729209	25192
12931	343811				5110	25088		1852681	1722615	478974
2213335	713656	39308	1038	3384	128564	500685	31222	5599829	4321881	1080071
1789767	1268902	900		3072	22706	469639	18202	6398960	4836010	1393403
550318	1140142	45148	1765		141405	123577	1978	5282810	3432777	230821
831310	390103		2284		212021	195333	47286	2699531	2018570	230926
165439	501178	3820	76		60535	50985	2434	1855797	1313301	215584
1878641	1631493	8744	696		91436	72442	11977	4758712	2995254	299525
683392	280419	629	120		362785	21031	648	4272931	3655948	294475
453319	509339	360	6250	469	54894	84713	5376	3177713	2297757	1100460
623002	146736		23205	713	277069	75909	16586	4410344	2728638	412093
1154121	337663	53997	24120	55	544881	234179	45790	11190869	8289795	488147
343666	457473		5681		11610	26214	260	1575901	1100780	152092
223525	242060	11823	5425	3000	78341	172234	2676	520446	273406	66791
425278	485506				14794	281335	3515	2146189	923300	253805
1084574	1343084		2350		221776	206622	12294	4546413	2290277	259465
568505	148526	2538	215		39984	12704	2388	1590390	1209859	170608
2861	295084	11893	1975	139	34245	82867	6568	1360793	1069138	160990
					17			8483	7366	1178
382255	38458	7880	2529		25098	26902	8379	2349912	1973860	101168
430211	231956	39915	9285		13478	5642		905598	770384	36812
69110	63282	5686	281		5000	2593	734	128935	78860	51248
123925	166348				3395	6159	213	252364	215556	80224
462324	98009	155979	1342		890	57924		874430	712303	441015

3-34 教育经费收入情况

地区	总计	国家财政性教育经费	公共财政预算教育经费	教育事业费拨款	基本建设拨款	科研拨款	其他拨款	各级政府征收用于教育的税费	教育费附加
合计	**4992801**	**4188197**	**4006426**	**3535245**	**122962**		**348219**		
北京	951240	658052	658052	556402			101650		
天津									
河北	242	165							
山西									
内蒙古									
辽宁	20000	20000	20000	20000					
吉林	85965	73930	73930	73930					
黑龙江	1204441	1163540	1118058	990433	46211		81414		
上海	143643	78530	78530	60730			17800		
江苏									
浙江									
安徽	27962	20273	20231	12982			7249		
福建									
江西									
山东									
河南									
湖北	250504	198370	198370	198370					
湖南									
广东	39005	30260	21853	21549			304		
广西									
海南	12338	9063	9063	6565			2498		
重庆	132661	91022	91022	91022					
四川	24488	20552	20552	15075			5477		
贵州									
云南									
西藏									
陕西									
甘肃	5748	1151	1151	1151					
青海									
宁夏									
新疆	2094564	1823289	1695614	1487036	76751		131827		

(中央属中学)

单位:千元

地方教育附加	地方基金	企业办学中的企业拨款	校办产业和社会服务收入用于教育的经费	其他属于国家财政性教育经费	民办学校中举办者投入	社会捐赠经费	#农村	事业收入	#学杂费	其他收入
		180455	**1316**			**38768**		**296372**	**204263**	**469464**
						22303		78280	15491	192605
		165						49	49	28
								3800	3800	8235
		45482						33327	26236	7574
						700		33218	33063	31195
			42			4758		2669	2669	262
						1512		25420	24940	25202
		8226	181					8740	7412	5
								1527	926	1748
								3904	3014	37735
								3936	1775	
								285	285	4312
		126582	1093			9495		101217	84603	160563

3-35 教育经费收入情况

地区	总计	国家财政性教育经费	公共财政预算教育经费	教育事业费拨款	基本建设拨款	科研拨款	其他拨款	各级政府征收用于教育的税费	教育费附加
合计	**790166524**	**695174849**	**615954650**	**552573425**	**23234393**		**40146832**	**78704887**	**48468231**
北京	23733539	21115853	17750997	13394160	1503328		2853509	3296045	2538287
天津	11547081	10476477	8568427	8171979	267080		129368	1892851	1412965
河北	30220592	27130722	24072777	22595429	449154		1028194	3057945	1684299
山西	21522117	18206005	16099173	14585339	500990		1012844	2097393	1511882
内蒙古	17482974	16703266	14896653	12524923	485931		1885799	1803958	1290313
辽宁	25415848	23652842	21051315	18764838	856454		1430023	2600453	1962109
吉林	13376575	12472650	11006486	10499685	183498		323303	1433495	994716
黑龙江	18538190	17473740	16377651	14129593	1764467		483591	1062589	918539
上海	20968271	18671531	14245818	13255079	559827		430912	4425713	4068971
江苏	53460779	46151630	37799616	34784002	93670		2921944	8308284	5381293
浙江	38667078	30382370	24731573	23351704	182812		1197057	5646825	2588156
安徽	34237161	28466237	25659180	22922130	710133		2026917	2760186	1069726
福建	22322580	18984769	16450643	14986953	303112		1160578	2531842	1310429
江西	21736370	19553469	18184010	17147354	572479		464177	1365563	698946
山东	55661216	50439101	43055283	42905350	48300		101633	7374378	3864244
河南	46968779	42017557	39250972	33856273	1246232		4148467	2765836	1802025
湖北	26853248	22487602	20495058	17753767	1125067		1616224	1985465	1022807
湖南	31904584	26729169	24631863	21724321	718478		2189064	2073388	1303650
广东	65790425	53341094	48384466	41778700	1746318		4859448	4886863	3395079
广西	22397795	20631978	18955148	17428499	970106		556543	1671149	870010
海南	7414378	6579841	5825753	4889477	421830		514446	733840	268255
重庆	20466791	17812307	15989417	12400074	1280897		2308446	1822890	912106
四川	42286729	37056389	32455291	30123293	1058336		1273662	4598748	2171090
贵州	19915815	18102129	16655186	15793814	555259		306113	1444190	727159
云南	22952614	21313719	19407738	16467010	706866		2233862	1891974	1594029
西藏	2505878	2496200	2482467	2045741	345466		91260	13733	13733
陕西	27152054	24648974	22780789	20987498	912614		880677	1857776	1437063
甘肃	15577455	14620522	13282200	11812673	795339		674188	1289122	626955
青海	5931755	5743979	5437655	3360780	1691549		385326	300357	167965
宁夏	4876833	4534691	4056195	3405118	154150		496927	478496	188223
新疆	18281020	17178036	15914850	14727869	1024651		162330	1233540	673207

（地方中学）

单位：千元

地方教育附加	地方基金	企业办学中的企业拨款	校办产业和社会服务收入用于教育的经费	其他属于国家财政性教育经费	民办学校中举办者投入	社会捐赠经费	#农村	事业收入	#学杂费	其他收入
17785419	**12451237**	**362495**	**141985**	**10832**	**2639819**	**3005856**	**222778**	**80615714**	**57490660**	**8730286**
389809	367949	23959	44852		4500	68959	196	2147362	1363691	396865
372849	107037	13994	1205		7075	53586	2626	888266	619066	121677
956739	416907				123193	21960	1169	2783873	2422637	160844
475108	110403	7576	1863		73338	110525	145	3076984	1870211	55265
414924	98721		2655		30999	8038	1	664717	447206	75954
381046	257298	1058	16		20409	7964	115	1620008	1351659	114625
308350	130429	29868	2801		26712	10864		817764	634269	48585
14785	129265	32228	1272		3559	5648		1037625	702973	17618
12931	343811				5110	24388		1819463	1689552	447779
2213335	713656	39308	1038	3384	128564	500685	31222	5599829	4321881	1080071
1789767	1268902	900		3072	22706	469639	18202	6398960	4836010	1393403
550318	1140142	45148	1723		141405	118819	1978	5280141	3430108	230559
831310	390103		2284		212021	195333	47286	2699531	2018570	230926
165439	501178	3820	76		60535	50985	2434	1855797	1313301	215584
1878641	1631493	8744	696		91436	72442	11977	4758712	2995254	299525
683392	280419	629	120		362785	21031	648	4272931	3655948	294475
453319	509339	360	6250	469	54894	83201	5376	3152293	2272817	1075258
623002	146736		23205	713	277069	75909	16586	4410344	2728638	412093
1154121	337663	45771	23939	55	544881	234179	45790	11182129	8282383	488142
343666	457473		5681		11610	26214	260	1575901	1100780	152092
223525	242060	11823	5425	3000	78341	172234	2676	518919	272480	65043
425278	485506				14794	281335	3515	2142285	920286	216070
1084574	1343084		2350		221776	206622	12294	4542477	2288502	259465
568505	148526	2538	215		39984	12704	2388	1590390	1209859	170608
2861	295084	11893	1975	139	34245	82867	6568	1360793	1069138	160990
					17			8483	7366	1178
382255	38458	7880	2529		25098	26902	8379	2349912	1973860	101168
430211	231956	39915	9285		13478	5642		905313	770099	32500
69110	63282	5686	281		5000	2593	734	128935	78860	51248
123925	166348				3395	6159	213	252364	215556	80224
462324	98009	29397	249		890	48429		773213	627700	280452

3-36 教育经费收入情况

地区	总计	国家财政性教育经费	公共财政预算教育经费					各级政府征收用于教育的税费	
				教育事业费拨款	基本建设拨款	科研拨款	其他拨款		教育费附加
合计	**794329946**	**698651601**	**619344839**	**555516276**	**23357355**		**40471208**	**78616175**	**48445972**
北京	24684779	21773905	18409049	13950562	1503328		2955159	3296045	2538287
天津	11524485	10453900	8545850	8149550	267080		129220	1892851	1412965
河北	30216318	27127556	24069446	22592208	449154		1028084	3057945	1684299
山西	21522117	18206005	16099173	14585339	500990		1012844	2097393	1511882
内蒙古	17482974	16703266	14896653	12524923	485931		1885799	1803958	1290313
辽宁	25435848	23672842	21071315	18784838	856454		1430023	2600453	1962109
吉林	13459262	12543325	11077214	10570413	183498		323303	1433442	994663
黑龙江	19742631	18637280	17495709	15120026	1810678		565005	1062589	918539
上海	21012965	18674128	14248415	13242390	559827		446198	4425713	4068971
江苏	53141829	45840641	37535712	34530961	93670		2911081	8264583	5376695
浙江	38321748	30113715	24510056	23138397	182812		1188847	5602759	2571060
安徽	34265123	28486510	25679411	22935112	710133		2034166	2760186	1069726
福建	22315714	18978231	16444185	14981607	303112		1159466	2531762	1310429
江西	21736370	19553469	18184010	17147354	572479		464177	1365563	698946
山东	55661216	50439101	43055283	42905350	48300		101633	7374378	3864244
河南	46968779	42017557	39250972	33856273	1246232		4148467	2765836	1802025
湖北	27095875	22680805	20688701	17947462	1125067		1616172	1985065	1022607
湖南	31904584	26729169	24631863	21724321	718478		2189064	2073388	1303650
广东	65815346	53363091	48398136	41792792	1746318		4859026	4886783	3394999
广西	22397795	20631978	18955148	17428499	970106		556543	1671149	870010
海南	7426716	6588904	5834816	4896042	421830		516944	733840	268255
重庆	20599292	17903169	16080279	12490936	1280897		2308446	1822890	912106
四川	42308132	37073856	32473090	30135723	1058336		1279031	4598416	2170858
贵州	19915815	18102129	16655186	15793814	555259		306113	1444190	727159
云南	22952614	21313719	19407738	16467010	706866		2233862	1891974	1594029
西藏	2505878	2496200	2482467	2045741	345466		91260	13733	13733
陕西	27151365	24648287	22780102	20986811	912614		880677	1857776	1437063
甘肃	15583203	14621673	13283351	11813824	795339		674188	1289122	626955
青海	5931755	5743979	5437655	3360780	1691549		385326	300357	167965
宁夏	4876833	4534691	4056195	3405118	154150		496927	478496	188223
新疆	20372585	18998520	17607659	16212100	1101402		294157	1233540	673207

（普通中学）

单位：千元

地方教育附加	地方基金	企业办学中的企业拨款	校办产业和社会服务收入用于教育的经费	其他属于国家财政性教育经费	民办学校中举办者投入	社会捐赠经费	#农村	事业收入	#学杂费	其他收入
17742968	**12427235**	**542950**	**143261**	**4376**	**2639819**	**3044605**	**222759**	**80834526**	**57686209**	**9159395**
389809	367949	23959	44852		4500	91262	196	2225642	1379182	589470
372849	107037	13994	1205		7075	53567	2607	888266	619066	121677
956739	416907	165			123193	21960	1169	2783210	2422686	160399
475108	110403	7576	1863		73338	110525	145	3076984	1870211	55265
414924	98721		2655		30999	8038	1	664717	447206	75954
381046	257298	1058	16		20409	7964	115	1620008	1351659	114625
308350	130429	29868	2801		26712	10864		821542	638066	56819
14785	129265	77710	1272		3559	5648		1070952	729209	25192
12931	343811				5110	25088		1833076	1721553	475563
2197244	690644	39308	1038		128564	500685	31222	5593050	4317512	1078889
1763787	1267912	900			22706	469639	18202	6352701	4836010	1362987
550318	1140142	45148	1765		141405	123577	1978	5282810	3432777	230821
831230	390103		2284		212021	195333	47286	2699205	2018570	230924
165439	501178	3820	76		60535	50985	2434	1855797	1313301	215584
1878641	1631493	8744	696		91436	72442	11977	4758712	2995254	299525
683392	280419	629	120		362785	21031	648	4272931	3655948	294475
453119	509339	360	6210	469	54894	84713	5376	3177262	2297386	1098201
623002	146736		23205	713	277069	75909	16586	4410344	2728638	412093
1154121	337663	53997	24120	55	544881	234179	45790	11187657	8286886	485538
343666	457473		5681		11610	26214	260	1575901	1100780	152092
223525	242060	11823	5425	3000	78341	172234	2676	520446	273406	66791
425278	485506				14794	281335	3515	2146189	923300	253805
1084474	1343084		2350		221776	206622	12294	4546413	2290277	259465
568505	148526	2538	215		39984	12704	2388	1590390	1209859	170608
2861	295084	11893	1975	139	34245	82867	6568	1360793	1069138	160990
					17			8483	7366	1178
382255	38458	7880	2529		25098	26902	8379	2349912	1973860	101166
430211	231956	39915	9285		13478	5642		905598	770384	36812
69110	63282	5686	281		5000	2593	734	128935	78860	51248
123925	166348				3395	6159	213	252364	215556	80224
462324	98009	155979	1342		890	57924		874236	712303	441015

3-37 教育经费收入情况

地区	总计	国家财政性教育经费	公共财政预算教育经费	教育事业费拨款	基本建设拨款	科研拨款	其他拨款	各级政府征收用于教育的税费	教育费附加
合计	**4992801**	**4188197**	**4006426**	**3535245**	**122962**		**348219**		
北京	951240	658052	658052	556402			101650		
天津									
河北	242	165							
山西									
内蒙古									
辽宁	20000	20000	20000	20000					
吉林	85965	73930	73930	73930					
黑龙江	1204441	1163540	1118058	990433	46211		81414		
上海	143643	78530	78530	60730			17800		
江苏									
浙江									
安徽	27962	20273	20231	12982			7249		
福建									
江西									
山东									
河南									
湖北	250504	198370	198370	198370					
湖南									
广东	39005	30260	21853	21549			304		
广西									
海南	12338	9063	9063	6565			2498		
重庆	132661	91022	91022	91022					
四川	24488	20552	20552	15075			5477		
贵州									
云南									
西藏									
陕西									
甘肃	5748	1151	1151	1151					
青海									
宁夏									
新疆	2094564	1823289	1695614	1487036	76751		131827		

(中央属普通中学)

单位:千元

地方教育附加	地方基金	企业办学中的企业拨款	校办产业和社会服务收入用于教育的经费	其他属于国家财政性教育经费	民办学校中举办者投入	社会捐赠经费	#农村	事业收入	#学杂费	其他收入
		180455	**1316**			**38768**		**296372**	**204263**	**469464**
						22303		78280	15491	192605
		165						49	49	28
								3800	3800	8235
		45482						33327	26236	7574
						700		33218	33063	31195
			42			4758		2669	2669	262
						1512		25420	24940	25202
		8226	181					8740	7412	5
								1527	926	1748
								3904	3014	37735
								3936	1775	
								285	285	4312
		126582	1093			9495		101217	84603	160563

3-38 教育经费收入情况

地区	总计	国家财政性教育经费	公共财政预算教育经费	教育事业费拨款	基本建设拨款	科研拨款	其他拨款	各级政府征收用于教育的税费	教育费附加
合计	**789337145**	**694463404**	**615338413**	**551981031**	**23234393**		**40122989**	**78616175**	**48445972**
北京	23733539	21115853	17750997	13394160	1503328		2853509	3296045	2538287
天津	11524485	10453900	8545850	8149550	267080		129220	1892851	1412965
河北	30216076	27127391	24069446	22592208	449154		1028084	3057945	1684299
山西	21522117	18206005	16099173	14585339	500990		1012844	2097393	1511882
内蒙古	17482974	16703266	14896653	12524923	485931		1885799	1803958	1290313
辽宁	25415848	23652842	21051315	18764838	856454		1430023	2600453	1962109
吉林	13373297	12469395	11003284	10496483	183498		323303	1433442	994663
黑龙江	18538190	17473740	16377651	14129593	1764467		483591	1062589	918539
上海	20869322	18595598	14169885	13181660	559827		428398	4425713	4068971
江苏	53141829	45840641	37535712	34530961	93670		2911081	8264583	5376695
浙江	38321748	30113715	24510056	23138397	182812		1188847	5602759	2571060
安徽	34237161	28466237	25659180	22922130	710133		2026917	2760186	1069726
福建	22315714	18978231	16444185	14981607	303112		1159466	2531762	1310429
江西	21736370	19553469	18184010	17147354	572479		464177	1365563	698946
山东	55661216	50439101	43055283	42905350	48300		101633	7374378	3864244
河南	46968779	42017557	39250972	33856273	1246232		4148467	2765836	1802025
湖北	26845371	22482435	20490331	17749092	1125067		1616172	1985065	1022607
湖南	31904584	26729169	24631863	21724321	718478		2189064	2073388	1303650
广东	65776341	53332831	48376283	41771243	1746318		4858722	4886783	3394999
广西	22397795	20631978	18955148	17428499	970106		556543	1671149	870010
海南	7414378	6579841	5825753	4889477	421830		514446	733840	268255
重庆	20466631	17812147	15989257	12399914	1280897		2308446	1822890	912106
四川	42283644	37053304	32452538	30120648	1058336		1273554	4598416	2170858
贵州	19915815	18102129	16655186	15793814	555259		306113	1444190	727159
云南	22952614	21313719	19407738	16467010	706866		2233862	1891974	1594029
西藏	2505878	2496200	2482467	2045741	345466		91260	13733	13733
陕西	27151365	24648287	22780102	20986811	912614		880677	1857776	1437063
甘肃	15577455	14620522	13282200	11812673	795339		674188	1289122	626955
青海	5931755	5743979	5437655	3360780	1691549		385326	300357	167965
宁夏	4876833	4534691	4056195	3405118	154150		496927	478496	188223
新疆	18278021	17175231	15912045	14725064	1024651		162330	1233540	673207

（地方普通中学）

单位：千元

地方教育附加	地方基金	企业办学中的企业拨款	校办产业和社会服务收入用于教育的经费	其他属于国家财政性教育经费	民办学校中举办者投入	社会捐赠经费	#农村	事业收入	#学杂费	其他收入
17742968	**12427235**	**362495**	**141945**	**4376**	**2639819**	**3005837**	**222759**	**80538154**	**57481946**	**8689931**
389809	367949	23959	44852		4500	68959	196	2147362	1363691	396865
372849	107037	13994	1205		7075	53567	2607	888266	619066	121677
956739	416907				123193	21960	1169	2783161	2422637	160371
475108	110403	7576	1863		73338	110525	145	3076984	1870211	55265
414924	98721		2655		30999	8038	1	664717	447206	75954
381046	257298	1058	16		20409	7964	115	1620008	1351659	114625
308350	130429	29868	2801		26712	10864		817742	634266	48584
14785	129265	32228	1272		3559	5648		1037625	702973	17618
12931	343811				5110	24388		1799858	1688490	444368
2197244	690644	39308	1038		128564	500685	31222	5593050	4317512	1078889
1763787	1267912	900			22706	469639	18202	6352701	4836010	1362987
550318	1140142	45148	1723		141405	118819	1978	5280141	3430108	230559
831230	390103		2284		212021	195333	47286	2699205	2018570	230924
165439	501178	3820	76		60535	50985	2434	1855797	1313301	215584
1878641	1631493	8744	696		91436	72442	11977	4758712	2995254	299525
683392	280419	629	120		362785	21031	648	4272931	3655948	294475
453119	509339	360	6210	469	54894	83201	5376	3151842	2272446	1072999
623002	146736		23205	713	277069	75909	16586	4410344	2728638	412093
1154121	337663	45771	23939	55	544881	234179	45790	11178917	8279474	485533
343666	457473		5681		11610	26214	260	1575901	1100780	152092
223525	242060	11823	5425	3000	78341	172234	2676	518919	272480	65043
425278	485506				14794	281335	3515	2142285	920286	216070
1084474	1343084		2350		221776	206622	12294	4542477	2288502	259465
568505	148526	2538	215		39984	12704	2388	1590390	1209859	170608
2861	295084	11893	1975	139	34245	82867	6568	1360793	1069138	160990
					17			8483	7366	1178
382255	38458	7880	2529		25098	26902	8379	2349912	1973860	101166
430211	231956	39915	9285		13478	5642		905313	770099	32500
69110	63282	5686	281		5000	2593	734	128935	78860	51248
123925	166348				3395	6159	213	252364	215556	80224
462324	98009	29397	249		890	48429		773019	627700	280452

3-39 教育经费收入情况

地区	总计	国家财政性教育经费	公共财政预算教育经费	教育事业费拨款	基本建设拨款	科研拨款	其他拨款	各级政府征收用于教育的税费	教育费附加
合计	**299593697**	**231700467**	**198840787**	**177847673**	**7375133**		**13617981**	**32545597**	**19707470**
北京	11772759	9533022	7628864	5696918	697518		1234428	1869767	1429482
天津	4591591	3742076	3132557	3050541	23540		58476	603634	494333
河北	11828238	9487944	8536184	8192672	30055		313457	951760	686728
山西	9595421	7097317	6048997	5285200	238084		525713	1042498	717750
内蒙古	7100009	6441793	5692342	4903671	167400		621271	748825	447389
辽宁	8339805	6987109	6200845	5675914	117538		407393	786264	526365
吉林	5004067	4334635	3595910	3402475	64988		128447	729604	533495
黑龙江	6345518	5478034	5017279	4463665	332501		221113	434445	374500
上海	8279544	7111221	4716550	4255136	204575		256839	2394671	2082180
江苏	21728428	16757885	13002181	11928316	26221		1047644	3741699	2240188
浙江	15851404	10032094	7905638	7365218	100097		440323	2125556	892045
安徽	14184903	10085652	8661881	7842308	201253		618320	1405437	521858
福建	8721263	6526852	5675056	5126471	102353		446232	850272	535440
江西	7622817	5942993	5300531	5025802	132449		142280	642462	236168
山东	19800680	15834058	13022510	12989807	1000		31703	2811308	1370512
河南	15172340	11601575	10575909	9251435	406792		917682	1025037	702430
湖北	10868235	7343678	6503760	5504251	357315		642194	835759	511481
湖南	11130275	7322475	6378584	5847749	84564		446271	920756	637862
广东	27397419	20014334	18315288	15679247	1004860		1631181	1662320	1112489
广西	7226586	5846523	5093326	4696729	117734		278863	752890	213333
海南	3036491	2514750	2107355	1798953	100133		208269	390234	150963
重庆	8426100	6308449	5545778	4305589	488237		751952	762671	301578
四川	14432017	11140365	9362393	8656971	327371		378051	1775622	1068214
贵州	6686169	5264844	4458427	4197439	174374		86614	805885	376202
云南	7198475	5955182	5230023	4227597	249006		753420	717917	545547
西藏	720142	712126	705386	609043	78159		18184	6740	6740
陕西	10416273	8465713	7892076	7367660	205741		318675	571184	402110
甘肃	5848048	4953380	4317812	3784633	242508		290671	616878	263759
青海	2290753	2170704	2049171	1108099	814513		126559	119827	80161
宁夏	1685978	1442257	1338746	1147930	18000		172816	103511	65727
新疆	6291949	5251427	4829428	4460234	266254		102940	340164	180441

（普通高中）

单位：千元

地方教育附加	地方基金	企业办学中的企业拨款	校办产业和社会服务收入用于教育的经费	其他属于国家财政性教育经费	民办学校中举办者投入	社会捐赠经费	#农村	事业收入	#学杂费	其他收入
7099671	**5738456**	**218263**	**92784**	**3036**	**865830**	**1582471**	**99767**	**60484335**	**42788706**	**4960594**
276200	164085	10699	23692		394	47456	128	1864494	1124830	327393
102634	6667	5555	330		4823	39936	2100	728153	487490	76603
53082	211950				80137	5674	3	2161701	1854280	92782
243702	81046	3959	1863		22642	70693		2377126	1400393	27643
245131	56305		626		17845	4543		586293	390798	49535
88702	171197				6204	4405		1326248	1141796	15839
122915	73194	9058	63		581	4182		629967	464694	34702
10410	49535	26310			1210	4396		849304	600813	12574
4000	308491					11528		812191	727486	344604
1158000	343511	13816	189		85351	227365	14260	4067198	3172331	590629
727392	506119	900			170	282184	9643	4913712	3640122	623244
191378	692201	17293	1041		50130	59553	1201	3866330	2445674	123238
170901	143931		1524		105888	122669	27978	1857130	1330503	108724
110609	295685				25381	27609	1893	1482541	1012211	144293
721731	719065		240		12310	30349	680	3785282	2395608	138681
236986	85621	629			122669	7510	184	3262092	2884877	178494
124410	199868		3690	469	28511	45194		2657141	1937919	793711
237329	45565		22728	407	48031	37998	9040	3539737	2225676	182034
423459	126372	14293	22426	7	136461	92158	11022	6926057	5050477	228409
142904	396653		307		2871	20379	107	1280808	895669	76005
157894	81377	11823	3324	2014	33283	82848	1912	375639	221821	29971
205184	255909					112600	1242	1882905	862566	122146
511304	196104		2350		21887	129038	7016	3005393	1507683	135334
337140	92543	532			24998	6797		1294392	975852	95138
135	172235	6515	588	139	8073	36950	4291	1136174	895025	62096
								8016	7092	
159636	9438	867	1586		11750	18397	6769	1855396	1519303	65017
186586	166533	13847	4843		10228	3775		855860	731472	24805
19153	20513	1425	281			325	288	103115	56111	16609
1232	36552				3157	2103	10	189042	166212	49419
129532	30191	80742	1093		845	43857		804898	661922	190922

3-40 教育经费收入情况

地区	总计	国家财政性教育经费	公共财政预算教育经费	教育事业费拨款	基本建设拨款	科研拨款	其他拨款	各级政府征收用于教育的税费	教育费附加
合计	**2456034**	**1865741**	**1782789**	**1547959**	**44380**		**190450**		
北京	704711	475821	475821	393097			82724		
天津									
河北									
山西									
内蒙古									
辽宁	20000	20000	20000	20000					
吉林	85965	73930	73930	73930					
黑龙江	424644	390098	374812	302296	30000		42516		
上海	143643	78530	78530	60730			17800		
江苏									
浙江									
安徽	20241	14752	14729	10601			4128		
福建									
江西									
山东									
河南									
湖北	184873	139751	139751	139751					
湖南									
广东	19040	11872	11872	11872					
广西									
海南	7165	4871	4871	3403			1468		
重庆	87938	59409	59409	59409					
四川	14207	10347	10347	7650			2697		
贵州									
云南									
西藏									
陕西									
甘肃	4678	839	839	839					
青海									
宁夏									
新疆	738929	585521	517878	464381	14380		39117		

(中央属普通高中)

单位:千元

地方教育附加	地方基金	企业办学中的企业拨款	校办产业和社会服务收入用于教育的经费	其他属于国家财政性教育经费	民办学校中举办者投入	社会捐赠经费	#农村	事业收入	#学杂费	其他收入
		81922	**1030**			**31356**		**261927**	**203970**	**297010**
						22131		51276	15491	155483
								3800	3800	8235
		15286						32646	26236	1900
						700		33218	33063	31195
			23			2589		2669	2669	231
						911		25420	24940	18791
								7168	7168	
								1520	926	774
								3904	3014	24625
								3860	1775	
								285	285	3554
		66636	1007			5025		96161	84603	52222

3-41 教育经费收入情况

地 区	总 计	国家财政性教育经费	公共财政预算教育经费					各级政府征收用于教育的税费	
				教育事业费拨款	基本建设拨款	科研拨款	其他拨款		教育费附加
合 计	**297137663**	**229834726**	**197057998**	**176299714**	**7330753**		**13427531**	**32545597**	**19707470**
北 京	11068048	9057201	7153043	5303821	697518		1151704	1869767	1429482
天 津	4591591	3742076	3132557	3050541	23540		58476	603634	494333
河 北	11828238	9487944	8536184	8192672	30055		313457	951760	686728
山 西	9595421	7097317	6048997	5285200	238084		525713	1042498	717750
内蒙古	7100009	6441793	5692342	4903671	167400		621271	748825	447389
辽 宁	8319805	6967109	6180845	5655914	117538		407393	786264	526365
吉 林	4918102	4260705	3521980	3328545	64988		128447	729604	533495
黑龙江	5920874	5087936	4642467	4161369	302501		178597	434445	374500
上 海	8135901	7032691	4638020	4194406	204575		239039	2394671	2082180
江 苏	21728428	16757885	13002181	11928316	26221		1047644	3741699	2240188
浙 江	15851404	10032094	7905638	7365218	100097		440323	2125556	892045
安 徽	14164662	10070900	8647152	7831707	201253		614192	1405437	521858
福 建	8721263	6526852	5675056	5126471	102353		446232	850272	535440
江 西	7622817	5942993	5300531	5025802	132449		142280	642462	236168
山 东	19800680	15834058	13022510	12989807	1000		31703	2811308	1370512
河 南	15172340	11601575	10575909	9251435	406792		917682	1025037	702430
湖 北	10683362	7203927	6364009	5364500	357315		642194	835759	511481
湖 南	11130275	7322475	6378584	5847749	84564		446271	920756	637862
广 东	27378379	20002462	18303416	15667375	1004860		1631181	1662320	1112489
广 西	7226586	5846523	5093326	4696729	117734		278863	752890	213333
海 南	3029326	2509879	2102484	1795550	100133		206801	390234	150963
重 庆	8338162	6249040	5486369	4246180	488237		751952	762671	301578
四 川	14417810	11130018	9352046	8649321	327371		375354	1775622	1068214
贵 州	6686169	5264844	4458427	4197439	174374		86614	805885	376202
云 南	7198475	5955182	5230023	4227597	249006		753420	717917	545547
西 藏	720142	712126	705386	609043	78159		18184	6740	6740
陕 西	10416273	8465713	7892076	7367660	205741		318675	571184	402110
甘 肃	5843370	4952541	4316973	3783794	242508		290671	616878	263759
青 海	2290753	2170704	2049171	1108099	814513		126559	119827	80161
宁 夏	1685978	1442257	1338746	1147930	18000		172816	103511	65727
新 疆	5553020	4665906	4311550	3995853	251874		63823	340164	180441

（地方普通高中）

单位：千元

地方教育附加	地方基金	企业办学中的企业拨款	校办产业和社会服务收入用于教育的经费	其他属于国家财政性教育经费	民办学校中举办者投入	社会捐赠经费	#农村	事业收入	#学杂费	其他收入
7099671	**5738456**	**136341**	**91754**	**3036**	**865830**	**1551115**	**99767**	**60222408**	**42584736**	**4663584**
276200	164085	10699	23692		394	25325	128	1813218	1109339	171910
102634	6667	5555	330		4823	39936	2100	728153	487490	76603
53082	211950				80137	5674	3	2161701	1854280	92782
243702	81046	3959	1863		22642	70693		2377126	1400393	27643
245131	56305		626		17845	4543		586293	390798	49535
88702	171197				6204	4405		1326248	1141796	15839
122915	73194	9058	63		581	4182		626167	460894	26467
10410	49535	11024			1210	4396		816658	574577	10674
4000	308491					10828		778973	694423	313409
1158000	343511	13816	189		85351	227365	14260	4067198	3172331	590629
727392	506119	900			170	282184	9643	4913712	3640122	623244
191378	692201	17293	1018		50130	56964	1201	3863661	2443005	123007
170901	143931		1524		105888	122669	27978	1857130	1330503	108724
110609	295685				25381	27609	1893	1482541	1012211	144293
721731	719065		240		12310	30349	680	3785282	2395608	138681
236986	85621	629			122669	7510	184	3262092	2884877	178494
124410	199868		3690	469	28511	44283		2631721	1912979	774920
237329	45565		22728	407	48031	37998	9040	3539737	2225676	182034
423459	126372	14293	22426	7	136461	92158	11022	6918889	5043309	228409
142904	396653		307		2871	20379	107	1280808	895669	76005
157894	81377	11823	3324	2014	33283	82848	1912	374119	220895	29197
205184	255909					112600	1242	1879001	859552	97521
511304	196104		2350		21887	129038	7016	3001533	1505908	135334
337140	92543	532			24998	6797		1294392	975852	95138
135	172235	6515	588	139	8073	36950	4291	1136174	895025	62096
								8016	7092	
159636	9438	867	1586		11750	18397	6769	1855396	1519303	65017
186586	166533	13847	4843		10228	3775		855575	731187	21251
19153	20513	1425	281			325	288	103115	56111	16609
1232	36552				3157	2103	10	189042	166212	49419
129532	30191	14106	86		845	38832		708737	577319	138700

3-42 教育经费收入情况

地区	总计	国家财政性教育经费	公共财政预算教育经费	教育事业费拨款	基本建设拨款	科研拨款	其他拨款	各级政府征收用于教育的税费	教育费附加
合计	**41529336**	**31777752**	**27705039**	**25694435**	**539179**		**1471425**	**4063451**	**2583877**
北京	2094718	1724541	642877	565011	4822		73044	1081664	830699
天津	843796	721416	689997	679082	5540		5375	31419	28801
河北	999813	883687	803712	785522	751		17439	79975	66990
山西	480937	315067	304472	273739	15484		15249	10595	10326
内蒙古	210291	197281	195116	175425			19691	2165	832
辽宁	539890	466548	415267	408294			6973	51281	44284
吉林	224181	208103	194908	190262			4646	13195	5988
黑龙江	88826	79061	72168	60620	8362		3186	6893	6893
上海	380942	342911	270399	262409			7990	72512	72512
江苏	4413640	3526665	2811697	2711106			100591	714968	511730
浙江	3757960	2211980	1666814	1612223	260		54331	545166	249415
安徽	2511666	1683496	1606659	1482503	43049		81107	76641	21247
福建	2757100	2197786	2013426	1833019	25723		154684	184254	109904
江西	469273	242328	234425	225620	3551		5254	7903	4024
山东	1826936	1431478	1344481	1342862			1619	86997	46867
河南	1426344	1120026	1061898	967664	23706		70528	58128	41071
湖北	1465676	980592	894105	775384	34167		84554	86487	26323
湖南	2026138	1301450	1245535	1152991	24550		67994	55915	28855
广东	3893039	2858821	2643899	2447799			196100	214608	129423
广西	435586	364649	354741	343301	3704		7736	9778	3999
海南	193549	168316	161605	146199	2316		13090	6711	1442
重庆	2092570	1713600	1550506	1289717	56508		204281	163094	52303
四川	3101228	2554086	2264411	2149804	43741		70866	289675	154227
贵州	798178	637187	602903	579743	11519		11641	34284	11774
云南	846223	712503	626524	462196	94353		69975	85979	61472
西藏									
陕西	2085667	1755105	1710778	1624181	21617		64980	43976	39085
甘肃	1124804	995497	950436	841677	70095		38664	45061	22626
青海	56967	54510	53680	38732	13824		1124		
宁夏	7706	6698	6698	6698					
新疆	375692	322364	310902	260652	31537		18713	4127	765

(农村高中)

单位:千元

地方教育附加	地方基金	企业办学中的企业拨款	校办产业和社会服务收入用于教育的经费	其他属于国家财政性教育经费	民办学校中举办者投入	社会捐赠经费	#农村	事业收入	#学杂费	其他收入
1060000	**419574**	**8165**	**1090**	**7**	**135739**	**255126**	**67941**	**8827159**	**6349675**	**533560**
243644	7321				394	172		348980	309859	20631
568	2050					2824	2100	119304	45450	252
11114	1871					6	3	113692	101631	2428
269					10037			155744	91691	89
	1333				87			12730	10637	193
6897	100					244		72490	58003	608
662	6545					761		15132	13977	185
								9763	9710	2
						234		37107	34523	690
189859	13379					28933	13405	809409	651973	48633
152421	143330				170	78950	9323	1383001	916267	83859
30409	24985		196			11138	1172	804151	527021	12881
55916	18434		106		8797	48125	27978	468801	341937	33591
1250	2629				13019	886		209136	167195	3904
30780	9350				668	725	181	387476	254232	6589
6587	10470				55361	457	4	233500	211013	17000
10279	49885				1991	3236		354383	296114	125474
26596	464				12884	2697	916	652917	404438	56190
79674	5511		307	7	14011	21738	6404	976859	730137	21610
2779	3000		130			471		67380	61999	3086
4640	629					137	135	20698	15341	4398
79924	30867					24367	1242	343024	241334	11579
94429	41019				2506	16059	1311	513357	268259	15220
8054	14456				5397	289		147621	111889	7684
	24507				4888	1050	404	121226	81687	6556
4519	372		351		5529	6380	3203	301179	250674	17474
15603	6832					339		124178	120482	4790
		830				150	150	2122	1972	185
						10	10	998	998	
3127	235	7335				4748		20801	19232	27779

3-43 教育经费收入情况

地区	总计	国家财政性教育经费	公共财政预算教育经费					各级政府征收用于教育的税费	
				教育事业费拨款	基本建设拨款	科研拨款	其他拨款		教育费附加
合计	**41290032**	**31589678**	**27521293**	**25536687**	**524799**		**1459807**	**4063451**	**2583877**
北京	2094718	1724541	642877	565011	4822		73044	1081664	830699
天津	843796	721416	689997	679082	5540		5375	31419	28801
河北	999813	883687	803712	785522	751		17439	79975	66990
山西	480937	315067	304472	273739	15484		15249	10595	10326
内蒙古	210291	197281	195116	175425			19691	2165	832
辽宁	539890	466548	415267	408294			6973	51281	44284
吉林	224181	208103	194908	190262			4646	13195	5988
黑龙江	88826	79061	72168	60620	8362		3186	6893	6893
上海	380942	342911	270399	262409			7990	72512	72512
江苏	4413640	3526665	2811697	2711106			100591	714968	511730
浙江	3757960	2211980	1666814	1612223	260		54331	545166	249415
安徽	2511666	1683496	1606659	1482503	43049		81107	76641	21247
福建	2757100	2197786	2013426	1833019	25723		154684	184254	109904
江西	469273	242328	234425	225620	3551		5254	7903	4024
山东	1826936	1431478	1344481	1342862			1619	86997	46867
河南	1426344	1120026	1061898	967664	23706		70528	58128	41071
湖北	1465676	980592	894105	775384	34167		84554	86487	26323
湖南	2026138	1301450	1245535	1152991	24550		67994	55915	28855
广东	3893039	2858821	2643899	2447799			196100	214608	129423
广西	435586	364649	354741	343301	3704		7736	9778	3999
海南	186384	163445	156734	142796	2316		11622	6711	1442
重庆	2092570	1713600	1550506	1289717	56508		204281	163094	52303
四川	3101228	2554086	2264411	2149804	43741		70866	289675	154227
贵州	798178	637187	602903	579743	11519		11641	34284	11774
云南	846223	712503	626524	462196	94353		69975	85979	61472
西藏									
陕西	2085667	1755105	1710778	1624181	21617		64980	43976	39085
甘肃	1120126	994658	949597	840838	70095		38664	45061	22626
青海	56967	54510	53680	38732	13824		1124		
宁夏	7706	6698	6698	6698					
新疆	148231	140000	132866	107146	17157		8563	4127	765

（地方农村高中）

单位：千元

地方教育附加	地方基金	企业办学中的企业拨款	校办产业和社会服务收入用于教育的经费	其他属于国家财政性教育经费	民办学校中举办者投入	社会捐赠经费	#农村	事业收入	#学杂费	其他收入
1060000	**419574**	**3837**	**1090**	**7**	**135739**	**250751**	**67941**	**8808443**	**6332406**	**505421**
243644	7321				394	172		348980	309859	20631
568	2050					2824	2100	119304	45450	252
11114	1871					6	3	113692	101631	2428
269					10037			155744	91691	89
	1333				87			12730	10637	193
6897	100					244		72490	58003	608
662	6545					761		15132	13977	185
								9763	9710	2
						234		37107	34523	690
189859	13379					28933	13405	809409	651973	48633
152421	143330				170	78950	9323	1383001	916267	83859
30409	24985		196			11138	1172	804151	527021	12881
55916	18434		106		8797	48125	27978	468801	341937	33591
1250	2629				13019	886		209136	167195	3904
30780	9350				668	725	181	387476	254232	6589
6587	10470				55361	457	4	233500	211013	17000
10279	49885				1991	3236		354383	296114	125474
26596	464				12884	2697	916	652917	404438	56190
79674	5511		307	7	14011	21738	6404	976859	730137	21610
2779	3000		130			471		67380	61999	3086
4640	629					137	135	19178	14415	3624
79924	30867					24367	1242	343024	241334	11579
94429	41019				2506	16059	1311	513357	268259	15220
8054	14456				5397	289		147621	111889	7684
	24507				4888	1050	404	121226	81687	6556
4519	372		351		5529	6380	3203	301179	250674	17474
15603	6832					339		123893	120197	1236
		830				150	150	2122	1972	185
						10	10	998	998	
3127	235	3007				373		3890	3174	3968

3-44 教育经费收入情况

地区	总计	国家财政性教育经费	公共财政预算教育经费					各级政府征收用于教育的税费	
				教育事业费拨款	基本建设拨款	科研拨款	其他拨款		教育费附加
合计	**494736249**	**466951134**	**420504052**	**377668603**	**15982222**		**26853227**	**46070578**	**28738502**
北京	12912020	12240883	10780185	8253644	805810		1720731	1426278	1108805
天津	6932894	6711824	5413293	5099009	243540		70744	1289217	918632
河北	18388080	17639612	15533262	14399536	419099		714627	2106185	997571
山西	11926696	11108688	10050176	9300139	262906		487131	1054895	794132
内蒙古	10382965	10261473	9204311	7621252	318531		1264528	1055133	842924
辽宁	17096043	16685733	14870470	13108924	738916		1022630	1814189	1435744
吉林	8455195	8208690	7481304	7167938	118510		194856	703838	461168
黑龙江	13397113	13159246	12478430	10656361	1478177		343892	628144	544039
上海	12733421	11562907	9531865	8987254	355252		189359	2031042	1986791
江苏	31413401	29082756	24533531	22602645	67449		1863437	4522884	3136507
浙江	22470344	20081621	16604418	15773179	82715		748524	3477203	1679015
安徽	20080220	18400858	17017530	15092804	508880		1415846	1354749	547868
福建	13594451	12451379	10769129	9855136	200759		713234	1681490	774989
江西	14113553	13610476	12883479	12121552	440030		321897	723101	462778
山东	35860536	34605043	30032773	29915543	47300		69930	4563070	2493732
河南	31796439	30415982	28675063	24604838	839440		3230785	1740799	1099595
湖北	16227640	15337127	14184941	12443211	767752		973978	1149306	511126
湖南	20774309	19406694	18253279	15876572	633914		1742793	1152632	665788
广东	38417927	33348757	30082848	26113545	741458		3227845	3224463	2282510
广西	15171209	14785455	13861822	12731770	852372		277680	918259	656677
海南	4390225	4074154	3727461	3097089	321697		308675	343606	117292
重庆	12173192	11594720	10534501	8185347	792660		1556494	1060219	610528
四川	27876115	25933491	23110697	21478752	730965		900980	2822794	1102644
贵州	13229646	12837285	12196759	11596375	380885		219499	638305	350957
云南	15754139	15358537	14177715	12239413	457860		1480442	1174057	1048482
西藏	1785736	1784074	1777081	1436698	267307		73076	6993	6993
陕西	16735092	16182574	14888026	13619151	706873		562002	1286592	1034953
甘肃	9735155	9668293	8965539	8029191	552831		383517	672244	363196
青海	3641002	3573275	3388484	2252681	877036		258767	180530	87804
宁夏	3190855	3092434	2717449	2257188	136150		324111	374985	122496
新疆	14080636	13747093	12778231	11751866	835148		191217	893376	492766

（普通初中）

单位：千元

地方教育附加	地方基金	企业办学中的企业拨款	校办产业和社会服务收入用于教育的经费	其他属于国家财政性教育经费	民办学校中举办者投入	社会捐赠经费	#农村	事业收入	#学杂费	其他收入
10643297	**6688779**	**324687**	**50477**	**1340**	**1773989**	**1462134**	**122992**	**20350191**	**14897503**	**4198801**
113609	203864	13260	21160		4106	43806	68	361148	254352	262077
270215	100370	8439	875		2252	13631	507	160113	131576	45074
903657	204957	165			43056	16286	1166	621509	568406	67617
231406	29357	3617			50696	39832	145	699858	469818	27622
169793	42416		2029		13154	3495	1	78424	56408	26419
292344	86101	1058	16		14205	3559	115	293760	209863	98786
185435	57235	20810	2738		26131	6682		191575	173372	22117
4375	79730	51400	1272		2349	1252		221648	128396	12618
8931	35320				5110	13560		1020885	994067	130959
1039244	347133	25492	849		43213	273320	16962	1525852	1145181	488260
1036395	761793				22536	187455	8559	1438989	1195888	739743
358940	447941	27855	724		91275	64024	777	1416480	987103	107583
660329	246172		760		106133	72664	19308	842075	688067	122200
54830	205493	3820	76		35154	23376	541	373256	301090	71291
1156910	912428	8744	456		79126	42093	11297	973430	599646	160844
446406	194798		120		240116	13521	464	1010839	771071	115981
328709	309471	360	2520		26383	39519	5376	520121	359467	304490
385673	101171		477	306	229038	37911	7546	870607	502962	230059
730662	211291	39704	1694	48	408420	142021	34768	4261600	3236409	257129
200762	60820		5374		8739	5835	153	295093	205111	76087
65631	160683		2101	986	45058	89386	764	144807	51585	36820
220094	229597				14794	168735	2273	263284	60734	131659
573170	1146980				199889	77584	5278	1541020	782594	124131
231365	55983	2006	215		14986	5907	2388	295998	234007	75470
2726	122849	5378	1387		26172	45917	2277	224619	174113	98894
					17			467	274	1178
222619	29020	7013	943		13348	8505	1610	494516	454557	36149
243625	65423	26068	4442		3250	1867		49738	38912	12007
49957	42769	4261			5000	2268	446	25820	22749	34639
122693	129796				238	4056	203	63322	49344	30805
332792	67818	75237	249		45	14067		69338	50381	250093

3-45 教育经费收入情况

地区	总计	国家财政性教育经费	公共财政预算教育经费					各级政府征收用于教育的税费	
				教育事业费拨款	基本建设拨款	科研拨款	其他拨款		教育费附加
合计	**2536767**	**2322456**	**2223637**	**1987286**	**78582**		**157769**		
北京	246529	182231	182231	163305			18926		
天津									
河北	242	165							
山西									
内蒙古									
辽宁									
吉林									
黑龙江	779797	773442	743246	688137	16211		38898		
上海									
江苏									
浙江									
安徽	7721	5521	5502	2381			3121		
福建									
江西									
山东									
河南									
湖北	65631	58619	58619	58619					
湖南									
广东	19965	18388	9981	9677			304		
广西									
海南	5173	4192	4192	3162			1030		
重庆	44723	31613	31613	31613					
四川	10281	10205	10205	7425			2780		
贵州									
云南									
西藏									
陕西									
甘肃	1070	312	312	312					
青海									
宁夏									
新疆	1355635	1237768	1177736	1022655	62371		92710		

(中央属普通初中)

单位:千元

地方教育附加	地方基金	企业办学中的企业拨款	校办产业和社会服务收入用于教育的经费	其他属于国家财政性教育经费	民办学校中举办者投入	社会捐赠经费	#农村	事业收入	#学杂费	其他收入
		98533	**286**			**7412**		**34445**	**293**	**172454**
						172		27004		37122
		165						49	49	28
		30196						681		5674
			19			2169				31
						601				6411
		8226	181					1572	244	5
								7		974
										13110
								76		
										758
		59946	86			4470		5056		108341

3-46 教育经费收入情况

地区	总计	国家财政性教育经费	公共财政预算教育经费	教育事业费拨款	基本建设拨款	科研拨款	其他拨款	各级政府征收用于教育的税费	教育费附加
合计	**492199482**	**464628678**	**418280415**	**375681317**	**15903640**		**26695458**	**46070578**	**28738502**
北京	12665491	12058652	10597954	8090339	805810		1701805	1426278	1108805
天津	6932894	6711824	5413293	5099009	243540		70744	1289217	918632
河北	18387838	17639447	15533262	14399536	419099		714627	2106185	997571
山西	11926696	11108688	10050176	9300139	262906		487131	1054895	794132
内蒙古	10382965	10261473	9204311	7621252	318531		1264528	1055133	842924
辽宁	17096043	16685733	14870470	13108924	738916		1022630	1814189	1435744
吉林	8455195	8208690	7481304	7167938	118510		194856	703838	461168
黑龙江	12617316	12385804	11735184	9968224	1461966		304994	628144	544039
上海	12733421	11562907	9531865	8987254	355252		189359	2031042	1986791
江苏	31413401	29082756	24533531	22602645	67449		1863437	4522884	3136507
浙江	22470344	20081621	16604418	15773179	82715		748524	3477203	1679015
安徽	20072499	18395337	17012028	15090423	508880		1412725	1354749	547868
福建	13594451	12451379	10769129	9855136	200759		713234	1681490	774989
江西	14113553	13610476	12883479	12121552	440030		321897	723101	462778
山东	35860536	34605043	30032773	29915543	47300		69930	4563070	2493732
河南	31796439	30415982	28675063	24604838	839440		3230785	1740799	1099595
湖北	16162009	15278508	14126322	12384592	767752		973978	1149306	511126
湖南	20774309	19406694	18253279	15876572	633914		1742793	1152632	665788
广东	38397962	33330369	30072867	26103868	741458		3227541	3224463	2282510
广西	15171209	14785455	13861822	12731770	852372		277680	918259	656677
海南	4385052	4069962	3723269	3093927	321697		307645	343606	117292
重庆	12128469	11563107	10502888	8153734	792660		1556494	1060219	610528
四川	27865834	25923286	23100492	21471327	730965		898200	2822794	1102644
贵州	13229646	12837285	12196759	11596375	380885		219499	638305	350957
云南	15754139	15358537	14177715	12239413	457860		1480442	1174057	1048482
西藏	1785736	1784074	1777081	1436698	267307		73076	6993	6993
陕西	16735092	16182574	14888026	13619151	706873		562002	1286592	1034953
甘肃	9734085	9667981	8965227	8028879	552831		383517	672244	363196
青海	3641002	3573275	3388484	2252681	877036		258767	180530	87804
宁夏	3190855	3092434	2717449	2257188	136150		324111	374985	122496
新疆	12725001	12509325	11600495	10729211	772777		98507	893376	492766

（地方普通初中）

单位：千元

地方教育附加	地方基金	企业办学中的企业拨款	校办产业和社会服务收入用于教育的经费	其他属于国家财政性教育经费	民办学校中举办者投入	社会捐赠经费	#农村	事业收入	#学杂费	其他收入
10643297	**6688779**	**226154**	**50191**	**1340**	**1773989**	**1454722**	**122992**	**20315746**	**14897210**	**4026347**
113609	203864	13260	21160		4106	43634	68	334144	254352	224955
270215	100370	8439	875		2252	13631	507	160113	131576	45074
903657	204957				43056	16286	1166	621460	568357	67589
231406	29357	3617			50696	39832	145	699858	469818	27622
169793	42416		2029		13154	3495	1	78424	56408	26419
292344	86101	1058	16		14205	3559	115	293760	209863	98786
185435	57235	20810	2738		26131	6682		191575	173372	22117
4375	79730	21204	1272		2349	1252		220967	128396	6944
8931	35320				5110	13560		1020885	994067	130959
1039244	347133	25492	849		43213	273320	16962	1525852	1145181	488260
1036395	761793				22536	187455	8559	1438989	1195888	739743
358940	447941	27855	705		91275	61855	777	1416480	987103	107552
660329	246172		760		106133	72664	19308	842075	688067	122200
54830	205493	3820	76		35154	23376	541	373256	301090	71291
1156910	912428	8744	456		79126	42093	11297	973430	599646	160844
446406	194798		120		240116	13521	464	1010839	771071	115981
328709	309471	360	2520		26383	38918	5376	520121	359467	298079
385673	101171		477	306	229038	37911	7546	870607	502962	230059
730662	211291	31478	1513	48	408420	142021	34768	4260028	3236165	257124
200762	60820		5374		8739	5835	153	295093	205111	76087
65631	160683		2101	986	45058	89386	764	144800	51585	35846
220094	229597				14794	168735	2273	263284	60734	118549
573170	1146980				199889	77584	5278	1540944	782594	124131
231365	55983	2006	215		14986	5907	2388	295998	234007	75470
2726	122849	5378	1387		26172	45917	2277	224619	174113	98894
					17			467	274	1178
222619	29020	7013	943		13348	8505	1610	494516	454557	36149
243625	65423	26068	4442		3250	1867		49738	38912	11249
49957	42769	4261			5000	2268	446	25820	22749	34639
122693	129796				238	4056	203	63322	49344	30805
332792	67818	15291	163		45	9597		64282	50381	141752

3-47 教育经费收入情况

地区	总计	国家财政性教育经费	公共财政预算教育经费					各级政府征收用于教育的税费	
				教育事业费拨款	基本建设拨款	科研拨款	其他拨款		教育费附加
合计	**271988415**	**266135668**	**245276313**	**221706289**	**9108536**		**14461488**	**20746293**	**12017676**
北京	4056493	3982622	3438364	2854114	208462		375788	544174	391890
天津	2863646	2845995	2342882	2098541	226440		17901	502683	244798
河北	9526328	9372274	8309370	7540070	337894		431406	1062904	414831
山西	5819140	5672072	5285169	5005233	136447		143489	386634	290172
内蒙古	2628770	2617601	2430114	2006638	36161		387315	187317	136210
辽宁	8179741	8103828	7238120	6329120	578429		330571	865692	718380
吉林	4319648	4304532	4011831	3839695	75634		96502	291253	146819
黑龙江	5243002	5221697	5055614	4005227	968098		82289	152477	110310
上海	3487872	3454945	2900919	2855292			45627	554026	534838
江苏	15583137	15191029	13176068	12204521	38300		933247	2014202	1570700
浙江	12173906	11603252	9625968	9336607	2326		287035	1977284	832591
安徽	13022847	12707896	12092114	10766869	362831		962414	615348	240947
福建	8916063	8573059	7475772	6875790	150114		449868	1096527	453562
江西	8304100	8132245	7856159	7369441	279174		207544	275197	190872
山东	25031931	24452559	21734679	21662173	47300		25206	2708790	1325757
河南	19738313	19421998	18612552	15903704	592238		2116610	809351	433872
湖北	9874784	9669930	9112770	8024676	513420		574674	555752	205011
湖南	13240148	12924910	12503328	10691857	450939		1360532	420826	269063
广东	16338132	15275763	13966276	12195440	44565		1726271	1291024	741899
广西	9505741	9451659	9124315	8337711	620477		166127	323713	224123
海南	2183334	2050138	1846474	1624558	61413		160503	202651	46886
重庆	7320817	7203252	6613015	5216381	447824		948810	590237	356422
四川	16671539	16387648	15480931	14346521	549829		584581	906717	567931
贵州	9354767	9228515	8930406	8465716	308960		155730	297894	158811
云南	11130292	11015547	10347748	9020464	365759		961525	667189	592813
西藏									
陕西	10047714	10001617	9521399	8793330	385194		342875	475691	380069
甘肃	6947452	6939667	6561686	5889635	433604		238447	374856	198107
青海	1033150	1032229	960798	656669	254770		49359	69072	27435
宁夏	1475274	1468707	1301734	1054646	75120		171968	166973	32344
新疆	7970334	7828482	7419738	6735650	556814		127274	359839	180213

（农村初中）

单位：千元

地方教育附加	地方基金	企业办学中的企业拨款	校办产业和社会服务收入用于教育的经费	其他属于国家财政性教育经费	民办学校中举办者投入	社会捐赠经费	#农村	事业收入	#学杂费	其他收入
5927499	**2801118**	**94162**	**18546**	**354**	**611557**	**578093**	**107830**	**3236566**	**2091197**	**1426531**
62815	89469		84		1106	2049	14	26074	8367	44642
157898	99987		430			863	507	14998	14089	1790
556547	91526				21658	14024	1166	105141	100097	13231
85662	10800	269			23862	3373	145	105646	100219	14187
35569	15538		170		2072	924	1	3889	1288	4284
123015	24297		16		100	3155	115	19953	900	52705
115287	29147		1448			3444		2532	835	9140
1190	40977	12334	1272			12		21223	14779	70
8931	10257					468		21766	13057	10693
388386	55116		759		14771	46107	16808	203962	160316	127268
754321	390372				15699	56549	8559	247813	209401	250593
219437	154964		434		54977	12626	653	217537	172922	29811
512991	129974		760		25956	52705	16002	184734	126725	79609
21989	62336	813	76		12384	8001	418	116273	96833	35197
651109	731924	8744	346		58561	24380	9819	415293	264432	81138
261901	113578		95		80887	793	449	220006	167910	14629
160062	190679		1408		701	25447	4637	75796	49428	102910
132158	19605		450	306	102053	19964	4462	89794	33097	103427
489540	59585	17325	1090	48	122373	86384	30127	779701	407858	73911
84533	15057		3631		790	2418	153	24481	9565	26393
45288	110477		1013		10236	88428	676	15375	1566	19157
149201	84614				11912	39382	2273	31682	14052	34589
278334	60452				43773	37265	5233	173151	40293	29702
116397	22686		215		3921	3365	2099	68334	47814	50632
844	73532		610		672	28574	2012	18872	12885	66627
78389	17233	3634	893		3093	4051	1032	23509	21774	15444
140515	36234		3125			805		1142	478	5838
22491	19146	2359				382	335	83	46	456
111960	22669					1236	135	1292		4039
160739	18887	48684	221			10919		6514	171	124419

3-48　教育经费收入情况

地区	总计	国家财政性教育经费	公共财政预算教育经费	教育事业费拨款	基本建设拨款	科研拨款	其他拨款	各级政府征收用于教育的税费	教育费附加
合计	**270878406**	**265104095**	**244299532**	**220865427**	**9046165**		**14387940**	**20746293**	**12017676**
北京	4056493	3982622	3438364	2854114	208462		375788	544174	391890
天津	2863646	2845995	2342882	2098541	226440		17901	502683	244798
河北	9526328	9372274	8309370	7540070	337894		431406	1062904	414831
山西	5819140	5672072	5285169	5005233	136447		143489	386634	290172
内蒙古	2628770	2617601	2430114	2006638	36161		387315	187317	136210
辽宁	8179741	8103828	7238120	6329120	578429		330571	865692	718380
吉林	4319648	4304532	4011831	3839695	75634		96502	291253	146819
黑龙江	5243002	5221697	5055614	4005227	968098		82289	152477	110310
上海	3487872	3454945	2900919	2855292			45627	554026	534838
江苏	15583137	15191029	13176068	12204521	38300		933247	2014202	1570700
浙江	12173906	11603252	9625968	9336607	2326		287035	1977284	832591
安徽	13022847	12707896	12092114	10766869	362831		962414	615348	240947
福建	8916063	8573059	7475772	6875790	150114		449868	1096527	453562
江西	8304100	8132245	7856159	7369441	279174		207544	275197	190872
山东	25031931	24452559	21734679	21662173	47300		25206	2708790	1325757
河南	19738313	19421998	18612552	15903704	592238		2116610	809351	433872
湖北	9874784	9669930	9112770	8024676	513420		574674	555752	205011
湖南	13240148	12924910	12503328	10691857	450939		1360532	420826	269063
广东	16318167	15257375	13956295	12185763	44565		1725967	1291024	741899
广西	9505741	9451659	9124315	8337711	620477		166127	323713	224123
海南	2178161	2045946	1842282	1621396	61413		159473	202651	46886
重庆	7320817	7203252	6613015	5216381	447824		948810	590237	356422
四川	16671539	16387648	15480931	14346521	549829		584581	906717	567931
贵州	9354767	9228515	8930406	8465716	308960		155730	297894	158811
云南	11130292	11015547	10347748	9020464	365759		961525	667189	592813
西藏									
陕西	10047714	10001617	9521399	8793330	385194		342875	475691	380069
甘肃	6946382	6939355	6561374	5889323	433604		238447	374856	198107
青海	1033150	1032229	960798	656669	254770		49359	69072	27435
宁夏	1475274	1468707	1301734	1054646	75120		171968	166973	32344
新疆	6886533	6819801	6457442	5907939	494443		55060	359839	180213

（地方农村初中）

单位：千元

地方教育附加	地方基金	企业办学中的企业拨款	校办产业和社会服务收入用于教育的经费	其他属于国家财政性教育经费	民办学校中举办者投入	社会捐赠经费	#农村	事业收入	#学杂费	其他收入
5927499	**2801118**	**39637**	**18279**	**354**	**611557**	**574072**	**107830**	**3234680**	**2090953**	**1354002**
62815	89469		84		1106	2049	14	26074	8367	44642
157898	99987		430			863	507	14998	14089	1790
556547	91526				21658	14024	1166	105141	100097	13231
85662	10800	269			23862	3373	145	105646	100219	14187
35569	15538		170		2072	924	1	3889	1288	4284
123015	24297		16		100	3155	115	19953	900	52705
115287	29147		1448			3444		2532	835	9140
1190	40977	12334	1272			12		21223	14779	70
8931	10257					468		21766	13057	10693
388386	55116		759		14771	46107	16808	203962	160316	127268
754321	390372				15699	56549	8559	247813	209401	250593
219437	154964		434		54977	12626	653	217537	172922	29811
512991	129974		760		25956	52705	16002	184734	126725	79609
21989	62336	813	76		12384	8001	418	116273	96833	35197
651109	731924	8744	346		58561	24380	9819	415293	264432	81138
261901	113578		95		80887	793	449	220006	167910	14629
160062	190679		1408		701	25447	4637	75796	49428	102910
132158	19605		450	306	102053	19964	4462	89794	33097	103427
489540	59585	9099	909	48	122373	86384	30127	778129	407614	73906
84533	15057		3631		790	2418	153	24481	9565	26393
45288	110477		1013		10236	88428	676	15368	1566	18183
149201	84614				11912	39382	2273	31682	14052	34589
278334	60452				43773	37265	5233	173151	40293	29702
116397	22686		215		3921	3365	2099	68334	47814	50632
844	73532		610		672	28574	2012	18872	12885	66627
78389	17233	3634	893		3093	4051	1032	23509	21774	15444
140515	36234		3125			805		1142	478	5080
22491	19146	2359				382	335	83	46	456
111960	22669					1236	135	1292		4039
160739	18887	2385	135			6898		6207	171	53627

3-49 教育经费收入情况

地区	总计	国家财政性教育经费	公共财政预算教育经费	教育事业费拨款	基本建设拨款	科研拨款	其他拨款	各级政府征收用于教育的税费	教育费附加
合计	**829379**	**711445**	**616237**	**592394**			**23843**	**88712**	**22259**
北京									
天津	22596	22577	22577	22429			148		
河北	4516	3331	3331	3221			110		
山西									
内蒙古									
辽宁									
吉林	3278	3255	3202	3202				53	53
黑龙江									
上海	98949	75933	75933	73419			2514		
江苏	318950	310989	263904	253041			10863	43701	4598
浙江	345330	268655	221517	213307			8210	44066	17096
安徽									
福建	6866	6538	6458	5346			1112	80	
江西									
山东									
河南									
湖北	7877	5167	4727	4675			52	400	200
湖南									
广东	14084	8263	8183	7457			726	80	80
广西									
海南									
重庆	160	160	160	160					
四川	3085	3085	2753	2645			108	332	232
贵州									
云南									
西藏									
陕西	689	687	687	687					
甘肃									
青海									
宁夏									
新疆	2999	2805	2805	2805					

（成人中学）

单位：千元

地方教育附加	地方基金	企业办学中的企业拨款	校办产业和社会服务收入用于教育的经费	其他属于国家财政性教育经费	民办学校中举办者投入	社会捐赠经费	#农村	事业收入	#学杂费	其他收入
42451	**24002**		**40**	**6456**		**19**	**19**	**77560**	**8714**	**40355**
						19	19			
								712		473
								22	3	1
								19605	1062	3411
16091	23012			3384				6779	4369	1182
25980	990			3072				46259		30416
80								326		2
200			40					451	371	2259
								3212	2909	2609
100										
										2
								194		

3-50 教育经费收入情况

地区	总计	国家财政性教育经费	公共财政预算教育经费	教育事业费拨款	基本建设拨款	科研拨款	其他拨款	各级政府征收用于教育的税费	教育费附加
合计	**726347884**	**697238038**	**640164565**	**576864257**	**14017849**		**49282459**	**56503047**	**35465810**
北京	19432784	18018820	15605557	13131822	149393		2324342	2389876	1805528
天津	9517641	9351948	7953338	7607907	235959		109472	1385736	610559
河北	30881517	30136200	26943305	25081903	347225		1514177	3190825	1351811
山西	18269493	17777758	16577234	15026365	167091		1383778	1180450	921753
内蒙古	17239050	17095389	15834933	12149128	235027		3450778	1251609	915688
辽宁	20869924	20540624	19268252	17297484	224302		1746466	1270303	983430
吉林	13704528	13523107	12638832	12254634	45503		338695	874653	548666
黑龙江	17846645	17762627	17020679	14963740	1544046		512893	641136	595938
上海	15825491	14856150	11218433	11016489	63711		138233	3637717	3320629
江苏	48413245	46517548	39655359	37960314	18610		1676435	6782415	4650670
浙江	33641024	30926395	26343895	25537745	19250		786900	4582500	2046887
安徽	28547389	27921851	26504860	23263643	318158		2923059	1382831	667794
福建	22057976	21227023	18869450	16870786	247282		1751382	2357483	1094150
江西	23233489	22784014	21724986	20650864	306325		767797	1052803	777536
山东	43045276	41913635	37553751	37490326			63425	4350417	2256650
河南	44718344	42464662	40702108	35157734	616838		4927536	1761389	1244721
湖北	20547805	19655777	17922239	16315048	626174		981017	1728605	849479
湖南	28548539	27243067	25952576	22734049	555801		2662726	1287821	833796
广东	58609942	50795202	46180481	39188337	1220730		5771414	4570834	3273615
广西	23587893	23136545	22105111	20848472	549329		707310	1026680	786123
海南	6481196	6098263	5841937	5082801	162817		596319	255813	89472
重庆	18456277	18021201	16798621	12183357	695871		3919393	1222580	744224
四川	40939048	39440351	36899217	34050190	1367329		1481698	2541134	1457892
贵州	22185913	21796013	20959383	20150974	406419		401990	835291	402310
云南	27798110	27311092	25859331	20849552	668502		4341277	1438240	1222371
西藏	4071835	4045749	3894052	3391811	296215		206026	151697	151697
陕西	23849764	23365552	22150501	20432699	605508		1112294	1201848	888573
甘肃	14320403	14276159	13599139	11829567	531008		1238564	648113	355229
青海	6167542	6117690	5836469	4173847	1235746		426876	268559	116487
宁夏	4627924	4550478	4183412	3392197	52780		738435	367066	123744
新疆	18911877	18567148	17567124	16780472	504900		281752	866623	378388

（小学）

单位：千元

地方教育附加	地方基金	企业办学中的企业拨款	校办产业和社会服务收入用于教育的经费	其他属于国家财政性教育经费	民办学校中举办者投入	社会捐赠经费	#农村	事业收入	#学杂费	其他收入
14301180	**6736057**	**535580**	**34846**		**2596641**	**1595927**	**210246**	**19474758**	**14379475**	**5442520**
215089	369259	16219	7168		1000	39791	106	907394	338304	465779
587574	187603	12845	29		2524	16067	2645	92494	78365	54608
1641114	197900	2070			76600	17929	3125	569115	542447	81673
229816	28881	20074			59330	36103	3118	358657	267220	37645
221010	114911	7810	1037		26171	6278	33	85710	53876	25502
219852	67021	2035	34		20228	2165	264	181594	102804	125313
254981	71006		9622		15061	8642		122354	94120	35364
4971	40227	100812			7028	277		58075	44533	18638
11160	305928				6000	18718		711016	676507	233607
1746651	385094	79615	159		84234	340040	22036	897495	733523	573928
1472628	1062985				49738	201251	7144	1415525	1260977	1048115
474060	240977	33530	630		39962	69619	3302	438116	309982	77841
1005985	257348		90		110107	116873	43598	466114	313688	137859
93047	182220	5971	254		28437	48672	3762	253439	206328	118927
1267661	826106	8937	530		65789	79499	23808	831531	600933	154822
415365	101303	1093	72		423727	8800	2999	1712983	1387430	108172
349897	529229	1210	3723		25982	57971	9377	441147	222607	366928
371942	82083		2670		265331	36838	5170	735380	406599	267923
1057760	239459	41651	2236		902671	150802	44820	6287980	5142519	473287
207431	33126	2220	2534		21371	11420	364	355702	218915	62855
92720	73621	90	423		32291	5690	282	279686	35040	65266
127958	350398				10219	97680	4349	248585	41547	78592
668981	414261				189842	68796	2088	1084571	554206	155488
313958	119023	1142	197		15744	16451	5012	263091	188309	94614
38356	177513	12316	1205		92724	70505	7669	192272	141013	131517
					822			954	488	24310
259828	53447	12018	1185		12800	22783	7020	390359	358721	58270
245739	47145	28399	508		650	11007	2235	11220	7361	21367
111629	40443	12662			6223	4361	1432	3113	297	36155
189671	53651					16287	4097	14328	12533	46831
404346	83889	132861	540		4035	14612	391	64758	38283	261324

3-51 教育经费收入情况

地区	总计	国家财政性教育经费	公共财政预算教育经费					各级政府征收用于教育的税费	
				教育事业费拨款	基本建设拨款	科研拨款	其他拨款		教育费附加
合计	**3238503**	**2974189**	**2808558**	**2513098**	**87038**		**208422**		
北京	262898	178111	178111	177161			950		
天津	38375	37920	37920	37920					
河北	2251	1545							
山西									
内蒙古									
辽宁									
吉林	43977	43820	43820	36720			7100		
黑龙江	707761	702356	652716	604938	13789		33989		
上海									
江苏									
浙江									
安徽	19123	13859	13814	6355			7459		
福建									
江西	616	596	75	75					
山东									
河南									
湖北	33391	27700	27700	27700					
湖南	725								
广东	35643	26374	19855	18968			887		
广西									
海南	8139	6404	6404	5008			1396		
重庆	29368	20619	20619	19784			835		
四川	21001	14847	14847	9514			5333		
贵州									
云南									
西藏									
陕西	3755	267	267	267					
甘肃	8936	2616	1666	1666					
青海									
宁夏									
新疆	2022544	1897155	1790744	1567022	73249		150473		

(中央属小学)

单位:千元

地方教育附加	地方基金	企业办学中的企业拨款	校办产业和社会服务收入用于教育的经费	其他属于国家财政性教育经费	民办学校中举办者投入	社会捐赠经费	#农村	事业收入	#学杂费	其他收入
		165110	**521**			**17727**		**14002**	**1084**	**232585**
								1436		83351
						22				433
		1545						451	451	255
										157
		49640						579		4826
			45			5184				80
		521								20
						3708				1983
								153		572
		6195	324					4582	633	4687
								14		1721
						5818		233		2698
								347		5807
								3488		
		950								6320
		106259	152			2995		2719		119675

3-52 教育经费收入情况

地区	总计	国家财政性教育经费	公共财政预算教育经费	教育事业费拨款	基本建设拨款	科研拨款	其他拨款	各级政府征收用于教育的税费	教育费附加
合计	**723109381**	**694263849**	**637356007**	**574351159**	**13930811**		**49074037**	**56503047**	**35465810**
北京	19169886	17840709	15427446	12954661	149393		2323392	2389876	1805528
天津	9479266	9314028	7915418	7569987	235959		109472	1385736	610559
河北	30879266	30134655	26943305	25081903	347225		1514177	3190825	1351811
山西	18269493	17777758	16577234	15026365	167091		1383778	1180450	921753
内蒙古	17239050	17095389	15834933	12149128	235027		3450778	1251609	915688
辽宁	20869924	20540624	19268252	17297484	224302		1746466	1270303	983430
吉林	13660551	13479287	12595012	12217914	45503		331595	874653	548666
黑龙江	17138884	17060271	16367963	14358802	1530257		478904	641136	595938
上海	15825491	14856150	11218433	11016489	63711		138233	3637717	3320629
江苏	48413245	46517548	39655359	37960314	18610		1676435	6782415	4650670
浙江	33641024	30926395	26343895	25537745	19250		786900	4582500	2046887
安徽	28528266	27907992	26491046	23257288	318158		2915600	1382831	667794
福建	22057976	21227023	18869450	16870786	247282		1751382	2357483	1094150
江西	23232873	22783418	21724911	20650789	306325		767797	1052803	777536
山东	43045276	41913635	37553751	37490326			63425	4350417	2256650
河南	44718344	42464662	40702108	35157734	616838		4927536	1761389	1244721
湖北	20514414	19628077	17894539	16287348	626174		981017	1728605	849479
湖南	28547814	27243067	25952576	22734049	555801		2662726	1287821	833796
广东	58574299	50768828	46160626	39169369	1220730		5770527	4570834	3273615
广西	23587893	23136545	22105111	20848472	549329		707310	1026680	786123
海南	6473057	6091859	5835533	5077793	162817		594923	255813	89472
重庆	18426909	18000582	16778002	12163573	695871		3918558	1222580	744224
四川	40918047	39425504	36884370	34040676	1367329		1476365	2541134	1457892
贵州	22185913	21796013	20959383	20150974	406419		401990	835291	402310
云南	27798110	27311092	25859331	20849552	668502		4341277	1438240	1222371
西藏	4071835	4045749	3894052	3391811	296215		206026	151697	151697
陕西	23846009	23365285	22150234	20432432	605508		1112294	1201848	888573
甘肃	14311467	14273543	13597473	11827901	531008		1238564	648113	355229
青海	6167542	6117690	5836469	4173847	1235746		426876	268559	116487
宁夏	4627924	4550478	4183412	3392197	52780		738435	367066	123744
新疆	16889333	16669993	15776380	15213450	431651		131279	866623	378388

（地方小学）

单位：千元

地方教育附加	地方基金	企业办学中的企业拨款	校办产业和社会服务收入用于教育的经费	其他属于国家财政性教育经费	民办学校中举办者投入	社会捐赠经费	#农村	事业收入	#学杂费	其他收入
14301180	**6736057**	**370470**	**34325**		**2596641**	**1578200**	**210246**	**19460756**	**14378391**	**5209935**
215089	369259	16219	7168		1000	39791	106	905958	338304	382428
587574	187603	12845	29		2524	16045	2645	92494	78365	54175
1641114	197900	525			76600	17929	3125	568664	541996	81418
229816	28881	20074			59330	36103	3118	358657	267220	37645
221010	114911	7810	1037		26171	6278	33	85710	53876	25502
219852	67021	2035	34		20228	2165	264	181594	102804	125313
254981	71006		9622		15061	8642		122354	94120	35207
4971	40227	51172			7028	277		57496	44533	13812
11160	305928				6000	18718		711016	676507	233607
1746651	385094	79615	159		84234	340040	22036	897495	733523	573928
1472628	1062985				49738	201251	7144	1415525	1260977	1048115
474060	240977	33530	585		39962	64435	3302	438116	309982	77761
1005985	257348		90		110107	116873	43598	466114	313688	137859
93047	182220	5450	254		28437	48672	3762	253439	206328	118907
1267661	826106	8937	530		65789	79499	23808	831531	600933	154822
415365	101303	1093	72		423727	8800	2999	1712983	1387430	108172
349897	529229	1210	3723		25982	54263	9377	441147	222607	364945
371942	82083		2670		265331	36838	5170	735227	406599	267351
1057760	239459	35456	1912		902671	150802	44820	6283398	5141886	468600
207431	33126	2220	2534		21371	11420	364	355702	218915	62855
92720	73621	90	423		32291	5690	282	279672	35040	63545
127958	350398				10219	91862	4349	248352	41547	75894
668981	414261				189842	68796	2088	1084224	554206	149681
313958	119023	1142	197		15744	16451	5012	263091	188309	94614
38356	177513	12316	1205		92724	70505	7669	192272	141013	131517
					822			954	488	24310
259828	53447	12018	1185		12800	22783	7020	386871	358721	58270
245739	47145	27449	508		650	11007	2235	11220	7361	15047
111629	40443	12662			6223	4361	1432	3113	297	36155
189671	53651					16287	4097	14328	12533	46831
404346	83889	26602	388		4035	11617	391	62039	38283	141649

3-53 教育经费收入情况

地区	总计	国家财政性教育经费	公共财政预算教育经费	教育事业费拨款	基本建设拨款	科研拨款	其他拨款	各级政府征收用于教育的税费	教育费附加
合计	**726310443**	**697201404**	**640127992**	**576829112**	**14017849**		**49281031**	**56502986**	**35465809**
北京	19432784	18018820	15605557	13131822	149393		2324342	2389876	1805528
天津	9517641	9351948	7953338	7607907	235959		109472	1385736	610559
河北	30878970	30133653	26940758	25079356	347225		1514177	3190825	1351811
山西	18269493	17777758	16577234	15026365	167091		1383778	1180450	921753
内蒙古	17239050	17095389	15834933	12149128	235027		3450778	1251609	915688
辽宁	20869924	20540624	19268252	17297484	224302		1746466	1270303	983430
吉林	13704528	13523107	12638832	12254634	45503		338695	874653	548666
黑龙江	17846645	17762627	17020679	14963740	1544046		512893	641136	595938
上海	15825491	14856150	11218433	11016489	63711		138233	3637717	3320629
江苏	48413245	46517548	39655359	37960314	18610		1676435	6782415	4650670
浙江	33641024	30926395	26343895	25537745	19250		786900	4582500	2046887
安徽	28547389	27921851	26504860	23263643	318158		2923059	1382831	667794
福建	22036543	21205628	18848055	16850106	247282		1750667	2357483	1094150
江西	23233489	22784014	21724986	20650864	306325		767797	1052803	777536
山东	43045276	41913635	37553751	37490326			63425	4350417	2256650
河南	44718344	42464662	40702108	35157734	616838		4927536	1761389	1244721
湖北	20546539	19654525	17920987	16313916	626174		980897	1728605	849479
湖南	28548539	27243067	25952576	22734049	555801		2662726	1287821	833796
广东	58609942	50795202	46180481	39188337	1220730		5771414	4570834	3273615
广西	23587843	23136495	22105061	20848422	549329		707310	1026680	786123
海南	6481196	6098263	5841937	5082801	162817		596319	255813	89472
重庆	18447825	18013012	16790432	12175619	695871		3918942	1222580	744224
四川	40936642	39438237	36897164	34048279	1367329		1481556	2541073	1457891
贵州	22185913	21796013	20959383	20150974	406419		401990	835291	402310
云南	27796823	27310005	25858244	20848465	668502		4341277	1438240	1222371
西藏	4071835	4045749	3894052	3391811	296215		206026	151697	151697
陕西	23849764	23365552	22150501	20432699	605508		1112294	1201848	888573
甘肃	14320403	14276159	13599139	11829567	531008		1238564	648113	355229
青海	6167542	6117690	5836469	4173847	1235746		426876	268559	116487
宁夏	4627924	4550478	4183412	3392197	52780		738435	367066	123744
新疆	18911877	18567148	17567124	16780472	504900		281752	866623	378388

（普通小学）

单位：千元

地方教育附加	地方基金	企业办学中的企业拨款	校办产业和社会服务收入用于教育的经费	其他属于国家财政性教育经费	民办学校中举办者投入	社会捐赠经费	#农村	事业收入	#学杂费	其他收入
14301120	**6736057**	**535580**	**34846**		**2596641**	**1595927**	**210246**	**19474351**	**14379475**	**5442120**
215089	369259	16219	7168		1000	39791	106	907394	338304	465779
587574	187603	12845	29		2524	16067	2645	92494	78365	54608
1641114	197900	2070			76600	17929	3125	569115	542447	81673
229816	28881	20074			59330	36103	3118	358657	267220	37645
221010	114911	7810	1037		26171	6278	33	85710	53876	25502
219852	67021	2035	34		20228	2165	264	181594	102804	125313
254981	71006		9622		15061	8642		122354	94120	35364
4971	40227	100812			7028	277		58075	44533	18638
11160	305928				6000	18718		711016	676507	233607
1746651	385094	79615	159		84234	340040	22036	897495	733523	573928
1472628	1062985				49738	201251	7144	1415525	1260977	1048115
474060	240977	33530	630		39962	69619	3302	438116	309982	77841
1005985	257348		90		110107	116873	43598	466088	313688	137847
93047	182220	5971	254		28437	48672	3762	253439	206328	118927
1267661	826106	8937	530		65789	79499	23808	831531	600933	154822
415365	101303	1093	72		423727	8800	2999	1712983	1387430	108172
349897	529229	1210	3723		25982	57971	9377	441135	222607	366926
371942	82083		2670		265331	36838	5170	735380	406599	267923
1057760	239459	41651	2236		902671	150802	44820	6287980	5142519	473287
207431	33126	2220	2534		21371	11420	364	355702	218915	62855
92720	73621	90	423		32291	5690	282	279686	35040	65266
127958	350398				10219	97680	4349	248568	41547	78346
668921	414261				189842	68796	2088	1084279	554206	155488
313958	119023	1142	197		15744	16451	5012	263091	188309	94614
38356	177513	12316	1205		92724	70505	7669	192212	141013	131377
					822			954	488	24310
259828	53447	12018	1185		12800	22783	7020	390359	358721	58270
245739	47145	28399	508		650	11007	2235	11220	7361	21367
111629	40443	12662			6223	4361	1432	3113	297	36155
189671	53651					16287	4097	14328	12533	46831
404346	83889	132861	540		4035	14612	391	64758	38283	261324

3-54 教育经费收入情况

地区	总计	国家财政性教育经费	公共财政预算教育经费					各级政府征收用于教育的税费	
				教育事业费拨款	基本建设拨款	科研拨款	其他拨款		教育费附加
合计	**3238503**	**2974189**	**2808558**	**2513098**	**87038**		**208422**		
北京	262898	178111	178111	177161			950		
天津	38375	37920	37920	37920					
河北	2251	1545							
山西									
内蒙古									
辽宁									
吉林	43977	43820	43820	36720			7100		
黑龙江	707761	702356	652716	604938	13789		33989		
上海									
江苏									
浙江									
安徽	19123	13859	13814	6355			7459		
福建									
江西	616	596	75	75					
山东									
河南									
湖北	33391	27700	27700	27700					
湖南	725								
广东	35643	26374	19855	18968			887		
广西									
海南	8139	6404	6404	5008			1396		
重庆	29368	20619	20619	19784			835		
四川	21001	14847	14847	9514			5333		
贵州									
云南									
西藏									
陕西	3755	267	267	267					
甘肃	8936	2616	1666	1666					
青海									
宁夏									
新疆	2022544	1897155	1790744	1567022	73249		150473		

（中央属普通小学）

单位：千元

地方教育附加	地方基金	企业办学中的企业拨款	校办产业和社会服务收入用于教育的经费	其他属于国家财政性教育经费	民办学校中举办者投入	社会捐赠经费	#农村	事业收入	#学杂费	其他收入
		165110	**521**			**17727**		**14002**	**1084**	**232585**
								1436		83351
						22				433
		1545						451	451	255
										157
		49640						579		4826
			45			5184				80
		521								20
						3708				1983
								153		572
		6195	324					4582	633	4687
								14		1721
						5818		233		2698
								347		5807
								3488		
		950								6320
		106259	152			2995		2719		119675

3-55 教育经费收入情况

地区	总计	国家财政性教育经费	公共财政预算教育经费	教育事业费拨款	基本建设拨款	科研拨款	其他拨款	各级政府征收用于教育的税费	教育费附加
合计	**723071940**	**694227215**	**637319434**	**574316014**	**13930811**		**49072609**	**56502986**	**35465809**
北京	19169886	17840709	15427446	12954661	149393		2323392	2389876	1805528
天津	9479266	9314028	7915418	7569987	235959		109472	1385736	610559
河北	30876719	30132108	26940758	25079356	347225		1514177	3190825	1351811
山西	18269493	17777758	16577234	15026365	167091		1383778	1180450	921753
内蒙古	17239050	17095389	15834933	12149128	235027		3450778	1251609	915688
辽宁	20869924	20540624	19268252	17297484	224302		1746466	1270303	983430
吉林	13660551	13479287	12595012	12217914	45503		331595	874653	548666
黑龙江	17138884	17060271	16367963	14358802	1530257		478904	641136	595938
上海	15825491	14856150	11218433	11016489	63711		138233	3637717	3320629
江苏	48413245	46517548	39655359	37960314	18610		1676435	6782415	4650670
浙江	33641024	30926395	26343895	25537745	19250		786900	4582500	2046887
安徽	28528266	27907992	26491046	23257288	318158		2915600	1382831	667794
福建	22036543	21205628	18848055	16850106	247282		1750667	2357483	1094150
江西	23232873	22783418	21724911	20650789	306325		767797	1052803	777536
山东	43045276	41913635	37553751	37490326			63425	4350417	2256650
河南	44718344	42464662	40702108	35157734	616838		4927536	1761389	1244721
湖北	20513148	19626825	17893287	16286216	626174		980897	1728605	849479
湖南	28547814	27243067	25952576	22734049	555801		2662726	1287821	833796
广东	58574299	50768828	46160626	39169369	1220730		5770527	4570834	3273615
广西	23587843	23136495	22105061	20848422	549329		707310	1026680	786123
海南	6473057	6091859	5835533	5077793	162817		594923	255813	89472
重庆	18418457	17992393	16769813	12155835	695871		3918107	1222580	744224
四川	40915641	39423390	36882317	34038765	1367329		1476223	2541073	1457891
贵州	22185913	21796013	20959383	20150974	406419		401990	835291	402310
云南	27796823	27310005	25858244	20848465	668502		4341277	1438240	1222371
西藏	4071835	4045749	3894052	3391811	296215		206026	151697	151697
陕西	23846009	23365285	22150234	20432432	605508		1112294	1201848	888573
甘肃	14311467	14273543	13597473	11827901	531008		1238564	648113	355229
青海	6167542	6117690	5836469	4173847	1235746		426876	268559	116487
宁夏	4627924	4550478	4183412	3392197	52780		738435	367066	123744
新疆	16889333	16669993	15776380	15213450	431651		131279	866623	378388

（地方普通小学）

单位:千元

地方教育附加	地方基金	企业办学中的企业拨款	校办产业和社会服务收入用于教育的经费	其他属于国家财政性教育经费	民办学校中举办者投入	社会捐赠经费	#农村	事业收入	#学杂费	其他收入
14301120	**6736057**	**370470**	**34325**		**2596641**	**1578200**	**210246**	**19460349**	**14378391**	**5209535**
215089	369259	16219	7168		1000	39791	106	905958	338304	382428
587574	187603	12845	29		2524	16045	2645	92494	78365	54175
1641114	197900	525			76600	17929	3125	568664	541996	81418
229816	28881	20074			59330	36103	3118	358657	267220	37645
221010	114911	7810	1037		26171	6278	33	85710	53876	25502
219852	67021	2035	34		20228	2165	264	181594	102804	125313
254981	71006		9622		15061	8642		122354	94120	35207
4971	40227	51172			7028	277		57496	44533	13812
11160	305928				6000	18718		711016	676507	233607
1746651	385094	79615	159		84234	340040	22036	897495	733523	573928
1472628	1062985				49738	201251	7144	1415525	1260977	1048115
474060	240977	33530	585		39962	64435	3302	438116	309982	77761
1005985	257348		90		110107	116873	43598	466088	313688	137847
93047	182220	5450	254		28437	48672	3762	253439	206328	118907
1267661	826106	8937	530		65789	79499	23808	831531	600933	154822
415365	101303	1093	72		423727	8800	2999	1712983	1387430	108172
349897	529229	1210	3723		25982	54263	9377	441135	222607	364943
371942	82083		2670		265331	36838	5170	735227	406599	267351
1057760	239459	35456	1912		902671	150802	44820	6283398	5141886	468600
207431	33126	2220	2534		21371	11420	364	355702	218915	62855
92720	73621	90	423		32291	5690	282	279672	35040	63545
127958	350398				10219	91862	4349	248335	41547	75648
668921	414261				189842	68796	2088	1083932	554206	149681
313958	119023	1142	197		15744	16451	5012	263091	188309	94614
38356	177513	12316	1205		92724	70505	7669	192212	141013	131377
					822			954	488	24310
259828	53447	12018	1185		12800	22783	7020	386871	358721	58270
245739	47145	27449	508		650	11007	2235	11220	7361	15047
111629	40443	12662			6223	4361	1432	3113	297	36155
189671	53651					16287	4097	14328	12533	46831
404346	83889	26602	388		4035	11617	391	62039	38283	141649

3-56 教育经费收入情况

地区	总计	国家财政性教育经费	公共财政预算教育经费	教育事业费拨款	基本建设拨款	科研拨款	其他拨款	各级政府征收用于教育的税费	教育费附加
合计	**459134742**	**450301653**	**422498331**	**382130269**	**8730785**		**31637277**	**27629365**	**16116852**
北京	6601964	6381588	5557011	4832887	114182		609942	824577	574037
天津	4513225	4499228	3709500	3455020	216329		38151	789728	451676
河北	21509644	21330878	19107621	17714173	275865		1117583	2223257	815024
山西	11888247	11728510	11064893	10213531	120950		730412	656771	514357
内蒙古	8793970	8756405	8263195	6202349	77293		1983553	489361	358575
辽宁	11470408	11380455	10838511	9902250	183805		752456	541910	470533
吉林	8595881	8561862	8133909	7877330	45503		211076	419331	199615
黑龙江	8938524	8926032	8725597	7646707	935101		143789	181262	145748
上海	4712131	4649936	3899838	3833272			66566	750098	733178
江苏	27259800	26724799	23432264	22639157	2260		790847	3292376	2378280
浙江	19714042	18787305	16203372	15909844	19050		274478	2583933	994742
安徽	20418970	20150269	19432482	17264682	159203		2008597	716625	272169
福建	14709231	14281386	12943667	11637236	145047		1161384	1337629	464837
江西	16459797	16304678	15748016	14896849	213925		637242	554798	445106
山东	31842554	31321323	28754549	28734105			20444	2557787	1209020
河南	31718743	30665363	29851292	25893008	390749		3567535	814004	496583
湖北	12392118	12111962	11537386	10456255	431678		649453	573028	257221
湖南	18715946	18369765	17799854	15510645	329402		1959807	569793	381228
广东	26108964	24247227	22471897	18881683	77582		3512632	1759693	1072675
广西	18223745	18065164	17502701	16598984	417327		486390	560485	383524
海南	4214405	4111767	4001964	3491781	100999		409184	109639	39492
重庆	11846103	11754208	11239405	8082057	388167		2769181	514803	341429
四川	29777230	29246258	27790908	25602592	1050201		1138115	1455350	868210
贵州	17518874	17341668	16887915	16231953	331634		324328	453580	222243
云南	22593744	22381733	21313980	17293649	540493		3479838	1066842	929909
西藏	2803990	2781880	2649035	2257588	262745		128702	132845	132845
陕西	16101556	15999625	15407844	14187239	386127		834478	583686	485979
甘肃	11014764	10991895	10639702	9160781	508137		970784	351916	188539
青海	3468789	3428233	3307225	2504019	593074		210132	112283	47263
宁夏	3012697	2971512	2709601	2192361	44100		473140	261911	63965
新疆	12194686	12048739	11573197	11026282	369857		177058	390064	178850

（农村小学）

单位：千元

地方教育附加	地方基金	企业办学中的企业拨款	校办产业和社会服务收入用于教育的经费	其他属于国家财政性教育经费	民办学校中举办者投入	社会捐赠经费	#农村	事业收入	#学杂费	其他收入
8464211	**3048302**	**158742**	**15215**		**1318550**	**739691**	**192831**	**4527727**	**3021195**	**2247121**
77244	173296				1000	3564	106	122981	53406	92831
150769	187283					3876	2645	5744	5095	4377
1311698	96535				15132	12318	3125	128500	126472	22816
126619	15795	6846			30295	18052	3106	88453	76429	22937
108196	22590	3710	139		2282	3729	33	21479	11066	10075
66559	4818		34			1271	264	27546	3028	61136
173365	46351		8622			6330		13502	2047	14187
4027	31487	19173				196		10725	10219	1571
11160	5760					2399		7640	3761	52156
784542	129554		159		13594	64524	17707	287897	236724	168986
1010796	578395				33418	77964	7144	357714	328521	457641
303540	140916	953	209		24253	16213	3210	192092	133411	36143
757637	115155		90		54640	95047	42377	183417	85108	94741
42932	66760	1819	45		2912	28221	3411	60214	50442	63772
775958	572809	8457	530		48684	53612	22127	335231	267707	83704
249316	68105		67		246318	6109	2193	759720	601742	41233
139160	176647	1210	338		6268	35564	7384	115977	61723	122347
165185	23380		118		100119	20453	4415	92748	35600	132861
640767	46251	14221	1416		521528	91248	40810	1081259	665531	167702
147530	29431	993	985		1078	7688	364	113700	35761	36115
37400	32747	90	74		19951	2335	222	56756		23596
78993	94381				4480	21308	3445	32613	10778	33494
466307	120833				170652	53531	1945	233414	71370	73375
180178	51159		173		7340	13715	4351	78959	54707	77192
31923	105010	460	451		4407	51743	7421	47563	30900	108298
										22110
79331	18376	7140	955		3976	11033	7003	64396	59417	22526
142106	21271		277			9115	2235	244	155	13510
42285	22735	8725			6223	3507	1432	274	75	30552
178674	19272					14082	3965	436		26667
180014	31200	84945	533			10944	391	6533		128470

3-57 教育经费收入情况

地区	总计	国家财政性教育经费	公共财政预算教育经费					各级政府征收用于教育的税费	
				教育事业费拨款	基本建设拨款	科研拨款	其他拨款		教育费附加
合计	**457451027**	**448684036**	**420965225**	**380792550**	**8657536**		**31515139**	**27629365**	**16116852**
北京	6601964	6381588	5557011	4832887	114182		609942	824577	574037
天津	4513225	4499228	3709500	3455020	216329		38151	789728	451676
河北	21509644	21330878	19107621	17714173	275865		1117583	2223257	815024
山西	11888247	11728510	11064893	10213531	120950		730412	656771	514357
内蒙古	8793970	8756405	8263195	6202349	77293		1983553	489361	358575
辽宁	11470408	11380455	10838511	9902250	183805		752456	541910	470533
吉林	8595881	8561862	8133909	7877330	45503		211076	419331	199615
黑龙江	8938524	8926032	8725597	7646707	935101		143789	181262	145748
上海	4712131	4649936	3899838	3833272			66566	750098	733178
江苏	27259800	26724799	23432264	22639157	2260		790847	3292376	2378280
浙江	19714042	18787305	16203372	15909844	19050		274478	2583933	994742
安徽	20418970	20150269	19432482	17264682	159203		2008597	716625	272169
福建	14709231	14281386	12943667	11637236	145047		1161384	1337629	464837
江西	16459797	16304678	15748016	14896849	213925		637242	554798	445106
山东	31842554	31321323	28754549	28734105			20444	2557787	1209020
河南	31718743	30665363	29851292	25893008	390749		3567535	814004	496583
湖北	12392118	12111962	11537386	10456255	431678		649453	573028	257221
湖南	18715946	18369765	17799854	15510645	329402		1959807	569793	381228
广东	26081016	24223302	22452181	18862854	77582		3511745	1759693	1072675
广西	18223745	18065164	17502701	16598984	417327		486390	560485	383524
海南	4206266	4105363	3995560	3486773	100999		407788	109639	39492
重庆	11846103	11754208	11239405	8082057	388167		2769181	514803	341429
四川	29777230	29246258	27790908	25602592	1050201		1138115	1455350	868210
贵州	17518874	17341668	16887915	16231953	331634		324328	453580	222243
云南	22593744	22381733	21313980	17293649	540493		3479838	1066842	929909
西藏	2803990	2781880	2649035	2257588	262745		128702	132845	132845
陕西	16101556	15999625	15407844	14187239	386127		834478	583686	485979
甘肃	11007184	10990635	10638442	9159521	508137		970784	351916	188539
青海	3468789	3428233	3307225	2504019	593074		210132	112283	47263
宁夏	3012697	2971512	2709601	2192361	44100		473140	261911	63965
新疆	10554638	10462711	10067471	9713660	296608		57203	390064	178850

（地方农村小学）

单位:千元

地方教育附加	地方基金	企业办学中的企业拨款	校办产业和社会服务收入用于教育的经费	其他属于国家财政性教育经费	民办学校中举办者投入	社会捐赠经费	#农村	事业收入	#学杂费	其他收入
8464211	**3048302**	**74707**	**14739**		**1318550**	**738135**	**192831**	**4523522**	**3020660**	**2186784**
77244	173296				1000	3564	106	122981	53406	92831
150769	187283					3876	2645	5744	5095	4377
1311698	96535				15132	12318	3125	128500	126472	22816
126619	15795	6846			30295	18052	3106	88453	76429	22937
108196	22590	3710	139		2282	3729	33	21479	11066	10075
66559	4818		34			1271	264	27546	3028	61136
173365	46351		8622			6330		13502	2047	14187
4027	31487	19173				196		10725	10219	1571
11160	5760					2399		7640	3761	52156
784542	129554		159		13594	64524	17707	287897	236724	168986
1010796	578395				33418	77964	7144	357714	328521	457641
303540	140916	953	209		24253	16213	3210	192092	133411	36143
757637	115155		90		54640	95047	42377	183417	85108	94741
42932	66760	1819	45		2912	28221	3411	60214	50442	63772
775958	572809	8457	530		48684	53612	22127	335231	267707	83704
249316	68105		67		246318	6109	2193	759720	601742	41233
139160	176647	1210	338		6268	35564	7384	115977	61723	122347
165185	23380		118		100119	20453	4415	92748	35600	132861
640767	46251	10336	1092		521528	91248	40810	1077244	664996	167694
147530	29431	993	985		1078	7688	364	113700	35761	36115
37400	32747	90	74		19951	2335	222	56742		21875
78993	94381				4480	21308	3445	32613	10778	33494
466307	120833				170652	53531	1945	233414	71370	73375
180178	51159		173		7340	13715	4351	78959	54707	77192
31923	105010	460	451		4407	51743	7421	47563	30900	108298
										22110
79331	18376	7140	955		3976	11033	7003	64396	59417	22526
142106	21271		277			9115	2235	244	155	7190
42285	22735	8725			6223	3507	1432	274	75	30552
178674	19272					14082	3965	436		26667
180014	31200	4795	381			9388	391	6357		76182

3-58 教育经费收入情况

地区	总计	国家财政性教育经费	公共财政预算教育经费					各级政府征收用于教育的税费	
				教育事业费拨款	基本建设拨款	科研拨款	其他拨款		教育费附加
合计	**37441**	**36634**	**36573**	**35145**			**1428**	**61**	**1**
北京									
天津									
河北	2547	2547	2547	2547					
山西									
内蒙古									
辽宁									
吉林									
黑龙江									
上海									
江苏									
浙江									
安徽									
福建	21433	21395	21395	20680			715		
江西									
山东									
河南									
湖北	1266	1252	1252	1132			120		
湖南									
广东									
广西	50	50	50	50					
海南									
重庆	8452	8189	8189	7738			451		
四川	2406	2114	2053	1911			142	61	1
贵州									
云南	1287	1087	1087	1087					
西藏									
陕西									
甘肃									
青海									
宁夏									
新疆									

（成人小学）

单位：千元

地方教育附加	地方基金	企业办学中的企业拨款	校办产业和社会服务收入用于教育的经费	其他属于国家财政性教育经费	民办学校中举办者投入	社会捐赠经费	#农村	事业收入	#学杂费	其他收入
60								**407**		**400**
								26		12
								12		2
								17		246
60								292		
								60		140

3-59 教育经费收入情况

地区	总计	国家财政性教育经费	公共财政预算教育经费					各级政府征收用于教育的税费	
				教育事业费拨款	基本建设拨款	科研拨款	其他拨款		教育费附加
合计	**8798242**	**8520414**	**7395844**	**6677598**	**231261**		**486985**	**1124398**	**735725**
北京	450153	420770	388107	315997	876		71234	32558	29778
天津	234693	233312	211023	189990	6980		14053	22289	13459
河北	290642	287098	261038	245609	2800		12629	26060	16589
山西	151395	149175	136726	128073	2800		5853	12449	12154
内蒙古	176875	172568	164137	138074	2288		23775	8431	7920
辽宁	404093	388111	355418	313179			42239	32693	30133
吉林	265059	261105	236291	222685	2850		10756	24814	13831
黑龙江	313323	312157	303639	282883	18741		2015	8518	8305
上海	577396	572382	487442	470075	10000		7367	84940	84940
江苏	737049	717419	604268	583706			20562	113151	66148
浙江	445636	418783	364217	331774	10000		22443	54566	31454
安徽	211806	201813	182824	153502	12005		17317	18989	8803
福建	322599	309921	219536	193011	6550		19975	90375	49485
江西	197044	195179	177720	161764	15011		945	17459	9223
山东	678197	650496	557595	554206			3389	92901	60108
河南	381831	374683	341956	284021	4270		53665	32670	18416
湖北	247551	230058	187570	172333	7927		7310	42488	24547
湖南	305273	290645	211957	181196	10290		20471	78688	63385
广东	705411	684930	537993	491712	2630		43651	146937	88874
广西	160883	150250	118859	105901	9101		3857	31391	2978
海南	33422	30138	30138	19835	4886		5417		
重庆	163317	160361	151760	120586	10753		20421	8601	7181
四川	410144	402333	342355	283272	47796		11287	59978	25387
贵州	131077	127614	118526	105787	8850		3889	9088	5891
云南	175519	172328	166201	136461	12017		17723	6127	2819
西藏	13610	13610	13610	13053			557		
陕西	163663	154864	128942	114905	200		13837	25922	25040
甘肃	155223	154930	124265	110192	10000		4073	30665	17227
青海	180231	179330	179318	165803	11140		2375	12	12
宁夏	25110	24198	23716	20259			3457	482	482
新疆	90017	79853	68697	67754	500		443	11156	11156

（特殊教育）

单位：千元

地方教育附加	地方基金	企业办学中的企业拨款	校办产业和社会服务收入用于教育的经费	其他属于国家财政性教育经费	民办学校中举办者投入	社会捐赠经费	#农村	事业收入	#学杂费	其他收入
234516	**154157**		**172**		**2019**	**37012**	**3192**	**101444**	**17389**	**137353**
2778	2		105			323		20696		8364
8800	30					475		160		746
8780	691					363		1233	1090	1948
127	168					154		1404	520	662
161	350					1093	180	601	340	2613
2430	130					1118		9067		5797
9288	1695					1421		801		1732
	213					161		329		676
						242		391		4381
45579	1424					5252	351	3838	228	10540
9996	13116					1761		3722	1261	21370
7510	2676					914		3154	756	5925
22945	17945		10			3130	195	5448		4100
4536	3700					819	132	92		954
16150	16643				1245	5613	1179	9366	6354	11477
10858	3396		57			1180	2	4748	1233	1220
9510	8431					5731	765	2272		9490
13697	1606					1838		5113	620	7677
33484	24579				244	1105	101	10731	3325	8401
1523	26890					600	9	8010	276	2023
								80		3204
	1420					1720		656		580
11533	23058					676	174	3991		3144
3195	2					513	104	780		2170
	3308					308		802	152	2081
294	588				530	286		2069	1192	5914
11342	2096					3		200		90
						127		735		39
						45				867
						41		955	42	9168

3-60 教育经费收入情况

地区	总计	国家财政性教育经费	公共财政预算教育经费					各级政府征收用于教育的税费	
				教育事业费拨款	基本建设拨款	科研拨款	其他拨款		教育费附加
合计	**8472854**	**8201202**	**7134362**	**6449545**	**230621**		**454196**	**1066771**	**712108**
北京	421537	393611	361218	294778	876		65564	32391	29611
天津	207367	206325	184036	163945	6980		13111	22289	13459
河北	289888	286344	260284	244855	2800		12629	26060	16589
山西	151395	149175	136726	128073	2800		5853	12449	12154
内蒙古	176875	172568	164137	138074	2288		23775	8431	7920
辽宁	359714	343796	314203	278336			35867	29593	27033
吉林	243378	239437	222006	209907	2850		9249	17431	10936
黑龙江	308896	307730	299212	278456	18741		2015	8518	8305
上海	577396	572382	487442	470075	10000		7367	84940	84940
江苏	715659	697121	588650	571840			16810	108471	61878
浙江	428394	401541	350161	320107	10000		20054	51380	28768
安徽	209792	199810	180821	152381	12005		16435	18989	8803
福建	314490	301906	212228	186015	6550		19663	89668	48778
江西	196645	194780	177321	161404	15011		906	17459	9223
山东	678197	650496	557595	554206			3389	92901	60108
河南	370998	364160	333274	278274	4270		50730	30829	16575
湖北	235646	218203	180285	165710	7927		6648	37918	23917
湖南	305273	290645	211957	181196	10290		20471	78688	63385
广东	646493	628530	488449	446625	1990		39834	140081	84078
广西	159041	148408	117362	104404	9101		3857	31046	2948
海南	33422	30138	30138	19835	4886		5417		
重庆	159746	156790	148189	118150	10753		19286	8601	7181
四川	366364	358719	321707	264213	47796		9698	37012	24022
贵州	118299	114838	107565	94826	8850		3889	7273	4772
云南	170095	166964	160848	131894	12017		16937	6116	2808
西藏	13610	13610	13610	13053			557		
陕西	163663	154864	128942	114905	200		13837	25922	25040
甘肃	155223	154930	124265	110192	10000		4073	30665	17227
青海	180231	179330	179318	165803	11140		2375	12	12
宁夏	25110	24198	23716	20259			3457	482	482
新疆	90017	79853	68697	67754	500		443	11156	11156

(特殊教育学校)

单位:千元

地方教育附加	地方基金	企业办学中的企业拨款	校办产业和社会服务收入用于教育的经费	其他属于国家财政性教育经费	民办学校中举办者投入	社会捐赠经费	#农村	事业收入	#学杂费	其他收入
219802	**134861**		**69**		**2019**	**36869**	**3192**	**98214**	**17389**	**134550**
2778	2		2			209		20632		7085
8800	30					475		160		407
8780	691					363		1233	1090	1948
127	168					154		1404	520	662
161	350					1093	180	601	340	2613
2430	130					1118		9004		5796
4800	1695					1421		801		1719
	213					161		329		676
						242		391		4381
45579	1014					5223	351	3728	228	9587
9496	13116					1761		3722	1261	21370
7510	2676					914		3154	756	5914
22945	17945		10			3130	195	5398		4056
4536	3700					819	132	92		954
16150	16643				1245	5613	1179	9366	6354	11477
10858	3396		57			1180	2	4445	1233	1213
5570	8431					5731	765	2222		9490
13697	1606					1838		5113	620	7677
31424	24579				244	1105	101	8221	3325	8393
1243	26855					600	9	8010	276	2023
								80		3204
	1420					1720		656		580
8783	4207					676	174	3971		2998
2499	2					513	104	780		2168
	3308					308		742	152	2081
294	588				530	286		2069	1192	5914
11342	2096					3		200		90
						127		735		39
						45				867
						41		955	42	9168

3-61 教育经费收入情况

地 区	总 计	国家财政性教育经费	公共财政预算教育经费	教育事业费拨款	基本建设拨款	科研拨款	其他拨款	各级政府征收用于教育的税费	教育费附加
合 计	**325388**	**319212**	**261482**	**228053**	**640**		**32789**	**57627**	**23617**
北 京	28616	27159	26889	21219			5670	167	167
天 津	27326	26987	26987	26045			942		
河 北	754	754	754	754					
山 西									
内蒙古									
辽 宁	44379	44315	41215	34843			6372	3100	3100
吉 林	21681	21668	14285	12778			1507	7383	2895
黑龙江	4427	4427	4427	4427					
上 海									
江 苏	21390	20298	15618	11866			3752	4680	4270
浙 江	17242	17242	14056	11667			2389	3186	2686
安 徽	2014	2003	2003	1121			882		
福 建	8109	8015	7308	6996			312	707	707
江 西	399	399	399	360			39		
山 东									
河 南	10833	10523	8682	5747			2935	1841	1841
湖 北	11905	11855	7285	6623			662	4570	630
湖 南									
广 东	58918	56400	49544	45087	640		3817	6856	4796
广 西	1842	1842	1497	1497				345	30
海 南									
重 庆	3571	3571	3571	2436			1135		
四 川	43780	43614	20648	19059			1589	22966	1365
贵 州	12778	12776	10961	10961				1815	1119
云 南	5424	5364	5353	4567			786	11	11
西 藏									
陕 西									
甘 肃									
青 海									
宁 夏									
新 疆									

（工读学校）

单位：千元

地方教育附加	地方基金	企业办学中的企业拨款	校办产业和社会服务收入用于教育的经费	其他属于国家财政性教育经费	民办学校中举办者投入	社会捐赠经费	#农村	事业收入	#学杂费	其他收入
14714	**19296**		**103**			**143**		**3230**		**2803**
			103			114		64		1279
										339
								63		1
4488										13
	410					29		110		953
500										
										11
								50		44
								303		7
3940								50		
2060								2510		8
280	35									
2750	18851							20		146
696										2
								60		

3-62 教育经费收入情况

地区	总计	国家财政性教育经费	公共财政预算教育经费	教育事业费拨款	基本建设拨款	科研拨款	其他拨款	各级政府征收用于教育的税费	教育费附加
合计	150392846	74765045	63695230	56888180	3597645		3209405	9611269	5261435
北京	6098561	3476856	2216369	1870157	74018		272194	1236528	714000
天津	2643044	1807295	1398814	1337399			61415	369630	76840
河北	6321273	4015086	3638317	3225654	275720		136943	254775	77464
山西	2577799	1489888	1295435	1156094	93196		46145	84814	62477
内蒙古	3523399	2465760	2004196	1695771	84007		224418	414760	306725
辽宁	3985026	1495355	1205942	1154870	17040		34032	240978	214824
吉林	2426820	1316623	1095939	1043079	29351		23509	189568	56781
黑龙江	2522133	1641891	1311777	1106237	180728		24812	74989	70608
上海	7623404	5329968	4833778	4548204	29772		255802	491531	474977
江苏	12316729	6284841	4923037	4524415			398622	1334854	867396
浙江	10754324	4691089	3547950	3348905	23978		175067	1140437	402745
安徽	4348552	2430794	2146982	1811196	245367		90419	271535	131160
福建	5534442	2514067	2123924	1975268	45912		102744	380043	126780
江西	3436940	1537106	1468182	1281562	164238		22382	66201	40643
山东	9812870	4801419	4058724	4047890			10834	509649	219170
河南	7399339	2729537	2434895	2157228	116244		161423	188452	105110
湖北	4086413	1538606	1279432	1137143	78549		63740	215724	86838
湖南	5295431	1621731	1563797	1300407	194640		68750	54922	29753
广东	14750917	3034719	2501142	1902461	297411		301270	392044	172354
广西	4066983	2118014	1850731	1713954	125666		11111	265326	58285
海南	1256335	563477	508716	462785	20500		25431	52844	5924
重庆	3268412	1331180	1188511	937869	115076		135566	135733	89983
四川	7286340	3466381	3129628	2813583	222816		93229	311312	158948
贵州	2475619	1406121	1308599	1204854	85250		18495	95493	41071
云南	3493776	1925170	1834431	1548463	84962		201006	72268	56266
西藏	685060	638802	624023	332805	272030		19188	14079	14079
陕西	5861784	4145992	3617332	3456787	105987		54558	505205	448940
甘肃	2058506	1551340	1398667	1130393	191473		76801	134511	115159
青海	827685	650204	616705	359230	233141		24334	33499	11279
宁夏	733573	396287	386337	269959	68020		48358	6308	3808
新疆	2921357	2349446	2182918	2033558	122553		26807	73257	21048

（幼儿园）

单位：千元

地方教育附加	地方基金	企业办学中的企业拨款	校办产业和社会服务收入用于教育的经费	其他属于国家财政性教育经费	民办学校中举办者投入	社会捐赠经费	#农村	事业收入	#学杂费	其他收入
2841936	**1507898**	**1405500**	**53046**		**4037625**	**422205**	**20222**	**68495576**	**62816042**	**2672395**
333683	188845	19414	4545		26591	95691		2241190	2136457	258233
85099	207691	38851			13004	521	28	817019	746114	5205
148390	28921	117797	4197		127523	14573	382	2140733	2028577	23358
19415	2922	109555	84		63753	7765	4201	986402	940827	29991
94758	13277	46804			145960	547		895386	868690	15746
6114	20040	48431	4		27939	9331		2327625	2248699	124776
117082	15705	26978	4138		68549	1022		1017214	916291	23412
50	4331	255125			28375	1562		846207	786243	4098
7821	8733	4659			24220	7339		2135308	2110854	126569
415116	52342	24988	1962		61867	36752	4588	5683308	5610816	249961
460629	277063	1471	1231		164440	31503	84	5529614	5354434	337678
59140	81235	11923	354		175439	5655	35	1692124	1566061	44540
182931	70332	9657	443		176152	16386	1572	2754428	2585366	73409
7398	18160	2723			80455	3619		1750824	1513801	64936
168175	122304	231762	1284		161741	25499	4812	4709326	4079419	114885
54064	29278	106190			294216	2049	216	4314524	4223822	59013
24421	104465	40647	2803		167265	6494	62	2082412	1933282	291636
21339	3830	1412	1600		217551	2808	20	3377856	3065878	75485
151213	68477	127438	14095		842535	49720	1714	10532144	9479426	291799
200655	6386	858	1099		90513	481		1811490	1656102	46485
5510	41410	1867	50		139006	207		526480	470173	27165
42630	3120	6936			159297	33025	1151	1666133	1551126	78777
84528	67836	16897	8544		253463	37216	69	3441705	2450672	87575
39495	14927	2029			144562	183		907374	808502	17379
5	15997	13652	4819		204605	5096	77	1326256	975771	32649
			700		316			44342	42114	1600
49583	6682	23455			65641	5256	22	1587352	1440798	57543
7474	11878	18123	39		31401	5374	140	451737	431551	18654
17187	5033				19408	2050		151156	119294	4867
	2500	3642			44620	1547	1049	282251	261798	8868
38031	14178	92216	1055		17218	12934		465656	413084	76103

3-63 教育经费收入情况

地区	总计	国家财政性教育经费	公共财政预算教育经费	教育事业费拨款	基本建设拨款	科研拨款	其他拨款	各级政府征收用于教育的税费	教育费附加
合计	**1503498**	**972072**	**186982**	**81542**	**83080**		**22360**		
北京	228619	6762							
天津	61404	30528							
河北	111471	92093							
山西	2239	537	537	497			40		
内蒙古									
辽宁	60951	928	928	730			198		
吉林	18000	16000							
黑龙江	308535	287109	33526	19897	3080		10549		
上海									
江苏	24337	14053	2322	2322					
浙江									
安徽	493	208							
福建									
江西									
山东	201792	174784							
河南	96101	81617							
湖北	31954	25237	76	76					
湖南									
广东	8915								
广西									
海南									
重庆									
四川	14307	7990	7990	5530			2460		
贵州	4648	1357							
云南									
西藏									
陕西	18439	15896	3794	3729			65		
甘肃	4864								
青海									
宁夏									
新疆	306429	216973	137809	48761	80000		9048		

（中央属幼儿园）

单位：千元

地方教育附加	地方基金	企业办学中的企业拨款	校办产业和社会服务收入用于教育的经费	其他属于国家财政性教育经费	民办学校中举办者投入	社会捐赠经费	#农村	事业收入	#学杂费	其他收入
		781104	**3986**			**42628**		**431912**	**376387**	**56886**
		2959	3803			33312		146293	131839	42252
		30528						30876	27301	
		92093				33		19345	19345	
								1702	1702	
								58003	54255	2020
		16000						2000	800	
		253583						21426	21426	
		11731				594		9690	9690	
		208						285	285	
		174784				95		26877	16626	36
		81617						14484	14484	
		25161						6650	6027	67
						141		8757	7890	17
								3811	3006	2506
		1357						3291	3291	
		12102				48		2495	2495	
								580	580	4284
		78981	183			8405		75347	55345	5704

3-64 教育经费收入情况

地区	总计	国家财政性教育经费	公共财政预算教育经费					各级政府征收用于教育的税费	
				教育事业费拨款	基本建设拨款	科研拨款	其他拨款		教育费附加
合计	**148889348**	**73792973**	**63508248**	**56806638**	**3514565**		**3187045**	**9611269**	**5261435**
北京	5869942	3470094	2216369	1870157	74018		272194	1236528	714000
天津	2581640	1776767	1398814	1337399			61415	369630	76840
河北	6209802	3922993	3638317	3225654	275720		136943	254775	77464
山西	2575560	1489351	1294898	1155597	93196		46105	84814	62477
内蒙古	3523399	2465760	2004196	1695771	84007		224418	414760	306725
辽宁	3924075	1494427	1205014	1154140	17040		33834	240978	214824
吉林	2408820	1300623	1095939	1043079	29351		23509	189568	56781
黑龙江	2213598	1354782	1278251	1086340	177648		14263	74989	70608
上海	7623404	5329968	4833778	4548204	29772		255802	491531	474977
江苏	12292392	6270788	4920715	4522093			398622	1334854	867396
浙江	10754324	4691089	3547950	3348905	23978		175067	1140437	402745
安徽	4348059	2430586	2146982	1811196	245367		90419	271535	131160
福建	5534442	2514067	2123924	1975268	45912		102744	380043	126780
江西	3436940	1537106	1468182	1281562	164238		22382	66201	40643
山东	9611078	4626635	4058724	4047890			10834	509649	219170
河南	7303238	2647920	2434895	2157228	116244		161423	188452	105110
湖北	4054459	1513369	1279356	1137067	78549		63740	215724	86838
湖南	5295431	1621731	1563797	1300407	194640		68750	54922	29753
广东	14742002	3034719	2501142	1902461	297411		301270	392044	172354
广西	4066983	2118014	1850731	1713954	125666		11111	265326	58285
海南	1256335	563477	508716	462785	20500		25431	52844	5924
重庆	3268412	1331180	1188511	937869	115076		135566	135733	89983
四川	7272033	3458391	3121638	2808053	222816		90769	311312	158948
贵州	2470971	1404764	1308599	1204854	85250		18495	95493	41071
云南	3493776	1925170	1834431	1548463	84962		201006	72268	56266
西藏	685060	638802	624023	332805	272030		19188	14079	14079
陕西	5843345	4130096	3613538	3453058	105987		54493	505205	448940
甘肃	2053642	1551340	1398667	1130393	191473		76801	134511	115159
青海	827685	650204	616705	359230	233141		24334	33499	11279
宁夏	733573	396287	386337	269959	68020		48358	6308	3808
新疆	2614928	2132473	2045109	1984797	42553		17759	73257	21048

（地方幼儿园）

单位：千元

地方教育附加	地方基金	企业办学中的企业拨款	校办产业和社会服务收入用于教育的经费	其他属于国家财政性教育经费	民办学校中举办者投入	社会捐赠经费	#农村	事业收入	#学杂费	其他收入
2841936	**1507898**	**624396**	**49060**		**4037625**	**379577**	**20222**	**68063664**	**62439655**	**2615509**
333683	188845	16455	742		26591	62379		2094897	2004618	215981
85099	207691	8323			13004	521	28	786143	718813	5205
148390	28921	25704	4197		127523	14540	382	2121388	2009232	23358
19415	2922	109555	84		63753	7765	4201	984700	939125	29991
94758	13277	46804			145960	547		895386	868690	15746
6114	20040	48431	4		27939	9331		2269622	2194444	122756
117082	15705	10978	4138		68549	1022		1015214	915491	23412
50	4331	1542			28375	1562		824781	764817	4098
7821	8733	4659			24220	7339		2135308	2110854	126569
415116	52342	13257	1962		61867	36158	4588	5673618	5601126	249961
460629	277063	1471	1231		164440	31503	84	5529614	5354434	337678
59140	81235	11715	354		175439	5655	35	1691839	1565776	44540
182931	70332	9657	443		176152	16386	1572	2754428	2585366	73409
7398	18160	2723			80455	3619		1750824	1513801	64936
168175	122304	56978	1284		161741	25404	4812	4682449	4062793	114849
54064	29278	24573			294216	2049	216	4300040	4209338	59013
24421	104465	15486	2803		167265	6494	62	2075762	1927255	291569
21339	3830	1412	1600		217551	2808	20	3377856	3065878	75485
151213	68477	127438	14095		842535	49579	1714	10523387	9471536	291782
200655	6386	858	1099		90513	481		1811490	1656102	46485
5510	41410	1867	50		139006	207		526480	470173	27165
42630	3120	6936			159297	33025	1151	1666133	1551126	78777
84528	67836	16897	8544		253463	37216	69	3437894	2447666	85069
39495	14927	672			144562	183		904083	805211	17379
5	15997	13652	4819		204605	5096	77	1326256	975771	32649
			700		316			44342	42114	1600
49583	6682	11353			65641	5208	22	1584857	1438303	57543
7474	11878	18123	39		31401	5374	140	451157	430971	14370
17187	5033				19408	2050		151156	119294	4867
	2500	3642			44620	1547	1049	282251	261798	8868
38031	14178	13235	872		17218	4529		390309	357739	70399

3-65 教育经费收入情况

地区	总计	国家财政性教育经费	公共财政预算教育经费	教育事业费拨款	基本建设拨款	科研拨款	其他拨款	各级政府征收用于教育的税费	教育费附加
合计	**57375707**	**31432087**	**27707186**	**24934465**	**2209054**		**563667**	**3600072**	**1929442**
北京	1198521	919864	523745	502616			21129	396115	276870
天津	544694	391264	330279	329775			504	60985	23763
河北	3317129	2339332	2187709	1889796	235490		62423	151623	46729
山西	770135	487614	449986	377538	67446		5002	28519	19128
内蒙古	721001	594728	498394	398697	68449		31248	96334	85900
辽宁	1049799	515577	383691	363322	16840		3529	131882	131882
吉林	644549	451200	385742	366023	16438		3281	65458	12203
黑龙江	418216	240574	237615	162493	74644		478	2299	2215
上海	2069260	1770741	1688859	1672234			16625	81882	67480
江苏	5307788	2956925	2215972	2103550			112422	740163	424236
浙江	4423736	1751406	1302427	1245506	5878		51043	448784	126721
安徽	2036310	1427942	1311116	1129658	163387		18071	115472	59941
福建	2336993	1124836	959191	910416	27822		20953	162426	28835
江西	1418404	556925	547072	455740	90720		612	9853	3401
山东	5606153	3109027	2741202	2741188			14	339890	164886
河南	3271077	1157533	1057346	927225	105524		24597	97218	51459
湖北	1638107	666840	617137	532388	69429		15320	49465	7089
湖南	2324902	885668	859128	674623	171440		13065	26440	10869
广东	3373331	555720	499190	451729	1476		45985	56530	37534
广西	1944477	1071125	1040733	941347	97573		1813	29485	23372
海南	489864	299550	256156	240921	12500		2735	42910	2000
重庆	1356745	633135	583505	474396	90956		18153	42694	32873
四川	3244372	1675110	1554062	1384587	149034		20441	121048	71063
贵州	1016352	725962	667583	602227	57720		7636	57342	21460
云南	1473791	831209	801653	714550	72347		14756	28420	26680
西藏	368996	367496	366996	132796	224850		9350	500	500
陕西	2516847	1852203	1711224	1637590	60286		13348	140759	122487
甘肃	898601	719742	684308	549616	111643		23049	33620	27707
青海	168622	138244	129298	63181	64615		1502	8946	7549
宁夏	197854	122600	120532	76391	42990		1151	2068	2068
新疆	1229081	1091995	995335	882346	109557		3432	30942	10542

（农村幼儿园）

单位:千元

地方教育附加	地方基金	企业办学中的企业拨款	校办产业和社会服务收入用于教育的经费	其他属于国家财政性教育经费	民办学校中举办者投入	社会捐赠经费	#农村	事业收入	#学杂费	其他收入
1044345	**626285**	**122405**	**2424**		**1315620**	**89919**	**17075**	**23888050**	**21828773**	**650031**
40050	79195		4		2470	827		249344	234821	26016
	37222				887	28	28	151819	145014	696
96210	8684				25575	5963	382	944275	912105	1984
9137	254	9109			5577	6864	4201	252326	248802	17754
6114	4320				5325	65		115856	111870	5027
			4		10176	2		494085	472753	29959
37910	15345				10202	772		181200	160832	1175
	84	660			115			177426	169483	101
6000	8402				8560	947		280635	279820	8377
287153	28774	559	231		23520	7323	4546	2274301	2265256	45719
151429	170634		195		96088	17735	82	2435091	2331822	123416
21650	33881	1000	354		35023	220	34	565967	527153	7158
99585	34006	2776	443		97526	6119	1566	1081723	994130	26789
4712	1740				34617	1371		815615	728378	9876
101534	73470	27914	21		93427	13129	4791	2338680	2098449	51890
21539	24220	2969			147472	473	216	1958834	1912255	6765
3210	39166	238			58043	1201		850768	802365	61255
15191	380		100		51526	1872	20	1358787	1213520	27049
16862	2134				212809	7526	14	2534925	2059055	62351
5521	592	708	199		11699	42		850248	791940	11363
3750	37160	484			32962			144038	132156	13314
7521	2300	6936			72099	734		641086	605027	9691
45944	4041				100438	869	59	1440749	1121224	27206
26904	8978	1037			34793	81		252404	227745	3112
	1740	1109	27		92225	2466	77	538638	421825	9253
										1500
15877	2395	220			25397	1326	22	622969	563283	14952
3793	2120	1814			11049	56	30	158369	154817	9385
1397					70			30178	25960	130
					10284	1223	1007	63139	54316	608
15352	5048	64872	846		5666	10685		84575	62597	36160

3-66 教育经费收入情况

地区	总计	国家财政性教育经费	公共财政预算教育经费					各级政府征收用于教育的税费	
				教育事业费拨款	基本建设拨款	科研拨款	其他拨款		教育费附加
合计	**57134166**	**31264179**	**27604932**	**24914190**	**2129054**		**561688**	**3600072**	**1929442**
北京	1197414	919864	523745	502616			21129	396115	276870
天津	544694	391264	330279	329775			504	60985	23763
河北	3317129	2339332	2187709	1889796	235490		62423	151623	46729
山西	770135	487614	449986	377538	67446		5002	28519	19128
内蒙古	721001	594728	498394	398697	68449		31248	96334	85900
辽宁	1049799	515577	383691	363322	16840		3529	131882	131882
吉林	644549	451200	385742	366023	16438		3281	65458	12203
黑龙江	417972	240330	237371	162249	74644		478	2299	2215
上海	2069260	1770741	1688859	1672234			16625	81882	67480
江苏	5307788	2956925	2215972	2103550			112422	740163	424236
浙江	4423736	1751406	1302427	1245506	5878		51043	448784	126721
安徽	2036310	1427942	1311116	1129658	163387		18071	115472	59941
福建	2336993	1124836	959191	910416	27822		20953	162426	28835
江西	1418404	556925	547072	455740	90720		612	9853	3401
山东	5606153	3109027	2741202	2741188			14	339890	164886
河南	3271077	1157533	1057346	927225	105524		24597	97218	51459
湖北	1638107	666840	617137	532388	69429		15320	49465	7089
湖南	2324902	885668	859128	674623	171440		13065	26440	10869
广东	3373331	555720	499190	451729	1476		45985	56530	37534
广西	1944477	1071125	1040733	941347	97573		1813	29485	23372
海南	489864	299550	256156	240921	12500		2735	42910	2000
重庆	1356745	633135	583505	474396	90956		18153	42694	32873
四川	3244372	1675110	1554062	1384587	149034		20441	121048	71063
贵州	1015615	725255	667583	602227	57720		7636	57342	21460
云南	1473791	831209	801653	714550	72347		14756	28420	26680
西藏	368996	367496	366996	132796	224850		9350	500	500
陕西	2516847	1852203	1711224	1637590	60286		13348	140759	122487
甘肃	893737	719742	684308	549616	111643		23049	33620	27707
青海	168622	138244	129298	63181	64615		1502	8946	7549
宁夏	197854	122600	120532	76391	42990		1151	2068	2068
新疆	994492	925038	893325	862315	29557		1453	30942	10542

（地方农村幼儿园）

单位：千元

地方教育附加	地方基金	企业办学中的企业拨款	校办产业和社会服务收入用于教育的经费	其他属于国家财政性教育经费	民办学校中举办者投入	社会捐赠经费	#农村	事业收入	#学杂费	其他收入
1044345	**626285**	**56934**	**2241**		**1315620**	**81674**	**17075**	**23830175**	**21788288**	**642518**
40050	79195		4		2470	827		248237	234271	26016
	37222				887	28	28	151819	145014	696
96210	8684				25575	5963	382	944275	912105	1984
9137	254	9109			5577	6864	4201	252326	248802	17754
6114	4320				5325	65		115856	111870	5027
			4		10176	2		494085	472753	29959
37910	15345				10202	772		181200	160832	1175
	84	660			115			177426	169483	101
6000	8402				8560	947		280635	279820	8377
287153	28774	559	231		23520	7323	4546	2274301	2265256	45719
151429	170634		195		96088	17735	82	2435091	2331822	123416
21650	33881	1000	354		35023	220	34	565967	527153	7158
99585	34006	2776	443		97526	6119	1566	1081723	994130	26789
4712	1740				34617	1371		815615	728378	9876
101534	73470	27914	21		93427	13129	4791	2338680	2098449	51890
21539	24220	2969			147472	473	216	1958834	1912255	6765
3210	39166	238			58043	1201		850768	802365	61255
15191	380		100		51526	1872	20	1358787	1213520	27049
16862	2134				212809	7526	14	2534925	2059055	62351
5521	592	708	199		11699	42		850248	791940	11363
3750	37160	484			32962			144038	132156	13314
7521	2300	6936			72099	734		641086	605027	9691
45944	4041				100438	869	59	1440749	1121224	27206
26904	8978	330			34793	81		252374	227715	3112
	1740	1109	27		92225	2466	77	538638	421825	9253
										1500
15877	2395	220			25397	1326	22	622969	563283	14952
3793	2120	1814			11049	56	30	157789	154237	5101
1397					70			30178	25960	130
					10284	1223	1007	63139	54316	608
15352	5048	108	663		5666	2440		28417	23272	32931

3-67 教育经费收入情况

地区	总计	国家财政性教育经费	公共财政预算教育经费	教育事业费拨款	基本建设拨款	科研拨款	其他拨款	各级政府征收用于教育的税费	教育费附加
合计	**39494401**	**37163902**	**33293630**	**29088704**	**1415802**		**2789124**	**3866203**	**2657026**
北京	547085	536782	532987	447672			85315	3795	3795
天津	296075	289049	289049	278157	5000		5892		
河北	528044	499445	496095	448533			47562	3350	
山西	1062409	1010900	918039	888051			29988	92861	91568
内蒙古	988830	963265	828748	620990	15463		192295	134517	58851
辽宁	791414	767690	751511	655412	904		95195	16179	13662
吉林	498228	483232	483232	462490			20742		
黑龙江	2919074	2902067	2892982	2740835	126829		25318	7894	
上海	231828	223247	223247	196115			27132		
江苏	1794382	1596060	1532569	1502362			30207	63491	39861
浙江	816231	755486	711436	634314			77122	44050	26694
安徽	935244	788572	695329	629419			65910	93243	77015
福建	873783	796237	776788	654962	1056		120770	19449	9207
江西	1130102	1103037	998328	957549	14127		26652	104517	85694
山东	2026357	1905033	1806453	1785250			21203	98580	48494
河南	1018400	959537	950722	799131	250		151341	8815	5444
湖北	1048165	911350	763258	687964	19793		55501	148092	122345
湖南	1686433	1441834	1433326	1261380	9900		162046	8508	4068
广东	3960320	3746037	2913634	2157325	323565		432744	832165	649357
广西	1050404	1008453	1008453	900474			107979		
海南	390821	362089	337139	302870			34269	24950	5150
重庆	999606	951224	877738	661558	57900		158280	73486	36197
四川	2142478	2064853	1758651	1619331	7672		131648	306202	194445
贵州	2380796	2282800	1695514	1489163	107055		99296	587286	381599
云南	4070419	3938172	3343556	2936955	124007		282594	594616	556267
西藏	196501	194135	194135	181498			12637		
陕西	687854	641499	546140	535978			10162	95359	71482
甘肃	338269	320794	315817	265203	9910		40704	4977	877
青海	1050831	1023885	978932	510487	382555		85890	44953	31279
宁夏	178341	154177	145093	107867			37226	9084	8910
新疆	2855677	2542961	2094729	1769409	209816		115504	445784	134765

（教育行政单位）

单位：千元

地方教育附加	地方基金	企业办学中的企业拨款	校办产业和社会服务收入用于教育的经费	其他属于国家财政性教育经费	民办学校中举办者投入	社会捐赠经费	#农村	事业收入	#学杂费	其他收入
877037	**332140**	**3639**	**430**			**81742**	**4102**	**993339**		**1255418**
								300		10003
						384				6642
2350	1000					1068		11953		15578
1193	100					250		33435		17824
60770	14896					1080		11181		13304
2497	20							6584		17140
						152		4406		10438
	7894	1191				78		14651		2278
										8581
15763	7867					15330		47656		135336
11871	5485					2350		10038		48357
14938	1290					16534		93847		36291
2214	8028					350	50	49772		27424
14627	4196		192			1280		11248		14537
27339	22747							80664		40660
3032	339					830	500	38089		19944
13415	12332					5739		55467		75609
2680	1760					3232		139370		101997
170913	11895		238			9227	747	123760		81296
						150	150	22922		18879
19800						2613		8537		17582
697	36592							32018		16364
68090	43667					6171		33162		38292
165090	40597					2581		53193		42222
	38349					6909	660	66095		59243
										2366
22877	1000							6154		40201
3720	380					2775	1995	6332		8368
11534	2140					1205		13944		11797
174						12		5201		18951
241453	69566	2448				1442		13360		297914

3-68 教育经费收入情况

地区	总计	国家财政性教育经费	公共财政预算教育经费	教育事业费拨款	基本建设拨款	科研拨款	其他拨款	各级政府征收用于教育的税费	教育费附加
合计	**39318249**	**37030619**	**33163986**	**28966084**	**1415802**		**2782100**	**3866203**	**2657026**
北京	453120	449583	445788	360473			85315	3795	3795
天津	296075	289049	289049	278157	5000		5892		
河北	528044	499445	496095	448533			47562	3350	
山西	1062409	1010900	918039	888051			29988	92861	91568
内蒙古	988830	963265	828748	620990	15463		192295	134517	58851
辽宁	791414	767690	751511	655412	904		95195	16179	13662
吉林	498228	483232	483232	462490			20742		
黑龙江	2911907	2894900	2887006	2735002	126829		25175	7894	
上海	231828	223247	223247	196115			27132		
江苏	1794382	1596060	1532569	1502362			30207	63491	39861
浙江	816231	755486	711436	634314			77122	44050	26694
安徽	935244	788572	695329	629419			65910	93243	77015
福建	873783	796237	776788	654962	1056		120770	19449	9207
江西	1130102	1103037	998328	957549	14127		26652	104517	85694
山东	2026357	1905033	1806453	1785250			21203	98580	48494
河南	1018400	959537	950722	799131	250		151341	8815	5444
湖北	1048165	911350	763258	687964	19793		55501	148092	122345
湖南	1686433	1441834	1433326	1261380	9900		162046	8508	4068
广东	3960320	3746037	2913634	2157325	323565		432744	832165	649357
广西	1050404	1008453	1008453	900474			107979		
海南	390821	362089	337139	302870			34269	24950	5150
重庆	999606	951224	877738	661558	57900		158280	73486	36197
四川	2142478	2064853	1758651	1619331	7672		131648	306202	194445
贵州	2380796	2282800	1695514	1489163	107055		99296	587286	381599
云南	4070419	3938172	3343556	2936955	124007		282594	594616	556267
西藏	196501	194135	194135	181498			12637		
陕西	687854	641499	546140	535978			10162	95359	71482
甘肃	338269	320794	315817	265203	9910		40704	4977	877
青海	1050831	1023885	978932	510487	382555		85890	44953	31279
宁夏	178341	154177	145093	107867			37226	9084	8910
新疆	2780657	2504044	2058260	1739821	209816		108623	445784	134765

（地方教育行政单位）

单位：千元

地方教育附加	地方基金	企业办学中的企业拨款	校办产业和社会服务收入用于教育的经费	其他属于国家财政性教育经费	民办学校中举办者投入	社会捐赠经费	#农村	事业收入	#学杂费	其他收入
877037	**332140**		**430**			**81742**	**4102**	**991425**		**1214463**
								300		3237
						384				6642
2350	1000					1068		11953		15578
1193	100					250		33435		17824
60770	14896					1080		11181		13304
2497	20							6584		17140
						152		4406		10438
	7894					78		14651		2278
										8581
15763	7867					15330		47656		135336
11871	5485					2350		10038		48357
14938	1290					16534		93847		36291
2214	8028					350	50	49772		27424
14627	4196		192			1280		11248		14537
27339	22747							80664		40660
3032	339					830	500	38089		19944
13415	12332					5739		55467		75609
2680	1760					3232		139370		101997
170913	11895		238			9227	747	123760		81296
						150	150	22922		18879
19800						2613		8537		17582
697	36592							32018		16364
68090	43667					6171		33162		38292
165090	40597					2581		53193		42222
	38349					6909	660	66095		59243
										2366
22877	1000							6154		40201
3720	380					2775	1995	6332		8368
11534	2140					1205		13944		11797
174						12		5201		18951
241453	69566					1442		11446		263725

3-69　教育经费收入情况

地区	总计	国家财政性教育经费	公共财政预算教育经费	教育事业费拨款	基本建设拨款	科研拨款	其他拨款	各级政府征收用于教育的税费	教育费附加
合计	**96479607**	**86529627**	**77258795**	**67709614**	**2360860**		**7188321**	**8843946**	**5729032**
北京	15830543	12830130	12513715	8906531	324632		3282552	193464	175765
天津	2252405	1966489	1861718	1707018			154700	101620	
河北	1955317	1670556	1614710	1484061	12000		118649	55285	40277
山西	1978746	1842060	1556533	1469781	32390		54362	283537	142631
内蒙古	1550008	1437238	1186719	949482			237237	250277	117129
辽宁	4556955	4381626	3871218	3626574	9600		235044	507538	372930
吉林	2096128	1980781	1820699	1781283			39416	147210	87262
黑龙江	3866362	3817575	3201576	3046029	99576		55971	610048	600913
上海	3746209	3477397	3280702	2971169			309533	183973	183973
江苏	5184182	4143498	3266602	3168397	12361		85844	752224	402695
浙江	7188993	6504347	4429672	4270463	180		159029	2029039	909861
安徽	1109588	947164	776625	683466	11758		81401	144045	74591
福建	2867864	2623998	2500726	2317716	11315		171695	120202	73547
江西	2153964	2082603	1968841	1935060			33781	112570	85527
山东	4018180	3621737	3399198	3395861			3337	221333	109233
河南	2080440	1873109	1726513	1515245			211268	146502	77517
湖北	1656446	1169715	1071392	1029010	1360		41022	90323	37056
湖南	1432230	1131913	1045499	970751			74748	80844	58662
广东	10367569	9932052	8956327	8197170	519212		239945	971743	746935
广西	2355976	2150351	2125295	2066810			58485	25056	16842
海南	159633	141795	140001	122202			17799	1794	1709
重庆	2337246	2160069	2117253	1779404	193578		144271	38884	33764
四川	2683494	2396638	1905508	1728701	105964		70843	476488	400455
贵州	559811	465387	397561	359564	2772		35225	62922	23172
云南	4109776	3929904	3370187	2916283	137207		316697	552793	532511
西藏	906051	906051	874715	549416	86200		239099	31336	20662
陕西	1927759	1828870	1635699	1410290	52474		172935	193171	162736
甘肃	1029491	886986	829107	606179	8726		214202	54340	18783
青海	1989927	1922105	1863716	884699	724555		254462	58389	23766
宁夏	253478	206064	200975	156668			44307	5089	3096
新疆	2274836	2101419	1749793	1704331	15000		30462	341907	195032

（教育事业单位）

单位：千元

地方教育附加	地方基金	企业办学中的企业拨款	校办产业和社会服务收入用于教育的经费	其他属于国家财政性教育经费	民办学校中举办者投入	社会捐赠经费	#农村	事业收入	#学杂费	其他收入
1964230	**1150684**	**7116**	**406686**	**13084**		**78536**	**6923**	**6833020**		**3038424**
6891	10808		122951			6147		1520666		1473600
100000	1620		3151			334		218074		67508
3268	11740		561			403		257624		26734
125097	15809		1990			320		127028		9338
66002	67146		242			1575		103386		7809
127688	6920		2870					166035		9294
53656	6292		3388	9484		10433		91737		13177
4114	5021		5951			16		35474		13297
			12722			320		113186		155306
299594	49935		124672			773		843828		196083
500007	619171		45636			24197	800	349751		310698
36161	33293		26494			4728		131936		25760
36585	10070		3070			12603	5090	207858		23405
14020	13023		1192					52308		19053
51766	60334		1206			1045	11	361369		34029
33407	35578		94			13		174953		32365
36058	17209		4400	3600		2387	60	361851		122493
13453	8729		5570			115		266391		33811
210032	14776		3982			3096	12	374790		57631
6849	1365					2821		148299		54505
85						36		14018		3784
1130	3990		3932			111		144774		32292
58124	17909		14642			650		265951		20255
34950	4800		4904			205		78041		16178
1002	19280		6924			1078		69585		109209
10674										
21715	8720					20		88088		10781
5487	30070		3539					125442		17063
23007	11616							17074		50748
153	1840					2160		39238		6016
83255	63620	7116	2603			2950	950	84265		86202

3-70 教育经费收入情况

地区	总计	国家财政性教育经费	公共财政预算教育经费	教育事业费拨款	基本建设拨款	科研拨款	其他拨款	各级政府征收用于教育的税费	教育费附加
合计	**87754993**	**79673059**	**70479971**	**62659269**	**2360860**		**5459842**	**8843946**	**5729032**
北京	7143078	6007661	5761874	3881685	324632		1555557	193464	175765
天津	2252405	1966489	1861718	1707018			154700	101620	
河北	1955317	1670556	1614710	1484061	12000		118649	55285	40277
山西	1978746	1842060	1556533	1469781	32390		54362	283537	142631
内蒙古	1550008	1437238	1186719	949482			237237	250277	117129
辽宁	4556955	4381626	3871218	3626574	9600		235044	507538	372930
吉林	2096128	1980781	1820699	1781283			39416	147210	87262
黑龙江	3859914	3811127	3195128	3039581	99576		55971	610048	600913
上海	3746209	3477397	3280702	2971169			309533	183973	183973
江苏	5184182	4143498	3266602	3168397	12361		85844	752224	402695
浙江	7188993	6504347	4429672	4270463	180		159029	2029039	909861
安徽	1109588	947164	776625	683466	11758		81401	144045	74591
福建	2867864	2623998	2500726	2317716	11315		171695	120202	73547
江西	2153964	2082603	1968841	1935060			33781	112570	85527
山东	4018180	3621737	3399198	3395861			3337	221333	109233
河南	2080440	1873109	1726513	1515245			211268	146502	77517
湖北	1656446	1169715	1071392	1029010	1360		41022	90323	37056
湖南	1432230	1131913	1045499	970751			74748	80844	58662
广东	10367569	9932052	8956327	8197170	519212		239945	971743	746935
广西	2355976	2150351	2125295	2066810			58485	25056	16842
海南	159633	141795	140001	122202			17799	1794	1709
重庆	2337246	2160069	2117253	1779404	193578		144271	38884	33764
四川	2683494	2396638	1905508	1728701	105964		70843	476488	400455
贵州	559811	465387	397561	359564	2772		35225	62922	23172
云南	4109776	3929904	3370187	2916283	137207		316697	552793	532511
西藏	906051	906051	874715	549416	86200		239099	31336	20662
陕西	1927759	1828870	1635699	1410290	52474		172935	193171	162736
甘肃	1029491	886986	829107	606179	8726		214202	54340	18783
青海	1989927	1922105	1863716	884699	724555		254462	58389	23766
宁夏	253478	206064	200975	156668			44307	5089	3096
新疆	2244135	2073768	1729258	1685280	15000		28978	341907	195032

(地方教育事业单位)

单位:千元

地方教育附加	地方基金	企业办学中的企业拨款	校办产业和社会服务收入用于教育的经费	其他属于国家财政性教育经费	民办学校中举办者投入	社会捐赠经费	#农村	事业收入	#学杂费	其他收入
1964230	**1150684**		**336058**	**13084**		**78536**	**6923**	**5868683**		**2134715**
6891	10808		52323			6147		557365		571905
100000	1620		3151			334		218074		67508
3268	11740		561			403		257624		26734
125097	15809		1990			320		127028		9338
66002	67146		242			1575		103386		7809
127688	6920		2870					166035		9294
53656	6292		3388	9484		10433		91737		13177
4114	5021		5951			16		35474		13297
			12722			320		113186		155306
299594	49935		124672			773		843828		196083
500007	619171		45636			24197	800	349751		310698
36161	33293		26494			4728		131936		25760
36585	10070		3070			12603	5090	207858		23405
14020	13023		1192					52308		19053
51766	60334		1206			1045	11	361369		34029
33407	35578		94			13		174953		32365
36058	17209		4400	3600		2387	60	361851		122493
13453	8729		5570			115		266391		33811
210032	14776		3982			3096	12	374790		57631
6849	1365					2821		148299		54505
85						36		14018		3784
1130	3990		3932			111		144774		32292
58124	17909		14642			650		265951		20255
34950	4800		4904			205		78041		16178
1002	19280		6924			1078		69585		109209
10674										
21715	8720					20		88088		10781
5487	30070		3539					125442		17063
23007	11616							17074		50748
153	1840					2160		39238		6016
83255	63620		2603			2950	950	83229		84188

3-71 教育经费收入情况

地区	总计	国家财政性教育经费	公共财政预算教育经费					各级政府征收用于教育的税费	
				教育事业费拨款	基本建设拨款	科研拨款	其他拨款		教育费附加
合计	**56438981**	**53970145**	**47883031**	**38735140**	**1470083**	**218453**	**7459355**	**5995381**	**2955206**
北京	5669428	5373202	5360750	1178841	26360	6088	4149461	8411	8411
天津	4939212	4919961	2603602	2388025	200000	1840	13737	2316359	724440
河北	1402105	1326523	1324185	1229492	36610	258	57825	2338	1638
山西	577039	540601	539451	447140	26627	15060	50624	1150	
内蒙古	842979	786691	755836	596305	30000	4120	125411	25772	6369
辽宁	7918556	7876844	7376661	7149992	75543	1111	150015	500183	390844
吉林	5039631	5023769	4996405	4954223		1781	40401	27364	2271
黑龙江	663771	615951	615559	572119	12000	358	31082		
上海	1064846	841916	811500	527173	971	1588	281768		
江苏	2357078	2193569	2160319	2007061	500	12163	140595	31961	1744
浙江	2406857	2149719	1564530	1469709	5250	6577	82994	583202	129203
安徽	1452314	1355480	1302548	1187055		5675	109818	52699	28540
福建	638060	507644	505821	386534	120	51078	68089	1020	20
江西	1145676	1083213	1036653	1017110			19543	46182	31052
山东	2171394	2061224	2039086	1892434	23000	2360	121292	22138	11681
河南	1065652	1027088	993657	803727	16338	2268	171324	33405	23452
湖北	1610361	1547742	1380577	651110	74519	5450	649498	167165	86384
湖南	1849186	1779430	1776928	1386289	127312	15307	248020	2502	2002
广东	4136833	3988694	2332582	2098847	9581	9727	214427	1645405	1264177
广西	998054	957720	936173	818282	78216	5438	34237	21471	13255
海南	114801	104581	104581	68692		32903	2986		
重庆	310633	261093	257451	178667	11035	2654	65095	3642	130
四川	1798647	1695238	1445310	1270327	49328	9075	116580	248360	95251
贵州	735025	716590	601048	579795	9600	680	10973	115110	11970
云南	560842	508569	504318	331798	16584	6462	149474	4234	3834
西藏	110870	109985	109985	75630	22700		11655		
陕西	948698	895954	827299	727777	20450	150	78922	61627	56597
甘肃	1784919	1726966	1697407	1539653	22250		135504	24707	16400
青海	999191	981748	934958	461282	428126	3298	42252	46790	43790
宁夏	197290	169853	169317	122691	9000	9154	28472	50	
新疆	929033	842587	818534	617360	138063	5830	57281	2134	1751

(其他教育机构)

单位:千元

地方教育附加	地方基金	企业办学中的企业拨款	校办产业和社会服务收入用于教育的经费	其他属于国家财政性教育经费	民办学校中举办者投入	社会捐赠经费	#农村	事业收入	#学杂费	其他收入
1558115	**1482060**	**22311**	**45139**	**24283**		**3498**	**21**	**1867654**	**395839**	**597684**
			4041			364		157761	17535	138101
462783	1129136							15961	8170	3290
700						10		45520	23698	30052
	1150							35934	20869	504
	19403		5083					52671	3531	3617
101967	7372							29788	738	11924
25093								15177		685
		392						13889	1866	33931
			8416	22000		5		186871		36054
29587	630		1289			600		149244	63264	13665
159830	294169		266	1721				130950	5761	126188
24159			233			39		78827	47769	17968
	1000		803			82	21	119659	4073	10675
4180	10950		378					53408	1100	9055
7127	3330							92581	10793	17589
9883	70		26					34057	29	4507
77871	2910					2		44495	4570	18122
80	420					570		60876	16063	8310
377928	3300		10707			233		125139	19012	22767
4500	3716			76		57		35902	4434	4375
								791	17	9429
	3512							47219	12377	2321
152567	542		1568					93135	58396	10274
103140			432					15255	2685	3180
	400		17			15		46064	30020	6194
								885	790	
5030			7028			35		50308	2934	2401
8307			4852			1466		55244	5164	1243
3000						20		9711	8000	7712
	50			486				22157	12570	5280
383		21919						48175	9611	38271

3-72 教育经费收入情况

地区	总计	国家财政性教育经费	公共财政预算教育经费					各级政府征收用于教育的税费	
				教育事业费拨款	基本建设拨款	科研拨款	其他拨款		教育费附加
合计	**6077244**	**5517999**	**5471324**	**844824**	**98400**		**4528100**		
北京	4662376	4429720	4427855	654841			3773014		
天津									
河北	4162	4162	4162				4162		
山西	308	308	308				308		
内蒙古	390	390	390				390		
辽宁	54369	54369	54369				54369		
吉林	17606	17606	17606				17606		
黑龙江	21946	21946	21554	11637			9917		
上海	548497	344302	321803	88817			232986		
江苏	37983	37983	37983				37983		
浙江	3350	3350	3350				3350		
安徽	37744	37744	37744				37744		
福建	127336	42400	42400	28134			14266		
江西									
山东	19215	19215	19215				19215		
河南	4272	4272	4272				4272		
湖北	61320	61320	61320				61320		
湖南	8566	8566	8566				8566		
广东	48538	48538	48538				48538		
广西									
海南									
重庆	705	705	705				705		
四川	45480	45480	45480				45480		
贵州	3338	3338	3338				3338		
云南	27396	27396	27396				27396		
西藏									
陕西	42096	42096	42096				42096		
甘肃	36084	36084	36084				36084		
青海	7528	7528	7528				7528		
宁夏									
新疆	256639	219181	197262	61395	98400		37467		

(中央属其他教育机构)

单位:千元

地方教育附加	地方基金	企业办学中的企业拨款	校办产业和社会服务收入用于教育的经费	其他属于国家财政性教育经费	民办学校中举办者投入	社会捐赠经费	#农村	事业收入	#学杂费	其他收入
		22311	**2364**	**22000**		**369**		**419468**	**14578**	**139408**
			1865			364		138294	14378	93998
		392								
			499	22000		5		180485		23705
								80697		4239
		21919						19992	200	17466

3-73 教育经费收入情况

地区	总计	国家财政性教育经费	公共财政预算教育经费					各级政府征收用于教育的税费	
				教育事业费拨款	基本建设拨款	科研拨款	其他拨款		教育费附加
合计	**50361737**	**48452146**	**42411707**	**37890316**	**1371683**	**218453**	**2931255**	**5995381**	**2955206**
北京	1007052	943482	932895	524000	26360	6088	376447	8411	8411
天津	4939212	4919961	2603602	2388025	200000	1840	13737	2316359	724440
河北	1397943	1322361	1320023	1229492	36610	258	53663	2338	1638
山西	576731	540293	539143	447140	26627	15060	50316	1150	
内蒙古	842589	786301	755446	596305	30000	4120	125021	25772	6369
辽宁	7864187	7822475	7322292	7149992	75543	1111	95646	500183	390844
吉林	5022025	5006163	4978799	4954223		1781	22795	27364	2271
黑龙江	641825	594005	594005	560482	12000	358	21165		
上海	516349	497614	489697	438356	971	1588	48782		
江苏	2319095	2155586	2122336	2007061	500	12163	102612	31961	1744
浙江	2403507	2146369	1561180	1469709	5250	6577	79644	583202	129203
安徽	1414570	1317736	1264804	1187055		5675	72074	52699	28540
福建	510724	465244	463421	358400	120	51078	53823	1020	20
江西	1145676	1083213	1036653	1017110			19543	46182	31052
山东	2152179	2042009	2019871	1892434	23000	2360	102077	22138	11681
河南	1061380	1022816	989385	803727	16338	2268	167052	33405	23452
湖北	1549041	1486422	1319257	651110	74519	5450	588178	167165	86384
湖南	1840620	1770864	1768362	1386289	127312	15307	239454	2502	2002
广东	4088295	3940156	2284044	2098847	9581	9727	165889	1645405	1264177
广西	998054	957720	936173	818282	78216	5438	34237	21471	13255
海南	114801	104581	104581	68692		32903	2986		
重庆	309928	260388	256746	178667	11035	2654	64390	3642	130
四川	1753167	1649758	1399830	1270327	49328	9075	71100	248360	95251
贵州	731687	713252	597710	579795	9600	680	7635	115110	11970
云南	533446	481173	476922	331798	16584	6462	122078	4234	3834
西藏	110870	109985	109985	75630	22700		11655		
陕西	906602	853858	785203	727777	20450	150	36826	61627	56597
甘肃	1748835	1690882	1661323	1539653	22250		99420	24707	16400
青海	991663	974220	927430	461282	428126	3298	34724	46790	43790
宁夏	197290	169853	169317	122691	9000	9154	28472	50	
新疆	672394	623406	621272	555965	39663	5830	19814	2134	1751

（地方其他教育机构）

单位：千元

地方教育附加	地方基金	企业办学中的企业拨款	校办产业和社会服务收入用于教育的经费	其他属于国家财政性教育经费	民办学校中举办者投入	社会捐赠经费	#农村	事业收入	#学杂费	其他收入
1558115	**1482060**		**42775**	**2283**		**3129**	**21**	**1448186**	**381261**	**458276**
			2176					19467	3157	44103
462783	1129136							15961	8170	3290
700						10		45520	23698	30052
	1150							35934	20869	504
	19403		5083					52671	3531	3617
101967	7372							29788	738	11924
25093								15177		685
								13889	1866	33931
			7917					6386		12349
29587	630		1289			600		149244	63264	13665
159830	294169		266	1721				130950	5761	126188
24159			233			39		78827	47769	17968
	1000		803			82	21	38962	4073	6436
4180	10950		378					53408	1100	9055
7127	3330							92581	10793	17589
9883	70		26					34057	29	4507
77871	2910					2		44495	4570	18122
80	420					570		60876	16063	8310
377928	3300		10707			233		125139	19012	22767
4500	3716			76		57		35902	4434	4375
								791	17	9429
	3512							47219	12377	2321
152567	542		1568					93135	58396	10274
103140			432					15255	2685	3180
	400		17			15		46064	30020	6194
								885	790	
5030			7028			35		50308	2934	2401
8307			4852			1466		55244	5164	1243
3000						20		9711	8000	7712
	50			486				22157	12570	5280
383								28183	9411	20805

第四部分

各地区各级各类教育机构教育经费支出明细

4-1 教育经费支出明细

地区	合计	事业性经费支出	个人部分	工资福利支出	对个人和家庭的补助支出	#助学金
合计	**2763335051**	**2685897790**	**1394849634**	**951381589**	**443468045**	**107541879**
北京	147167982	141424494	60639077	35728767	24910310	7171151
天津	54558445	53370871	24169176	13885162	10284014	910877
河北	103602560	102207439	56032213	41204500	14827713	3972051
山西	63228187	62038877	34286655	25987280	8299375	2366280
内蒙古	55390338	54047637	33447458	22959073	10488385	2486848
辽宁	99723626	95362943	45626357	29526414	16099943	2389055
吉林	57551373	56782099	28065353	18407571	9657782	1534894
黑龙江	72570526	67962683	33547467	20828054	12719413	2220286
上海	96950803	95911592	39890405	32151819	7738586	2603786
江苏	196450129	195185965	105110660	70663008	34447652	4568249
浙江	135154704	134398987	77632455	56274841	21357614	4045615
安徽	100013388	97833514	48399487	32769264	15630223	3432788
福建	76408870	74712165	42765001	30262090	12502911	2536059
江西	76945578	75698012	35271816	24168452	11103364	3874643
山东	171060318	170069698	84118625	64160545	19958080	4869122
河南	142384095	139769796	68167586	48927702	19239884	6790306
湖北	104085733	100446597	50592779	32574084	18018695	4221681
湖南	105644214	103172778	49681960	34393340	15288620	3424813
广东	213565126	205213842	118284288	84868343	33415945	5713916
广西	69578322	67571904	37438751	22519261	14919490	4773001
海南	20838199	19517056	10133170	8321744	1811426	726034
重庆	69862330	66464346	34996576	21935496	13061080	3463060
四川	141368920	136420179	74910169	49473776	25436393	7574621
贵州	55729877	54003580	33219781	20452028	12767753	3096351
云南	85801166	82884971	43853527	26238678	17614849	7079465
西藏	9923519	8755491	5518237	3037883	2480354	1379421
陕西	98492562	95885065	45343426	30805721	14537705	4459934
甘肃	47304503	44914192	25712056	16939832	8772224	2417616
青海	18848378	13859747	7140416	4308332	2832084	856150
宁夏	15005377	14600153	7517622	5292091	2225531	648276
新疆	58125903	55411117	33337085	22316438	11020647	1935530

(各级各类教育机构)

单位:千元

公用部分	商品和服务支出	其他资本性支出			基本建设支出
			专项公用支出	专项项目支出	
1291048156	**604274883**	**686773273**	**221898066**	**464875207**	**77437261**
80785417	54782618	26002799	14113769	11889030	5743488
29201695	9952717	19248978	6461475	12787503	1187574
46175226	20468189	25707037	8958705	16748332	1395121
27752222	13981017	13771205	5598918	8172287	1189310
20600179	9019253	11580926	3818725	7762201	1342701
49736586	21942872	27793714	9667014	18126700	4360683
28716746	14383200	14333546	4381028	9952518	769274
34415216	18986184	15429032	4335065	11093967	4607843
56021187	42493285	13527902	9734293	3793609	1039211
90075305	35227796	54847509	12676709	42170800	1264164
56766532	28238166	28528366	8013453	20514913	755717
49434027	17760249	31673778	8055633	23618145	2179874
31947164	14212944	17734220	5165500	12568720	1696705
40426196	12036622	28389574	7399386	20990188	1247566
85951073	27280977	58670096	11169848	47500248	990620
71602210	33758986	37843224	9929065	27914159	2614299
49853818	25532228	24321590	7171887	17149703	3639136
53490818	23162359	30328459	8919866	21408593	2471436
86929554	48922006	38007548	17399610	20607938	8351284
30133153	11618168	18514985	5177336	13337649	2006418
9383886	3381749	6002137	2056598	3945539	1321143
31467770	13595638	17872132	5422870	12449262	3397984
61510010	28830925	32679085	12424004	20255081	4948741
20783799	11290901	9492898	4067884	5425014	1726297
39031444	15275059	23756385	7097010	16659375	2916195
3237254	1497525	1739729	517426	1222303	1168028
50541639	20606190	29935449	13149021	16786428	2607497
19202136	9274527	9927609	2876284	7051325	2390311
6719331	2521984	4197347	1523797	2673550	4988631
7082531	2662569	4419962	1353243	3066719	405224
22074032	11577980	10496052	3262644	7233408	2714786

4-2 教育经费支出明细

地区	合计	事业性经费支出	个人部分	工资福利支出	对个人和家庭的补助支出	#助学金
合计	**228071287**	**218477206**	**87762189**	**49785406**	**37976783**	**13670534**
北京	69722595	66948987	22966245	11471080	11495165	6015146
天津	5314710	4963155	2319286	1308953	1010333	259868
河北	1836009	1765309	829800	651660	178140	62298
山西	19581	19581	16854	10472	6382	5507
内蒙古	390	390				
辽宁	7257539	6901588	2588363	1471375	1116988	297997
吉林	5353133	5256103	2336816	1365186	971630	265885
黑龙江	10078151	9690692	4306848	3081369	1225479	280263
上海	20053374	19698444	6355680	4785344	1570336	861851
江苏	16806828	16107772	7163529	3916168	3247361	736388
浙江	6648682	6599142	2450631	1069750	1380881	323826
安徽	3937534	3905577	1367658	728707	638951	207931
福建	3779511	3448961	1773088	939244	833844	300356
江西	25839	25839	21559	18675	2884	2801
山东	6836595	6386856	2589572	1521324	1068248	288961
河南	497238	497238	186093	159535	26558	4067
湖北	17164990	16517992	7995116	4257604	3737512	1028462
湖南	4934458	4670288	2143718	1175895	967823	347570
广东	9320156	8967077	3995305	2212851	1782454	344472
广西						
海南	20762	20762	18024	12387	5637	
重庆	5524496	5445990	2334688	1305807	1028881	397357
四川	12021265	11202829	4748726	2855226	1893500	582216
贵州	103739	103739	58278	44067	14211	9406
云南	27396	27396				
西藏						
陕西	10891594	10349754	3998748	2170731	1828017	579590
甘肃	2750273	2373079	1034855	545527	489328	139754
青海	7528	7528				
宁夏	546344	489640	142662	100771	41891	24708
新疆	6590577	6085498	4020047	2605698	1414349	303854

(中央属各级各类教育机构)

单位:千元

公用部分	商品和服务支出	其他资本性支出	专项公用支出	专项项目支出	基本建设支出
130715017	**95774039**	**34940978**	**20564405**	**14376573**	**9594081**
43982742	34336217	9646525	4928501	4718024	2773608
2643869	2159339	484530	442050	42480	351555
935509	626782	308727	206059	102668	70700
2727	2654	73	42	31	
390	390				
4313225	2704418	1608807	749883	858924	355951
2919287	2019641	899646	500084	399562	97030
5383844	3571959	1811885	1137127	674758	387459
13342764	9991559	3351205	2134155	1217050	354930
8944243	5759464	3184779	1541647	1643132	699056
4148511	3529992	618519	588519	30000	49540
2537919	1679741	858178	391671	466507	31957
1675873	1140740	535133	448225	86908	330550
4280	2626	1654	663	991	
3797284	2865642	931642	593234	338408	449739
311145	64942	246203	33705	212498	
8522876	6364885	2157991	1629541	528450	646998
2526570	1907516	619054	495845	123209	264170
4971772	3436422	1535350	1125748	409602	353079
2738	1842	896	896		
3111302	2581048	530254	375582	154672	78506
6454103	4638005	1816098	1197412	618686	818436
45461	38711	6750	3321	3429	
27396	27396				
6351006	4172619	2178387	1169338	1009049	541840
1338224	907173	431051	385392	45659	377194
7528	7528				
346978	162570	184408	153038	31370	56704
2065451	1072218	993233	332727	660506	505079

4-3 教育经费支出明细

地区	合计	事业性经费支出	个人部分			
				工资福利支出	对个人和家庭的补助支出	
						#助学金
合计	**2535263764**	**2467420584**	**1307087445**	**901596183**	**405491262**	**93871345**
北京	77445387	74475507	37672832	24257687	13415145	1156005
天津	49243735	48407716	21849890	12576209	9273681	651009
河北	101766551	100442130	55202413	40552840	14649573	3909753
山西	63208606	62019296	34269801	25976808	8292993	2360773
内蒙古	55389948	54047247	33447458	22959073	10488385	2486848
辽宁	92466087	88461355	43037994	28055039	14982955	2091058
吉林	52198240	51525996	25728537	17042385	8686152	1269009
黑龙江	62492375	58271991	29240619	17746685	11493934	1940023
上海	76897429	76213148	33534725	27366475	6168250	1741935
江苏	179643301	179078193	97947131	66746840	31200291	3831861
浙江	128506022	127799845	75181824	55205091	19976733	3721789
安徽	96075854	93927937	47031829	32040557	14991272	3224857
福建	72629359	71263204	40991913	29322846	11669067	2235703
江西	76919739	75672173	35250257	24149777	11100480	3871842
山东	164223723	163682842	81529053	62639221	18889832	4580161
河南	141886857	139272558	67981493	48768167	19213326	6786239
湖北	86920743	83928605	42597663	28316480	14281183	3193219
湖南	100709756	98502490	47538242	33217445	14320797	3077243
广东	204244970	196246765	114288983	82655492	31633491	5369444
广西	69578322	67571904	37438751	22519261	14919490	4773001
海南	20817437	19496294	10115146	8309357	1805789	726034
重庆	64337834	61018356	32661888	20629689	12032199	3065703
四川	129347655	125217350	70161443	46618550	23542893	6992405
贵州	55626138	53899841	33161503	20407961	12753542	3086945
云南	85773770	82857575	43853527	26238678	17614849	7079465
西藏	9923519	8755491	5518237	3037883	2480354	1379421
陕西	87600968	85535311	41344678	28634990	12709688	3880344
甘肃	44554230	42541113	24677201	16394305	8282896	2277862
青海	18840850	13852219	7140416	4308332	2832084	856150
宁夏	14459033	14110513	7374960	5191320	2183640	623568
新疆	51535326	49325619	29317038	19710740	9606298	1631676

（地方各级各类教育机构）

单位：千元

公用部分	商品和服务支出	其他资本性支出			基本建设支出
			专项公用支出	专项项目支出	
1160333139	**508500844**	**651832295**	**201333661**	**450498634**	**67843180**
36802675	20446401	16356274	9185268	7171006	2969880
26557826	7793378	18764448	6019425	12745023	836019
45239717	19841407	25398310	8752646	16645664	1324421
27749495	13978363	13771132	5598876	8172256	1189310
20599789	9018863	11580926	3818725	7762201	1342701
45423361	19238454	26184907	8917131	17267776	4004732
25797459	12363559	13433900	3880944	9552956	672244
29031372	15414225	13617147	3197938	10419209	4220384
42678423	32501726	10176697	7600138	2576559	684281
81131062	29468332	51662730	11135062	40527668	565108
52618021	24708174	27909847	7424934	20484913	706177
46896108	16080508	30815600	7663962	23151638	2147917
30271291	13072204	17199087	4717275	12481812	1366155
40421916	12033996	28387920	7398723	20989197	1247566
82153789	24415335	57738454	10576614	47161840	540881
71291065	33694044	37597021	9895360	27701661	2614299
41330942	19167343	22163599	5542346	16621253	2992138
50964248	21254843	29709405	8424021	21285384	2207266
81957782	45485584	36472198	16273862	20198336	7998205
30133153	11618168	18514985	5177336	13337649	2006418
9381148	3379907	6001241	2055702	3945539	1321143
28356468	11014590	17341878	5047288	12294590	3319478
55055907	24192920	30862987	11226592	19636395	4130305
20738338	11252190	9486148	4064563	5421585	1726297
39004048	15247663	23756385	7097010	16659375	2916195
3237254	1497525	1739729	517426	1222303	1168028
44190633	16433571	27757062	11979683	15777379	2065657
17863912	8367354	9496558	2490892	7005666	2013117
6711803	2514456	4197347	1523797	2673550	4988631
6735553	2499999	4235554	1200205	3035349	348520
20008581	10505762	9502819	2929917	6572902	2209707

4-4 教育经费支出明细

地　区	合　计	事业性经费支出	个人部分	工资福利支出	对个人和家庭的补助支出	#助学金
合　计	**759168067**	**738003485**	**285837136**	**172793486**	**113043650**	**43788913**
北　京	75019385	71591412	29267664	14833699	14433965	6650627
天　津	20797225	20324670	7224195	4204963	3019232	734651
河　北	26341337	26206352	9341592	5996499	3345093	1411294
山　西	13494413	13320016	5818588	3915139	1903449	902131
内蒙古	10709678	10535115	4832778	3046740	1786038	765850
辽　宁	30869217	28316706	11821273	7007633	4813640	1620732
吉　林	17854150	17398958	7091406	4147677	2943729	928464
黑龙江	21861472	21344783	8177623	4144000	4033623	1796613
上　海	45253941	44899011	12875035	10130992	2744043	1307059
江　苏	57481828	56576672	24259531	13808227	10451304	2780877
浙　江	33349436	33185710	14812099	9398277	5413822	1651795
安　徽	22891704	22540451	8232626	4727468	3505158	1348191
福　建	19359322	18512366	7877428	4838318	3039110	1228976
江　西	21207853	21103480	6773168	4325995	2447173	1249263
山　东	39551509	38654472	13993441	8637499	5355942	1987737
河　南	29543191	29375617	10799948	7153999	3645949	1945921
湖　北	43458406	42032594	16106249	9358140	6748109	2362849
湖　南	28557298	27876635	9783735	5964676	3819059	1664299
广　东	47895361	45488007	21084228	13360242	7723986	2059081
广　西	13266267	13105315	5205207	2865718	2339489	1281330
海　南	3841621	3166414	1362942	1037790	325152	234735
重　庆	18940053	18637630	7003381	4469125	2534256	1113890
四　川	34684977	33371455	12975801	8146944	4828857	2009680
贵　州	7655443	7279108	3505738	1852597	1653141	670470
云　南	17961284	17637006	5138805	3220059	1918746	848376
西　藏	1064143	1037076	495103	301727	193376	68223
陕　西	34071657	33295921	10675484	6183683	4491801	1807065
甘　肃	10000987	9382757	3933137	2383556	1549581	635321
青　海	1434220	1422602	690029	414471	275558	75200
宁　夏	3275316	3181542	1148400	756287	392113	146904
新　疆	7475373	7203632	3530502	2161346	1369156	501309

（高等学校）

单位：千元

公用部分	商品和服务支出	其他资本性支出	专项公用支出	专项项目支出	基本建设支出
452166349	**235196948**	**216969401**	**96931622**	**120037779**	**21164582**
42323748	28782316	13541432	7764403	5777029	3427973
13100475	5566022	7534453	2397345	5137108	472555
16864760	6611965	10252795	5902361	4350434	134985
7501428	3542522	3958906	1805128	2153778	174397
5702337	2272404	3429933	1793610	1636323	174563
16495433	9070161	7425272	3764228	3661044	2552511
10307552	5290011	5017541	1885026	3132515	455192
13167160	8116672	5050488	2288745	2761743	516689
32023976	27199604	4824372	3128460	1695912	354930
32317141	16803982	15513159	6200873	9312286	905156
18373611	11702983	6670628	3088666	3581962	163726
14307825	5144630	9163195	3062565	6100630	351253
10634938	4745450	5889488	2110291	3779197	846956
14330312	3807078	10523234	4156878	6366356	104373
24661031	9977009	14684022	4329972	10354050	897037
18575669	7140042	11435627	3521649	7913978	167574
25926345	15064890	10861455	3955449	6906006	1425812
18092900	8603128	9489772	3935496	5554276	680663
24403779	14385324	10018455	4332090	5686365	2407354
7900108	3260381	4639727	1753124	2886603	160952
1803472	725673	1077799	635098	442701	675207
11634249	5405210	6229039	1888505	4340534	302423
20395654	10502363	9893291	6120952	3772339	1313522
3773370	2049421	1723949	1091698	632251	376335
12498201	3429028	9069173	3558899	5510274	324278
541973	254226	287747	204262	83485	27067
22620437	9692477	12927960	9720099	3207861	775736
5449620	2583738	2865882	1363059	1502823	618230
732573	366446	366127	113487	252640	11618
2033142	803418	1229724	506831	722893	93774
3673130	2298374	1374756	552373	822383	271741

4-5 教育经费支出明细

地区	合计	事业性经费支出	个人部分	工资福利支出	对个人和家庭的补助支出	#助学金
合计	**202984219**	**193962792**	**79553082**	**43597812**	**35955270**	**13394549**
北京	55940976	53167368	21334212	10298874	11035338	5994105
天津	5173562	4822007	2224592	1229592	995000	258200
河北	1721191	1650491	745231	567691	177540	62298
山西						
内蒙古						
辽宁	7115737	6759786	2527214	1414011	1113203	297991
吉林	5202680	5105650	2259689	1305288	954401	265681
黑龙江	7291485	6973601	2406302	1414568	991734	262924
上海	19276869	18921939	6195088	4647126	1547962	857975
江苏	16706628	16007572	7119495	3874077	3245418	736063
浙江	6645332	6595792	2450631	1069750	1380881	323826
安徽	3852053	3820096	1338455	701131	637324	206677
福建	3647387	3316837	1756546	924682	831864	300356
江西	25223	25223	21054	18181	2873	2793
山东	6615588	6165849	2440028	1373967	1066061	288961
河南	315087	315087	91802	67885	23917	3867
湖北	16769538	16122540	7818638	4128154	3690484	1027665
湖南	4901232	4637062	2130578	1164689	965889	346012
广东	9127778	8775699	3902260	2134259	1768001	339780
广西						
海南						
重庆	5323201	5244695	2227403	1224446	1002957	395427
四川	11859451	11041015	4681785	2810985	1870800	578505
贵州	33582	33582	15686	11758	3928	1834
云南						
西藏						
陕西	10722830	10180990	3981503	2154035	1827468	579496
甘肃	2693891	2316697	1017366	528730	488636	139062
青海						
宁夏	546344	489640	142662	100771	41891	24708
新疆	1476574	1473574	724862	433162	291700	100343

（中央属高等学校）

单位：千元

公用部分	商品和服务支出	其他资本性支出	专项公用支出	专项项目支出	基本建设支出
114409710	**81542767**	**32866943**	**19702030**	**13164913**	**9021427**
31833156	22866900	8966256	4654331	4311925	2773608
2597415	2131448	465967	428595	37372	351555
905260	599957	305303	203047	102256	70700
4232572	2626003	1606569	748292	858277	355951
2845961	1966421	879540	492178	387362	97030
4567299	3016297	1551002	1049790	501212	317884
12726851	9466700	3260151	2096623	1163528	354930
8888077	5707648	3180429	1538962	1641467	699056
4145161	3526642	618519	588519	30000	49540
2481641	1637608	844033	391026	453007	31957
1560291	1047992	512299	443647	68652	330550
4169	2539	1630	639	991	
3725821	2804860	920961	591914	329047	449739
223285	33944	189341	14341	175000	
8303902	6198568	2105334	1598387	506947	646998
2506484	1889381	617103	494768	122335	264170
4873439	3349196	1524243	1119231	405012	352079
3017292	2549998	467294	341872	125422	78506
6359230	4567462	1791768	1193977	597791	818436
17896	15239	2657	2283	374	
6199487	4125815	2073672	1064623	1009049	541840
1299331	868296	431035	385376	45659	377194
346978	162570	184408	153038	31370	56704
748712	381283	367429	106571	260858	3000

4-6 教育经费支出明细

地区	合计	事业性经费支出	个人部分	工资福利支出	对个人和家庭的补助支出	#助学金
合计	**556183848**	**544040693**	**206284054**	**129195674**	**77088380**	**30394364**
北京	19078409	18424044	7933452	4534825	3398627	656522
天津	15623663	15502663	4999603	2975371	2024232	476451
河北	24620146	24555861	8596361	5428808	3167553	1348996
山西	13494413	13320016	5818588	3915139	1903449	902131
内蒙古	10709678	10535115	4832778	3046740	1786038	765850
辽宁	23753480	21556920	9294059	5593622	3700437	1322741
吉林	12651470	12293308	4831717	2842389	1989328	662783
黑龙江	14569987	14371182	5771321	2729432	3041889	1533689
上海	25977072	25977072	6679947	5483866	1196081	449084
江苏	40775200	40569100	17140036	9934150	7205886	2044814
浙江	26704104	26589918	12361468	8328527	4032941	1327969
安徽	19039651	18720355	6894171	4026337	2867834	1141514
福建	15711935	15195529	6120882	3913636	2207246	928620
江西	21182630	21078257	6752114	4307814	2444300	1246470
山东	32935921	32488623	11553413	7263532	4289881	1698776
河南	29228104	29060530	10708146	7086114	3622032	1942054
湖北	26688868	25910054	8287611	5229986	3057625	1335184
湖南	23656066	23239573	7653157	4799987	2853170	1318287
广东	38767583	36712308	17181968	11225983	5955985	1719301
广西	13266267	13105315	5205207	2865718	2339489	1281330
海南	3841621	3166414	1362942	1037790	325152	234735
重庆	13616852	13392935	4775978	3244679	1531299	718463
四川	22825526	22330440	8294016	5335959	2958057	1431175
贵州	7621861	7245526	3490052	1840839	1649213	668636
云南	17961284	17637006	5138805	3220059	1918746	848376
西藏	1064143	1037076	495103	301727	193376	68223
陕西	23348827	23114931	6693981	4029648	2664333	1227569
甘肃	7307096	7066060	2915771	1854826	1060945	496259
青海	1434220	1422602	690029	414471	275558	75200
宁夏	2728972	2691902	1005738	655516	350222	122196
新疆	5998799	5730058	2805640	1728184	1077456	400966

（地方高等学校）

单位：千元

公用部分	商品和服务支出	其他资本性支出			基本建设支出
			专项公用支出	专项项目支出	
337756639	**153654181**	**184102458**	**77229592**	**106872866**	**12143155**
10490592	5915416	4575176	3110072	1465104	654365
10503060	3434574	7068486	1968750	5099736	121000
15959500	6012008	9947492	5699314	4248178	64285
7501428	3542522	3958906	1805128	2153778	174397
5702337	2272404	3429933	1793610	1636323	174563
12262861	6444158	5818703	3015936	2802767	2196560
7461591	3323590	4138001	1392848	2745153	358162
8599861	5100375	3499486	1238955	2260531	198805
19297125	17732904	1564221	1031837	532384	
23429064	11096334	12332730	4661911	7670819	206100
14228450	8176341	6052109	2500147	3551962	114186
11826184	3507022	8319162	2671539	5647623	319296
9074647	3697458	5377189	1666644	3710545	516406
14326143	3804539	10521604	4156239	6365365	104373
20935210	7172149	13763061	3738058	10025003	447298
18352384	7106098	11246286	3507308	7738978	167574
17622443	8866322	8756121	2357062	6399059	778814
15586416	6713747	8872669	3440728	5431941	416493
19530340	11036128	8494212	3212859	5281353	2055275
7900108	3260381	4639727	1753124	2886603	160952
1803472	725673	1077799	635098	442701	675207
8616957	2855212	5761745	1546633	4215112	223917
14036424	5934901	8101523	4926975	3174548	495086
3755474	2034182	1721292	1089415	631877	376335
12498201	3429028	9069173	3558899	5510274	324278
541973	254226	287747	204262	83485	27067
16420950	5566662	10854288	8655476	2198812	233896
4150289	1715442	2434847	977683	1457164	241036
732573	366446	366127	113487	252640	11618
1686164	640848	1045316	353793	691523	37070
2924418	1917091	1007327	445802	561525	268741

4-7 教育经费支出明细

地区	合计	事业性经费支出	个人部分	工资福利支出	对个人和家庭的补助支出	#助学金
合计	**738756743**	**717849167**	**279068206**	**168223633**	**110844573**	**43393869**
北京	73681950	70271537	28690659	14446777	14243882	6649898
天津	20214365	19741810	6988199	4061302	2926897	732460
河北	25668933	25541849	8959586	5742459	3217127	1351176
山西	13257670	13083937	5667654	3792674	1874980	897847
内蒙古	10585582	10411019	4761510	2999360	1762150	762472
辽宁	30431004	27878493	11603331	6852377	4750954	1615780
吉林	17334008	16878816	6757316	3960178	2797138	896173
黑龙江	21403257	20886568	7927580	4003104	3924476	1789146
上海	38258172	37903242	12121927	9502335	2619592	1300053
江苏	56668446	55763290	23798470	13551496	10246974	2732491
浙江	32367003	32203277	14360045	9072971	5287074	1632589
安徽	22545962	22210709	8069284	4614885	3454399	1339209
福建	19026605	18204755	7717516	4735539	2981977	1224710
江西	20630341	20526968	6583470	4201256	2382214	1224280
山东	38912341	38066355	13746164	8494078	5252086	1957196
河南	29012975	28850801	10547048	6982156	3564892	1914616
湖北	43211917	41786105	16003572	9287634	6715938	2352661
湖南	28255996	27575333	9672616	5888785	3783831	1658679
广东	46954316	44558739	20629292	13047155	7582137	2041671
广西	12913372	12764816	5042136	2763497	2278639	1268591
海南	3784957	3109750	1338961	1023155	315806	227214
重庆	18903017	18600594	6987234	4456802	2530432	1113617
四川	33768675	32463690	12677935	7934516	4743419	1995610
贵州	7415321	7135600	3443556	1808223	1635333	670092
云南	17411395	17087117	5019892	3145911	1873981	845505
西藏	1064143	1037076	495103	301727	193376	68223
陕西	33664866	32889130	10520151	6070461	4449690	1789827
甘肃	9839317	9221087	3861789	2338342	1523447	629860
青海	1414104	1402486	679501	409491	270010	75200
宁夏	3275316	3181542	1148400	756287	392113	146904
新疆	6881417	6612676	3248309	1978700	1269609	490119

（普通高等学校）

单位：千元

公用部分	商品和服务支出	其他资本性支出	专项公用支出	专项项目支出	基本建设支出
438780961	**224568313**	**214212648**	**95842723**	**118369925**	**20907576**
41580878	28143300	13437578	7686656	5750922	3410413
12753611	5464770	7288841	2387265	4901576	472555
16582263	6420480	10161783	5865884	4295899	127084
7416283	3479062	3937221	1784133	2153088	173733
5649509	2223860	3425649	1791513	1634136	174563
16275162	8912032	7363130	3719722	3643408	2552511
10121500	5162897	4958603	1859661	3098942	455192
12958988	7935773	5023215	2264623	2758592	516689
25781315	21068119	4713196	3073073	1640123	354930
31964820	16589671	15375149	6161011	9214138	905156
17843232	11384732	6458500	3032377	3426123	163726
14141425	5007052	9134373	3037570	6096803	335253
10487239	4623104	5864135	2097973	3766162	821850
13943498	3691615	10251883	4141111	6110772	103373
24320191	9763228	14556963	4243455	10313508	845986
18303753	6940239	11363514	3487330	7876184	162174
25782533	14931580	10850953	3952779	6898174	1425812
17902717	8428769	9473948	3926578	5547370	680663
23929447	13975085	9954362	4288973	5665389	2395577
7722680	3172002	4550678	1707591	2843087	148556
1770789	715006	1055783	632939	422844	675207
11613360	5392045	6221315	1884029	4337286	302423
19785755	10276937	9508818	5779748	3729070	1304985
3692044	1983238	1708806	1080211	628595	279721
12067225	3353419	8713806	3549238	5164568	324278
541973	254226	287747	204262	83485	27067
22368979	9479677	12889302	9701361	3187941	775736
5359298	2511831	2847467	1349865	1497602	618230
722985	358369	364616	112352	252264	11618
2033142	803418	1229724	506831	722893	93774
3364367	2122777	1241590	532609	708981	268741

4-8 教育经费支出明细

地区	合计	事业性经费支出	个人部分	工资福利支出	对个人和家庭的补助支出	#助学金
合计	**202262992**	**193262125**	**79318438**	**43425605**	**35892833**	**13393053**
北京	55312573	52556525	21158248	10167447	10990801	5994105
天津	5173562	4822007	2224592	1229592	995000	258200
河北	1721191	1650491	745231	567691	177540	62298
山西						
内蒙古						
辽宁	7109324	6753373	2522176	1409212	1112964	297989
吉林	5202680	5105650	2259689	1305288	954401	265681
黑龙江	7291485	6973601	2406302	1414568	991734	262924
上海	19276868	18921938	6195088	4647126	1547962	857975
江苏	16706628	16007572	7119495	3874077	3245418	736063
浙江	6645332	6595792	2450631	1069750	1380881	323826
安徽	3852053	3820096	1338455	701131	637324	206677
福建	3647387	3316837	1756546	924682	831864	300356
江西	25223	25223	21054	18181	2873	2793
山东	6615588	6165849	2440028	1373967	1066061	288961
河南	315087	315087	91802	67885	23917	3867
湖北	16769538	16122540	7818638	4128154	3690484	1027665
湖南	4901232	4637062	2130578	1164689	965889	346012
广东	9127778	8775699	3902260	2134259	1768001	339780
广西						
海南						
重庆	5323201	5244695	2227403	1224446	1002957	395427
四川	11858058	11039622	4680514	2809748	1870766	578505
贵州	19434	19434	5189	1818	3371	1834
云南						
西藏						
陕西	10722830	10180990	3981503	2154035	1827468	579496
甘肃	2679156	2301962	1007388	520005	487383	137919
青海						
宁夏	546344	489640	142662	100771	41891	24708
新疆	1420440	1420440	692966	417083	275883	99992

（中央属普通高等学校）

单位：千元

公用部分	商品和服务支出	其他资本性支出			基本建设支出
			专项公用支出	专项项目支出	
113943687	**81128132**	**32815555**	**19661394**	**13154161**	**9000867**
31398277	22473957	8924320	4617577	4306743	2756048
2597415	2131448	465967	428595	37372	351555
905260	599957	305303	203047	102256	70700
4231197	2624795	1606402	748125	858277	355951
2845961	1966421	879540	492178	387362	97030
4567299	3016297	1551002	1049790	501212	317884
12726850	9466699	3260151	2096623	1163528	354930
8888077	5707648	3180429	1538962	1641467	699056
4145161	3526642	618519	588519	30000	49540
2481641	1637608	844033	391026	453007	31957
1560291	1047992	512299	443647	68652	330550
4169	2539	1630	639	991	
3725821	2804860	920961	591914	329047	449739
223285	33944	189341	14341	175000	
8303902	6198568	2105334	1598387	506947	646998
2506484	1889381	617103	494768	122335	264170
4873439	3349196	1524243	1119231	405012	352079
3017292	2549998	467294	341872	125422	78506
6359108	4567340	1791768	1193977	597791	818436
14245	12710	1535	1535		
6199487	4125815	2073672	1064623	1009049	541840
1294574	866751	427823	384360	43463	377194
346978	162570	184408	153038	31370	56704
727474	364996	362478	104620	257858	

4-9 教育经费支出明细

地区	合计	事业性经费支出	个人部分	工资福利支出	对个人和家庭的补助支出	#助学金
合计	**536493751**	**524587042**	**199749768**	**124798028**	**74951740**	**30000816**
北京	18369377	17715012	7532411	4279330	3253081	655793
天津	15040803	14919803	4763607	2831710	1931897	474260
河北	23947742	23891358	8214355	5174768	3039587	1288878
山西	13257670	13083937	5667654	3792674	1874980	897847
内蒙古	10585582	10411019	4761510	2999360	1762150	762472
辽宁	23321680	21125120	9081155	5443165	3637990	1317791
吉林	12131328	11773166	4497627	2654890	1842737	630492
黑龙江	14111772	13912967	5521278	2588536	2932742	1526222
上海	18981304	18981304	5926839	4855209	1071630	442078
江苏	39961818	39755718	16678975	9677419	7001556	1996428
浙江	25721671	25607485	11909414	8003221	3906193	1308763
安徽	18693909	18390613	6730829	3913754	2817075	1132532
福建	15379218	14887918	5960970	3810857	2150113	924354
江西	20605118	20501745	6562416	4183075	2379341	1221487
山东	32296753	31900506	11306136	7120111	4186025	1668235
河南	28697888	28535714	10455246	6914271	3540975	1910749
湖北	26442379	25663565	8184934	5159480	3025454	1324996
湖南	23354764	22938271	7542038	4724096	2817942	1312667
广东	37826538	35783040	16727032	10912896	5814136	1701891
广西	12913372	12764816	5042136	2763497	2278639	1268591
海南	3784957	3109750	1338961	1023155	315806	227214
重庆	13579816	13355899	4759831	3232356	1527475	718190
四川	21910617	21424068	7997421	5124768	2872653	1417105
贵州	7395887	7116166	3438367	1806405	1631962	668258
云南	17411395	17087117	5019892	3145911	1873981	845505
西藏	1064143	1037076	495103	301727	193376	68223
陕西	22942036	22708140	6538648	3916426	2622222	1210331
甘肃	7160161	6919125	2854401	1818337	1036064	491941
青海	1414104	1402486	679501	409491	270010	75200
宁夏	2728972	2691902	1005738	655516	350222	122196
新疆	5460977	5192236	2555343	1561617	993726	390127

（地方普通高等学校）

单位：千元

公用部分	商品和服务支出	其他资本性支出			基本建设支出
			专项公用支出	专项项目支出	
324837274	**143440181**	**181397093**	**76181329**	**105215764**	**11906709**
10182601	5669343	4513258	3069079	1444179	654365
10156196	3333322	6822874	1958670	4864204	121000
15677003	5820523	9856480	5662837	4193643	56384
7416283	3479062	3937221	1784133	2153088	173733
5649509	2223860	3425649	1791513	1634136	174563
12043965	6287237	5756728	2971597	2785131	2196560
7275539	3196476	4079063	1367483	2711580	358162
8391689	4919476	3472213	1214833	2257380	198805
13054465	11601420	1453045	976450	476595	
23076743	10882023	12194720	4622049	7572671	206100
13698071	7858090	5839981	2443858	3396123	114186
11659784	3369444	8290340	2646544	5643796	303296
8926948	3575112	5351836	1654326	3697510	491300
13939329	3689076	10250253	4140472	6109781	103373
20594370	6958368	13636002	3651541	9984461	396247
18080468	6906295	11174173	3472989	7701184	162174
17478631	8733012	8745619	2354392	6391227	778814
15396233	6539388	8856845	3431810	5425035	416493
19056008	10625889	8430119	3169742	5260377	2043498
7722680	3172002	4550678	1707591	2843087	148556
1770789	715006	1055783	632939	422844	675207
8596068	2842047	5754021	1542157	4211864	223917
13426647	5709597	7717050	4585771	3131279	486549
3677799	1970528	1707271	1078676	628595	279721
12067225	3353419	8713806	3549238	5164568	324278
541973	254226	287747	204262	83485	27067
16169492	5353862	10815630	8636738	2178892	233896
4064724	1645080	2419644	965505	1454139	241036
722985	358369	364616	112352	252264	11618
1686164	640848	1045316	353793	691523	37070
2636893	1757781	879112	427989	451123	268741

4-10 教育经费支出明细

地 区	合 计	事业性经费支出	个人部分			
				工资福利支出	对个人和家庭的补助支出	#助学金
合 计	**600111780**	**583524615**	**224155819**	**132438011**	**91717808**	**35127636**
北 京	69436408	66279612	26976745	13371817	13604928	6509983
天 津	16160013	15739458	5647616	3253761	2393855	597146
河 北	20030871	19909171	6391423	3911802	2479621	1027628
山 西	9588977	9422783	3987266	2642056	1345210	627431
内蒙古	6960060	6825468	3178616	1934439	1244177	537237
辽 宁	25985598	24185572	9859349	5703055	4156294	1428832
吉 林	15033235	14642766	6003074	3525654	2477420	804358
黑龙江	18272169	17841465	6611479	3259218	3352261	1561583
上 海	36078020	35723090	11203148	8710540	2492608	1252309
江 苏	45172736	44285572	19122215	10563639	8558576	2147887
浙 江	25014469	24850743	10808346	6632777	4175569	1264923
安 徽	16581988	16389265	5985868	3359536	2626332	948305
福 建	15387883	14785762	6191262	3757827	2433435	944902
江 西	15963633	15952633	4967233	3197908	1769325	878456
山 东	29935163	29131435	10604018	6378962	4225056	1477229
河 南	21422038	21372350	7538773	4984931	2553842	1318104
湖 北	36715801	35642739	13490632	7759595	5731037	1857580
湖 南	20748830	20401889	7018516	4231227	2787289	1186836
广 东	34817762	32934130	15249667	9267377	5982290	1418643
广 西	9211566	9065566	3423043	1854912	1568131	907548
海 南	2479910	2262126	1030112	787405	242707	171326
重 庆	14514272	14279598	5706629	3567363	2139266	929773
四 川	27867252	26759173	10331047	6439377	3891670	1584420
贵 州	5348385	5082675	2438860	1235320	1203540	500955
云 南	13833576	13831576	4071944	2560305	1511639	656261
西 藏	868836	862519	404092	235733	168359	62112
陕 西	30038980	29350940	9015837	5137535	3878302	1508264
甘 肃	7982880	7374350	3095808	1856234	1239574	485417
青 海	1160244	1157244	540311	323317	216994	54147
宁 夏	2195703	2123429	833708	534161	299547	111924
新 疆	5304522	5059516	2429182	1460228	968954	366117

(普通高等本科学校)

单位:千元

公用部分	商品和服务支出	其他资本性支出			基本建设支出
			专项公用支出	专项项目支出	
359368796	**191108556**	**168260240**	**79213760**	**89046480**	**16587165**
39302867	26582715	12720152	7122655	5597497	3156796
10091842	4853309	5238533	1838693	3399840	420555
13517748	4989979	8527769	5391391	3136378	121700
5435517	2509577	2925940	1200648	1725292	166194
3646852	1570319	2076533	1185059	891474	134592
14326223	7888097	6438126	3200081	3238045	1800026
8639692	4688940	3950752	1731217	2219535	390469
11229986	7089148	4140838	1960749	2180089	430704
24519942	20143659	4376283	2834754	1541529	354930
25163357	13626092	11537265	4897358	6639907	887164
14042397	9231238	4811159	2343729	2467430	163726
10403397	3863107	6540290	2421342	4118948	192723
8594500	3851083	4743417	1725164	3018253	602121
10985400	2707119	8278281	3410132	4868149	11000
18527417	7714445	10812972	3197161	7615811	803728
13833577	5156130	8677447	2502109	6175338	49688
22152107	13450143	8701964	3341055	5360909	1073062
13383373	6321344	7062029	2875657	4186372	346941
17684463	10853440	6831023	3036445	3794578	1883632
5642523	2110460	3532063	1243090	2288973	146000
1232014	566805	665209	482839	182370	217784
8572969	4615517	3957452	1358794	2598658	234674
16428126	8845474	7582652	4554788	3027864	1108079
2643815	1565073	1078742	674175	404567	265710
9759632	2782467	6977165	3322151	3655014	2000
458427	215900	242527	169899	72628	6317
20335103	8604460	11730643	9168213	2562430	688040
4278542	2136790	2141752	1135199	1006553	608530
616933	281763	335170	92641	242529	3000
1289721	649418	640303	408693	231610	72274
2630334	1644545	985789	387879	597910	245006

4-11 教育经费支出明细

地区	合计	事业性经费支出	个人部分	工资福利支出	对个人和家庭的补助支出	#助学金
合计	**199296837**	**190627361**	**77965633**	**42383872**	**35581761**	**13294967**
北京	55250096	52494048	21132663	10148937	10983726	5991310
天津	5173562	4822007	2224592	1229592	995000	258200
河北	1295091	1224391	536976	377335	159641	58857
山西						
内蒙古						
辽宁	7109324	6753373	2522176	1409212	1112964	297989
吉林	5202680	5105650	2259689	1305288	954401	265681
黑龙江	6952525	6640321	2235293	1290602	944691	257310
上海	19244574	18889644	6173038	4630908	1542130	857789
江苏	16706628	16007572	7119495	3874077	3245418	736063
浙江	6645332	6595792	2450631	1069750	1380881	323826
安徽	3827643	3795686	1323260	689403	633857	203210
福建	3647387	3316837	1756546	924682	831864	300356
江西						
山东	6393803	5944064	2336981	1286341	1050640	287641
河南						
湖北	16522255	15875257	7665041	4006202	3658839	1003841
湖南	4818306	4554136	2078051	1126202	951849	345112
广东	8460872	8414814	3656760	1948007	1708753	323303
广西						
海南						
重庆	5207487	5128981	2184255	1199934	984321	388037
四川	11673836	10875090	4599304	2763920	1835384	563946
贵州						
云南						
西藏						
陕西	10722830	10180990	3981503	2154035	1827468	579496
甘肃	2679156	2301962	1007388	520005	487383	137919
青海						
宁夏	546344	489640	142662	100771	41891	24708
新疆	1217106	1217106	579329	328669	250660	90373

(中央属普通高等本科学校)

单位:千元

公用部分	商品和服务支出	其他资本性支出			基本建设支出
			专项公用支出	专项项目支出	
112661728	**80223290**	**32438438**	**19513102**	**12925336**	**8669476**
31361385	22440556	8920829	4614086	4306743	2756048
2597415	2131448	465967	428595	37372	351555
687415	414229	273186	174740	98446	70700
4231197	2624795	1606402	748125	858277	355951
2845961	1966421	879540	492178	387362	97030
4405028	2884898	1520130	1040372	479758	312204
12716606	9457091	3259515	2095987	1163528	354930
8888077	5707648	3180429	1538962	1641467	699056
4145161	3526642	618519	588519	30000	49540
2472426	1635253	837173	389216	447957	31957
1560291	1047992	512299	443647	68652	330550
3607083	2710584	896499	571681	324818	449739
8210216	6115452	2094764	1594041	500723	646998
2476085	1869604	606481	487797	118684	264170
4758054	3261763	1496291	1092167	404124	46058
2944726	2481998	462728	337306	125422	78506
6275786	4501148	1774638	1176847	597791	798746
6199487	4125815	2073672	1064623	1009049	541840
1294574	866751	427823	384360	43463	377194
346978	162570	184408	153038	31370	56704
637777	290632	347145	96815	250330	

4-12 教育经费支出明细

地区	合计	事业性经费支出	个人部分	工资福利支出	对个人和家庭的补助支出	#助学金
合 计	**400814943**	**392897254**	**146190186**	**90054139**	**56136047**	**21832669**
北 京	14186312	13785564	5844082	3222880	2621202	518673
天 津	10986451	10917451	3423024	2024169	1398855	338946
河 北	18735780	18684780	5854447	3534467	2319980	968771
山 西	9588977	9422783	3987266	2642056	1345210	627431
内蒙古	6960060	6825468	3178616	1934439	1244177	537237
辽 宁	18876274	17432199	7337173	4293843	3043330	1130843
吉 林	9830555	9537116	3743385	2220366	1523019	538677
黑龙江	11319644	11201144	4376186	1968616	2407570	1304273
上 海	16833446	16833446	5030110	4079632	950478	394520
江 苏	28466108	28278000	12002720	6689562	5313158	1411824
浙 江	18369137	18254951	8357715	5563027	2794688	941097
安 徽	12754345	12593579	4662608	2670133	1992475	745095
福 建	11740496	11468925	4434716	2833145	1601571	644546
江 西	15963633	15952633	4967233	3197908	1769325	878456
山 东	23541360	23187371	8267037	5092621	3174416	1189588
河 南	21422038	21372350	7538773	4984931	2553842	1318104
湖 北	20193546	19767482	5825591	3753393	2072198	853739
湖 南	15930524	15847753	4940465	3105025	1835440	841724
广 东	26356890	24519316	11592907	7319370	4273537	1095340
广 西	9211566	9065566	3423043	1854912	1568131	907548
海 南	2479910	2262126	1030112	787405	242707	171326
重 庆	9306785	9150617	3522374	2367429	1154945	541736
四 川	16193416	15884083	5731743	3675457	2056286	1020474
贵 州	5348385	5082675	2438860	1235320	1203540	500955
云 南	13833576	13831576	4071944	2560305	1511639	656261
西 藏	868836	862519	404092	235733	168359	62112
陕 西	19316150	19169950	5034334	2983500	2050834	928768
甘 肃	5303724	5072388	2088420	1336229	752191	347498
青 海	1160244	1157244	540311	323317	216994	54147
宁 夏	1649359	1633789	691046	433390	257656	87216
新 疆	4087416	3842410	1849853	1131559	718294	275744

（地方普通高等本科学校）

单位：千元

公用部分	商品和服务支出	其他资本性支出			基本建设支出
			专项公用支出	专项项目支出	
246707068	**110885266**	**135821802**	**59700658**	**76121144**	**7917689**
7941482	4142159	3799323	2508569	1290754	400748
7494427	2721861	4772566	1410098	3362468	69000
12830333	4575750	8254583	5216651	3037932	51000
5435517	2509577	2925940	1200648	1725292	166194
3646852	1570319	2076533	1185059	891474	134592
10095026	5263302	4831724	2451956	2379768	1444075
5793731	2722519	3071212	1239039	1832173	293439
6824958	4204250	2620708	920377	1700331	118500
11803336	10686568	1116768	738767	378001	
16275280	7918444	8356836	3358396	4998440	188108
9897236	5704596	4192640	1755210	2437430	114186
7930971	2227854	5703117	2032126	3670991	160766
7034209	2803091	4231118	1281517	2949601	271571
10985400	2707119	8278281	3410132	4868149	11000
14920334	5003861	9916473	2625480	7290993	353989
13833577	5156130	8677447	2502109	6175338	49688
13941891	7334691	6607200	1747014	4860186	426064
10907288	4451740	6455548	2387860	4067688	82771
12926409	7591677	5334732	1944278	3390454	1837574
5642523	2110460	3532063	1243090	2288973	146000
1232014	566805	665209	482839	182370	217784
5628243	2133519	3494724	1021488	2473236	156168
10152340	4344326	5808014	3377941	2430073	309333
2643815	1565073	1078742	674175	404567	265710
9759632	2782467	6977165	3322151	3655014	2000
458427	215900	242527	169899	72628	6317
14135616	4478645	9656971	8103590	1553381	146200
2983968	1270039	1713929	750839	963090	231336
616933	281763	335170	92641	242529	3000
942743	486848	455895	255655	200240	15570
1992557	1353913	638644	291064	347580	245006

4-13 教育经费支出明细

地区	合计	事业性经费支出	个人部分	工资福利支出	对个人和家庭的补助支出	#助学金
合计	**138644963**	**134324552**	**54912387**	**35785622**	**19126765**	**8266233**
北京	4245542	3991925	1713914	1074960	638954	139915
天津	4054352	4002352	1340583	807541	533042	135314
河北	5638062	5632678	2568163	1830657	737506	323548
山西	3668693	3661154	1680388	1150618	529770	270416
内蒙古	3625522	3585551	1582894	1064921	517973	225235
辽宁	4445406	3692921	1743982	1149322	594660	186948
吉林	2300773	2236050	754242	434524	319718	91815
黑龙江	3131088	3045103	1316101	743886	572215	227563
上海	2180152	2180152	918779	791795	126984	47744
江苏	11495710	11477718	4676255	2987857	1688398	584604
浙江	7352534	7352534	3551699	2440194	1111505	367666
安徽	5963974	5821444	2083416	1255349	828067	390904
福建	3638722	3418993	1526254	977712	548542	279808
江西	4666708	4574335	1616237	1003348	612889	345824
山东	8977178	8934920	3142146	2115116	1027030	479967
河南	7590937	7478451	3008275	1997225	1011050	596512
湖北	6496116	6143366	2512940	1528039	984901	495081
湖南	7507166	7173444	2654100	1657558	996542	471843
广东	12136554	11624609	5379625	3779778	1599847	623028
广西	3701806	3699250	1619093	908585	710508	361043
海南	1305047	847624	308849	235750	73099	55888
重庆	4388745	4320996	1280605	889439	391166	183844
四川	5901423	5704517	2346888	1495139	851749	411190
贵州	2066936	2052925	1004696	572903	431793	169137
云南	3577819	3255541	947948	585606	362342	189244
西藏	195307	174557	91011	65994	25017	6111
陕西	3625886	3538190	1504314	932926	571388	281563
甘肃	1856437	1846737	765981	482108	283873	144443
青海	253860	245242	139190	86174	53016	21053
宁夏	1079613	1058113	314692	222126	92566	34980
新疆	1576895	1553160	819127	518472	300655	124002

（普通高职高专学校）

单位：千元

公用部分	商品和服务支出	其他资本性支出			基本建设支出
			专项公用支出	专项项目支出	
79412165	**33459757**	**45952408**	**16628963**	**29323445**	**4320411**
2278011	1560585	717426	564001	153425	253617
2661769	611461	2050308	548572	1501736	52000
3064515	1430501	1634014	474493	1159521	5384
1980766	969485	1011281	583485	427796	7539
2002657	653541	1349116	606454	742662	39971
1948939	1023935	925004	519641	405363	752485
1481808	473957	1007851	128444	879407	64723
1729002	846625	882377	303874	578503	85985
1261373	924460	336913	238319	98594	
6801463	2963579	3837884	1263653	2574231	17992
3800835	2153494	1647341	688648	958693	
3738028	1143945	2594083	616228	1977855	142530
1892739	772021	1120718	372809	747909	219729
2958098	984496	1973602	730979	1242623	92373
5792774	2048783	3743991	1046294	2697697	42258
4470176	1784109	2686067	985221	1700846	112486
3630426	1481437	2148989	611724	1537265	352750
4519344	2107425	2411919	1050921	1360998	333722
6244984	3121645	3123339	1252528	1870811	511945
2080157	1061542	1018615	464501	554114	2556
538775	148201	390574	150100	240474	457423
3040391	776528	2263863	525235	1738628	67749
3357629	1431463	1926166	1224960	701206	196906
1048229	418165	630064	406036	224028	14011
2307593	570952	1736641	227087	1509554	322278
83546	38326	45220	34363	10857	20750
2033876	875217	1158659	533148	625511	87696
1080756	375041	705715	214666	491049	9700
106052	76606	29446	19711	9735	8618
743421	154000	589421	98138	491283	21500
734033	478232	255801	144730	111071	23735

4-14 教育经费支出明细

地区	合计	事业性经费支出	个人部分	工资福利支出	对个人和家庭的补助支出	#助学金
合计	**2966155**	**2634764**	**1352805**	**1041733**	**311072**	**98086**
北京	62477	62477	25585	18510	7075	2795
天津						
河北	426100	426100	208255	190356	17899	3441
山西						
内蒙古						
辽宁						
吉林						
黑龙江	338960	333280	171009	123966	47043	5614
上海	32294	32294	22050	16218	5832	186
江苏						
浙江						
安徽	24410	24410	15195	11728	3467	3467
福建						
江西	25223	25223	21054	18181	2873	2793
山东	221785	221785	103047	87626	15421	1320
河南	315087	315087	91802	67885	23917	3867
湖北	247283	247283	153597	121952	31645	23824
湖南	82926	82926	52527	38487	14040	900
广东	666906	360885	245500	186252	59248	16477
广西						
海南						
重庆	115714	115714	43148	24512	18636	7390
四川	184222	164532	81210	45828	35382	14559
贵州	19434	19434	5189	1818	3371	1834
云南						
西藏						
陕西						
甘肃						
青海						
宁夏						
新疆	203334	203334	113637	88414	25223	9619

（中央属普通高职高专学校）

单位：千元

公用部分	商品和服务支出	其他资本性支出			基本建设支出
			专项公用支出	专项项目支出	
1281959	**904842**	**377117**	**148292**	**228825**	**331391**
36892	33401	3491	3491		
217845	185728	32117	28307	3810	
162271	131399	30872	9418	21454	5680
10244	9608	636	636		
9215	2355	6860	1810	5050	
4169	2539	1630	639	991	
118738	94276	24462	20233	4229	
223285	33944	189341	14341	175000	
93686	83116	10570	4346	6224	
30399	19777	10622	6971	3651	
115385	87433	27952	27064	888	306021
72566	68000	4566	4566		
83322	66192	17130	17130		19690
14245	12710	1535	1535		
89697	74364	15333	7805	7528	

4-15 教育经费支出明细

地区	合计	事业性经费支出	个人部分	工资福利支出	对个人和家庭的补助支出	#助学金
合计	**135678808**	**131689788**	**53559582**	**34743889**	**18815693**	**8168147**
北京	4183065	3929448	1688329	1056450	631879	137120
天津	4054352	4002352	1340583	807541	533042	135314
河北	5211962	5206578	2359908	1640301	719607	320107
山西	3668693	3661154	1680388	1150618	529770	270416
内蒙古	3625522	3585551	1582894	1064921	517973	225235
辽宁	4445406	3692921	1743982	1149322	594660	186948
吉林	2300773	2236050	754242	434524	319718	91815
黑龙江	2792128	2711823	1145092	619920	525172	221949
上海	2147858	2147858	896729	775577	121152	47558
江苏	11495710	11477718	4676255	2987857	1688398	584604
浙江	7352534	7352534	3551699	2440194	1111505	367666
安徽	5939564	5797034	2068221	1243621	824600	387437
福建	3638722	3418993	1526254	977712	548542	279808
江西	4641485	4549112	1595183	985167	610016	343031
山东	8755393	8713135	3039099	2027490	1011609	478647
河南	7275850	7163364	2916473	1929340	987133	592645
湖北	6248833	5896083	2359343	1406087	953256	471257
湖南	7424240	7090518	2601573	1619071	982502	470943
广东	11469648	11263724	5134125	3593526	1540599	606551
广西	3701806	3699250	1619093	908585	710508	361043
海南	1305047	847624	308849	235750	73099	55888
重庆	4273031	4205282	1237457	864927	372530	176454
四川	5717201	5539985	2265678	1449311	816367	396631
贵州	2047502	2033491	999507	571085	428422	167303
云南	3577819	3255541	947948	585606	362342	189244
西藏	195307	174557	91011	65994	25017	6111
陕西	3625886	3538190	1504314	932926	571388	281563
甘肃	1856437	1846737	765981	482108	283873	144443
青海	253860	245242	139190	86174	53016	21053
宁夏	1079613	1058113	314692	222126	92566	34980
新疆	1373561	1349826	705490	430058	275432	114383

（地方普通高职高专学校）

单位：千元

公用部分	商品和服务支出	其他资本性支出	专项公用支出	专项项目支出	基本建设支出
78130206	**32554915**	**45575291**	**16480671**	**29094620**	**3989020**
2241119	1527184	713935	560510	153425	253617
2661769	611461	2050308	548572	1501736	52000
2846670	1244773	1601897	446186	1155711	5384
1980766	969485	1011281	583485	427796	7539
2002657	653541	1349116	606454	742662	39971
1948939	1023935	925004	519641	405363	752485
1481808	473957	1007851	128444	879407	64723
1566731	715226	851505	294456	557049	80305
1251129	914852	336277	237683	98594	
6801463	2963579	3837884	1263653	2574231	17992
3800835	2153494	1647341	688648	958693	
3728813	1141590	2587223	614418	1972805	142530
1892739	772021	1120718	372809	747909	219729
2953929	981957	1971972	730340	1241632	92373
5674036	1954507	3719529	1026061	2693468	42258
4246891	1750165	2496726	970880	1525846	112486
3536740	1398321	2138419	607378	1531041	352750
4488945	2087648	2401297	1043950	1357347	333722
6129599	3034212	3095387	1225464	1869923	205924
2080157	1061542	1018615	464501	554114	2556
538775	148201	390574	150100	240474	457423
2967825	708528	2259297	520669	1738628	67749
3274307	1365271	1909036	1207830	701206	177216
1033984	405455	628529	404501	224028	14011
2307593	570952	1736641	227087	1509554	322278
83546	38326	45220	34363	10857	20750
2033876	875217	1158659	533148	625511	87696
1080756	375041	705715	214666	491049	9700
106052	76606	29446	19711	9735	8618
743421	154000	589421	98138	491283	21500
644336	403868	240468	136925	103543	23735

4-16 教育经费支出明细

地区	合计	事业性经费支出	个人部分	工资福利支出	对个人和家庭的补助支出	#助学金
合计	**20411324**	**20154318**	**6768930**	**4569853**	**2199077**	**395044**
北京	1337435	1319875	577005	386922	190083	729
天津	582860	582860	235996	143661	92335	2191
河北	672404	664503	382006	254040	127966	60118
山西	236743	236079	150934	122465	28469	4284
内蒙古	124096	124096	71268	47380	23888	3378
辽宁	438213	438213	217942	155256	62686	4952
吉林	520142	520142	334090	187499	146591	32291
黑龙江	458215	458215	250043	140896	109147	7467
上海	6995769	6995769	753108	628657	124451	7006
江苏	813382	813382	461061	256731	204330	48386
浙江	982433	982433	452054	325306	126748	19206
安徽	345742	329742	163342	112583	50759	8982
福建	332717	307611	159912	102779	57133	4266
江西	577512	576512	189698	124739	64959	24983
山东	639168	588117	247277	143421	103856	30541
河南	530216	524816	252900	171843	81057	31305
湖北	246489	246489	102677	70506	32171	10188
湖南	301302	301302	111119	75891	35228	5620
广东	941045	929268	454936	313087	141849	17410
广西	352895	340499	163071	102221	60850	12739
海南	56664	56664	23981	14635	9346	7521
重庆	37036	37036	16147	12323	3824	273
四川	916302	907765	297866	212428	85438	14070
贵州	240122	143508	62182	44374	17808	378
云南	549889	549889	118913	74148	44765	2871
西藏						
陕西	406791	406791	155333	113222	42111	17238
甘肃	161670	161670	71348	45214	26134	5461
青海	20116	20116	10528	4980	5548	
宁夏						
新疆	593956	590956	282193	182646	99547	11190

（成人高等学校）

单位：千元

公用部分	商品和服务支出	其他资本性支出			基本建设支出
			专项公用支出	专项项目支出	
13385388	**10628635**	**2756753**	**1088899**	**1667854**	**257006**
742870	639016	103854	77747	26107	17560
346864	101252	245612	10080	235532	
282497	191485	91012	36477	54535	7901
85145	63460	21685	20995	690	664
52828	48544	4284	2097	2187	
220271	158129	62142	44506	17636	
186052	127114	58938	25365	33573	
208172	180899	27273	24122	3151	
6242661	6131485	111176	55387	55789	
352321	214311	138010	39862	98148	
530379	318251	212128	56289	155839	
166400	137578	28822	24995	3827	16000
147699	122346	25353	12318	13035	25106
386814	115463	271351	15767	255584	1000
340840	213781	127059	86517	40542	51051
271916	199803	72113	34319	37794	5400
143812	133310	10502	2670	7832	
190183	174359	15824	8918	6906	
474332	410239	64093	43117	20976	11777
177428	88379	89049	45533	43516	12396
32683	10667	22016	2159	19857	
20889	13165	7724	4476	3248	
609899	225426	384473	341204	43269	8537
81326	66183	15143	11487	3656	96614
430976	75609	355367	9661	345706	
251458	212800	38658	18738	19920	
90322	71907	18415	13194	5221	
9588	8077	1511	1135	376	
308763	175597	133166	19764	113402	3000

4-17 教育经费支出明细

地区	合计	事业性经费支出	个人部分	工资福利支出	对个人和家庭的补助支出	#助学金
合计	**721227**	**700667**	**234644**	**172207**	**62437**	**1496**
北京	628403	610843	175964	131427	44537	
天津						
河北						
山西						
内蒙古						
辽宁	6413	6413	5038	4799	239	2
吉林						
黑龙江						
上海	1	1				
江苏						
浙江						
安徽						
福建						
江西						
山东						
河南						
湖北						
湖南						
广东						
广西						
海南						
重庆						
四川	1393	1393	1271	1237	34	
贵州	14148	14148	10497	9940	557	
云南						
西藏						
陕西						
甘肃	14735	14735	9978	8725	1253	1143
青海						
宁夏						
新疆	56134	53134	31896	16079	15817	351

（中央属成人高等学校）

单位：千元

公用部分	商品和服务支出	其他资本性支出			基本建设支出
			专项公用支出	专项项目支出	
466023	**414635**	**51388**	**40636**	**10752**	**20560**
434879	392943	41936	36754	5182	17560
1375	1208	167	167		
1	1				
122	122				
3651	2529	1122	748	374	
4757	1545	3212	1016	2196	
21238	16287	4951	1951	3000	3000

4-18 教育经费支出明细

地区	合计	事业性经费支出	个人部分	工资福利支出	对个人和家庭的补助支出	#助学金
合计	**19690097**	**19453651**	**6534286**	**4397646**	**2136640**	**393548**
北京	709032	709032	401041	255495	145546	729
天津	582860	582860	235996	143661	92335	2191
河北	672404	664503	382006	254040	127966	60118
山西	236743	236079	150934	122465	28469	4284
内蒙古	124096	124096	71268	47380	23888	3378
辽宁	431800	431800	212904	150457	62447	4950
吉林	520142	520142	334090	187499	146591	32291
黑龙江	458215	458215	250043	140896	109147	7467
上海	6995768	6995768	753108	628657	124451	7006
江苏	813382	813382	461061	256731	204330	48386
浙江	982433	982433	452054	325306	126748	19206
安徽	345742	329742	163342	112583	50759	8982
福建	332717	307611	159912	102779	57133	4266
江西	577512	576512	189698	124739	64959	24983
山东	639168	588117	247277	143421	103856	30541
河南	530216	524816	252900	171843	81057	31305
湖北	246489	246489	102677	70506	32171	10188
湖南	301302	301302	111119	75891	35228	5620
广东	941045	929268	454936	313087	141849	17410
广西	352895	340499	163071	102221	60850	12739
海南	56664	56664	23981	14635	9346	7521
重庆	37036	37036	16147	12323	3824	273
四川	914909	906372	296595	211191	85404	14070
贵州	225974	129360	51685	34434	17251	378
云南	549889	549889	118913	74148	44765	2871
西藏						
陕西	406791	406791	155333	113222	42111	17238
甘肃	146935	146935	61370	36489	24881	4318
青海	20116	20116	10528	4980	5548	
宁夏						
新疆	537822	537822	250297	166567	83730	10839

（地方成人高等学校）

单位：千元

公用部分	商品和服务支出	其他资本性支出			基本建设支出
			专项公用支出	专项项目支出	
12919365	**10214000**	**2705365**	**1048263**	**1657102**	**236446**
307991	246073	61918	40993	20925	
346864	101252	245612	10080	235532	
282497	191485	91012	36477	54535	7901
85145	63460	21685	20995	690	664
52828	48544	4284	2097	2187	
218896	156921	61975	44339	17636	
186052	127114	58938	25365	33573	
208172	180899	27273	24122	3151	
6242660	6131484	111176	55387	55789	
352321	214311	138010	39862	98148	
530379	318251	212128	56289	155839	
166400	137578	28822	24995	3827	16000
147699	122346	25353	12318	13035	25106
386814	115463	271351	15767	255584	1000
340840	213781	127059	86517	40542	51051
271916	199803	72113	34319	37794	5400
143812	133310	10502	2670	7832	
190183	174359	15824	8918	6906	
474332	410239	64093	43117	20976	11777
177428	88379	89049	45533	43516	12396
32683	10667	22016	2159	19857	
20889	13165	7724	4476	3248	
609777	225304	384473	341204	43269	8537
77675	63654	14021	10739	3282	96614
430976	75609	355367	9661	345706	
251458	212800	38658	18738	19920	
85565	70362	15203	12178	3025	
9588	8077	1511	1135	376	
287525	159310	128215	17813	110402	

4-19 教育经费支出明细

地区	合计	事业性经费支出	个人部分	工资福利支出	对个人和家庭的补助支出	#助学金
合计	**182495330**	**175053111**	**87190348**	**53722658**	**33467690**	**14963617**
北京	5457487	5348163	2747653	1506714	1240939	298351
天津	2841278	2841278	1531236	781624	749612	133834
河北	7658017	7536930	4352274	2927931	1424343	782547
山西	4731751	4563570	2494006	1764181	729825	365833
内蒙古	3806195	3680482	2134642	1408329	726313	237252
辽宁	5990072	5408533	2770426	1712793	1057633	294298
吉林	3054953	3002073	1630521	969092	661429	137114
黑龙江	3556236	3326359	1758023	1021417	736606	176967
上海	5399427	5379427	2690663	1751133	939530	611558
江苏	16075233	16039021	7537783	4937392	2600391	858916
浙江	10128689	9897413	5515158	3770003	1745155	691789
安徽	7796464	7265304	2662482	1619444	1043038	519210
福建	5255735	5088407	2616901	1641445	975456	436115
江西	3146517	3079970	1442089	846698	595391	340595
山东	15412443	15390279	6473034	4193401	2279633	1196974
河南	10476837	10030284	5103663	3059037	2044626	1260948
湖北	4516539	4372488	2339690	1313682	1026008	450067
湖南	6097956	5931604	2632876	1583077	1049799	545141
广东	17578731	16373874	8411023	5390182	3020841	1166744
广西	4822159	4709811	2328319	1214531	1113788	579780
海南	1786322	1752312	849240	522993	326247	242811
重庆	5194566	4485756	2121744	1118033	1003711	483200
四川	10087028	9569180	4949741	2753991	2195750	1233462
贵州	3093846	2926644	1360045	758168	601877	324815
云南	6171562	5438290	2945023	1655764	1289259	659780
西藏	380876	262526	128175	54619	73556	40952
陕西	3965211	3830683	1965333	1226420	738913	381403
甘肃	2848896	2710086	1479535	897173	582362	214595
青海	868852	757761	330761	184335	146426	59765
宁夏	778035	750535	367052	211721	155331	82810
新疆	3517417	3304068	1521237	927335	593902	155991

（中等职业学校）

单位：千元

公用部分	商品和服务支出	其他资本性支出			基本建设支出
			专项公用支出	专项项目支出	
87862763	**37023704**	**50839059**	**15800272**	**35038787**	**7442219**
2600510	1042433	1558077	855744	702333	109324
1310042	498656	811386	58100	753286	
3184656	1647895	1536761	386620	1150141	121087
2069564	1047566	1021998	438133	583865	168181
1545840	720115	825725	258468	567257	125713
2638107	1639460	998647	377817	620830	581539
1371552	688808	682744	360097	322647	52880
1568336	715565	852771	173285	679486	229877
2688764	1228551	1460213	1290477	169736	20000
8501238	2472610	6028628	1019569	5009059	36212
4382255	2126656	2255599	652039	1603560	231276
4602822	1432537	3170285	682085	2488200	531160
2471506	1030594	1440912	506965	933947	167328
1637881	676736	961145	314547	646598	66547
8917245	2397326	6519919	1065172	5454747	22164
4926621	2184691	2741930	764421	1977509	446553
2032798	898886	1133912	270711	863201	144051
3298728	1346315	1952413	604804	1347609	166352
7962851	4255836	3707015	1484578	2222437	1204857
2381492	904777	1476715	587050	889665	112348
903072	417843	485229	360261	124968	34010
2364012	977754	1386258	472541	913717	708810
4619439	1893461	2725978	1051614	1674364	517848
1566599	702365	864234	269736	594498	167202
2493267	1251425	1241842	314548	927294	733272
134351	67431	66920	44930	21990	118350
1865350	833994	1031356	333676	697680	134528
1230551	670763	559788	236343	323445	138810
427000	181641	245359	83101	162258	111091
383483	154183	229300	99027	130273	27500
1782831	916831	866000	383813	482187	213349

4-20 教育经费支出明细

地区	合计	事业性经费支出	个人部分	工资福利支出	对个人和家庭的补助支出	#助学金
合计	**1222970**	**1157346**	**542886**	**378609**	**164277**	**59503**
北京	161391	161391	60111	43372	16739	5039
天津	45041	45041	27987	22295	5692	1661
河北	978	978	780	780		
山西	16578	16578	14772	8480	6292	5460
内蒙古						
辽宁						
吉林						
黑龙江	136347	136347	102132	70163	31969	4997
上海	113014	113014	36176	33133	3043	1379
江苏	34073	34073	21668	19893	1775	325
浙江						
安徽	2133	2133	1783	1066	717	712
福建						
江西						
山东						
河南	81778	81778	24916	22420	2496	200
湖北						
湖南	23935	23935	12664	10730	1934	1558
广东	53656	53656	26618	21000	5618	3304
广西						
海南						
重庆	2405	2405	1796	1339	457	457
四川	56604	56604	20903	13892	7011	2917
贵州	62431	62431	38927	28655	10272	7572
云南						
西藏						
陕西	104500	104500				
甘肃						
青海						
宁夏						
新疆	328106	262482	151653	81391	70262	23922

（中央属中等职业学校）

单位：千元

公用部分	商品和服务支出	其他资本性支出			基本建设支出
			专项公用支出	专项项目支出	
614460	**285428**	**329032**	**207859**	**121173**	**65624**
101280	65499	35781	14994	20787	
17054	6614	10440	10440		
198	148	50	50		
1806	1802	4	4		
34215	24126	10089	5377	4712	
76838	53359	23479	12080	11399	
12405	9002	3403	2074	1329	
350	350				
56862		56862	19364	37498	
11271	9460	1811	1067	744	
27038	24784	2254	1418	836	
609	571	38	38		
35701	14310	21391	1588	19803	
23504	19792	3712	657	3055	
104500		104500	104500		
110829	55611	55218	34208	21010	65624

4-21 教育经费支出明细

地 区	合 计	事业性经费支出	个人部分	工资福利支出	对个人和家庭的补助支出	#助学金
合 计	**181272360**	**173895765**	**86647462**	**53344049**	**33303413**	**14904114**
北 京	5296096	5186772	2687542	1463342	1224200	293312
天 津	2796237	2796237	1503249	759329	743920	132173
河 北	7657039	7535952	4351494	2927151	1424343	782547
山 西	4715173	4546992	2479234	1755701	723533	360373
内蒙古	3806195	3680482	2134642	1408329	726313	237252
辽 宁	5990072	5408533	2770426	1712793	1057633	294298
吉 林	3054953	3002073	1630521	969092	661429	137114
黑龙江	3419889	3190012	1655891	951254	704637	171970
上 海	5286413	5266413	2654487	1718000	936487	610179
江 苏	16041160	16004948	7516115	4917499	2598616	858591
浙 江	10128689	9897413	5515158	3770003	1745155	691789
安 徽	7794331	7263171	2660699	1618378	1042321	518498
福 建	5255735	5088407	2616901	1641445	975456	436115
江 西	3146517	3079970	1442089	846698	595391	340595
山 东	15412443	15390279	6473034	4193401	2279633	1196974
河 南	10395059	9948506	5078747	3036617	2042130	1260748
湖 北	4516539	4372488	2339690	1313682	1026008	450067
湖 南	6074021	5907669	2620212	1572347	1047865	543583
广 东	17525075	16320218	8384405	5369182	3015223	1163440
广 西	4822159	4709811	2328319	1214531	1113788	579780
海 南	1786322	1752312	849240	522993	326247	242811
重 庆	5192161	4483351	2119948	1116694	1003254	482743
四 川	10030424	9512576	4928838	2740099	2188739	1230545
贵 州	3031415	2864213	1321118	729513	591605	317243
云 南	6171562	5438290	2945023	1655764	1289259	659780
西 藏	380876	262526	128175	54619	73556	40952
陕 西	3860711	3726183	1965333	1226420	738913	381403
甘 肃	2848896	2710086	1479535	897173	582362	214595
青 海	868852	757761	330761	184335	146426	59765
宁 夏	778035	750535	367052	211721	155331	82810
新 疆	3189311	3041586	1369584	845944	523640	132069

(地方中等职业学校)

单位:千元

公用部分	商品和服务支出	其他资本性支出			基本建设支出
			专项公用支出	专项项目支出	
87248303	**36738276**	**50510027**	**15592413**	**34917614**	**7376595**
2499230	976934	1522296	840750	681546	109324
1292988	492042	800946	47660	753286	
3184458	1647747	1536711	386570	1150141	121087
2067758	1045764	1021994	438129	583865	168181
1545840	720115	825725	258468	567257	125713
2638107	1639460	998647	377817	620830	581539
1371552	688808	682744	360097	322647	52880
1534121	691439	842682	167908	674774	229877
2611926	1175192	1436734	1278397	158337	20000
8488833	2463608	6025225	1017495	5007730	36212
4382255	2126656	2255599	652039	1603560	231276
4602472	1432187	3170285	682085	2488200	531160
2471506	1030594	1440912	506965	933947	167328
1637881	676736	961145	314547	646598	66547
8917245	2397326	6519919	1065172	5454747	22164
4869759	2184691	2685068	745057	1940011	446553
2032798	898886	1133912	270711	863201	144051
3287457	1336855	1950602	603737	1346865	166352
7935813	4231052	3704761	1483160	2221601	1204857
2381492	904777	1476715	587050	889665	112348
903072	417843	485229	360261	124968	34010
2363403	977183	1386220	472503	913717	708810
4583738	1879151	2704587	1050026	1654561	517848
1543095	682573	860522	269079	591443	167202
2493267	1251425	1241842	314548	927294	733272
134351	67431	66920	44930	21990	118350
1760850	833994	926856	229176	697680	134528
1230551	670763	559788	236343	323445	138810
427000	181641	245359	83101	162258	111091
383483	154183	229300	99027	130273	27500
1672002	861220	810782	349605	461177	147725

4-22 教育经费支出明细

地区	合计	事业性经费支出	个人部分	工资福利支出	对个人和家庭的补助支出	#助学金
合计	**82795052**	**79745524**	**39655109**	**23372491**	**16282618**	**7653925**
北京	1563974	1494104	847495	433230	414265	174516
天津	1879802	1879802	1192687	586080	606607	115730
河北	2605475	2583175	1506470	935578	570892	339794
山西	2129617	2043748	1193395	819252	374143	180124
内蒙古	1707819	1675749	960342	597684	362658	113125
辽宁	3117939	2995787	1563845	912293	651552	178456
吉林	1280247	1260247	592929	338062	254867	59778
黑龙江	1194251	1013977	558399	328297	230102	54266
上海	3206670	3206670	1577644	924285	653359	485743
江苏	8008040	7998828	3666673	2363455	1303218	459867
浙江	1280641	1275641	735976	464912	271064	113247
安徽	3371999	3185005	1239871	707810	532061	260960
福建	3546686	3416733	1805548	1140949	664599	298633
江西	1302102	1289202	583991	337144	246847	139332
山东	6745308	6739978	2534107	1607388	926719	449267
河南	5194108	4886508	2650862	1414776	1236086	836629
湖北	2643116	2606806	1374643	793834	580809	264077
湖南	1598619	1568219	726285	432852	293433	144197
广东	8770461	8533285	4375910	2780515	1595395	645264
广西	3785068	3685376	1755154	897669	857485	469045
海南	1383737	1350177	655551	395427	260124	196119
重庆	1133742	1002872	510425	243917	266508	157437
四川	3836544	3684061	1842307	993701	848606	490006
贵州	1486237	1403457	686718	330638	356080	194530
云南	3434823	2835075	1409991	775477	634514	339496
西藏	380876	262526	128175	54619	73556	40952
陕西	1061387	1048899	535876	307700	228176	119795
甘肃	1976232	1903362	992847	596367	396480	136939
青海	398251	333057	165671	88254	77417	29016
宁夏	480605	465105	241492	133217	108275	58699
新疆	2290676	2118093	1043830	637109	406721	108886

（中等专业学校）

单位：千元

公用部分	商品和服务支出	其他资本性支出			基本建设支出
			专项公用支出	专项项目支出	
40090415	**17268563**	**22821852**	**7869209**	**14952643**	**3049528**
646609	306341	340268	214656	125612	69870
687115	425924	261191	34666	226525	
1076705	562834	513871	110824	403047	22300
850353	487289	363064	205236	157828	85869
715407	329871	385536	120190	265346	32070
1431942	916446	515496	206032	309464	122152
667318	269653	397665	240930	156735	20000
455578	240972	214606	50344	164262	180274
1629026	605212	1023814	989270	34544	
4332155	1262985	3069170	513582	2555588	9212
539665	326282	213383	72861	140522	5000
1945134	740292	1204842	216831	988011	186994
1611185	628482	982703	351460	631243	129953
705211	311647	393564	150726	242838	12900
4205871	1038807	3167064	391436	2775628	5330
2235646	1130889	1104757	419558	685199	307600
1232163	583332	648831	173217	475614	36310
841934	428011	413923	152913	261010	30400
4157375	2090311	2067064	848825	1218239	237176
1930222	646665	1283557	502433	781124	99692
694626	322484	372142	267185	104957	33560
492447	212505	279942	86702	193240	130870
1841754	745411	1096343	517278	579065	152483
716739	328148	388591	164095	224496	82780
1425084	679205	745879	130729	615150	599748
134351	67431	66920	44930	21990	118350
513023	249916	263107	198960	64147	12488
910515	502922	407593	179149	228444	72870
167386	103708	63678	56414	7264	65194
223613	89859	133754	47280	86474	15500
1074263	634729	439534	210497	229037	172583

4-23 教育经费支出明细

地区	合计	事业性经费支出	个人部分	工资福利支出	对个人和家庭的补助支出	#助学金
合计	**916883**	**851259**	**362146**	**241145**	**121001**	**41812**
北京	160422	160422	59185	42664	16521	4821
天津	8869	8869	8842	4325	4517	486
河北	978	978	780	780		
山西	16578	16578	14772	8480	6292	5460
内蒙古						
辽宁						
吉林						
黑龙江	69112	69112	52900	38202	14698	1621
上海	113014	113014	36176	33133	3043	1379
江苏						
浙江						
安徽	2133	2133	1783	1066	717	712
福建						
江西						
山东						
河南	81778	81778	24916	22420	2496	200
湖北						
湖南						
广东	18196	18196	2150	2150		
广西						
海南						
重庆						
四川						
贵州	22055	22055	15062	7379	7683	7422
云南						
西藏						
陕西	104500	104500				
甘肃						
青海						
宁夏						
新疆	319248	253624	145580	80546	65034	19711

（中央属中等专业学校）

单位：千元

公用部分	商品和服务支出	其他资本性支出	专项公用支出	专项项目支出	基本建设支出
489113	**207751**	**281362**	**187613**	**93749**	**65624**
101237	65460	35777	14990	20787	
27	27				
198	148	50	50		
1806	1802	4	4		
16212	12636	3576	3576		
76838	53359	23479	12080	11399	
350	350				
56862		56862	19364	37498	
16046	15956	90	90		
6993	3281	3712	657	3055	
104500		104500	104500		
108044	54732	53312	32302	21010	65624

4-24 教育经费支出明细

地区	合计	事业性经费支出	个人部分	工资福利支出	对个人和家庭的补助支出	#助学金
合计	**81878169**	**78894265**	**39292963**	**23131346**	**16161617**	**7612113**
北京	1403552	1333682	788310	390566	397744	169695
天津	1870933	1870933	1183845	581755	602090	115244
河北	2604497	2582197	1505690	934798	570892	339794
山西	2113039	2027170	1178623	810772	367851	174664
内蒙古	1707819	1675749	960342	597684	362658	113125
辽宁	3117939	2995787	1563845	912293	651552	178456
吉林	1280247	1260247	592929	338062	254867	59778
黑龙江	1125139	944865	505499	290095	215404	52645
上海	3093656	3093656	1541468	891152	650316	484364
江苏	8008040	7998828	3666673	2363455	1303218	459867
浙江	1280641	1275641	735976	464912	271064	113247
安徽	3369866	3182872	1238088	706744	531344	260248
福建	3546686	3416733	1805548	1140949	664599	298633
江西	1302102	1289202	583991	337144	246847	139332
山东	6745308	6739978	2534107	1607388	926719	449267
河南	5112330	4804730	2625946	1392356	1233590	836429
湖北	2643116	2606806	1374643	793834	580809	264077
湖南	1598619	1568219	726285	432852	293433	144197
广东	8752265	8515089	4373760	2778365	1595395	645264
广西	3785068	3685376	1755154	897669	857485	469045
海南	1383737	1350177	655551	395427	260124	196119
重庆	1133742	1002872	510425	243917	266508	157437
四川	3836544	3684061	1842307	993701	848606	490006
贵州	1464182	1381402	671656	323259	348397	187108
云南	3434823	2835075	1409991	775477	634514	339496
西藏	380876	262526	128175	54619	73556	40952
陕西	956887	944399	535876	307700	228176	119795
甘肃	1976232	1903362	992847	596367	396480	136939
青海	398251	333057	165671	88254	77417	29016
宁夏	480605	465105	241492	133217	108275	58699
新疆	1971428	1864469	898250	556563	341687	89175

(地方中等专业学校)

单位:千元

公用部分	商品和服务支出	其他资本性支出	专项公用支出	专项项目支出	基本建设支出
39601302	**17060812**	**22540490**	**7681596**	**14858894**	**2983904**
545372	240881	304491	199666	104825	69870
687088	425897	261191	34666	226525	
1076507	562686	513821	110774	403047	22300
848547	485487	363060	205232	157828	85869
715407	329871	385536	120190	265346	32070
1431942	916446	515496	206032	309464	122152
667318	269653	397665	240930	156735	20000
439366	228336	211030	46768	164262	180274
1552188	551853	1000335	977190	23145	
4332155	1262985	3069170	513582	2555588	9212
539665	326282	213383	72861	140522	5000
1944784	739942	1204842	216831	988011	186994
1611185	628482	982703	351460	631243	129953
705211	311647	393564	150726	242838	12900
4205871	1038807	3167064	391436	2775628	5330
2178784	1130889	1047895	400194	647701	307600
1232163	583332	648831	173217	475614	36310
841934	428011	413923	152913	261010	30400
4141329	2074355	2066974	848735	1218239	237176
1930222	646665	1283557	502433	781124	99692
694626	322484	372142	267185	104957	33560
492447	212505	279942	86702	193240	130870
1841754	745411	1096343	517278	579065	152483
709746	324867	384879	163438	221441	82780
1425084	679205	745879	130729	615150	599748
134351	67431	66920	44930	21990	118350
408523	249916	158607	94460	64147	12488
910515	502922	407593	179149	228444	72870
167386	103708	63678	56414	7264	65194
223613	89859	133754	47280	86474	15500
966219	579997	386222	178195	208027	106959

4-25 教育经费支出明细

地区	合计	事业性经费支出	个人部分	工资福利支出	对个人和家庭的补助支出	#助学金
合计	**69766968**	**66789220**	**32401955**	**20807600**	**11594355**	**5236539**
北京	2663735	2624281	1315350	762718	552632	32359
天津						
河北	3475367	3376580	1881745	1315925	565820	325436
山西	1966258	1887446	939173	694329	244844	157797
内蒙古	1647267	1590459	865069	604940	260129	111860
辽宁	2273153	1922323	908348	601709	306639	99282
吉林	1169211	1136331	615247	385182	230065	67210
黑龙江	1498242	1463662	772328	454105	318223	68724
上海	1636723	1616723	834777	585467	249310	124940
江苏	5734154	5707154	2692689	1812325	880364	275624
浙江	7277338	7180498	4051533	2821930	1229603	540907
安徽	3779984	3521918	1178804	741262	437542	225354
福建	905804	888804	423185	275117	148068	68009
江西	1471579	1417932	678764	387383	291381	192254
山东	5811255	5811255	2376321	1684934	691387	280866
河南	3497382	3438972	1495368	996275	499093	319271
湖北	1518748	1428348	752662	403970	348692	151788
湖南	3731896	3600444	1483236	873575	609661	347251
广东	3076298	2859301	1591007	1047540	543467	143428
广西	302213	302213	168918	104226	64692	20772
海南	195232	194782	96562	74647	21915	13418
重庆	3140122	2615182	1150138	620340	529798	274107
四川	4963735	4649229	2391704	1317778	1073926	647007
贵州	1245253	1160831	477034	284299	192735	89502
云南	1882208	1777384	1036388	570930	465458	246297
西藏						
陕西	2641316	2519276	1283173	815225	467948	260002
甘肃	773677	707737	423880	262593	161287	66456
青海	466449	420552	163109	94577	68532	30749
宁夏	282917	270917	116188	73204	42984	24111
新疆	739452	698686	239255	141095	98160	31758

(职业高中)

单位:千元

公用部分	商品和服务支出	其他资本性支出			基本建设支出
			专项公用支出	专项项目支出	
34387265	**12585491**	**21801774**	**5712635**	**16089139**	**2977748**
1308931	452619	856312	351133	505179	39454
1494835	695931	798904	221696	577208	98787
948273	415581	532692	179186	353506	78812
725390	307236	418154	124954	293200	56808
1013975	597246	416729	136784	279945	350830
521084	288499	232585	70638	161947	32880
691334	294737	396597	69941	326656	34580
781946	408623	373323	275763	97560	20000
3014465	733505	2280960	344437	1936523	27000
3128965	1400808	1728157	464380	1263777	96840
2343114	514745	1828369	416144	1412225	258066
465619	165585	300034	92572	207462	17000
739168	215390	523778	150612	373166	53647
3434934	845470	2589464	438248	2151216	
1943604	667959	1275645	174841	1100804	58410
675686	243500	432186	75208	356978	90400
2117208	673762	1443446	412492	1030954	131452
1268294	659018	609276	218748	390528	216997
133295	51958	81337	21304	60033	
98220	43297	54923	42570	12353	450
1465044	522658	942386	330620	611766	524940
2257525	867724	1389801	456106	933695	314506
683797	208844	474953	104951	370002	84422
740996	363897	377099	143268	233831	104824
1236103	488561	747542	126801	620741	122040
283857	143900	139957	49849	90108	65940
257443	76252	181191	26687	154504	45897
154729	60346	94383	50934	43449	12000
459431	177840	281591	141768	139823	40766

4-26 教育经费支出明细

地 区	合 计	事业性经费支出	个人部分	工资福利支出	对个人和家庭的补助支出	#助学金
合 计	**69724951**	**66747203**	**32374538**	**20789025**	**11585513**	**5234714**
北 京	2663735	2624281	1315350	762718	552632	32359
天 津						
河 北	3475367	3376580	1881745	1315925	565820	325436
山 西	1966258	1887446	939173	694329	244844	157797
内蒙古	1647267	1590459	865069	604940	260129	111860
辽 宁	2273153	1922323	908348	601709	306639	99282
吉 林	1169211	1136331	615247	385182	230065	67210
黑龙江	1474178	1439598	755350	441458	313892	67750
上 海	1636723	1616723	834777	585467	249310	124940
江 苏	5734154	5707154	2692689	1812325	880364	275624
浙 江	7277338	7180498	4051533	2821930	1229603	540907
安 徽	3779984	3521918	1178804	741262	437542	225354
福 建	905804	888804	423185	275117	148068	68009
江 西	1471579	1417932	678764	387383	291381	192254
山 东	5811255	5811255	2376321	1684934	691387	280866
河 南	3497382	3438972	1495368	996275	499093	319271
湖 北	1518748	1428348	752662	403970	348692	151788
湖 南	3731896	3600444	1483236	873575	609661	347251
广 东	3076298	2859301	1591007	1047540	543467	143428
广 西	302213	302213	168918	104226	64692	20772
海 南	195232	194782	96562	74647	21915	13418
重 庆	3140122	2615182	1150138	620340	529798	274107
四 川	4945782	4631276	2381265	1311850	1069415	646156
贵 州	1245253	1160831	477034	284299	192735	89502
云 南	1882208	1777384	1036388	570930	465458	246297
西 藏						
陕 西	2641316	2519276	1283173	815225	467948	260002
甘 肃	773677	707737	423880	262593	161287	66456
青 海	466449	420552	163109	94577	68532	30749
宁 夏	282917	270917	116188	73204	42984	24111
新 疆	739452	698686	239255	141095	98160	31758

（地方职业高中）

单位：千元

公用部分	商品和服务支出	其他资本性支出	专项公用支出	专项项目支出	基本建设支出
34372665	**12577416**	**21795249**	**5711275**	**16083974**	**2977748**
1308931	452619	856312	351133	505179	39454
1494835	695931	798904	221696	577208	98787
948273	415581	532692	179186	353506	78812
725390	307236	418154	124954	293200	56808
1013975	597246	416729	136784	279945	350830
521084	288499	232585	70638	161947	32880
684248	288708	395540	69049	326491	34580
781946	408623	373323	275763	97560	20000
3014465	733505	2280960	344437	1936523	27000
3128965	1400808	1728157	464380	1263777	96840
2343114	514745	1828369	416144	1412225	258066
465619	165585	300034	92572	207462	17000
739168	215390	523778	150612	373166	53647
3434934	845470	2589464	438248	2151216	
1943604	667959	1275645	174841	1100804	58410
675686	243500	432186	75208	356978	90400
2117208	673762	1443446	412492	1030954	131452
1268294	659018	609276	218748	390528	216997
133295	51958	81337	21304	60033	
98220	43297	54923	42570	12353	450
1465044	522658	942386	330620	611766	524940
2250011	865678	1384333	455638	928695	314506
683797	208844	474953	104951	370002	84422
740996	363897	377099	143268	233831	104824
1236103	488561	747542	126801	620741	122040
283857	143900	139957	49849	90108	65940
257443	76252	181191	26687	154504	45897
154729	60346	94383	50934	43449	12000
459431	177840	281591	141768	139823	40766

4-27 教育经费支出明细

地区	合计	事业性经费支出	个人部分	工资福利支出	对个人和家庭的补助支出	#助学金
合 计	**9231599**	**8816165**	**4076888**	**2763688**	**1313200**	**691698**
北 京	243003	228529	90542	73497	17045	2916
天 津						
河 北	364739	346739	197266	136300	60966	39536
山 西	218405	194401	97647	69814	27833	19242
内蒙古	101500	91500	49380	36287	13093	6597
辽 宁	128802	128802	48466	30104	18362	7057
吉 林	16276	16276	9840	6555	3285	694
黑龙江	17961	17961	14416	9764	4652	955
上 海	165920	165920	61131	46346	14785	10447
江 苏	667828	667828	285935	192183	93752	33433
浙 江	1347179	1277179	685327	513697	171630	96330
安 徽	1025975	1003175	363777	243643	120134	63809
福 建	68209	68209	39322	28349	10973	4531
江 西	125718	115718	41128	24829	16299	10922
山 东	473271	473271	166079	124790	41289	23366
河 南	579304	569024	266021	196018	70003	34962
湖 北	60839	50839	31948	20135	11813	7502
湖 南	468595	442095	202172	112770	89402	31721
广 东	562644	553441	272024	207078	64946	27169
广 西	19496	19496	11510	7142	4368	1854
海 南	20640	20640	18017	15306	2711	1384
重 庆	426494	406494	187121	98985	88136	52518
四 川	1228875	1160266	532630	318042	214588	139919
贵 州	176766	154766	36518	21479	15039	6876
云 南	168059	123665	75307	35474	39833	23579
西 藏						
陕 西	393981	383981	194200	128464	65736	30540
甘 肃	157480	132310	95825	63511	32314	13816
青 海						
宁 夏						
新 疆	3640	3640	3339	3126	213	23

（农村职业高中）

单位：千元

公用部分	商品和服务支出	其他资本性支出			基本建设支出
			专项公用支出	专项项目支出	
4739277	**1646695**	**3092582**	**701496**	**2391086**	**415434**
137987	41403	96584	37567	59017	14474
149473	90358	59115	24840	34275	18000
96754	48724	48030	13839	34191	24004
42120	21615	20505	11906	8599	10000
80336	23453	56883	30015	26868	
6436	4917	1519	1519		
3545	2916	629	629		
104789	27580	77209	2898	74311	
381893	80090	301803	29754	272049	
591852	214222	377630	79971	297659	70000
639398	189568	449830	153514	296316	22800
28887	11092	17795	1218	16577	
74590	29412	45178	16654	28524	10000
307192	56774	250418	11176	239242	
303003	140086	162917	31635	131282	10280
18891	8718	10173	1701	8472	10000
239923	68966	170957	33808	137149	26500
281417	115532	165885	13322	152563	9203
7986	4408	3578	572	3006	
2623	2372	251	251		
219373	111480	107893	49932	57961	20000
627636	208423	419213	106266	312947	68609
118248	11893	106355	5781	100574	22000
48358	26794	21564	13017	8547	44394
189781	79099	110682	27727	82955	10000
36485	26514	9971	1969	8002	25170
301	286	15	15		

4-28 教育经费支出明细

地区	合计	事业性经费支出	个人部分	工资福利支出	对个人和家庭的补助支出	#助学金
合计	21409173	20051764	9929287	6104708	3824579	1894849
北京	1166492	1166492	547939	286490	261449	91476
天津	888502	888502	280636	163741	116895	18104
河北	924416	924416	479142	319417	159725	111140
山西	338133	334633	146387	97357	49030	27608
内蒙古	145065	134565	86095	58909	27186	12267
辽宁	556168	449611	275446	186470	88976	13446
吉林	54953	54953	31827	18732	13095	9167
黑龙江	582336	568434	255673	133648	122025	40209
上海	171690	171690	97383	87330	10053	723
江苏	1709146	1709146	787569	526905	260664	114484
浙江	1010179	880743	414158	273696	140462	31259
安徽	401598	316598	136307	101134	35173	19930
福建	680552	660177	337822	187093	150729	68525
江西	111819	111819	24323	16564	7759	4105
山东	2199224	2182390	1184969	601609	583360	453075
河南	1120603	1050060	613358	410565	202793	87461
湖北	172846	156317	88068	55823	32245	12946
湖南	470390	465890	239585	156731	82854	47542
广东	5353521	4607837	2225412	1427562	797850	365265
广西	636457	625601	354894	184584	170310	88480
海南	177191	177191	82259	39765	42494	33274
重庆	541359	488359	261003	142340	118663	38576
四川	627454	585961	290643	179174	111469	73218
贵州	320777	320777	166453	127548	38905	36466
云南	597489	568789	313603	184703	128900	73628
西藏						
陕西	41231	41231	17479	14060	3419	1606
甘肃	36125	36125	22253	10858	11395	9847
青海						
宁夏						
新疆	373457	373457	168601	111900	56701	11022

（技工学校）

单位：千元

公用部分	商品和服务支出	其他资本性支出	专项公用支出	专项项目支出	基本建设支出
10122477	**4935772**	**5186705**	**1832921**	**3353784**	**1357409**
618553	262873	355680	284450	71230	
607866	65152	542714	15953	526761	
445274	255570	189704	35338	154366	
188246	84042	104204	45725	58479	3500
48470	32597	15873	10488	5385	10500
174165	113632	60533	30272	30261	106557
23126	14712	8414	8414		
312761	112158	200603	48475	152128	13902
74307	56419	17888	17472	416	
921577	322300	599277	139586	459691	
466585	184854	281731	95630	186101	129436
180291	88228	92063	30522	61541	85000
322355	204163	118192	58217	59975	20375
87496	79478	8018	6018	2000	
997421	379499	617922	206469	411453	16834
436702	210845	225857	142325	83532	70543
68249	33067	35182	12273	22909	16529
226305	156397	69908	22067	47841	4500
2382425	1403802	978623	393800	584823	745684
270707	174845	95862	56275	39587	10856
94932	37875	57057	49399	7658	
227356	134772	92584	23825	68759	53000
295318	127985	167333	38253	129080	41493
154324	154237	87	87		
255186	154397	100789	30584	70205	28700
23752	8934	14818	2818	12000	
13872	10157	3715	1329	2386	
204856	72782	132074	26857	105217	

4-29 教育经费支出明细

地区	合计	事业性经费支出	个人部分	工资福利支出	对个人和家庭的补助支出	#助学金
合计	**220209**	**220209**	**123959**	**96027**	**27932**	**11655**
北京	969	969	926	708	218	218
天津	13216	13216	5736	4561	1175	1175
河北						
山西						
内蒙古						
辽宁						
吉林						
黑龙江	31124	31124	22372	10706	11666	2402
上海						
江苏	34073	34073	21668	19893	1775	325
浙江						
安徽						
福建						
江西						
山东						
河南						
湖北						
湖南	23935	23935	12664	10730	1934	1558
广东	35460	35460	24468	18850	5618	3304
广西						
海南						
重庆	2405	2405	1796	1339	457	457
四川	38651	38651	10464	7964	2500	2066
贵州	40376	40376	23865	21276	2589	150
云南						
西藏						
陕西						
甘肃						
青海						
宁夏						
新疆						

(中央属技工学校)

单位:千元

公用部分	商品和服务支出	其他资本性支出			基本建设支出
			专项公用支出	专项项目支出	
96250	**64537**	**31713**	**9734**	**21979**	
43	39	4	4		
7480	4175	3305	3305		
8752	3687	5065	798	4267	
12405	9002	3403	2074	1329	
11271	9460	1811	1067	744	
10992	8828	2164	1328	836	
609	571	38	38		
28187	12264	15923	1120	14803	
16511	16511				

4-30 教育经费支出明细

地区	合计	事业性经费支出	个人部分	工资福利支出	对个人和家庭的补助支出	#助学金
合计	**21188964**	**19831555**	**9805328**	**6008681**	**3796647**	**1883194**
北京	1165523	1165523	547013	285782	261231	91258
天津	875286	875286	274900	159180	115720	16929
河北	924416	924416	479142	319417	159725	111140
山西	338133	334633	146387	97357	49030	27608
内蒙古	145065	134565	86095	58909	27186	12267
辽宁	556168	449611	275446	186470	88976	13446
吉林	54953	54953	31827	18732	13095	9167
黑龙江	551212	537310	233301	122942	110359	37807
上海	171690	171690	97383	87330	10053	723
江苏	1675073	1675073	765901	507012	258889	114159
浙江	1010179	880743	414158	273696	140462	31259
安徽	401598	316598	136307	101134	35173	19930
福建	680552	660177	337822	187093	150729	68525
江西	111819	111819	24323	16564	7759	4105
山东	2199224	2182390	1184969	601609	583360	453075
河南	1120603	1050060	613358	410565	202793	87461
湖北	172846	156317	88068	55823	32245	12946
湖南	446455	441955	226921	146001	80920	45984
广东	5318061	4572377	2200944	1408712	792232	361961
广西	636457	625601	354894	184584	170310	88480
海南	177191	177191	82259	39765	42494	33274
重庆	538954	485954	259207	141001	118206	38119
四川	588803	547310	280179	171210	108969	71152
贵州	280401	280401	142588	106272	36316	36316
云南	597489	568789	313603	184703	128900	73628
西藏						
陕西	41231	41231	17479	14060	3419	1606
甘肃	36125	36125	22253	10858	11395	9847
青海						
宁夏						
新疆	373457	373457	168601	111900	56701	11022

(地方技工学校)

单位:千元

公用部分	商品和服务支出	其他资本性支出			基本建设支出
			专项公用支出	专项项目支出	
10026227	**4871235**	**5154992**	**1823187**	**3331805**	**1357409**
618510	262834	355676	284446	71230	
600386	60977	539409	12648	526761	
445274	255570	189704	35338	154366	
188246	84042	104204	45725	58479	3500
48470	32597	15873	10488	5385	10500
174165	113632	60533	30272	30261	106557
23126	14712	8414	8414		
304009	108471	195538	47677	147861	13902
74307	56419	17888	17472	416	
909172	313298	595874	137512	458362	
466585	184854	281731	95630	186101	129436
180291	88228	92063	30522	61541	85000
322355	204163	118192	58217	59975	20375
87496	79478	8018	6018	2000	
997421	379499	617922	206469	411453	16834
436702	210845	225857	142325	83532	70543
68249	33067	35182	12273	22909	16529
215034	146937	68097	21000	47097	4500
2371433	1394974	976459	392472	583987	745684
270707	174845	95862	56275	39587	10856
94932	37875	57057	49399	7658	
226747	134201	92546	23787	68759	53000
267131	115721	151410	37133	114277	41493
137813	137726	87	87		
255186	154397	100789	30584	70205	28700
23752	8934	14818	2818	12000	
13872	10157	3715	1329	2386	
204856	72782	132074	26857	105217	

4-31 教育经费支出明细

地区	合计	事业性经费支出	个人部分	工资福利支出	对个人和家庭的补助支出	#助学金
合计	**8524137**	**8466603**	**5203997**	**3437859**	**1766138**	**178304**
北京	63286	63286	36869	24276	12593	
天津	72974	72974	57913	31803	26110	
河北	652759	652759	484917	357011	127906	6177
山西	297743	297743	215051	153243	61808	304
内蒙古	306044	279709	223136	146796	76340	
辽宁	42812	40812	22787	12321	10466	3114
吉林	550542	550542	390518	227116	163402	959
黑龙江	281407	280286	171623	105367	66256	13768
上海	384344	384344	180859	154051	26808	152
江苏	623893	623893	390852	234707	156145	8941
浙江	560531	560531	313491	209465	104026	6376
安徽	242883	241783	107500	69238	38262	12966
福建	122693	122693	50346	38286	12060	948
江西	261017	261017	155011	105607	49404	4904
山东	656656	656656	377637	299470	78167	13766
河南	664744	654744	344075	237421	106654	17587
湖北	181829	181017	124317	60055	64262	21256
湖南	297051	297051	183770	119919	63851	6151
广东	378451	373451	218694	134565	84129	12787
广西	98421	96621	49353	28052	21301	1483
海南	30162	30162	14868	13154	1714	
重庆	379343	379343	200178	111436	88742	13080
四川	659295	649929	425087	263338	161749	23231
贵州	41579	41579	29840	15683	14157	4317
云南	257042	257042	185041	124654	60387	359
西藏						
陕西	221277	221277	128805	89435	39370	
甘肃	62862	62862	40555	27355	13200	1353
青海	4152	4152	1981	1504	477	
宁夏	14513	14513	9372	5300	4072	
新疆	113832	113832	69551	37231	32320	4325

(成人中等专业学校)

单位:千元

公用部分	商品和服务支出	其他资本性支出	专项公用支出	专项项目支出	基本建设支出
3262606	**2233878**	**1028728**	**385507**	**643221**	**57534**
26417	20600	5817	5505	312	
15061	7580	7481	7481		
167842	133560	34282	18762	15520	
82692	60654	22038	7986	14052	
56573	50411	6162	2836	3326	26335
18025	12136	5889	4729	1160	2000
160024	115944	44080	40115	3965	
108663	67698	40965	4525	36440	1121
203485	158297	45188	7972	37216	
233041	153820	79221	21964	57257	
247040	214712	32328	19168	13160	
134283	89272	45011	18588	26423	1100
72347	32364	39983	4716	35267	
106006	70221	35785	7191	28594	
279019	133550	145469	29019	116450	
310669	174998	135671	27697	107974	10000
56700	38987	17713	10013	7700	812
113281	88145	25136	17332	7804	
154757	102705	52052	23205	28847	5000
47268	31309	15959	7038	8921	1800
15294	14187	1107	1107		
179165	107819	71346	31394	39952	
224842	152341	72501	39977	32524	9366
11739	11136	603	603		
72001	53926	18075	9967	8108	
92472	86583	5889	5097	792	
22307	13784	8523	6016	2507	
2171	1681	490		490	
5141	3978	1163	813	350	
44281	31480	12801	4691	8110	

4-32 教育经费支出明细

地区	合计	事业性经费支出	个人部分	工资福利支出	对个人和家庭的补助支出	#助学金
合计	**8480276**	**8422742**	**5174633**	**3414997**	**1759636**	**174093**
北京	63286	63286	36869	24276	12593	
天津	50018	50018	44504	18394	26110	
河北	652759	652759	484917	357011	127906	6177
山西	297743	297743	215051	153243	61808	304
内蒙古	306044	279709	223136	146796	76340	
辽宁	42812	40812	22787	12321	10466	3114
吉林	550542	550542	390518	227116	163402	959
黑龙江	269360	268239	161741	96759	64982	13768
上海	384344	384344	180859	154051	26808	152
江苏	623893	623893	390852	234707	156145	8941
浙江	560531	560531	313491	209465	104026	6376
安徽	242883	241783	107500	69238	38262	12966
福建	122693	122693	50346	38286	12060	948
江西	261017	261017	155011	105607	49404	4904
山东	656656	656656	377637	299470	78167	13766
河南	664744	654744	344075	237421	106654	17587
湖北	181829	181017	124317	60055	64262	21256
湖南	297051	297051	183770	119919	63851	6151
广东	378451	373451	218694	134565	84129	12787
广西	98421	96621	49353	28052	21301	1483
海南	30162	30162	14868	13154	1714	
重庆	379343	379343	200178	111436	88742	13080
四川	659295	649929	425087	263338	161749	23231
贵州	41579	41579	29840	15683	14157	4317
云南	257042	257042	185041	124654	60387	359
西藏						
陕西	221277	221277	128805	89435	39370	
甘肃	62862	62862	40555	27355	13200	1353
青海	4152	4152	1981	1504	477	
宁夏	14513	14513	9372	5300	4072	
新疆	104974	104974	63478	36386	27092	114

（地方成人中等专业学校）

单位：千元

公用部分	商品和服务支出	其他资本性支出			基本建设支出
			专项公用支出	专项项目支出	
3248109	**2228813**	**1019296**	**376355**	**642941**	**57534**
26417	20600	5817	5505	312	
5514	5168	346	346		
167842	133560	34282	18762	15520	
82692	60654	22038	7986	14052	
56573	50411	6162	2836	3326	26335
18025	12136	5889	4729	1160	2000
160024	115944	44080	40115	3965	
106498	65924	40574	4414	36160	1121
203485	158297	45188	7972	37216	
233041	153820	79221	21964	57257	
247040	214712	32328	19168	13160	
134283	89272	45011	18588	26423	1100
72347	32364	39983	4716	35267	
106006	70221	35785	7191	28594	
279019	133550	145469	29019	116450	
310669	174998	135671	27697	107974	10000
56700	38987	17713	10013	7700	812
113281	88145	25136	17332	7804	
154757	102705	52052	23205	28847	5000
47268	31309	15959	7038	8921	1800
15294	14187	1107	1107		
179165	107819	71346	31394	39952	
224842	152341	72501	39977	32524	9366
11739	11136	603	603		
72001	53926	18075	9967	8108	
92472	86583	5889	5097	792	
22307	13784	8523	6016	2507	
2171	1681	490		490	
5141	3978	1163	813	350	
41496	30601	10895	2785	8110	

4-33 教育经费支出明细

地区	合计	事业性经费支出	个人部分	工资福利支出	对个人和家庭的补助支出	#助学金
合计	**774408864**	**749865027**	**438912251**	**318874391**	**120037860**	**26927835**
北京	21720344	20217016	11782724	7906981	3875743	121199
天津	11258298	10991218	6992240	4077737	2914503	41203
河北	29274020	28824447	17572329	13694163	3878166	997119
山西	20888422	20375486	11187665	9147697	2039968	685926
内蒙古	17257807	16613951	10513038	7598150	2914888	899039
辽宁	25129925	24230721	13494265	9362040	4132225	242087
吉林	13122265	12938767	7910850	5482000	2428850	312747
黑龙江	19761086	17910422	10271257	7223151	3048106	203025
上海	19123044	18563217	10274776	8483232	1791544	340316
江苏	52796209	52624068	32316682	24147060	8169622	461405
浙江	38085891	37809975	24866618	19416010	5450608	821320
安徽	33425751	32715618	17378804	12872267	4506537	930550
福建	21169282	20831484	13588392	10390864	3197528	570270
江西	21516352	20939873	10967860	7889225	3078635	1253454
山东	55122209	55073909	29582633	23832025	5750608	917450
河南	46455249	45209017	22633900	16358521	6275379	2082484
湖北	26972081	25782633	15816600	10825161	4991439	908046
湖南	31871340	31147862	16970711	12140790	4829921	783163
广东	62776575	60792498	37984152	28647017	9337135	1256455
广西	20988005	20017897	11701463	7221523	4479940	1777018
海南	7008312	6584589	3215078	2667219	547859	164335
重庆	20459546	19157008	11500437	7648077	3852360	1127441
四川	42051065	40833350	24668941	17478039	7190902	2472732
贵州	18544274	17982880	11133099	7234592	3898507	1141814
云南	22613388	21805022	13564038	8425403	5138635	2553344
西藏	2504760	2159294	1615062	940311	674751	421494
陕西	27130143	26217529	14335561	10392782	3942779	1210736
甘肃	15118696	14303713	8935889	6103560	2832329	1002304
青海	5751897	4017477	2287086	1467398	819688	258406
宁夏	4909056	4754906	2489917	1882936	606981	191006
新疆	19603572	18439180	11360184	7918460	3441724	779947

(中学)

单位:千元

公用部分	商品和服务支出	其他资本性支出			基本建设支出
			专项公用支出	专项项目支出	
310952776	**129130881**	**181821895**	**44380170**	**137441725**	**24543837**
8434292	4525404	3908888	2065466	1843422	1503328
3998978	1226034	2772944	1015039	1757905	267080
11252118	5019317	6232801	1083895	5148906	449573
9187821	4374619	4813202	1599415	3213787	512936
6100913	2773360	3327553	808914	2518639	643856
10736456	3838797	6897659	1690756	5206903	899204
5027917	2687718	2340199	639533	1700666	183498
7639165	3947614	3691551	709689	2981862	1850664
8288441	4778405	3510036	2508129	1001907	559827
20307386	5901527	14405859	2270805	12135054	172141
12943357	5476947	7466410	1434832	6031578	275916
15336814	5606696	9730118	2221681	7508437	710133
7243092	3036872	4206220	928398	3277822	337798
9972013	3031444	6940569	1229827	5710742	576479
25491276	6480769	19010507	2607478	16403029	48300
22575117	10239843	12335274	2955004	9380270	1246232
9966033	4374815	5591218	1383841	4207377	1189448
14177151	5508077	8669074	2117403	6551671	723478
22808346	13254840	9553506	3585764	5967742	1984077
8316434	2854466	5461968	1157935	4304033	970108
3369511	937652	2431859	484668	1947191	423723
7656571	3082806	4573765	1528815	3044950	1302538
16164409	7035231	9129178	2353591	6775587	1217715
6849781	3527911	3321870	1179699	2142171	561394
8240984	3769365	4471619	1077574	3394045	808366
544232	344752	199480	53256	146224	345466
11881968	4476143	7405825	1371127	6034698	912614
5367824	2321838	3045986	671878	2374108	814983
1730391	641170	1089221	355616	733605	1734420
2264989	704354	1560635	399343	1161292	154150
7078996	3352095	3726901	890799	2836102	1164392

4-34 教育经费支出明细

地区	合计	事业性经费支出	个人部分	工资福利支出	对个人和家庭的补助支出	#助学金
合计	**5101192**	**4920510**	**3268963**	**2435289**	**833674**	**111133**
北京	771604	771604	413678	294167	119511	2064
天津						
河北	243	243	211	211		
山西						
内蒙古						
辽宁	20000	20000	10000	10000		
吉林	77792	77792	40503	29520	10983	204
黑龙江	1442580	1392954	996878	879358	117520	12137
上海	163547	163547	82392	72043	10349	2368
江苏						
浙江						
安徽	25114	25114	15628	14920	708	439
福建						
江西						
山东						
河南						
湖北	259680	259680	130462	90706	39756	793
湖南						
广东	38865	38508	28633	24421	4212	1049
广西						
海南	12169	12169	10480	6485	3995	
重庆	171001	171001	85375	64687	20688	1473
四川	24488	24488	18053	11796	6257	759
贵州						
云南						
西藏						
陕西						
甘肃	5748	5748	4660	4312	348	348
青海						
宁夏						
新疆	2088361	1957662	1432010	932663	499347	89499

（中央属中学）

单位：千元

公用部分	商品和服务支出	其他资本性支出	专项公用支出	专项项目支出	基本建设支出
1651547	**903409**	**748138**	**263222**	**484916**	**180682**
357926	189295	168631	47671	120960	
32	32				
10000	10000				
37289	18006	19283	7083	12200	
396076	270582	125494	48174	77320	49626
81155	33062	48093	10888	37205	
9486	2647	6839	378	6461	
129218	91070	38148	28778	9370	
9875	5266	4609	3094	1515	357
1689	1145	544	544		
85626	23123	62503	33253	29250	
6435	5480	955	955		
1088	1088				
525652	252613	273039	82404	190635	130699

4-35 教育经费支出明细

地区	合计	事业性经费支出	个人部分	工资福利支出	对个人和家庭的补助支出	#助学金
合计	**769307672**	**744944517**	**435643288**	**316439102**	**119204186**	**26816702**
北京	20948740	19445412	11369046	7612814	3756232	119135
天津	11258298	10991218	6992240	4077737	2914503	41203
河北	29273777	28824204	17572118	13693952	3878166	997119
山西	20888422	20375486	11187665	9147697	2039968	685926
内蒙古	17257807	16613951	10513038	7598150	2914888	899039
辽宁	25109925	24210721	13484265	9352040	4132225	242087
吉林	13044473	12860975	7870347	5452480	2417867	312543
黑龙江	18318506	16517468	9274379	6343793	2930586	190888
上海	18959497	18399670	10192384	8411189	1781195	337948
江苏	52796209	52624068	32316682	24147060	8169622	461405
浙江	38085891	37809975	24866618	19416010	5450608	821320
安徽	33400637	32690504	17363176	12857347	4505829	930111
福建	21169282	20831484	13588392	10390864	3197528	570270
江西	21516352	20939873	10967860	7889225	3078635	1253454
山东	55122209	55073909	29582633	23832025	5750608	917450
河南	46455249	45209017	22633900	16358521	6275379	2082484
湖北	26712401	25522953	15686138	10734455	4951683	907253
湖南	31871340	31147862	16970711	12140790	4829921	783163
广东	62737710	60753990	37955519	28622596	9332923	1255406
广西	20988005	20017897	11701463	7221523	4479940	1777018
海南	6996143	6572420	3204598	2660734	543864	164335
重庆	20288545	18986007	11415062	7583390	3831672	1125968
四川	42026577	40808862	24650888	17466243	7184645	2471973
贵州	18544274	17982880	11133099	7234592	3898507	1141814
云南	22613388	21805022	13564038	8425403	5138635	2553344
西藏	2504760	2159294	1615062	940311	674751	421494
陕西	27130143	26217529	14335561	10392782	3942779	1210736
甘肃	15112948	14297965	8931229	6099248	2831981	1001956
青海	5751897	4017477	2287086	1467398	819688	258406
宁夏	4909056	4754906	2489917	1882936	606981	191006
新疆	17515211	16481518	9928174	6985797	2942377	690448

（地方中学）

单位：千元

公用部分	商品和服务支出	其他资本性支出			基本建设支出
			专项公用支出	专项项目支出	
309301229	**128227472**	**181073757**	**44116948**	**136956809**	**24363155**
8076366	4336109	3740257	2017795	1722462	1503328
3998978	1226034	2772944	1015039	1757905	267080
11252086	5019285	6232801	1083895	5148906	449573
9187821	4374619	4813202	1599415	3213787	512936
6100913	2773360	3327553	808914	2518639	643856
10726456	3828797	6897659	1690756	5206903	899204
4990628	2669712	2320916	632450	1688466	183498
7243089	3677032	3566057	661515	2904542	1801038
8207286	4745343	3461943	2497241	964702	559827
20307386	5901527	14405859	2270805	12135054	172141
12943357	5476947	7466410	1434832	6031578	275916
15327328	5604049	9723279	2221303	7501976	710133
7243092	3036872	4206220	928398	3277822	337798
9972013	3031444	6940569	1229827	5710742	576479
25491276	6480769	19010507	2607478	16403029	48300
22575117	10239843	12335274	2955004	9380270	1246232
9836815	4283745	5553070	1355063	4198007	1189448
14177151	5508077	8669074	2117403	6551671	723478
22798471	13249574	9548897	3582670	5966227	1983720
8316434	2854466	5461968	1157935	4304033	970108
3367822	936507	2431315	484124	1947191	423723
7570945	3059683	4511262	1495562	3015700	1302538
16157974	7029751	9128223	2352636	6775587	1217715
6849781	3527911	3321870	1179699	2142171	561394
8240984	3769365	4471619	1077574	3394045	808366
544232	344752	199480	53256	146224	345466
11881968	4476143	7405825	1371127	6034698	912614
5366736	2320750	3045986	671878	2374108	814983
1730391	641170	1089221	355616	733605	1734420
2264989	704354	1560635	399343	1161292	154150
6553344	3099482	3453862	808395	2645467	1033693

4-36 教育经费支出明细

地区	合计	事业性经费支出	个人部分	工资福利支出	对个人和家庭的补助支出	#助学金
合计	**773584203**	**749040366**	**438625307**	**318652622**	**119972685**	**26926571**
北京	21720344	20217016	11782724	7906981	3875743	121199
天津	11235670	10968590	6969667	4060165	2909502	41203
河北	29269670	28820097	17569006	13691791	3877215	997119
山西	20888422	20375486	11187665	9147697	2039968	685926
内蒙古	17257807	16613951	10513038	7598150	2914888	899039
辽宁	25129925	24230721	13494265	9362040	4132225	242087
吉林	13119038	12935540	7907805	5480899	2426906	312747
黑龙江	19761086	17910422	10271257	7223151	3048106	203025
上海	19030235	18470408	10228827	8443004	1785823	340244
江苏	52476955	52304814	32287842	24127244	8160598	461015
浙江	37739918	37464002	24705207	19290408	5414799	820518
安徽	33425751	32715618	17378804	12872267	4506537	930550
福建	21162558	20824760	13583807	10387988	3195819	570270
江西	21516352	20939873	10967860	7889225	3078635	1253454
山东	55122209	55073909	29582633	23832025	5750608	917450
河南	46455249	45209017	22633900	16358521	6275379	2082484
湖北	26964204	25774756	15812252	10821106	4991146	908046
湖南	31871340	31147862	16970711	12140790	4829921	783163
广东	62761689	60777612	37976958	28642470	9334488	1256455
广西	20988005	20017897	11701463	7221523	4479940	1777018
海南	7008312	6584589	3215078	2667219	547859	164335
重庆	20459386	19156848	11500437	7648077	3852360	1127441
四川	42047980	40830265	24666743	17476460	7190283	2472732
贵州	18544274	17982880	11133099	7234592	3898507	1141814
云南	22613388	21805022	13564038	8425403	5138635	2553344
西藏	2504760	2159294	1615062	940311	674751	421494
陕西	27129452	26216838	14334877	10392159	3942718	1210736
甘肃	15118696	14303713	8935889	6103560	2832329	1002304
青海	5751897	4017477	2287086	1467398	819688	258406
宁夏	4909056	4754906	2489917	1882936	606981	191006
新疆	19600575	18436183	11357390	7917062	3440328	779947

（普通中学）

单位：千元

公用部分	商品和服务支出	其他资本性支出			基本建设支出
			专项公用支出	专项项目支出	
310415059	**128897031**	**181518028**	**44358375**	**137159653**	**24543837**
8434292	4525404	3908888	2065466	1843422	1503328
3998923	1225979	2772944	1015039	1757905	267080
11251091	5018429	6232662	1083756	5148906	449573
9187821	4374619	4813202	1599415	3213787	512936
6100913	2773360	3327553	808914	2518639	643856
10736456	3838797	6897659	1690756	5206903	899204
5027735	2687536	2340199	639533	1700666	183498
7639165	3947614	3691551	709689	2981862	1850664
8241581	4733273	3508308	2506401	1001907	559827
20016972	5887600	14129372	2269443	11859929	172141
12758795	5316894	7441901	1416870	6025031	275916
15336814	5606696	9730118	2221681	7508437	710133
7240953	3034838	4206115	928293	3277822	337798
9972013	3031444	6940569	1229827	5710742	576479
25491276	6480769	19010507	2607478	16403029	48300
22575117	10239843	12335274	2955004	9380270	1246232
9962504	4371485	5591019	1383642	4207377	1189448
14177151	5508077	8669074	2117403	6551671	723478
22800654	13247848	9552806	3585464	5967342	1984077
8316434	2854466	5461968	1157935	4304033	970108
3369511	937652	2431859	484668	1947191	423723
7656411	3082646	4573765	1528815	3044950	1302538
16163522	7034344	9129178	2353591	6775587	1217715
6849781	3527911	3321870	1179699	2142171	561394
8240984	3769365	4471619	1077574	3394045	808366
544232	344752	199480	53256	146224	345466
11881961	4476136	7405825	1371127	6034698	912614
5367824	2321838	3045986	671878	2374108	814983
1730391	641170	1089221	355616	733605	1734420
2264989	704354	1560635	399343	1161292	154150
7078793	3351892	3726901	890799	2836102	1164392

4-37 教育经费支出明细

地区	合计	事业性经费支出	个人部分	工资福利支出	对个人和家庭的补助支出	#助学金
合计	**5101192**	**4920510**	**3268963**	**2435289**	**833674**	**111133**
北京	771604	771604	413678	294167	119511	2064
天津						
河北	243	243	211	211		
山西						
内蒙古						
辽宁	20000	20000	10000	10000		
吉林	77792	77792	40503	29520	10983	204
黑龙江	1442580	1392954	996878	879358	117520	12137
上海	163547	163547	82392	72043	10349	2368
江苏						
浙江						
安徽	25114	25114	15628	14920	708	439
福建						
江西						
山东						
河南						
湖北	259680	259680	130462	90706	39756	793
湖南						
广东	38865	38508	28633	24421	4212	1049
广西						
海南	12169	12169	10480	6485	3995	
重庆	171001	171001	85375	64687	20688	1473
四川	24488	24488	18053	11796	6257	759
贵州						
云南						
西藏						
陕西						
甘肃	5748	5748	4660	4312	348	348
青海						
宁夏						
新疆	2088361	1957662	1432010	932663	499347	89499

（中央属普通中学）

单位：千元

公用部分	商品和服务支出	其他资本性支出	专项公用支出	专项项目支出	基本建设支出
1651547	**903409**	**748138**	**263222**	**484916**	**180682**
357926	189295	168631	47671	120960	
32	32				
10000	10000				
37289	18006	19283	7083	12200	
396076	270582	125494	48174	77320	49626
81155	33062	48093	10888	37205	
9486	2647	6839	378	6461	
129218	91070	38148	28778	9370	
9875	5266	4609	3094	1515	357
1689	1145	544	544		
85626	23123	62503	33253	29250	
6435	5480	955	955		
1088	1088				
525652	252613	273039	82404	190635	130699

4-38 教育经费支出明细

地区	合计	事业性经费支出	个人部分	工资福利支出	对个人和家庭的补助支出	#助学金
合计	**768483011**	**744119856**	**435356344**	**316217333**	**119139011**	**26815438**
北京	20948740	19445412	11369046	7612814	3756232	119135
天津	11235670	10968590	6969667	4060165	2909502	41203
河北	29269427	28819854	17568795	13691580	3877215	997119
山西	20888422	20375486	11187665	9147697	2039968	685926
内蒙古	17257807	16613951	10513038	7598150	2914888	899039
辽宁	25109925	24210721	13484265	9352040	4132225	242087
吉林	13041246	12857748	7867302	5451379	2415923	312543
黑龙江	18318506	16517468	9274379	6343793	2930586	190888
上海	18866688	18306861	10146435	8370961	1775474	337876
江苏	52476955	52304814	32287842	24127244	8160598	461015
浙江	37739918	37464002	24705207	19290408	5414799	820518
安徽	33400637	32690504	17363176	12857347	4505829	930111
福建	21162558	20824760	13583807	10387988	3195819	570270
江西	21516352	20939873	10967860	7889225	3078635	1253454
山东	55122209	55073909	29582633	23832025	5750608	917450
河南	46455249	45209017	22633900	16358521	6275379	2082484
湖北	26704524	25515076	15681790	10730400	4951390	907253
湖南	31871340	31147862	16970711	12140790	4829921	783163
广东	62722824	60739104	37948325	28618049	9330276	1255406
广西	20988005	20017897	11701463	7221523	4479940	1777018
海南	6996143	6572420	3204598	2660734	543864	164335
重庆	20288385	18985847	11415062	7583390	3831672	1125968
四川	42023492	40805777	24648690	17464664	7184026	2471973
贵州	18544274	17982880	11133099	7234592	3898507	1141814
云南	22613388	21805022	13564038	8425403	5138635	2553344
西藏	2504760	2159294	1615062	940311	674751	421494
陕西	27129452	26216838	14334877	10392159	3942718	1210736
甘肃	15112948	14297965	8931229	6099248	2831981	1001956
青海	5751897	4017477	2287086	1467398	819688	258406
宁夏	4909056	4754906	2489917	1882936	606981	191006
新疆	17512214	16478521	9925380	6984399	2940981	690448

（地方普通中学）

单位：千元

公用部分	商品和服务支出	其他资本性支出			基本建设支出
			专项公用支出	专项项目支出	
308763512	**127993622**	**180769890**	**44095153**	**136674737**	**24363155**
8076366	4336109	3740257	2017795	1722462	1503328
3998923	1225979	2772944	1015039	1757905	267080
11251059	5018397	6232662	1083756	5148906	449573
9187821	4374619	4813202	1599415	3213787	512936
6100913	2773360	3327553	808914	2518639	643856
10726456	3828797	6897659	1690756	5206903	899204
4990446	2669530	2320916	632450	1688466	183498
7243089	3677032	3566057	661515	2904542	1801038
8160426	4700211	3460215	2495513	964702	559827
20016972	5887600	14129372	2269443	11859929	172141
12758795	5316894	7441901	1416870	6025031	275916
15327328	5604049	9723279	2221303	7501976	710133
7240953	3034838	4206115	928293	3277822	337798
9972013	3031444	6940569	1229827	5710742	576479
25491276	6480769	19010507	2607478	16403029	48300
22575117	10239843	12335274	2955004	9380270	1246232
9833286	4280415	5552871	1354864	4198007	1189448
14177151	5508077	8669074	2117403	6551671	723478
22790779	13242582	9548197	3582370	5965827	1983720
8316434	2854466	5461968	1157935	4304033	970108
3367822	936507	2431315	484124	1947191	423723
7570785	3059523	4511262	1495562	3015700	1302538
16157087	7028864	9128223	2352636	6775587	1217715
6849781	3527911	3321870	1179699	2142171	561394
8240984	3769365	4471619	1077574	3394045	808366
544232	344752	199480	53256	146224	345466
11881961	4476136	7405825	1371127	6034698	912614
5366736	2320750	3045986	671878	2374108	814983
1730391	641170	1089221	355616	733605	1734420
2264989	704354	1560635	399343	1161292	154150
6553141	3099279	3453862	808395	2645467	1033693

4-39 教育经费支出明细

地区	合计	事业性经费支出	个人部分	工资福利支出	对个人和家庭的补助支出	#助学金
合计	**284775571**	**276870239**	**151491762**	**112308369**	**39183393**	**8684028**
北京	9169722	8472204	4788996	3218711	1570285	67158
天津	4257621	4234081	2778286	1633370	1144916	33171
河北	11240344	11210289	6304612	4921427	1383185	410245
山西	9070426	8832342	4275278	3494629	780649	277066
内蒙古	6839881	6627026	3899412	2725437	1173975	388908
辽宁	8202272	8041984	4219965	3060165	1159800	112296
吉林	4708956	4643968	2582333	1791220	791113	147576
黑龙江	6251148	5904016	3104356	2209604	894752	141177
上海	7473567	7268992	3470991	2933180	537811	74944
江苏	21070198	20965506	12046340	9150471	2895869	253035
浙江	15151566	15047181	9591809	7606629	1985180	234848
安徽	13388910	13187657	6261692	4685733	1575959	408511
福建	8171478	8047732	5176697	3926348	1250349	134568
江西	7194624	7058175	3354679	2480897	873782	272022
山东	19547208	19546208	9520516	7745897	1774619	317177
河南	14834821	14428029	6583382	5090385	1492997	626362
湖北	10724319	10337426	5809660	4204679	1604981	400291
湖南	10745570	10661006	5566428	4282280	1284148	293454
广东	25683745	24582637	14449542	10914266	3535276	394718
广西	6466420	6348686	3428489	2215989	1212500	378726
海南	2725762	2623746	1097470	849053	248417	84008
重庆	7888538	7396722	4188887	2877577	1311310	394222
四川	14361867	13953349	8002955	5821091	2181864	837575
贵州	6261713	6081335	3436347	2244102	1192245	262797
云南	6982137	6688691	3791015	2556086	1234929	405095
西藏	719041	640882	470627	270675	199952	114555
陕西	10160748	9955007	4960559	3591814	1368745	458024
甘肃	5595025	5340467	3115224	2212150	903074	287066
青海	2243704	1414518	772554	500268	272286	66575
宁夏	1679417	1661417	934331	707580	226751	80127
新疆	5964823	5668960	3508330	2386656	1121674	327731

（普通高中）

单位：千元

公用部分	商品和服务支出	其他资本性支出			基本建设支出
			专项公用支出	专项项目支出	
125378477	**53212824**	**72165653**	**18882669**	**53282984**	**7905332**
3683208	1984617	1698591	960658	737933	697518
1455795	587332	868463	294030	574433	23540
4905677	2032509	2873168	488203	2384965	30055
4557064	1991842	2565222	620695	1944527	238084
2727614	1379158	1348456	321096	1027360	212855
3822019	1736643	2085376	571980	1513396	160288
2061635	1073751	987884	247764	740120	64988
2799660	1390881	1408779	220932	1187847	347132
3798001	1644774	2153227	1653897	499330	204575
8919166	2670731	6248435	1092142	5156293	104692
5455372	2543890	2911482	647826	2263656	104385
6925965	2623631	4302334	769398	3532936	201253
2871035	1306791	1564244	425615	1138629	123746
3703496	1094346	2609150	509392	2099758	136449
10025692	2962634	7063058	1038600	6024458	1000
7844647	3569700	4274947	1530504	2744443	406792
4527766	1992635	2535131	617387	1917744	386893
5094578	2169514	2925064	805436	2119628	84564
10133095	6095748	4037347	1447612	2589735	1101108
2920197	1009077	1911120	417303	1493817	117734
1526276	458495	1067781	215953	851828	102016
3207835	1346851	1860984	711007	1149977	491816
5950394	2571898	3378496	1020158	2358338	408518
2644988	1127167	1517821	457589	1060232	180378
2897676	1399030	1498646	364948	1133698	293446
170255	96170	74085	19073	55012	78159
4994448	1977471	3016977	565590	2451387	205741
2225243	1026054	1199189	245792	953397	254558
641964	191080	450884	107919	342965	829186
727086	240127	486959	218996	267963	18000
2160630	918277	1242353	275174	967179	295863

4-40 教育经费支出明细

地区	合计	事业性经费支出	个人部分	工资福利支出	对个人和家庭的补助支出	#助学金
合计	**2361865**	**2287876**	**1418562**	**1039710**	**378852**	**55917**
北京	543363	543363	304965	214139	90826	1806
天津						
河北						
山西						
内蒙古						
辽宁	20000	20000	10000	10000		
吉林	77792	77792	40503	29520	10983	204
黑龙江	479283	449283	311143	256135	55008	11628
上海	163547	163547	82392	72043	10349	2368
江苏						
浙江						
安徽	17024	17024	11046	10423	623	397
福建						
江西						
山东						
河南						
湖北	185539	185539	93982	65523	28459	583
湖南						
广东	19040	19040	13043	11591	1452	847
广西						
海南	6536	6536	5582	3034	2548	
重庆	111796	111796	55846	42336	13510	970
四川	14207	14207	9231	5855	3376	669
贵州						
云南						
西藏						
陕西						
甘肃	4678	4678	3830	3554	276	276
青海						
宁夏						
新疆	719060	675071	476999	315557	161442	36169

(中央属普通高中)

单位:千元

公用部分	商品和服务支出	其他资本性支出			基本建设支出
			专项公用支出	专项项目支出	
869314	**466650**	**402664**	**136767**	**265897**	**73989**
238398	129319	109079	31731	77348	
10000	10000				
37289	18006	19283	7083	12200	
138140	87484	50656	11448	39208	30000
81155	33062	48093	10888	37205	
5978	2192	3786	269	3517	
91557	62706	28851	21626	7225	
5997	2717	3280	2280	1000	
954	650	304	304		
55950	15125	40825	21736	19089	
4976	4033	943	943		
848	848				
198072	100508	97564	28459	69105	43989

4-41 教育经费支出明细

地区	合计	事业性经费支出	个人部分	工资福利支出	对个人和家庭的补助支出	#助学金
合计	**282413706**	**274582363**	**150073200**	**111268659**	**38804541**	**8628111**
北京	8626359	7928841	4484031	3004572	1479459	65352
天津	4257621	4234081	2778286	1633370	1144916	33171
河北	11240344	11210289	6304612	4921427	1383185	410245
山西	9070426	8832342	4275278	3494629	780649	277066
内蒙古	6839881	6627026	3899412	2725437	1173975	388908
辽宁	8182272	8021984	4209965	3050165	1159800	112296
吉林	4631164	4566176	2541830	1761700	780130	147372
黑龙江	5771865	5454733	2793213	1953469	839744	129549
上海	7310020	7105445	3388599	2861137	527462	72576
江苏	21070198	20965506	12046340	9150471	2895869	253035
浙江	15151566	15047181	9591809	7606629	1985180	234848
安徽	13371886	13170633	6250646	4675310	1575336	408114
福建	8171478	8047732	5176697	3926348	1250349	134568
江西	7194624	7058175	3354679	2480897	873782	272022
山东	19547208	19546208	9520516	7745897	1774619	317177
河南	14834821	14428029	6583382	5090385	1492997	626362
湖北	10538780	10151887	5715678	4139156	1576522	399708
湖南	10745570	10661006	5566428	4282280	1284148	293454
广东	25664705	24563597	14436499	10902675	3533824	393871
广西	6466420	6348686	3428489	2215989	1212500	378726
海南	2719226	2617210	1091888	846019	245869	84008
重庆	7776742	7284926	4133041	2835241	1297800	393252
四川	14347660	13939142	7993724	5815236	2178488	836906
贵州	6261713	6081335	3436347	2244102	1192245	262797
云南	6982137	6688691	3791015	2556086	1234929	405095
西藏	719041	640882	470627	270675	199952	114555
陕西	10160748	9955007	4960559	3591814	1368745	458024
甘肃	5590347	5335789	3111394	2208596	902798	286790
青海	2243704	1414518	772554	500268	272286	66575
宁夏	1679417	1661417	934331	707580	226751	80127
新疆	5245763	4993889	3031331	2071099	960232	291562

（地方普通高中）

单位：千元

公用部分	商品和服务支出	其他资本性支出	专项公用支出	专项项目支出	基本建设支出
124509163	**52746174**	**71762989**	**18745902**	**53017087**	**7831343**
3444810	1855298	1589512	928927	660585	697518
1455795	587332	868463	294030	574433	23540
4905677	2032509	2873168	488203	2384965	30055
4557064	1991842	2565222	620695	1944527	238084
2727614	1379158	1348456	321096	1027360	212855
3812019	1726643	2085376	571980	1513396	160288
2024346	1055745	968601	240681	727920	64988
2661520	1303397	1358123	209484	1148639	317132
3716846	1611712	2105134	1643009	462125	204575
8919166	2670731	6248435	1092142	5156293	104692
5455372	2543890	2911482	647826	2263656	104385
6919987	2621439	4298548	769129	3529419	201253
2871035	1306791	1564244	425615	1138629	123746
3703496	1094346	2609150	509392	2099758	136449
10025692	2962634	7063058	1038600	6024458	1000
7844647	3569700	4274947	1530504	2744443	406792
4436209	1929929	2506280	595761	1910519	386893
5094578	2169514	2925064	805436	2119628	84564
10127098	6093031	4034067	1445332	2588735	1101108
2920197	1009077	1911120	417303	1493817	117734
1525322	457845	1067477	215649	851828	102016
3151885	1331726	1820159	689271	1130888	491816
5945418	2567865	3377553	1019215	2358338	408518
2644988	1127167	1517821	457589	1060232	180378
2897676	1399030	1498646	364948	1133698	293446
170255	96170	74085	19073	55012	78159
4994448	1977471	3016977	565590	2451387	205741
2224395	1025206	1199189	245792	953397	254558
641964	191080	450884	107919	342965	829186
727086	240127	486959	218996	267963	18000
1962558	817769	1144789	246715	898074	251874

4-42 教育经费支出明细

地区	合计	事业性经费支出	个人部分	工资福利支出	对个人和家庭的补助支出	#助学金
合计	**39182053**	**38585511**	**22982287**	**17646530**	**5335757**	**1458169**
北京	896620	891798	448519	361544	86975	7036
天津	784847	779307	441622	291515	150107	8128
河北	988662	987911	620063	497442	122621	39511
山西	450196	434712	273042	222195	50847	23534
内蒙古	206133	206133	135740	92126	43614	19705
辽宁	538125	538125	247524	183892	63632	8292
吉林	222537	222537	163521	124215	39306	7678
黑龙江	87285	78923	40896	28552	12344	1938
上海	313780	313780	209351	182567	26784	7156
江苏	4334847	4332836	2624036	2080116	543920	54707
浙江	3717130	3716870	2374717	1934459	440258	64757
安徽	2491560	2448511	1344832	1030052	314780	97338
福建	2647352	2619364	1738498	1371821	366677	55591
江西	384918	381367	216825	169271	47554	20089
山东	1819307	1819307	924455	760241	164214	28462
河南	1416340	1392634	693758	552474	141284	58047
湖北	1447711	1409224	842154	622768	219386	75161
湖南	1992296	1967746	1163441	921722	241719	70522
广东	3640288	3635961	2092124	1674180	417944	75632
广西	410836	407132	288240	200565	87675	30662
海南	183038	180722	134000	88279	45721	35641
重庆	1970407	1913899	1132981	782239	350742	141749
四川	3090319	3046578	1857805	1390228	467577	215305
贵州	744814	733295	464394	312684	151710	53224
云南	826679	687886	451034	299772	151262	69252
西藏						
陕西	2061058	2039441	1124944	797723	327221	96238
甘肃	1086114	1016019	647464	478193	169271	71994
青海	54404	40580	24959	19882	5077	1782
宁夏	7429	7429	4009	3253	756	756
新疆	367021	335484	257339	172560	84779	18282

（农村高中）

单位：千元

公用部分	商品和服务支出	其他资本性支出	专项公用支出	专项项目支出	基本建设支出
15603224	**7145677**	**8457547**	**2059636**	**6397911**	**596542**
443279	258548	184731	97868	86863	4822
337685	105982	231703	114453	117250	5540
367848	167788	200060	26529	173531	751
161670	130428	31242	18814	12428	15484
70393	46766	23627	5732	17895	
290601	94885	195716	38015	157701	
59016	33362	25654	3229	22425	
38027	14309	23718	4408	19310	8362
104429	69087	35342	25838	9504	
1708800	543160	1165640	221544	944096	2011
1342153	640852	701301	157353	543948	260
1103679	411921	691758	121209	570549	43049
880866	433721	447145	93804	353341	27988
164542	92039	72503	17862	54641	3551
894852	295949	598903	75251	523652	
698876	288327	410549	191920	218629	23706
567070	289644	277426	85593	191833	38487
804305	419477	384828	127094	257734	24550
1543837	949774	594063	161457	432606	4327
118892	59688	59204	15970	43234	3704
46722	26417	20305	5411	14894	2316
780918	298138	482780	121216	361564	56508
1188773	629625	559148	123443	435705	43741
268901	133561	135340	33473	101867	11519
236852	108254	128598	35395	93203	138793
914497	396181	518316	85475	432841	21617
368555	160539	208016	40108	167908	70095
15621	5855	9766	544	9222	13824
3420	3216	204	204		
78145	38184	39961	10424	29537	31537

4-43 教育经费支出明细

地区	合计	事业性经费支出	个人部分	工资福利支出	对个人和家庭的补助支出	#助学金
合计	**38950465**	**38368303**	**22811735**	**17535429**	**5276306**	**1448015**
北京	896620	891798	448519	361544	86975	7036
天津	784847	779307	441622	291515	150107	8128
河北	988662	987911	620063	497442	122621	39511
山西	450196	434712	273042	222195	50847	23534
内蒙古	206133	206133	135740	92126	43614	19705
辽宁	538125	538125	247524	183892	63632	8292
吉林	222537	222537	163521	124215	39306	7678
黑龙江	87285	78923	40896	28552	12344	1938
上海	313780	313780	209351	182567	26784	7156
江苏	4334847	4332836	2624036	2080116	543920	54707
浙江	3717130	3716870	2374717	1934459	440258	64757
安徽	2491560	2448511	1344832	1030052	314780	97338
福建	2647352	2619364	1738498	1371821	366677	55591
江西	384918	381367	216825	169271	47554	20089
山东	1819307	1819307	924455	760241	164214	28462
河南	1416340	1392634	693758	552474	141284	58047
湖北	1447711	1409224	842154	622768	219386	75161
湖南	1992296	1967746	1163441	921722	241719	70522
广东	3640288	3635961	2092124	1674180	417944	75632
广西	410836	407132	288240	200565	87675	30662
海南	176502	174186	128418	85245	43173	35641
重庆	1970407	1913899	1132981	782239	350742	141749
四川	3090319	3046578	1857805	1390228	467577	215305
贵州	744814	733295	464394	312684	151710	53224
云南	826679	687886	451034	299772	151262	69252
西藏						
陕西	2061058	2039441	1124944	797723	327221	96238
甘肃	1081436	1011341	643634	474639	168995	71718
青海	54404	40580	24959	19882	5077	1782
宁夏	7429	7429	4009	3253	756	756
新疆	146647	129490	96199	68047	28152	8404

（地方农村高中）

单位：千元

公用部分	商品和服务支出	其他资本性支出	专项公用支出	专项项目支出	基本建设支出
15556568	**7121463**	**8435105**	**2053336**	**6381769**	**582162**
443279	258548	184731	97868	86863	4822
337685	105982	231703	114453	117250	5540
367848	167788	200060	26529	173531	751
161670	130428	31242	18814	12428	15484
70393	46766	23627	5732	17895	
290601	94885	195716	38015	157701	
59016	33362	25654	3229	22425	
38027	14309	23718	4408	19310	8362
104429	69087	35342	25838	9504	
1708800	543160	1165640	221544	944096	2011
1342153	640852	701301	157353	543948	260
1103679	411921	691758	121209	570549	43049
880866	433721	447145	93804	353341	27988
164542	92039	72503	17862	54641	3551
894852	295949	598903	75251	523652	
698876	288327	410549	191920	218629	23706
567070	289644	277426	85593	191833	38487
804305	419477	384828	127094	257734	24550
1543837	949774	594063	161457	432606	4327
118892	59688	59204	15970	43234	3704
45768	25767	20001	5107	14894	2316
780918	298138	482780	121216	361564	56508
1188773	629625	559148	123443	435705	43741
268901	133561	135340	33473	101867	11519
236852	108254	128598	35395	93203	138793
914497	396181	518316	85475	432841	21617
367707	159691	208016	40108	167908	70095
15621	5855	9766	544	9222	13824
3420	3216	204	204		
33291	15468	17823	4428	13395	17157

4-44 教育经费支出明细

地区	合计	事业性经费支出	个人部分	工资福利支出	对个人和家庭的补助支出	#助学金
合计	**488808632**	**472170127**	**287133545**	**206344253**	**80789292**	**18242543**
北京	12550622	11744812	6993728	4688270	2305458	54041
天津	6978049	6734509	4191381	2426795	1764586	8032
河北	18029326	17609808	11264394	8770364	2494030	586874
山西	11817996	11543144	6912387	5653068	1259319	408860
内蒙古	10417926	9986925	6613626	4872713	1740913	510131
辽宁	16927653	16188737	9274300	6301875	2972425	129791
吉林	8410082	8291572	5325472	3689679	1635793	165171
黑龙江	13509938	12006406	7166901	5013547	2153354	61848
上海	11556668	11201416	6757836	5509824	1248012	265300
江苏	31406757	31339308	20241502	14976773	5264729	207980
浙江	22588352	22416821	15113398	11683779	3429619	585670
安徽	20036841	19527961	11117112	8186534	2930578	522039
福建	12991080	12777028	8407110	6461640	1945470	435702
江西	14321728	13881698	7613181	5408328	2204853	981432
山东	35575001	35527701	20062117	16086128	3975989	600273
河南	31620428	30780988	16050518	11268136	4782382	1456122
湖北	16239885	15437330	10002592	6616427	3386165	507755
湖南	21125770	20486856	11404283	7858510	3545773	489709
广东	37077944	36194975	23527416	17728204	5799212	861737
广西	14521585	13669211	8272974	5005534	3267440	1398292
海南	4282550	3960843	2117608	1818166	299442	80327
重庆	12570848	11760126	7311550	4770500	2541050	733219
四川	27686113	26876916	16663788	11655369	5008419	1635157
贵州	12282561	11901545	7696752	4990490	2706262	879017
云南	15631251	15116331	9773023	5869317	3903706	2148249
西藏	1785719	1518412	1144435	669636	474799	306939
陕西	16968704	16261831	9374318	6800345	2573973	752712
甘肃	9523671	8963246	5820665	3891410	1929255	715238
青海	3508193	2602959	1514532	967130	547402	191831
宁夏	3229639	3093489	1555586	1175356	380230	110879
新疆	13635752	12767223	7849060	5530406	2318654	452216

(普通初中)

单位:千元

公用部分	商品和服务支出	其他资本性支出	专项公用支出	专项项目支出	基本建设支出
185036582	**75684207**	**109352375**	**25475706**	**83876669**	**16638505**
4751084	2540787	2210297	1104808	1105489	805810
2543128	638647	1904481	721009	1183472	243540
6345414	2985920	3359494	595553	2763941	419518
4630757	2382777	2247980	978720	1269260	274852
3373299	1394202	1979097	487818	1491279	431001
6914437	2102154	4812283	1118776	3693507	738916
2966100	1613785	1352315	391769	960546	118510
4839505	2556733	2282772	488757	1794015	1503532
4443580	3088499	1355081	852504	502577	355252
11097806	3216869	7880937	1177301	6703636	67449
7303423	2773004	4530419	769044	3761375	171531
8410849	2983065	5427784	1452283	3975501	508880
4369918	1728047	2641871	502678	2139193	214052
6268517	1937098	4331419	720435	3610984	440030
15465584	3518135	11947449	1568878	10378571	47300
14730470	6670143	8060327	1424500	6635827	839440
5434738	2378850	3055888	766255	2289633	802555
9082573	3338563	5744010	1311967	4432043	638914
12667559	7152100	5515459	2137852	3377607	882969
5396237	1845389	3550848	740632	2810216	852374
1843235	479157	1364078	268715	1095363	321707
4448576	1735795	2712781	817808	1894973	810722
10213128	4462446	5750682	1333433	4417249	809197
4204793	2400744	1804049	722110	1081939	381016
5343308	2370335	2972973	712626	2260347	514920
373977	248582	125395	34183	91212	267307
6887513	2498665	4388848	805537	3583311	706873
3142581	1295784	1846797	426086	1420711	560425
1088427	450090	638337	247697	390640	905234
1537903	464227	1073676	180347	893329	136150
4918163	2433615	2484548	615625	1868923	868529

4-45 教育经费支出明细

地区	合计	事业性经费支出	个人部分	工资福利支出	对个人和家庭的补助支出	#助学金
合计	**2739327**	**2632634**	**1850401**	**1395579**	**454822**	**55216**
北京	228241	228241	108713	80028	28685	258
天津						
河北	243	243	211	211		
山西						
内蒙古						
辽宁						
吉林						
黑龙江	963297	943671	685735	623223	62512	509
上海						
江苏						
浙江						
安徽	8090	8090	4582	4497	85	42
福建						
江西						
山东						
河南						
湖北	74141	74141	36480	25183	11297	210
湖南						
广东	19825	19468	15590	12830	2760	202
广西						
海南	5633	5633	4898	3451	1447	
重庆	59205	59205	29529	22351	7178	503
四川	10281	10281	8822	5941	2881	90
贵州						
云南						
西藏						
陕西						
甘肃	1070	1070	830	758	72	72
青海						
宁夏						
新疆	1369301	1282591	955011	617106	337905	53330

(中央属普通初中)

单位:千元

	公用部分	商品和服务支出	其他资本性支出	专项公用支出	专项项目支出	基本建设支出
	782233	**436759**	**345474**	**126455**	**219019**	**106693**
	119528	59976	59552	15940	43612	
	32	32				
	257936	183098	74838	36726	38112	19626
	3508	455	3053	109	2944	
	37661	28364	9297	7152	2145	
	3878	2549	1329	814	515	357
	735	495	240	240		
	29676	7998	21678	11517	10161	
	1459	1447	12	12		
	240	240				
	327580	152105	175475	53945	121530	86710

4-46 教育经费支出明细

地区	合计	事业性经费支出	个人部分	工资福利支出	对个人和家庭的补助支出	#助学金
合计	**486069305**	**469537493**	**285283144**	**204948674**	**80334470**	**18187327**
北京	12322381	11516571	6885015	4608242	2276773	53783
天津	6978049	6734509	4191381	2426795	1764586	8032
河北	18029083	17609565	11264183	8770153	2494030	586874
山西	11817996	11543144	6912387	5653068	1259319	408860
内蒙古	10417926	9986925	6613626	4872713	1740913	510131
辽宁	16927653	16188737	9274300	6301875	2972425	129791
吉林	8410082	8291572	5325472	3689679	1635793	165171
黑龙江	12546641	11062735	6481166	4390324	2090842	61339
上海	11556668	11201416	6757836	5509824	1248012	265300
江苏	31406757	31339308	20241502	14976773	5264729	207980
浙江	22588352	22416821	15113398	11683779	3429619	585670
安徽	20028751	19519871	11112530	8182037	2930493	521997
福建	12991080	12777028	8407110	6461640	1945470	435702
江西	14321728	13881698	7613181	5408328	2204853	981432
山东	35575001	35527701	20062117	16086128	3975989	600273
河南	31620428	30780988	16050518	11268136	4782382	1456122
湖北	16165744	15363189	9966112	6591244	3374868	507545
湖南	21125770	20486856	11404283	7858510	3545773	489709
广东	37058119	36175507	23511826	17715374	5796452	861535
广西	14521585	13669211	8272974	5005534	3267440	1398292
海南	4276917	3955210	2112710	1814715	297995	80327
重庆	12511643	11700921	7282021	4748149	2533872	732716
四川	27675832	26866635	16654966	11649428	5005538	1635067
贵州	12282561	11901545	7696752	4990490	2706262	879017
云南	15631251	15116331	9773023	5869317	3903706	2148249
西藏	1785719	1518412	1144435	669636	474799	306939
陕西	16968704	16261831	9374318	6800345	2573973	752712
甘肃	9522601	8962176	5819835	3890652	1929183	715166
青海	3508193	2602959	1514532	967130	547402	191831
宁夏	3229639	3093489	1555586	1175356	380230	110879
新疆	12266451	11484632	6894049	4913300	1980749	398886

（地方普通初中）

单位：千元

公用部分	商品和服务支出	其他资本性支出		基本建设支出
			专项公用支出	专项项目支出	
184254349	**75247448**	**109006901**	**25349251**	**83657650**	**16531812**
4631556	2480811	2150745	1088868	1061877	805810
2543128	638647	1904481	721009	1183472	243540
6345382	2985888	3359494	595553	2763941	419518
4630757	2382777	2247980	978720	1269260	274852
3373299	1394202	1979097	487818	1491279	431001
6914437	2102154	4812283	1118776	3693507	738916
2966100	1613785	1352315	391769	960546	118510
4581569	2373635	2207934	452031	1755903	1483906
4443580	3088499	1355081	852504	502577	355252
11097806	3216869	7880937	1177301	6703636	67449
7303423	2773004	4530419	769044	3761375	171531
8407341	2982610	5424731	1452174	3972557	508880
4369918	1728047	2641871	502678	2139193	214052
6268517	1937098	4331419	720435	3610984	440030
15465584	3518135	11947449	1568878	10378571	47300
14730470	6670143	8060327	1424500	6635827	839440
5397077	2350486	3046591	759103	2287488	802555
9082573	3338563	5744010	1311967	4432043	638914
12663681	7149551	5514130	2137038	3377092	882612
5396237	1845389	3550848	740632	2810216	852374
1842500	478662	1363838	268475	1095363	321707
4418900	1727797	2691103	806291	1884812	810722
10211669	4460999	5750670	1333421	4417249	809197
4204793	2400744	1804049	722110	1081939	381016
5343308	2370335	2972973	712626	2260347	514920
373977	248582	125395	34183	91212	267307
6887513	2498665	4388848	805537	3583311	706873
3142341	1295544	1846797	426086	1420711	560425
1088427	450090	638337	247697	390640	905234
1537903	464227	1073676	180347	893329	136150
4590583	2281510	2309073	561680	1747393	781819

4-47 教育经费支出明细

地区	合计	事业性经费支出	个人部分	工资福利支出	对个人和家庭的补助支出	#助学金
合计	**268043888**	**258733555**	**161892043**	**114685222**	**47206821**	**13334383**
北京	3856685	3648223	2033603	1469497	564106	35100
天津	2870911	2644471	1614629	1073394	541235	532
河北	9396498	9058185	6003575	4582604	1420971	471983
山西	5672905	5536186	3319569	2617466	702103	309030
内蒙古	2612755	2576594	1779999	1337290	442709	100685
辽宁	8345803	7767374	4222201	2919875	1302326	102783
吉林	4350069	4274435	2757694	1953485	804209	146401
黑龙江	5208438	4221542	2419170	1640319	778851	40751
上海	3106962	3106962	2092205	1698598	393607	92310
江苏	15541597	15503297	10465899	7777656	2688243	104549
浙江	12127168	12100799	8360827	6432804	1928023	334807
安徽	12950231	12587400	7396495	5286966	2109529	425639
福建	8512264	8360357	5506817	4198248	1308569	398757
江西	8382868	8103694	4998602	3389499	1609103	849854
山东	24923592	24876292	14646673	11798280	2848393	543137
河南	19705916	19113678	10243822	6868882	3374940	1080327
湖北	9850190	9315089	6145262	3960518	2184744	424498
湖南	13280399	12829460	8006283	5253226	2753057	382948
广东	15806843	15716396	10095789	7546526	2549263	574529
广西	8993256	8372779	5439869	3260695	2179174	932433
海南	2079236	2017823	1126219	987915	138304	30152
重庆	7377038	6919014	4492722	2877632	1615090	579338
四川	16575812	16024273	10653986	7336507	3317479	1313422
贵州	8801569	8492478	5530005	3574399	1955606	780585
云南	10937669	10514850	6855999	3946776	2909223	1742013
西藏						
陕西	10063123	9677929	6049030	4319555	1729475	511173
甘肃	6774932	6334184	4148175	2672072	1476103	609059
青海	1000632	738441	472325	327512	144813	60630
宁夏	1482472	1407352	655056	472944	182112	62165
新疆	7456055	6893998	4359543	3104082	1255461	294793

（农村初中）

单位：千元

公用部分	商品和服务支出	其他资本性支出			基本建设支出
			专项公用支出	专项项目支出	
96841512	**39371546**	**57469966**	**12577613**	**44892353**	**9310333**
1614620	763079	851541	326076	525465	208462
1029842	183668	846174	240300	605874	226440
3054610	1478203	1576407	260763	1315644	338313
2216617	1087220	1129397	587573	541824	136719
796595	377527	419068	76336	342732	36161
3545173	1010100	2535073	448980	2086093	578429
1516741	793686	723055	158571	564484	75634
1802372	964266	838106	155829	682277	986896
1014757	737180	277577	251813	25764	
5037398	1481569	3555829	430834	3124995	38300
3739972	1341494	2398478	391085	2007393	26369
5190905	1994602	3196303	897943	2298360	362831
2853540	1005230	1848310	292628	1555682	151907
3105092	1163756	1941336	350500	1590836	279174
10229619	2299268	7930351	987747	6942604	47300
8869856	4274650	4595206	770221	3824985	592238
3169827	1369807	1800020	443773	1356247	535101
4823177	2042472	2780705	595436	2185269	450939
5620607	2759171	2861436	1088371	1773065	90447
2932910	1114969	1817941	327741	1490200	620477
891604	212912	678692	167011	511681	61413
2426292	850093	1576199	425826	1150373	458024
5370287	2736752	2633535	738618	1894917	551539
2962473	1715205	1247268	551755	695513	309091
3658851	1701042	1957809	468868	1488941	422819
3628899	1383985	2244914	400974	1843940	385194
2186009	850641	1335368	294345	1041023	440748
266116	107108	159008	83100	75908	262191
752296	156760	595536	41585	553951	75120
2534455	1415131	1119324	323011	796313	562057

4-48 教育经费支出明细

地区	合计	事业性经费支出				
			个人部分			
				工资福利支出	对个人和家庭的补助支出	
						#助学金
合计	**266926309**	**257678704**	**161092009**	**114164100**	**46927909**	**13285215**
北京	3856685	3648223	2033603	1469497	564106	35100
天津	2870911	2644471	1614629	1073394	541235	532
河北	9396498	9058185	6003575	4582604	1420971	471983
山西	5672905	5536186	3319569	2617466	702103	309030
内蒙古	2612755	2576594	1779999	1337290	442709	100685
辽宁	8345803	7767374	4222201	2919875	1302326	102783
吉林	4350069	4274435	2757694	1953485	804209	146401
黑龙江	5208438	4221542	2419170	1640319	778851	40751
上海	3106962	3106962	2092205	1698598	393607	92310
江苏	15541597	15503297	10465899	7777656	2688243	104549
浙江	12127168	12100799	8360827	6432804	1928023	334807
安徽	12950231	12587400	7396495	5286966	2109529	425639
福建	8512264	8360357	5506817	4198248	1308569	398757
江西	8382868	8103694	4998602	3389499	1609103	849854
山东	24923592	24876292	14646673	11798280	2848393	543137
河南	19705916	19113678	10243822	6868882	3374940	1080327
湖北	9850190	9315089	6145262	3960518	2184744	424498
湖南	13280399	12829460	8006283	5253226	2753057	382948
广东	15787018	15696928	10080199	7533696	2546503	574327
广西	8993256	8372779	5439869	3260695	2179174	932433
海南	2073603	2012190	1121321	984464	136857	30152
重庆	7377038	6919014	4492722	2877632	1615090	579338
四川	16575812	16024273	10653986	7336507	3317479	1313422
贵州	8801569	8492478	5530005	3574399	1955606	780585
云南	10937669	10514850	6855999	3946776	2909223	1742013
西藏						
陕西	10063123	9677929	6049030	4319555	1729475	511173
甘肃	6773862	6333114	4147345	2671314	1476031	608987
青海	1000632	738441	472325	327512	144813	60630
宁夏	1482472	1407352	655056	472944	182112	62165
新疆	6365004	5865318	3580827	2599999	980828	245899

(地方农村初中)

单位:千元

公用部分	商品和服务支出	其他资本性支出			基本建设支出
			专项公用支出	专项项目支出	
96586695	**39253732**	**57332963**	**12536301**	**44796662**	**9247605**
1614620	763079	851541	326076	525465	208462
1029842	183668	846174	240300	605874	226440
3054610	1478203	1576407	260763	1315644	338313
2216617	1087220	1129397	587573	541824	136719
796595	377527	419068	76336	342732	36161
3545173	1010100	2535073	448980	2086093	578429
1516741	793686	723055	158571	564484	75634
1802372	964266	838106	155829	682277	986896
1014757	737180	277577	251813	25764	
5037398	1481569	3555829	430834	3124995	38300
3739972	1341494	2398478	391085	2007393	26369
5190905	1994602	3196303	897943	2298360	362831
2853540	1005230	1848310	292628	1555682	151907
3105092	1163756	1941336	350500	1590836	279174
10229619	2299268	7930351	987747	6942604	47300
8869856	4274650	4595206	770221	3824985	592238
3169827	1369807	1800020	443773	1356247	535101
4823177	2042472	2780705	595436	2185269	450939
5616729	2756622	2860107	1087557	1772550	90090
2932910	1114969	1817941	327741	1490200	620477
890869	212417	678452	166771	511681	61413
2426292	850093	1576199	425826	1150373	458024
5370287	2736752	2633535	738618	1894917	551539
2962473	1715205	1247268	551755	695513	309091
3658851	1701042	1957809	468868	1488941	422819
3628899	1383985	2244914	400974	1843940	385194
2185769	850401	1335368	294345	1041023	440748
266116	107108	159008	83100	75908	262191
752296	156760	595536	41585	553951	75120
2284491	1300601	983890	282753	701137	499686

4-49 教育经费支出明细

地区	合计	事业性经费支出	个人部分	工资福利支出	对个人和家庭的补助支出	#助学金
合计	**824661**	**824661**	**286944**	**221769**	**65175**	**1264**
北京						
天津	22628	22628	22573	17572	5001	
河北	4350	4350	3323	2372	951	
山西						
内蒙古						
辽宁						
吉林	3227	3227	3045	1101	1944	
黑龙江						
上海	92809	92809	45949	40228	5721	72
江苏	319254	319254	28840	19816	9024	390
浙江	345973	345973	161411	125602	35809	802
安徽						
福建	6724	6724	4585	2876	1709	
江西						
山东						
河南						
湖北	7877	7877	4348	4055	293	
湖南						
广东	14886	14886	7194	4547	2647	
广西						
海南						
重庆	160	160				
四川	3085	3085	2198	1579	619	
贵州						
云南						
西藏						
陕西	691	691	684	623	61	
甘肃						
青海						
宁夏						
新疆	2997	2997	2794	1398	1396	

(成人中学)

单位:千元

公用部分	商品和服务支出	其他资本性支出			基本建设支出
			专项公用支出	专项项目支出	
537717	**233850**	**303867**	**21795**	**282072**	
55	55				
1027	888	139	139		
182	182				
46860	45132	1728	1728		
290414	13927	276487	1362	275125	
184562	160053	24509	17962	6547	
2139	2034	105	105		
3529	3330	199	199		
7692	6992	700	300	400	
160	160				
887	887				
7	7				
203	203				

4-50 教育经费支出明细

地区	合计	事业性经费支出	个人部分	工资福利支出	对个人和家庭的补助支出	#助学金
合计	**714175942**	**699454666**	**459878906**	**310982876**	**148896030**	**20199405**
北京	18236329	18086936	10203163	6732972	3470191	82946
天津	9471379	9235420	6020523	3354688	2665835	307
河北	30396306	30042581	19641155	14292008	5349147	730198
山西	17973678	17795299	12028491	8999844	3028647	380027
内蒙古	17098825	16857301	12749322	8556895	4192427	514215
辽宁	20478573	20254271	13020594	8300089	4720505	208912
吉林	13499406	13453903	9270847	6286419	2984428	147297
黑龙江	17784797	16214959	10948818	6820496	4128322	39746
上海	14412430	14348719	8028879	6425615	1603264	317442
江苏	48071535	48043305	31668619	20325804	11342815	267916
浙江	33552984	33511893	23588903	16579563	7009340	861487
安徽	28137116	27818958	17418540	11395527	6023013	597658
福建	21107722	20839661	14343229	9826505	4516724	282001
江西	23182528	22876173	13566003	9061948	4504055	1013245
山东	42665751	42665751	26639991	21312757	5327234	503255
河南	44278976	43662138	24348943	17838103	6510840	1429773
湖北	20507413	19810295	12596969	8258364	4338605	488317
湖南	28631281	28075480	16273513	11335213	4938300	400045
广东	56490846	54970476	38788370	27683077	11105293	1173423
广西	22788866	22239529	15451802	9198796	6253006	1102341
海南	6294468	6131651	4016088	3512196	503892	66739
重庆	18271980	17576109	12040822	6992359	5048463	659228
四川	40514732	39122974	26500403	16752648	9747755	1808648
贵州	21240937	20833438	15094866	9220098	5874768	949684
云南	27392506	26717004	18996768	10895724	8101044	2977785
西藏	4067991	3771776	2578127	1420448	1157679	738257
陕西	23784100	23178592	14810936	10193407	4617529	904727
甘肃	14073791	13497862	9779523	6421522	3358001	524617
青海	6013994	4691239	2971565	1846398	1125167	434059
宁夏	4637743	4584963	2858303	1955861	902442	225703
新疆	19116959	18546010	13634831	9187532	4447299	369407

（小学）

单位：千元

公用部分	商品和服务支出	其他资本性支出			基本建设支出
			专项公用支出	专项项目支出	
239575760	**106846364**	**132729396**	**34363467**	**98365929**	**14721276**
7883773	4182129	3701644	1848476	1853168	149393
3214897	930406	2284491	902130	1382361	235959
10401426	4891424	5510002	1181451	4328551	353725
5766808	3258770	2508038	1056866	1451172	178379
4107979	1863340	2244639	449792	1794847	241524
7233677	3085564	4148113	1141165	3006948	224302
4183056	2220673	1962383	702335	1260048	45503
5266141	2787018	2479123	526753	1952370	1569838
6319840	3865217	2454623	1994604	460019	63711
16374686	5046023	11328663	1838000	9490663	28230
9922990	4038715	5884275	1189927	4694348	41091
10400418	3799372	6601046	1520080	5080966	318158
6496432	2710258	3786174	939317	2846857	268061
9310170	3153630	6156540	1058952	5097588	306355
16025760	4812293	11213467	2056464	9157003	
19313195	10467434	8845761	1844327	7001434	616838
7213326	2896426	4316900	1058483	3258417	697118
11801967	4684820	7117147	1451559	5665588	555801
16182106	9489477	6692629	2846161	3846468	1520370
6787727	2920544	3867183	1070591	2796592	549337
2115563	881862	1233701	375167	858534	162817
5535287	2202558	3332729	969003	2363726	695871
12622571	5931138	6691433	1679932	5011501	1391758
5738572	3358860	2379712	1051441	1328271	407499
7720236	3509624	4210612	946314	3264298	675502
1193649	454225	739424	102141	637283	296215
8367656	3437777	4929879	814088	4115791	605508
3718339	1791867	1926472	362233	1564239	575929
1719674	715624	1004050	423275	580775	1322755
1726660	654426	1072234	222826	849408	52780
4911179	2804870	2106309	739614	1366695	570949

4-51 教育经费支出明细

地区	合计	事业性经费支出	个人部分	工资福利支出	对个人和家庭的补助支出	#助学金
合计	**3389298**	**3246870**	**2315212**	**1731892**	**583320**	**86893**
北京	244594	244594	101345	79758	21587	
天津	38190	38190	27413	18101	9312	
河北	2250	2250	1972	1972		
山西						
内蒙古						
辽宁						
吉林	37055	37055	26924	22278	4646	
黑龙江	865214	848495	618800	560961	57839	196
上海						
江苏						
浙江						
安徽	19997	19997	11557	11355	202	103
福建						
江西	616	616	505	494	11	8
山东						
河南						
湖北	42474	42474	23052	15793	7259	
湖南	725	725	476	476		
广东	39217	38574	27302	23966	3336	339
广西						
海南	8593	8593	7544	5902	1642	
重庆	27184	27184	20114	15335	4779	
四川	21001	21001	18504	11603	6901	35
贵州						
云南						
西藏						
陕西	3755	3755	3455	3000	455	
甘肃	9686	9686	8364	8020	344	344
青海						
宁夏						
新疆	2028747	1903681	1417885	952878	465007	85868

(中央属小学)

单位:千元

公用部分	商品和服务支出	其他资本性支出			基本建设支出
			专项公用支出	专项项目支出	
931658	**479228**	**452430**	**179541**	**272889**	**142428**
143249	46966	96283	48806	47477	
10777	4956	5821	1971	3850	
278	278				
10131	9308	823	823		
229695	161304	68391	32447	35944	16719
8440	1141	7299	260	7039	
111	87	24	24		
19422	6751	12671	1631	11040	
249	109	140	10	130	
11272	7410	3862	1865	1997	643
1049	697	352	352		
7070	6651	419	419		
2497	1832	665	297	368	
300	300				
1322	1306	16	16		
485796	230132	255664	90620	165044	125066

4-52 教育经费支出明细

地区	合计	事业性经费支出	个人部分	工资福利支出	对个人和家庭的补助支出	#助学金
合计	**710786644**	**696207796**	**457563694**	**309250984**	**148312710**	**20112512**
北京	17991735	17842342	10101818	6653214	3448604	82946
天津	9433189	9197230	5993110	3336587	2656523	307
河北	30394056	30040331	19639183	14290036	5349147	730198
山西	17973678	17795299	12028491	8999844	3028647	380027
内蒙古	17098825	16857301	12749322	8556895	4192427	514215
辽宁	20478573	20254271	13020594	8300089	4720505	208912
吉林	13462351	13416848	9243923	6264141	2979782	147297
黑龙江	16919583	15366464	10330018	6259535	4070483	39550
上海	14412430	14348719	8028879	6425615	1603264	317442
江苏	48071535	48043305	31668619	20325804	11342815	267916
浙江	33552984	33511893	23588903	16579563	7009340	861487
安徽	28117119	27798961	17406983	11384172	6022811	597555
福建	21107722	20839661	14343229	9826505	4516724	282001
江西	23181912	22875557	13565498	9061454	4504044	1013237
山东	42665751	42665751	26639991	21312757	5327234	503255
河南	44278976	43662138	24348943	17838103	6510840	1429773
湖北	20464939	19767821	12573917	8242571	4331346	488317
湖南	28630556	28074755	16273037	11334737	4938300	400045
广东	56451629	54931902	38761068	27659111	11101957	1173084
广西	22788866	22239529	15451802	9198796	6253006	1102341
海南	6285875	6123058	4008544	3506294	502250	66739
重庆	18244796	17548925	12020708	6977024	5043684	659228
四川	40493731	39101973	26481899	16741045	9740854	1808613
贵州	21240937	20833438	15094866	9220098	5874768	949684
云南	27392506	26717004	18996768	10895724	8101044	2977785
西藏	4067991	3771776	2578127	1420448	1157679	738257
陕西	23780345	23174837	14807481	10190407	4617074	904727
甘肃	14064105	13488176	9771159	6413502	3357657	524273
青海	6013994	4691239	2971565	1846398	1125167	434059
宁夏	4637743	4584963	2858303	1955861	902442	225703
新疆	17088212	16642329	12216946	8234654	3982292	283539

（地方小学）

单位：千元

公用部分	商品和服务支出	其他资本性支出			基本建设支出
			专项公用支出	专项项目支出	
238644102	**106367136**	**132276966**	**34183926**	**98093040**	**14578848**
7740524	4135163	3605361	1799670	1805691	149393
3204120	925450	2278670	900159	1378511	235959
10401148	4891146	5510002	1181451	4328551	353725
5766808	3258770	2508038	1056866	1451172	178379
4107979	1863340	2244639	449792	1794847	241524
7233677	3085564	4148113	1141165	3006948	224302
4172925	2211365	1961560	701512	1260048	45503
5036446	2625714	2410732	494306	1916426	1553119
6319840	3865217	2454623	1994604	460019	63711
16374686	5046023	11328663	1838000	9490663	28230
9922990	4038715	5884275	1189927	4694348	41091
10391978	3798231	6593747	1519820	5073927	318158
6496432	2710258	3786174	939317	2846857	268061
9310059	3153543	6156516	1058928	5097588	306355
16025760	4812293	11213467	2056464	9157003	
19313195	10467434	8845761	1844327	7001434	616838
7193904	2889675	4304229	1056852	3247377	697118
11801718	4684711	7117007	1451549	5665458	555801
16170834	9482067	6688767	2844296	3844471	1519727
6787727	2920544	3867183	1070591	2796592	549337
2114514	881165	1233349	374815	858534	162817
5528217	2195907	3332310	968584	2363726	695871
12620074	5929306	6690768	1679635	5011133	1391758
5738572	3358860	2379712	1051441	1328271	407499
7720236	3509624	4210612	946314	3264298	675502
1193649	454225	739424	102141	637283	296215
8367356	3437477	4929879	814088	4115791	605508
3717017	1790561	1926456	362217	1564239	575929
1719674	715624	1004050	423275	580775	1322755
1726660	654426	1072234	222826	849408	52780
4425383	2574738	1850645	648994	1201651	445883

4-53 教育经费支出明细

地 区	合 计	事业性经费支出	个人部分			
				工资福利支出	对个人和家庭的补助支出	#助学金
合 计	**714138466**	**699417190**	**459846759**	**310953600**	**148893159**	**20199400**
北 京	18236329	18086936	10203163	6732972	3470191	82946
天 津	9471379	9235420	6020523	3354688	2665835	307
河 北	30393759	30040034	19638730	14289583	5349147	730198
山 西	17973678	17795299	12028491	8999844	3028647	380027
内蒙古	17098825	16857301	12749322	8556895	4192427	514215
辽 宁	20478573	20254271	13020594	8300089	4720505	208912
吉 林	13499406	13453903	9270847	6286419	2984428	147297
黑龙江	17784797	16214959	10948818	6820496	4128322	39746
上 海	14412430	14348719	8028879	6425615	1603264	317442
江 苏	48071535	48043305	31668619	20325804	11342815	267916
浙 江	33552984	33511893	23588903	16579563	7009340	861487
安 徽	28137116	27818958	17418540	11395527	6023013	597658
福 建	21086099	20818038	14323788	9809357	4514431	282001
江 西	23182528	22876173	13566003	9061948	4504055	1013245
山 东	42665751	42665751	26639991	21312757	5327234	503255
河 南	44278976	43662138	24348943	17838103	6510840	1429773
湖 北	20506127	19809009	12595883	8257316	4338567	488317
湖 南	28631281	28075480	16273513	11335213	4938300	400045
广 东	56490846	54970476	38788370	27683077	11105293	1173423
广 西	22788816	22239479	15451802	9198796	6253006	1102341
海 南	6294468	6131651	4016088	3512196	503892	66739
重 庆	18263528	17567657	12033467	6985264	5048203	659223
四 川	40512501	39120743	26498615	16751140	9747475	1808648
贵 州	21240937	20833438	15094866	9220098	5874768	949684
云 南	27391219	26715717	18996716	10895672	8101044	2977785
西 藏	4067991	3771776	2578127	1420448	1157679	738257
陕 西	23784100	23178592	14810936	10193407	4617529	904727
甘 肃	14073791	13497862	9779523	6421522	3358001	524617
青 海	6013994	4691239	2971565	1846398	1125167	434059
宁 夏	4637743	4584963	2858303	1955861	902442	225703
新 疆	19116959	18546010	13634831	9187532	4447299	369407

(普通小学)

单位:千元

公用部分	商品和服务支出	其他资本性支出	专项公用支出	专项项目支出	基本建设支出
239570431	**106841230**	**132729201**	**34363272**	**98365929**	**14721276**
7883773	4182129	3701644	1848476	1853168	149393
3214897	930406	2284491	902130	1382361	235959
10401304	4891302	5510002	1181451	4328551	353725
5766808	3258770	2508038	1056866	1451172	178379
4107979	1863340	2244639	449792	1794847	241524
7233677	3085564	4148113	1141165	3006948	224302
4183056	2220673	1962383	702335	1260048	45503
5266141	2787018	2479123	526753	1952370	1569838
6319840	3865217	2454623	1994604	460019	63711
16374686	5046023	11328663	1838000	9490663	28230
9922990	4038715	5884275	1189927	4694348	41091
10400418	3799372	6601046	1520080	5080966	318158
6494250	2708251	3785999	939142	2846857	268061
9310170	3153630	6156540	1058952	5097588	306355
16025760	4812293	11213467	2056464	9157003	
19313195	10467434	8845761	1844327	7001434	616838
7213126	2896231	4316895	1058478	3258417	697118
11801967	4684820	7117147	1451559	5665588	555801
16182106	9489477	6692629	2846161	3846468	1520370
6787677	2920494	3867183	1070591	2796592	549337
2115563	881862	1233701	375167	858534	162817
5534190	2201471	3332719	968993	2363726	695871
12622128	5930695	6691433	1679932	5011501	1391758
5738572	3358860	2379712	1051441	1328271	407499
7719001	3508394	4210607	946309	3264298	675502
1193649	454225	739424	102141	637283	296215
8367656	3437777	4929879	814088	4115791	605508
3718339	1791867	1926472	362233	1564239	575929
1719674	715624	1004050	423275	580775	1322755
1726660	654426	1072234	222826	849408	52780
4911179	2804870	2106309	739614	1366695	570949

4-54 教育经费支出明细

地 区	合 计	事业性经费支出	个人部分	工资福利支出	对个人和家庭的补助支出	#助学金
合 计	**3389298**	**3246870**	**2315212**	**1731892**	**583320**	**86893**
北 京	244594	244594	101345	79758	21587	
天 津	38190	38190	27413	18101	9312	
河 北	2250	2250	1972	1972		
山 西						
内蒙古						
辽 宁						
吉 林	37055	37055	26924	22278	4646	
黑龙江	865214	848495	618800	560961	57839	196
上 海						
江 苏						
浙 江						
安 徽	19997	19997	11557	11355	202	103
福 建						
江 西	616	616	505	494	11	8
山 东						
河 南						
湖 北	42474	42474	23052	15793	7259	
湖 南	725	725	476	476		
广 东	39217	38574	27302	23966	3336	339
广 西						
海 南	8593	8593	7544	5902	1642	
重 庆	27184	27184	20114	15335	4779	
四 川	21001	21001	18504	11603	6901	35
贵 州						
云 南						
西 藏						
陕 西	3755	3755	3455	3000	455	
甘 肃	9686	9686	8364	8020	344	344
青 海						
宁 夏						
新 疆	2028747	1903681	1417885	952878	465007	85868

（中央属普通小学）

单位：千元

公用部分	商品和服务支出	其他资本性支出	专项公用支出	专项项目支出	基本建设支出
931658	**479228**	**452430**	**179541**	**272889**	**142428**
143249	46966	96283	48806	47477	
10777	4956	5821	1971	3850	
278	278				
10131	9308	823	823		
229695	161304	68391	32447	35944	16719
8440	1141	7299	260	7039	
111	87	24	24		
19422	6751	12671	1631	11040	
249	109	140	10	130	
11272	7410	3862	1865	1997	643
1049	697	352	352		
7070	6651	419	419		
2497	1832	665	297	368	
300	300				
1322	1306	16	16		
485796	230132	255664	90620	165044	125066

4-55 教育经费支出明细

地区	合计	事业性经费支出	个人部分	工资福利支出	对个人和家庭的补助支出	#助学金
合计	**710749168**	**696170320**	**457531547**	**309221708**	**148309839**	**20112507**
北京	17991735	17842342	10101818	6653214	3448604	82946
天津	9433189	9197230	5993110	3336587	2656523	307
河北	30391509	30037784	19636758	14287611	5349147	730198
山西	17973678	17795299	12028491	8999844	3028647	380027
内蒙古	17098825	16857301	12749322	8556895	4192427	514215
辽宁	20478573	20254271	13020594	8300089	4720505	208912
吉林	13462351	13416848	9243923	6264141	2979782	147297
黑龙江	16919583	15366464	10330018	6259535	4070483	39550
上海	14412430	14348719	8028879	6425615	1603264	317442
江苏	48071535	48043305	31668619	20325804	11342815	267916
浙江	33552984	33511893	23588903	16579563	7009340	861487
安徽	28117119	27798961	17406983	11384172	6022811	597555
福建	21086099	20818038	14323788	9809357	4514431	282001
江西	23181912	22875557	13565498	9061454	4504044	1013237
山东	42665751	42665751	26639991	21312757	5327234	503255
河南	44278976	43662138	24348943	17838103	6510840	1429773
湖北	20463653	19766535	12572831	8241523	4331308	488317
湖南	28630556	28074755	16273037	11334737	4938300	400045
广东	56451629	54931902	38761068	27659111	11101957	1173084
广西	22788816	22239479	15451802	9198796	6253006	1102341
海南	6285875	6123058	4008544	3506294	502250	66739
重庆	18236344	17540473	12013353	6969929	5043424	659223
四川	40491500	39099742	26480111	16739537	9740574	1808613
贵州	21240937	20833438	15094866	9220098	5874768	949684
云南	27391219	26715717	18996716	10895672	8101044	2977785
西藏	4067991	3771776	2578127	1420448	1157679	738257
陕西	23780345	23174837	14807481	10190407	4617074	904727
甘肃	14064105	13488176	9771159	6413502	3357657	524273
青海	6013994	4691239	2971565	1846398	1125167	434059
宁夏	4637743	4584963	2858303	1955861	902442	225703
新疆	17088212	16642329	12216946	8234654	3982292	283539

（地方普通小学）

单位：千元

公用部分	商品和服务支出	其他资本性支出	专项公用支出	专项项目支出	基本建设支出
238638773	**106362002**	**132276771**	**34183731**	**98093040**	**14578848**
7740524	4135163	3605361	1799670	1805691	149393
3204120	925450	2278670	900159	1378511	235959
10401026	4891024	5510002	1181451	4328551	353725
5766808	3258770	2508038	1056866	1451172	178379
4107979	1863340	2244639	449792	1794847	241524
7233677	3085564	4148113	1141165	3006948	224302
4172925	2211365	1961560	701512	1260048	45503
5036446	2625714	2410732	494306	1916426	1553119
6319840	3865217	2454623	1994604	460019	63711
16374686	5046023	11328663	1838000	9490663	28230
9922990	4038715	5884275	1189927	4694348	41091
10391978	3798231	6593747	1519820	5073927	318158
6494250	2708251	3785999	939142	2846857	268061
9310059	3153543	6156516	1058928	5097588	306355
16025760	4812293	11213467	2056464	9157003	
19313195	10467434	8845761	1844327	7001434	616838
7193704	2889480	4304224	1056847	3247377	697118
11801718	4684711	7117007	1451549	5665458	555801
16170834	9482067	6688767	2844296	3844471	1519727
6787677	2920494	3867183	1070591	2796592	549337
2114514	881165	1233349	374815	858534	162817
5527120	2194820	3332300	968574	2363726	695871
12619631	5928863	6690768	1679635	5011133	1391758
5738572	3358860	2379712	1051441	1328271	407499
7719001	3508394	4210607	946309	3264298	675502
1193649	454225	739424	102141	637283	296215
8367356	3437477	4929879	814088	4115791	605508
3717017	1790561	1926456	362217	1564239	575929
1719674	715624	1004050	423275	580775	1322755
1726660	654426	1072234	222826	849408	52780
4425383	2574738	1850645	648994	1201651	445883

4-56 教育经费支出明细

地区	合计	事业性经费支出	个人部分	工资福利支出	对个人和家庭的补助支出	#助学金
合计	**453715206**	**444710444**	**302769800**	**201652938**	**101116862**	**17028628**
北京	6169553	6055371	3545989	2434643	1111346	43985
天津	4500947	4284618	2450761	1495257	955504	3
河北	21300721	21018356	13759167	9855063	3904104	699679
山西	11684024	11563074	8094617	5812887	2281730	354636
内蒙古	8761956	8684663	6846525	4428899	2417626	231130
辽宁	11399080	11215275	7409585	4719718	2689867	171454
吉林	8569797	8524294	6027688	4190777	1836911	142419
黑龙江	8855247	7903384	5604515	3400641	2203874	30490
上海	4299703	4299703	2896549	2353294	543255	133346
江苏	27135935	27133675	18575426	11542551	7032875	181480
浙江	19702314	19662223	14130559	9672252	4458307	539808
安徽	20227204	20068001	12928773	8298009	4630764	534837
福建	14363357	14210677	9865318	6673540	3191778	268468
江西	16504252	16290297	10200231	6627541	3572690	940645
山东	31701872	31701872	20812257	16885434	3926823	458944
河南	31595123	31204374	17792287	12831362	4960925	1161605
湖北	12377285	11918004	7927230	5282141	2645089	433854
湖南	18712885	18383483	11493215	7919272	3573943	350098
广东	25450244	25296921	18364350	12555110	5809240	855870
广西	17516731	17099404	12359489	7269416	5090073	896757
海南	4063414	3962415	2897594	2547276	350318	42011
重庆	11770196	11382029	8329269	4771478	3557791	594101
四川	29510914	28448424	19735794	12180543	7555251	1693255
贵州	16997331	16664617	12140786	7497419	4643367	915250
云南	22205292	21657799	15686220	8765829	6920391	2757194
西藏	2799270	2536525	1671207	902300	768907	546879
陕西	16112842	15726715	10676924	7231628	3445296	708368
甘肃	10823096	10270038	7562567	4918625	2643942	477705
青海	3397871	2758255	1801629	1120968	680661	312133
宁夏	3095360	3051260	1883176	1230618	652558	218565
新疆	12111390	11734698	9300103	6238447	3061656	333659

(农村小学)

单位:千元

公用部分	商品和服务支出	其他资本性支出			基本建设支出
			专项公用支出	专项项目支出	
141940644	**63370118**	**78570526**	**18233122**	**60337404**	**9004762**
2509382	1316935	1192447	512866	679581	114182
1833857	345783	1488074	373463	1114611	216329
7259189	3358506	3900683	734045	3166638	282365
3468457	1912488	1555969	696321	859648	120950
1838138	874637	963501	160961	802540	77293
3805690	1451141	2354549	616715	1737834	183805
2496606	1351178	1145428	302332	843096	45503
2298869	1328035	970834	208414	762420	951863
1403154	1071426	331728	234777	96951	
8558249	3005547	5552702	920068	4632634	2260
5531664	2161057	3370607	660998	2709609	40091
7139228	2881687	4257541	1027991	3229550	159203
4345359	1706109	2639250	564984	2074266	152680
6090066	2153398	3936668	644525	3292143	213955
10889615	3349845	7539770	1462491	6077279	
13412087	7760223	5651864	1111629	4540235	390749
3990774	1705713	2285061	586190	1698871	459281
6890268	2951885	3938383	766206	3172177	329402
6932571	3307239	3625332	1345556	2279776	153323
4739915	2291065	2448850	550975	1897875	417327
1064821	466401	598420	168207	430213	100999
3052760	1272039	1780721	458353	1322368	388167
8712630	4238984	4473646	1105500	3368146	1062490
4523831	2677132	1846699	815719	1030980	332714
5971579	2551114	3420465	746524	2673941	547493
865318	288098	577220	69745	507475	262745
5049791	2171657	2878134	497418	2380716	386127
2707471	1249542	1457929	237484	1220445	553058
956626	405413	551213	229684	321529	639616
1168084	376388	791696	131390	660306	44100
2434595	1389453	1045142	291591	753551	376692

4-57 教育经费支出明细

地区	合计	事业性经费支出	个人部分	工资福利支出	对个人和家庭的补助支出	#助学金
合计	**452030758**	**443099888**	**301546486**	**200816963**	**100729523**	**16947587**
北京	6169553	6055371	3545989	2434643	1111346	43985
天津	4500947	4284618	2450761	1495257	955504	3
河北	21300721	21018356	13759167	9855063	3904104	699679
山西	11684024	11563074	8094617	5812887	2281730	354636
内蒙古	8761956	8684663	6846525	4428899	2417626	231130
辽宁	11399080	11215275	7409585	4719718	2689867	171454
吉林	8569797	8524294	6027688	4190777	1836911	142419
黑龙江	8855247	7903384	5604515	3400641	2203874	30490
上海	4299703	4299703	2896549	2353294	543255	133346
江苏	27135935	27133675	18575426	11542551	7032875	181480
浙江	19702314	19662223	14130559	9672252	4458307	539808
安徽	20227204	20068001	12928773	8298009	4630764	534837
福建	14363357	14210677	9865318	6673540	3191778	268468
江西	16504252	16290297	10200231	6627541	3572690	940645
山东	31701872	31701872	20812257	16885434	3926823	458944
河南	31595123	31204374	17792287	12831362	4960925	1161605
湖北	12377285	11918004	7927230	5282141	2645089	433854
湖南	18712885	18383483	11493215	7919272	3573943	350098
广东	25422604	25269924	18346413	12539036	5807377	855531
广西	17516731	17099404	12359489	7269416	5090073	896757
海南	4054821	3953822	2890050	2541374	348676	42011
重庆	11770196	11382029	8329269	4771478	3557791	594101
四川	29510914	28448424	19735794	12180543	7555251	1693255
贵州	16997331	16664617	12140786	7497419	4643367	915250
云南	22205292	21657799	15686220	8765829	6920391	2757194
西藏	2799270	2536525	1671207	902300	768907	546879
陕西	16112842	15726715	10676924	7231628	3445296	708368
甘肃	10814766	10261708	7555153	4911555	2643598	477361
青海	3397871	2758255	1801629	1120968	680661	312133
宁夏	3095360	3051260	1883176	1230618	652558	218565
新疆	10471505	10168062	8109684	5431518	2678166	253301

(地方农村小学)

单位:千元

公用部分	商品和服务支出	其他资本性支出			基本建设支出
			专项公用支出	专项项目支出	
141553402	**63181385**	**78372017**	**18159551**	**60212466**	**8930870**
2509382	1316935	1192447	512866	679581	114182
1833857	345783	1488074	373463	1114611	216329
7259189	3358506	3900683	734045	3166638	282365
3468457	1912488	1555969	696321	859648	120950
1838138	874637	963501	160961	802540	77293
3805690	1451141	2354549	616715	1737834	183805
2496606	1351178	1145428	302332	843096	45503
2298869	1328035	970834	208414	762420	951863
1403154	1071426	331728	234777	96951	
8558249	3005547	5552702	920068	4632634	2260
5531664	2161057	3370607	660998	2709609	40091
7139228	2881687	4257541	1027991	3229550	159203
4345359	1706109	2639250	564984	2074266	152680
6090066	2153398	3936668	644525	3292143	213955
10889615	3349845	7539770	1462491	6077279	
13412087	7760223	5651864	1111629	4540235	390749
3990774	1705713	2285061	586190	1698871	459281
6890268	2951885	3938383	766206	3172177	329402
6923511	3301624	3621887	1343996	2277891	152680
4739915	2291065	2448850	550975	1897875	417327
1063772	465704	598068	167855	430213	100999
3052760	1272039	1780721	458353	1322368	388167
8712630	4238984	4473646	1105500	3368146	1062490
4523831	2677132	1846699	815719	1030980	332714
5971579	2551114	3420465	746524	2673941	547493
865318	288098	577220	69745	507475	262745
5049791	2171657	2878134	497418	2380716	386127
2706555	1248626	1457929	237484	1220445	553058
956626	405413	551213	229684	321529	639616
1168084	376388	791696	131390	660306	44100
2058378	1207948	850430	219932	630498	303443

4-58 教育经费支出明细

地区	合计	事业性经费支出	个人部分	工资福利支出	对个人和家庭的补助支出	#助学金
合计	**37476**	**37476**	**32147**	**29276**	**2871**	**5**
北京						
天津						
河北	2547	2547	2425	2425		
山西						
内蒙古						
辽宁						
吉林						
黑龙江						
上海						
江苏						
浙江						
安徽						
福建	21623	21623	19441	17148	2293	
江西						
山东						
河南						
湖北	1286	1286	1086	1048	38	
湖南						
广东						
广西	50	50				
海南						
重庆	8452	8452	7355	7095	260	5
四川	2231	2231	1788	1508	280	
贵州						
云南	1287	1287	52	52		
西藏						
陕西						
甘肃						
青海						
宁夏						
新疆						

（成人小学）

单位：千元

公用部分	商品和服务支出	其他资本性支出	专项公用支出	专项项目支出	基本建设支出
5329	**5134**	**195**	**195**		
122	122				
2182	2007	175	175		
200	195	5	5		
50	50				
1097	1087	10	10		
443	443				
1235	1230	5	5		

4-59 教育经费支出明细

地区	合计	事业性经费支出	个人部分	工资福利支出	对个人和家庭的补助支出	#助学金
合计	**8562309**	**8323008**	**4549374**	**3222077**	**1327297**	**194459**
北京	414899	414023	254317	164201	90116	3948
天津	233561	226581	122518	65766	56752	301
河北	283416	280616	191331	151706	39625	7927
山西	149985	147185	98714	81309	17405	2580
内蒙古	174729	172441	110695	86126	24569	3209
辽宁	358812	358812	245498	163329	82169	1813
吉林	247434	244584	140015	91287	48728	2527
黑龙江	315918	297177	165544	98864	66680	3343
上海	546496	536496	317636	261174	56462	8314
江苏	740815	740815	432782	291636	141146	9077
浙江	434596	424596	263365	193076	70289	8647
安徽	218487	206442	108267	76209	32058	5757
福建	299180	292630	166763	119285	47478	7950
江西	200791	185780	60223	43789	16434	3180
山东	659415	659415	379787	291183	88604	17991
河南	376138	371868	194178	147049	47129	6344
湖北	248412	240485	125184	81017	44167	9844
湖南	303570	290280	114440	84763	29677	4397
广东	700083	692453	334203	250770	83433	2001
广西	159648	150547	66880	46612	20268	3688
海南	37012	32126	14068	11397	2671	1263
重庆	162204	151451	86099	56899	29200	7597
四川	393379	345583	164476	117987	46489	12982
贵州	124730	115880	83932	55430	28502	2357
云南	155731	143714	75060	50967	24093	8809
西藏	13610	13610	6769	5022	1747	1295
陕西	164358	164158	69634	53634	16000	4205
甘肃	155627	145627	83253	31387	51866	40366
青海	180122	168982	15646	10067	5579	1300
宁夏	24491	24491	12618	8846	3772	130
新疆	84660	84160	45479	31290	14189	1317

（特殊教育）

单位：千元

公用部分	商品和服务支出	其他资本性支出			基本建设支出
			专项公用支出	专项项目支出	
3773634	**1470536**	**2303098**	**540086**	**1763012**	**239301**
159706	75300	84406	48617	35789	876
104063	29273	74790	14903	59887	6980
89285	51579	37706	11923	25783	2800
48471	27759	20712	9416	11296	2800
61746	24270	37476	19815	17661	2288
113314	72654	40660	20649	20011	
104569	53652	50917	29213	21704	2850
131633	64804	66829	13047	53782	18741
218860	163790	55070	40687	14383	10000
308033	89292	218741	27711	191030	
161231	90457	70774	19667	51107	10000
98175	36278	61897	11826	50071	12045
125867	49344	76523	17708	58815	6550
125557	35088	90469	18786	71683	15011
279628	100643	178985	22247	156738	
177690	60957	116733	18498	98235	4270
115301	39577	75724	13752	61972	7927
175840	59969	115871	30023	85848	13290
358250	116609	241641	61010	180631	7630
83667	19971	63696	6115	57581	9101
18058	6330	11728	1132	10596	4886
65352	27213	38139	7635	30504	10753
181107	66880	114227	26511	87716	47796
31948	20674	11274	5132	6142	8850
68654	22334	46320	10355	35965	12017
6841	1903	4938	338	4600	
94524	29354	65170	11961	53209	200
62374	14543	47831	10329	37502	10000
153336	3067	150269	269	150000	11140
11873	2833	9040	800	8240	
38681	14139	24542	10011	14531	500

4-60 教育经费支出明细

地区	合计	事业性经费支出	个人部分			
				工资福利支出	对个人和家庭的补助支出	
						#助学金
合计	**8260681**	**8022020**	**4353921**	**3097674**	**1256247**	**192725**
北京	384203	383327	233411	152629	80782	3814
天津	205241	198261	101265	56208	45057	301
河北	282662	279862	190608	151505	39103	7927
山西	149985	147185	98714	81309	17405	2580
内蒙古	174729	172441	110695	86126	24569	3209
辽宁	316716	316716	211827	144677	67150	1788
吉林	227851	225001	129600	85154	44446	2320
黑龙江	311885	293144	162961	97332	65629	3343
上海	546496	536496	317636	261174	56462	8314
江苏	720623	720623	419183	281442	137741	9050
浙江	417354	407354	253966	187243	66723	8368
安徽	216473	204428	106351	75084	31267	5757
福建	290968	284418	160923	114399	46524	7910
江西	200436	185425	59895	43679	16216	3180
山东	659415	659415	379787	291183	88604	17991
河南	365608	361338	187529	142888	44641	6344
湖北	236507	228580	119056	77301	41755	9404
湖南	303570	290280	114440	84763	29677	4397
广东	643856	636866	302649	225845	76804	1822
广西	157937	148836	65583	45837	19746	3688
海南	37012	32126	14068	11397	2671	1263
重庆	158633	147880	82813	54675	28138	7556
四川	368096	320300	150191	106416	43775	12706
贵州	111250	102400	76544	51554	24990	2357
云南	150307	138290	70827	47608	23219	8723
西藏	13610	13610	6769	5022	1747	1295
陕西	164358	164158	69634	53634	16000	4205
甘肃	155627	145627	83253	31387	51866	40366
青海	180122	168982	15646	10067	5579	1300
宁夏	24491	24491	12618	8846	3772	130
新疆	84660	84160	45479	31290	14189	1317

（特殊教育学校）

单位：千元

公用部分	商品和服务支出	其他资本性支出			基本建设支出
			专项公用支出	专项项目支出	
3668099	**1395180**	**2272919**	**526180**	**1746739**	**238661**
149916	68686	81230	48352	32878	876
96996	24148	72848	14634	58214	6980
89254	51551	37703	11920	25783	2800
48471	27759	20712	9416	11296	2800
61746	24270	37476	19815	17661	2288
104889	65192	39697	19733	19964	
95401	46847	48554	28446	20108	2850
130183	63618	66565	12783	53782	18741
218860	163790	55070	40687	14383	10000
301440	83769	217671	26800	190871	
153388	85850	67538	18931	48607	10000
98077	36185	61892	11821	50071	12045
123495	47091	76404	17589	58815	6550
125530	35061	90469	18786	71683	15011
279628	100643	178985	22247	156738	
173809	58386	115423	18182	97241	4270
109524	35847	73677	13105	60572	7927
175840	59969	115871	30023	85848	13290
334217	100049	234168	55597	178571	6990
83253	19622	63631	6050	57581	9101
18058	6330	11728	1132	10596	4886
65067	27058	38009	7591	30418	10753
170109	60390	109719	24651	85068	47796
25856	15893	9963	3869	6094	8850
67463	21337	46126	10312	35814	12017
6841	1903	4938	338	4600	
94524	29354	65170	11961	53209	200
62374	14543	47831	10329	37502	10000
153336	3067	150269	269	150000	11140
11873	2833	9040	800	8240	
38681	14139	24542	10011	14531	500

4-61 教育经费支出明细

地区	合计	事业性经费支出	个人部分	工资福利支出	对个人和家庭的补助支出	#助学金
合计	**301628**	**300988**	**195453**	**124403**	**71050**	**1734**
北京	30696	30696	20906	11572	9334	134
天津	28320	28320	21253	9558	11695	
河北	754	754	723	201	522	
山西						
内蒙古						
辽宁	42096	42096	33671	18652	15019	25
吉林	19583	19583	10415	6133	4282	207
黑龙江	4033	4033	2583	1532	1051	
上海						
江苏	20192	20192	13599	10194	3405	27
浙江	17242	17242	9399	5833	3566	279
安徽	2014	2014	1916	1125	791	
福建	8212	8212	5840	4886	954	40
江西	355	355	328	110	218	
山东						
河南	10530	10530	6649	4161	2488	
湖北	11905	11905	6128	3716	2412	440
湖南						
广东	56227	55587	31554	24925	6629	179
广西	1711	1711	1297	775	522	
海南						
重庆	3571	3571	3286	2224	1062	41
四川	25283	25283	14285	11571	2714	276
贵州	13480	13480	7388	3876	3512	
云南	5424	5424	4233	3359	874	86
西藏						
陕西						
甘肃						
青海						
宁夏						
新疆						

（工读学校）

单位：千元

公用部分	商品和服务支出	其他资本性支出	专项公用支出	专项项目支出	基本建设支出
105535	**75356**	**30179**	**13906**	**16273**	**640**
9790	6614	3176	265	2911	
7067	5125	1942	269	1673	
31	28	3	3		
8425	7462	963	916	47	
9168	6805	2363	767	1596	
1450	1186	264	264		
6593	5523	1070	911	159	
7843	4607	3236	736	2500	
98	93	5	5		
2372	2253	119	119		
27	27				
3881	2571	1310	316	994	
5777	3730	2047	647	1400	
24033	16560	7473	5413	2060	640
414	349	65	65		
285	155	130	44	86	
10998	6490	4508	1860	2648	
6092	4781	1311	1263	48	
1191	997	194	43	151	

4-62 教育经费支出明细

地区	合计	事业性经费支出	个人部分	工资福利支出	对个人和家庭的补助支出	#助学金
合计	**146386923**	**142587192**	**73030652**	**64791540**	**8239112**	**1443330**
北京	5909878	5835456	3071826	2624609	447217	142
天津	2559531	2559531	1287651	883518	404133	581
河北	6146329	5866609	3297492	2987431	310061	39769
山西	2556274	2463078	1250693	1136052	114641	29783
内蒙古	3458248	3354811	1729951	1391271	338680	67283
辽宁	3912153	3895113	1862631	1711693	150938	21213
吉林	2267734	2238383	993093	856077	137016	6745
黑龙江	2485918	2305040	969251	857744	111507	393
上海	7449302	7419530	4449603	4069651	379952	18664
江苏	12122005	12015559	6367979	5629829	738150	190058
浙江	10298686	10270408	5936670	5400671	535999	10416
安徽	4225246	3979879	1603892	1440163	163729	31420
福建	5288287	5233573	2910818	2689955	220863	10741
江西	3430421	3265747	1533622	1419679	113943	12935
山东	9669016	9668897	4359031	3923075	435956	245715
河南	7245912	7129668	3474908	3250902	224006	64836
湖北	4082315	4003207	2109679	1920362	189317	2558
湖南	5276025	5081385	2463733	2313939	149794	27768
广东	14235062	13923026	8298136	7704135	594001	55598
广西	3686020	3559664	1580707	1384799	195908	28844
海南	1216386	1195886	455740	414256	41484	16151
重庆	3206018	3090942	1415409	1199750	215659	71694
四川	7088464	6845216	3431823	3028158	403665	36627
贵州	2162306	2076716	974253	803965	170288	7188
云南	3368449	3283487	1587131	1332006	255125	31364
西藏	684293	412263	263544	119091	144453	109200
陕西	5832966	5726979	2280729	1976052	304677	151798
甘肃	2008323	1816850	750112	639480	110632	413
青海	822902	576831	248623	175027	73596	27420
宁夏	797741	729721	323032	274950	48082	1723
新疆	2894713	2763737	1748890	1233250	515640	124290

（幼儿园）

单位：千元

公用部分	商品和服务支出	其他资本性支出			基本建设支出
			专项公用支出	专项项目支出	
69556540	**32366076**	**37190464**	**9714755**	**27475709**	**3799731**
2763630	1635746	1127884	477572	650312	74422
1271880	506106	765774	153322	612452	
2569117	1289395	1279722	286486	993236	279720
1212385	587639	624746	139740	485006	93196
1624860	663077	961783	190165	771618	103437
2032482	1243216	789266	231048	558218	17040
1245290	676913	568377	146530	421847	29351
1335789	549150	786639	103846	682793	180878
2969927	2212877	757050	522353	234697	29772
5647580	2113029	3534551	771798	2762753	106446
4333738	1994735	2339003	722508	1616495	28278
2375987	669963	1706024	266686	1439338	245367
2322755	1183194	1139561	373350	766211	54714
1732125	566355	1165770	194808	970962	164674
5309866	1931989	3377877	607320	2770557	119
3654760	2111005	1543755	419484	1124271	116244
1893528	898472	995056	226180	768876	79108
2617652	1302408	1315244	419574	895670	194640
5624890	3522305	2102585	1166814	935771	312036
1978957	712776	1266181	236407	1029774	126356
740146	169264	570882	132780	438102	20500
1675533	882105	793428	277816	515612	115076
3413393	1526402	1886991	390158	1496833	243248
1102463	495426	607037	152893	454144	85590
1696356	698580	997776	209909	787867	84962
148719	70477	78242	34141	44101	272030
3446250	1128214	2318036	539105	1778931	105987
1066738	283551	783187	61214	721973	191473
328208	111615	216593	56603	159990	246071
406689	139817	266872	83241	183631	68020
1014847	490275	524572	120904	403668	130976

4-63 教育经费支出明细

地区	合计	事业性经费支出	个人部分	工资福利支出	对个人和家庭的补助支出	#助学金
合计	**1624293**	**1538773**	**1051576**	**962583**	**88993**	**1120**
北京	345117	345117	234281	207194	27087	
天津	57917	57917	39294	38965	329	7
河北	107185	107185	81606	81006	600	
山西	2695	2695	2082	1992	90	47
内蒙古						
辽宁	67433	67433	51149	47364	3785	6
吉林	18000	18000	9700	8100	1600	
黑龙江	307001	303771	169852	146752	23100	9
上海						
江苏	28144	28144	22366	22198	168	
浙江						
安徽	493	493	235	235		
福建						
江西						
山东	201792	201792	149544	147357	2187	
河南	96101	96101	69375	69230	145	
湖北	31978	31978	22964	22951	13	4
湖南						
广东	12102	12102	10492	9205	1287	
广西						
海南						
重庆						
四川	14241	14241	9481	6950	2531	
贵州	4388	4388	3665	3654	11	
云南						
西藏						
陕西	18413	18413	13790	13696	94	94
甘肃	4864	4864	4465	4465		
青海						
宁夏						
新疆	306429	224139	157235	131269	25966	953

（中央属幼儿园）

单位：千元

公用部分	商品和服务支出	其他资本性支出	专项公用支出	专项项目支出	基本建设支出
487197	**358137**	**129060**	**35185**	**93875**	**85520**
110836	85224	25612	12605	13007	
18623	16321	2302	1044	1258	
25579	22205	3374	2962	412	
613	544	69	38	31	
16284	14046	2238	1591	647	
8300	8300				
133919	77504	56415	845	55570	3230
5778	4831	947	611	336	
258	251	7	7		
52248	41567	10681	1320	9361	
26726	26726				
9014	7176	1838	745	1093	
1610	1228	382	140	242	
4760	3441	1319	595	724	
723	342	381	381		
4623	4408	215	215		
399	399				
66904	43624	23280	12086	11194	82290

4-64 教育经费支出明细

地区	合计	事业性经费支出	个人部分	工资福利支出	对个人和家庭的补助支出	#助学金
合计	**144762630**	**141048419**	**71979076**	**63828957**	**8150119**	**1442210**
北京	5564761	5490339	2837545	2417415	420130	142
天津	2501614	2501614	1248357	844553	403804	574
河北	6039144	5759424	3215886	2906425	309461	39769
山西	2553579	2460383	1248611	1134060	114551	29736
内蒙古	3458248	3354811	1729951	1391271	338680	67283
辽宁	3844720	3827680	1811482	1664329	147153	21207
吉林	2249734	2220383	983393	847977	135416	6745
黑龙江	2178917	2001269	799399	710992	88407	384
上海	7449302	7419530	4449603	4069651	379952	18664
江苏	12093861	11987415	6345613	5607631	737982	190058
浙江	10298686	10270408	5936670	5400671	535999	10416
安徽	4224753	3979386	1603657	1439928	163729	31420
福建	5288287	5233573	2910818	2689955	220863	10741
江西	3430421	3265747	1533622	1419679	113943	12935
山东	9467224	9467105	4209487	3775718	433769	245715
河南	7149811	7033567	3405533	3181672	223861	64836
湖北	4050337	3971229	2086715	1897411	189304	2554
湖南	5276025	5081385	2463733	2313939	149794	27768
广东	14222960	13910924	8287644	7694930	592714	55598
广西	3686020	3559664	1580707	1384799	195908	28844
海南	1216386	1195886	455740	414256	41484	16151
重庆	3206018	3090942	1415409	1199750	215659	71694
四川	7074223	6830975	3422342	3021208	401134	36627
贵州	2157918	2072328	970588	800311	170277	7188
云南	3368449	3283487	1587131	1332006	255125	31364
西藏	684293	412263	263544	119091	144453	109200
陕西	5814553	5708566	2266939	1962356	304583	151704
甘肃	2003459	1811986	745647	635015	110632	413
青海	822902	576831	248623	175027	73596	27420
宁夏	797741	729721	323032	274950	48082	1723
新疆	2588284	2539598	1591655	1101981	489674	123337

（地方幼儿园）

单位：千元

公用部分	商品和服务支出	其他资本性支出	专项公用支出	专项项目支出	基本建设支出
69069343	**32007939**	**37061404**	**9679570**	**27381834**	**3714211**
2652794	1550522	1102272	464967	637305	74422
1253257	489785	763472	152278	611194	
2543538	1267190	1276348	283524	992824	279720
1211772	587095	624677	139702	484975	93196
1624860	663077	961783	190165	771618	103437
2016198	1229170	787028	229457	557571	17040
1236990	668613	568377	146530	421847	29351
1201870	471646	730224	103001	627223	177648
2969927	2212877	757050	522353	234697	29772
5641802	2108198	3533604	771187	2762417	106446
4333738	1994735	2339003	722508	1616495	28278
2375729	669712	1706017	266679	1439338	245367
2322755	1183194	1139561	373350	766211	54714
1732125	566355	1165770	194808	970962	164674
5257618	1890422	3367196	606000	2761196	119
3628034	2084279	1543755	419484	1124271	116244
1884514	891296	993218	225435	767783	79108
2617652	1302408	1315244	419574	895670	194640
5623280	3521077	2102203	1166674	935529	312036
1978957	712776	1266181	236407	1029774	126356
740146	169264	570882	132780	438102	20500
1675533	882105	793428	277816	515612	115076
3408633	1522961	1885672	389563	1496109	243248
1101740	495084	606656	152512	454144	85590
1696356	698580	997776	209909	787867	84962
148719	70477	78242	34141	44101	272030
3441627	1123806	2317821	538890	1778931	105987
1066339	283152	783187	61214	721973	191473
328208	111615	216593	56603	159990	246071
406689	139817	266872	83241	183631	68020
947943	446651	501292	108818	392474	48686

4-65 教育经费支出明细

地区	合计	事业性经费支出	个人部分	工资福利支出	对个人和家庭的补助支出	#助学金
合计	**55719436**	**53492002**	**24160089**	**22112421**	**2047668**	**859301**
北京	1177378	1177004	454525	416101	38424	82
天津	530383	530383	201103	161855	39248	217
河北	3218841	2979351	1540931	1439168	101763	25858
山西	756307	688861	287350	261095	26255	17352
内蒙古	708024	639575	306498	263769	42729	7233
辽宁	1012811	995971	335039	324110	10929	814
吉林	611852	595414	196251	179903	16348	3703
黑龙江	433813	359169	135370	133372	1998	5
上海	2000265	2000265	1293408	1200341	93067	4160
江苏	5156007	5156007	2488615	2219337	269278	129500
浙江	4170532	4164654	2374437	2247609	126828	6062
安徽	2001868	1838481	512715	476755	35960	12644
福建	2204956	2171857	1187747	1125438	62309	6208
江西	1419609	1328453	586608	577250	9358	2644
山东	5569131	5569012	2217671	1974204	243467	180275
河南	3228098	3122574	1435681	1373577	62104	40027
湖北	1641642	1571654	729713	708154	21559	614
湖南	2322593	2151153	982165	947692	34473	14290
广东	3146133	3143021	1835688	1737745	97943	25332
广西	1821985	1724338	614338	577723	36615	21228
海南	428663	416163	119470	106721	12749	2984
重庆	1349357	1258401	445109	390109	55000	42829
四川	3209939	3057480	1229870	1152529	77341	20141
贵州	849570	791660	296753	257877	38876	4636
云南	1412804	1340457	423133	380620	42513	20149
西藏	368996	144146	90417	22476	67941	63890
陕西	2476780	2416494	843137	732776	110361	85427
甘肃	865228	753585	204775	190374	14401	28
青海	187237	122622	54817	37359	17458	14756
宁夏	207700	164710	40140	38885	1255	534
新疆	1230934	1119087	696615	457497	239118	105679

（农村幼儿园）

单位：千元

公用部分	商品和服务支出	其他资本性支出			基本建设支出
			专项公用支出	专项项目支出	
29331913	**11325163**	**18006750**	**3491319**	**14515431**	**2227434**
722479	222510	499969	171066	328903	374
329280	79157	250123	20503	229620	
1438420	635161	803259	150138	653121	239490
401511	152782	248729	30107	218622	67446
333077	110993	222084	24002	198082	68449
660932	313342	347590	64322	283268	16840
399163	166088	233075	23852	209223	16438
223799	118100	105699	23389	82310	74644
706857	524900	181957	133646	48311	
2667392	877339	1790053	353471	1436582	
1790217	769411	1020806	307634	713172	5878
1325766	278062	1047704	110698	937006	163387
984110	441249	542861	181071	361790	33099
741845	229365	512480	61842	450638	91156
3351341	1004790	2346551	329049	2017502	119
1686893	975656	711237	158301	552936	105524
841941	313692	528249	78941	449308	69988
1168988	549641	619347	148030	471317	171440
1307333	760473	546860	250037	296823	3112
1110000	364568	745432	105841	639591	97647
296693	40320	256373	50760	205613	12500
813292	385692	427600	128972	298628	90956
1827610	654606	1173004	161966	1011038	152459
494907	189652	305255	47412	257843	57910
917324	264691	652633	94724	557909	72347
53729	25197	28532	14653	13879	224850
1573357	506541	1066816	157212	909604	60286
548810	103433	445377	23975	421402	111643
67805	17982	49823	19760	30063	64615
124570	33295	91275	20489	70786	42990
422472	216475	205997	45456	160541	111847

4-66 教育经费支出明细

地区	合计	事业性经费支出				
			个人部分			
				工资福利支出	对个人和家庭的补助支出	
						#助学金
合计	**55476517**	**53331373**	**24050661**	**22013734**	**2036927**	**858358**
北京	1174893	1174519	452848	414486	38362	82
天津	530383	530383	201103	161855	39248	217
河北	3218841	2979351	1540931	1439168	101763	25858
山西	756307	688861	287350	261095	26255	17352
内蒙古	708024	639575	306498	263769	42729	7233
辽宁	1012811	995971	335039	324110	10929	814
吉林	611852	595414	196251	179903	16348	3703
黑龙江	433569	358925	135226	133228	1998	5
上海	2000265	2000265	1293408	1200341	93067	4160
江苏	5156007	5156007	2488615	2219337	269278	129500
浙江	4170532	4164654	2374437	2247609	126828	6062
安徽	2001868	1838481	512715	476755	35960	12644
福建	2204956	2171857	1187747	1125438	62309	6208
江西	1419609	1328453	586608	577250	9358	2644
山东	5569131	5569012	2217671	1974204	243467	180275
河南	3228098	3122574	1435681	1373577	62104	40027
湖北	1641642	1571654	729713	708154	21559	614
湖南	2322593	2151153	982165	947692	34473	14290
广东	3146133	3143021	1835688	1737745	97943	25332
广西	1821985	1724338	614338	577723	36615	21228
海南	428663	416163	119470	106721	12749	2984
重庆	1349357	1258401	445109	390109	55000	42829
四川	3209939	3057480	1229870	1152529	77341	20141
贵州	848833	790923	296023	257158	38865	4636
云南	1412804	1340457	423133	380620	42513	20149
西藏	368996	144146	90417	22476	67941	63890
陕西	2476780	2416494	843137	732776	110361	85427
甘肃	860364	748721	200310	185909	14401	28
青海	187237	122622	54817	37359	17458	14756
宁夏	207700	164710	40140	38885	1255	534
新疆	996345	966788	594203	365753	228450	104736

(地方农村幼儿园)

单位:千元

公用部分	商品和服务支出	其他资本性支出	专项公用支出	专项项目支出	基本建设支出
29280712	**11290618**	**17990094**	**3481709**	**14508385**	**2145144**
721671	221775	499896	170993	328903	374
329280	79157	250123	20503	229620	
1438420	635161	803259	150138	653121	239490
401511	152782	248729	30107	218622	67446
333077	110993	222084	24002	198082	68449
660932	313342	347590	64322	283268	16840
399163	166088	233075	23852	209223	16438
223699	118000	105699	23389	82310	74644
706857	524900	181957	133646	48311	
2667392	877339	1790053	353471	1436582	
1790217	769411	1020806	307634	713172	5878
1325766	278062	1047704	110698	937006	163387
984110	441249	542861	181071	361790	33099
741845	229365	512480	61842	450638	91156
3351341	1004790	2346551	329049	2017502	119
1686893	975656	711237	158301	552936	105524
841941	313692	528249	78941	449308	69988
1168988	549641	619347	148030	471317	171440
1307333	760473	546860	250037	296823	3112
1110000	364568	745432	105841	639591	97647
296693	40320	256373	50760	205613	12500
813292	385692	427600	128972	298628	90956
1827610	654606	1173004	161966	1011038	152459
494900	189647	305253	47410	257843	57910
917324	264691	652633	94724	557909	72347
53729	25197	28532	14653	13879	224850
1573357	506541	1066816	157212	909604	60286
548411	103034	445377	23975	421402	111643
67805	17982	49823	19760	30063	64615
124570	33295	91275	20489	70786	42990
372585	183169	189416	35921	153495	29557

4-67 教育经费支出明细

地区	合计	事业性经费支出	个人部分	工资福利支出	对个人和家庭的补助支出	#助学金
合计	**37054805**	**35634788**	**12508085**	**7226337**	**5281748**	
北京	576365	576365	408692	244165	164527	
天津	276241	271241	174966	89510	85456	
河北	526610	526610	329908	205608	124300	
山西	994445	994445	451469	312412	139057	
内蒙古	849498	834035	403613	236326	167287	
辽宁	760425	759521	368190	175264	192926	
吉林	473794	473794	166066	94775	71291	
黑龙江	2807192	2677612	381701	147309	234392	
上海	227253	227253	172213	120468	51745	
江苏	1768263	1768263	678623	393461	285162	
浙江	790167	790167	503192	313776	189416	
安徽	824571	824571	327184	200476	126708	
福建	757560	756504	267826	167362	100464	
江西	1086948	1072821	294392	184515	109877	
山东	2016520	2016520	942537	699850	242687	
河南	1036526	1036276	407115	269024	138091	
湖北	1027667	1007874	435159	246665	188494	
湖南	1679648	1669748	725455	466039	259416	
广东	3638109	3314544	1024450	561270	463180	
广西	898475	898475	272672	149941	122731	
海南	365824	365824	126227	80090	46137	
重庆	946707	888807	282359	148290	134069	
四川	2105295	2097459	744405	342238	402167	
贵州	1911827	1804772	563018	286098	276920	
云南	3838120	3714113	615654	289142	326512	
西藏	196510	196510	102182	70974	31208	
陕西	672275	672275	275619	175788	99831	
甘肃	343794	333884	143755	84073	59682	
青海	1040897	657042	199779	45885	153894	
宁夏	161497	161497	94939	60837	34102	
新疆	2455782	2245966	624725	364706	260019	

（教育行政单位）

单位：千元

公用部分	商品和服务支出	其他资本性支出			基本建设支出
			专项公用支出	专项项目支出	
23126703	**11899884**	**11226819**	**3490606**	**7736213**	**1420017**
167673	152287	15386	14537	849	
96275	88670	7605	7605		5000
196702	177738	18964	14612	4352	
542976	327010	215966	119822	96144	
430422	252781	177641	74537	103104	15463
391331	224520	166811	81303	85508	904
307728	289036	18692	13493	5199	
2295911	987003	1308908	181534	1127374	129580
55040	52721	2319	2319		
1089640	731459	358181	111050	247131	
286975	248298	38677	32385	6292	
497387	331917	165470	111494	53976	
488678	231586	257092	153245	103847	1056
778429	226377	552052	67174	484878	14127
1073983	523962	550021	124500	425521	
629161	537538	91623	43892	47731	250
572715	316711	256004	57907	198097	19793
944293	695808	248485	111696	136789	9900
2290094	1265336	1024758	268895	755863	323565
625803	243996	381807	67550	314257	
239597	117815	121782	30277	91505	
606448	370964	235484	90154	145330	57900
1353054	613157	739897	352790	387107	7836
1241754	801870	439884	191390	248494	107055
3098459	881233	2217226	496219	1721007	124007
94328	64177	30151	13458	16693	
396656	254510	142146	33376	108770	
190129	126910	63219	27615	35604	9910
457263	162011	295252	162740	132512	383855
66558	53628	12930	12170	760	
1621241	548855	1072386	420867	651519	209816

4-68 教育经费支出明细

地区	合计	事业性经费支出	个人部分	工资福利支出	对个人和家庭的补助支出	#助学金
合计	**36879020**	**35459003**	**12414777**	**7157197**	**5257580**	
北京	482730	482730	350087	192606	157481	
天津	276241	271241	174966	89510	85456	
河北	526610	526610	329908	205608	124300	
山西	994445	994445	451469	312412	139057	
内蒙古	849498	834035	403613	236326	167287	
辽宁	760425	759521	368190	175264	192926	
吉林	473794	473794	166066	94775	71291	
黑龙江	2800062	2670482	378521	144359	234162	
上海	227253	227253	172213	120468	51745	
江苏	1768263	1768263	678623	393461	285162	
浙江	790167	790167	503192	313776	189416	
安徽	824571	824571	327184	200476	126708	
福建	757560	756504	267826	167362	100464	
江西	1086948	1072821	294392	184515	109877	
山东	2016520	2016520	942537	699850	242687	
河南	1036526	1036276	407115	269024	138091	
湖北	1027667	1007874	435159	246665	188494	
湖南	1679648	1669748	725455	466039	259416	
广东	3638109	3314544	1024450	561270	463180	
广西	898475	898475	272672	149941	122731	
海南	365824	365824	126227	80090	46137	
重庆	946707	888807	282359	148290	134069	
四川	2105295	2097459	744405	342238	402167	
贵州	1911827	1804772	563018	286098	276920	
云南	3838120	3714113	615654	289142	326512	
西藏	196510	196510	102182	70974	31208	
陕西	672275	672275	275619	175788	99831	
甘肃	343794	333884	143755	84073	59682	
青海	1040897	657042	199779	45885	153894	
宁夏	161497	161497	94939	60837	34102	
新疆	2380762	2170946	593202	350075	243127	

(地方教育行政单位)

单位:千元

公用部分	商品和服务支出	其他资本性支出	专项公用支出	专项项目支出	基本建设支出
23044226	**11821245**	**11222981**	**3486768**	**7736213**	**1420017**
132643	119109	13534	12685	849	
96275	88670	7605	7605		5000
196702	177738	18964	14612	4352	
542976	327010	215966	119822	96144	
430422	252781	177641	74537	103104	15463
391331	224520	166811	81303	85508	904
307728	289036	18692	13493	5199	
2291961	983053	1308908	181534	1127374	129580
55040	52721	2319	2319		
1089640	731459	358181	111050	247131	
286975	248298	38677	32385	6292	
497387	331917	165470	111494	53976	
488678	231586	257092	153245	103847	1056
778429	226377	552052	67174	484878	14127
1073983	523962	550021	124500	425521	
629161	537538	91623	43892	47731	250
572715	316711	256004	57907	198097	19793
944293	695808	248485	111696	136789	9900
2290094	1265336	1024758	268895	755863	323565
625803	243996	381807	67550	314257	
239597	117815	121782	30277	91505	
606448	370964	235484	90154	145330	57900
1353054	613157	739897	352790	387107	7836
1241754	801870	439884	191390	248494	107055
3098459	881233	2217226	496219	1721007	124007
94328	64177	30151	13458	16693	
396656	254510	142146	33376	108770	
190129	126910	63219	27615	35604	9910
457263	162011	295252	162740	132512	383855
66558	53628	12930	12170	760	
1577744	507344	1070400	418881	651519	209816

4-69 教育经费支出明细

地区	合计	事业性经费支出	个人部分	工资福利支出	对个人和家庭的补助支出	#助学金
合计	**86466754**	**83867191**	**22605196**	**13462473**	**9142723**	
北京	14280681	13828869	2431494	1438305	993189	
天津	2179775	2179775	661945	346099	315846	
河北	1584844	1572844	888145	676726	211419	
山西	1853441	1820647	662416	430861	231555	
内蒙古	1264397	1264397	663235	437939	225296	
辽宁	4361925	4352325	1433004	884668	548336	
吉林	1996467	1996467	573888	323420	250468	
黑龙江	3341479	3241903	657310	383870	273440	
上海	3541833	3541833	821759	703453	118306	
江苏	5082533	5070172	1247659	772855	474804	
浙江	6149604	6149424	1642193	897887	744306	
安徽	1045928	1034170	328155	204021	124134	
福建	2544484	2530362	713386	404968	308418	
江西	2023217	2023217	421689	263582	158107	
山东	3854485	3854485	1187363	860160	327203	
河南	1981247	1981247	837786	591568	246218	
湖北	1666585	1665225	770699	407506	363193	
湖南	1355040	1355040	392092	280754	111338	
广东	7184993	6611195	1229052	595878	633174	
广西	1986995	1986995	635657	310909	324748	
海南	151046	151046	54606	47160	7446	
重庆	2367957	2174379	400647	219503	181144	
四川	2675624	2515934	928572	542107	386465	
贵州	434531	431759	195657	103320	92337	
云南	3749800	3612593	662022	183232	478790	
西藏	902091	815891	270630	86708	183922	
陕西	1916217	1863743	646919	437968	208951	
甘肃	954829	946103	375766	223185	152581	
青海	1744774	1020219	279299	97168	182131	
宁夏	221155	221155	135676	86353	49323	
新疆	2068777	2053777	456475	220340	236135	

（教育事业单位）

单位：千元

公用部分	商品和服务支出	其他资本性支出	专项公用支出	专项项目支出	基本建设支出
61261995	**32210498**	**29051497**	**10761837**	**18289660**	**2599563**
11397375	9796745	1600630	1002016	598614	451812
1517830	487281	1030549	190668	839881	
684699	501009	183690	55280	128410	12000
1158231	617060	541171	410417	130754	32794
601162	301688	299474	161666	137808	
2919321	1087363	1831958	621817	1210141	9600
1422579	730940	691639	186920	504719	
2584593	1538284	1046309	299064	747245	99576
2720074	2306730	413344	205391	207953	
3822513	1556143	2266370	369299	1897071	12361
4507231	1663660	2843571	780829	2062742	180
706015	352518	353497	151128	202369	11758
1816976	953662	863314	112998	750316	14122
1601528	310230	1291298	180783	1110515	
2667122	651541	2015581	300377	1715204	
1143461	714224	429237	273406	155831	
894526	615976	278550	179680	98870	1360
962948	446875	516073	203429	312644	
5382143	1570185	3811958	3031963	779995	573798
1351338	545062	806276	245613	560663	
96440	57142	39298	25056	14242	
1773732	520940	1252792	177403	1075389	193578
1587362	823661	763701	374370	389331	159690
236102	213466	22636	11843	10793	2772
2950571	1535524	1415047	455111	959936	137207
545261	225763	319498	57878	261620	86200
1216824	514916	701908	281020	420888	52474
570337	379563	190774	63254	127520	8726
740920	217884	523036	247640	275396	724555
85479	70815	14664	14084	580	
1597302	903648	693654	91434	602220	15000

4-70 教育经费支出明细

地区	合计	事业性经费支出	个人部分	工资福利支出	对个人和家庭的补助支出	#助学金
合计	**78852786**	**76253223**	**22048308**	**13072441**	**8975867**	
北京	6703862	6252050	1898741	1064728	834013	
天津	2179775	2179775	661945	346099	315846	
河北	1584844	1572844	888145	676726	211419	
山西	1853441	1820647	662416	430861	231555	
内蒙古	1264397	1264397	663235	437939	225296	
辽宁	4361925	4352325	1433004	884668	548336	
吉林	1996467	1996467	573888	323420	250468	
黑龙江	3335031	3235455	653135	380950	272185	
上海	3541833	3541833	821759	703453	118306	
江苏	5082533	5070172	1247659	772855	474804	
浙江	6149604	6149424	1642193	897887	744306	
安徽	1045928	1034170	328155	204021	124134	
福建	2544484	2530362	713386	404968	308418	
江西	2023217	2023217	421689	263582	158107	
山东	3854485	3854485	1187363	860160	327203	
河南	1981247	1981247	837786	591568	246218	
湖北	1666585	1665225	770699	407506	363193	
湖南	1355040	1355040	392092	280754	111338	
广东	7184993	6611195	1229052	595878	633174	
广西	1986995	1986995	635657	310909	324748	
海南	151046	151046	54606	47160	7446	
重庆	2367957	2174379	400647	219503	181144	
四川	2675624	2515934	928572	542107	386465	
贵州	434531	431759	195657	103320	92337	
云南	3749800	3612593	662022	183232	478790	
西藏	902091	815891	270630	86708	183922	
陕西	1916217	1863743	646919	437968	208951	
甘肃	954829	946103	375766	223185	152581	
青海	1744774	1020219	279299	97168	182131	
宁夏	221155	221155	135676	86353	49323	
新疆	2038076	2023076	436515	206805	229710	

（地方教育事业单位）

单位：千元

公用部分	商品和服务支出	其他资本性支出			基本建设支出
			专项公用支出	专项项目支出	
54204915	**25304122**	**28900793**	**10632789**	**18268004**	**2599563**
4353309	2902784	1450525	873567	576958	451812
1517830	487281	1030549	190668	839881	
684699	501009	183690	55280	128410	12000
1158231	617060	541171	410417	130754	32794
601162	301688	299474	161666	137808	
2919321	1087363	1831958	621817	1210141	9600
1422579	730940	691639	186920	504719	
2582320	1536011	1046309	299064	747245	99576
2720074	2306730	413344	205391	207953	
3822513	1556143	2266370	369299	1897071	12361
4507231	1663660	2843571	780829	2062742	180
706015	352518	353497	151128	202369	11758
1816976	953662	863314	112998	750316	14122
1601528	310230	1291298	180783	1110515	
2667122	651541	2015581	300377	1715204	
1143461	714224	429237	273406	155831	
894526	615976	278550	179680	98870	1360
962948	446875	516073	203429	312644	
5382143	1570185	3811958	3031963	779995	573798
1351338	545062	806276	245613	560663	
96440	57142	39298	25056	14242	
1773732	520940	1252792	177403	1075389	193578
1587362	823661	763701	374370	389331	159690
236102	213466	22636	11843	10793	2772
2950571	1535524	1415047	455111	959936	137207
545261	225763	319498	57878	261620	86200
1216824	514916	701908	281020	420888	52474
570337	379563	190774	63254	127520	8726
740920	217884	523036	247640	275396	724555
85479	70815	14664	14084	580	
1586561	893506	693055	90835	602220	15000

4-71 教育经费支出明细

地 区	合 计	事业性经费支出	个人部分	工资福利支出	对个人和家庭的补助支出	#助学金
合 计	**54616057**	**53109322**	**10337686**	**6305751**	**4031935**	**24320**
北 京	5552614	5526254	471544	277121	194423	13938
天 津	4941157	4741157	153902	81257	72645	
河 北	1391681	1350450	417987	272428	145559	3197
山 西	585778	559151	294613	199785	94828	
内蒙古	770961	735104	310184	197297	112887	
辽 宁	7862524	7786941	610476	208905	401571	
吉 林	5035170	5035170	288667	156824	131843	
黑龙江	656428	644428	217940	131203	86737	199
上 海	997077	996106	259841	206101	53740	433
江 苏	2311708	2308090	601002	356744	244258	
浙 江	2364651	2359401	504257	305578	198679	161
安 徽	1448121	1448121	339537	233689	105848	2
福 建	627298	627178	280258	183388	96870	6
江 西	1150951	1150951	212770	133021	79749	1971
山 东	2108970	2085970	560808	410595	150213	
河 南	990019	973681	367145	259499	107646	
湖 北	1606315	1531796	292550	163187	129363	
湖 南	1872056	1744744	325405	224089	101316	
广 东	3065366	3047769	1130674	675772	454902	614
广 西	981887	903671	196044	126432	69612	
海 南	137208	137208	39181	28643	10538	
重 庆	313299	302264	145678	83460	62218	10
四 川	1768356	1719028	546007	311664	234343	490
贵 州	561983	552383	309173	137760	171413	23
云 南	550326	533742	269026	186381	82645	7
西 藏	109245	86545	58645	38983	19662	
陕 西	955635	935185	283211	165987	117224	
甘 肃	1799560	1777310	231086	155896	75190	
青 海	990720	547594	117628	67583	50045	
宁 夏	200343	191343	87685	54300	33385	
新 疆	908650	770587	414762	272179	142583	3269

（其他教育机构）

单位：千元

公用部分	商品和服务支出	其他资本性支出			基本建设支出
			专项公用支出	专项项目支出	
42771636	**18129992**	**24641644**	**5915251**	**18726393**	**1506735**
5054710	4590258	464452	36938	427514	26360
4587255	620269	3966986	1722363	2244623	200000
932463	277867	654596	36077	618519	41231
264538	198072	66466	19981	46485	26627
424920	148218	276702	61758	214944	35857
7176465	1681137	5495328	1738231	3757097	75583
4746503	1745449	3001054	417881	2583173	
426488	280074	146414	39102	107312	12000
736265	685390	50875	41873	9002	971
1707088	513731	1193357	67604	1125753	3618
1855144	895715	959429	92600	866829	5250
1108584	386338	722246	28088	694158	
346920	271984	74936	23228	51708	120
938181	229684	708497	177631	530866	
1525162	405445	1119717	56318	1063399	23000
606536	303252	303284	88384	214900	16338
1239246	426475	812771	25884	786887	74519
1419339	514959	904380	45882	858498	127312
1917095	1062094	855001	622335	232666	17597
707627	156195	551432	52951	498481	78216
98027	68168	29859	12159	17700	
156586	126088	30498	10998	19500	11035
1173021	438632	734389	74086	660303	49328
243210	120908	122302	114052	8250	9600
264716	177946	86770	28081	58689	16584
27900	14571	13329	7022	6307	22700
651974	238805	413169	44569	368600	20450
1546224	1101754	444470	80359	364111	22250
429966	122526	307440	81066	226374	443126
103658	79095	24563	14921	9642	9000
355825	248893	106932	52829	54103	138063

4-72 教育经费支出明细

地区	合计	事业性经费支出	个人部分	工资福利支出	对个人和家庭的补助支出	#助学金
合 计	**5959562**	**5861162**	**380274**	**220049**	**160225**	**17336**
北 京	4588459	4588459	231260	122579	108681	13938
天 津						
河 北	4162	4162				
山 西	308	308				
内蒙古	390	390				
辽 宁	54369	54369				
吉 林	17606	17606				
黑龙江	21946	21946	5529	3697	1832	
上 海	499944	499944	42024	33042	8982	129
江 苏	37983	37983				
浙 江	3350	3350				
安 徽	37744	37744				
福 建	132124	132124	16542	14562	1980	
江 西						
山 东	19215	19215				
河 南	4272	4272				
湖 北	61320	61320				
湖 南	8566	8566				
广 东	48538	48538				
广 西						
海 南						
重 庆	705	705				
四 川	45480	45480				
贵 州	3338	3338				
云 南	27396	27396				
西 藏						
陕 西	42096	42096				
甘 肃	36084	36084				
青 海	7528	7528				
宁 夏						
新 疆	256639	158239	84919	46169	38750	3269

(中央属其他教育机构)

单位:千元

公用部分	商品和服务支出	其他资本性支出	专项公用支出	专项项目支出	基本建设支出
5480888	**5220055**	**260833**	**43682**	**217151**	**98400**
4357199	4155194	202005	19793	182212	
4162	4162				
308	308				
390	390				
54369	54369				
17606	17606				
16417	15923	494	494		
457920	438438	19482	14564	4918	
37983	37983				
3350	3350				
37744	37744				
115582	92748	22834	4578	18256	
19215	19215				
4272	4272				
61320	61320				
8566	8566				
48538	48538				
705	705				
45480	45480				
3338	3338				
27396	27396				
42096	42096				
36084	36084				
7528	7528				
73320	57302	16018	4253	11765	98400

4-73 教育经费支出明细

地区	合计	事业性经费支出	个人部分	工资福利支出	对个人和家庭的补助支出	#助学金
合计	48656495	47248160	9957412	6085702	3871710	6984
北京	964155	937795	240284	154542	85742	
天津	4941157	4741157	153902	81257	72645	
河北	1387519	1346288	417987	272428	145559	3197
山西	585470	558843	294613	199785	94828	
内蒙古	770571	734714	310184	197297	112887	
辽宁	7808155	7732572	610476	208905	401571	
吉林	5017564	5017564	288667	156824	131843	
黑龙江	634482	622482	212411	127506	84905	199
上海	497133	496162	217817	173059	44758	304
江苏	2273725	2270107	601002	356744	244258	
浙江	2361301	2356051	504257	305578	198679	161
安徽	1410377	1410377	339537	233689	105848	2
福建	495174	495054	263716	168826	94890	6
江西	1150951	1150951	212770	133021	79749	1971
山东	2089755	2066755	560808	410595	150213	
河南	985747	969409	367145	259499	107646	
湖北	1544995	1470476	292550	163187	129363	
湖南	1863490	1736178	325405	224089	101316	
广东	3016828	2999231	1130674	675772	454902	614
广西	981887	903671	196044	126432	69612	
海南	137208	137208	39181	28643	10538	
重庆	312594	301559	145678	83460	62218	10
四川	1722876	1673548	546007	311664	234343	490
贵州	558645	549045	309173	137760	171413	23
云南	522930	506346	269026	186381	82645	7
西藏	109245	86545	58645	38983	19662	
陕西	913539	893089	283211	165987	117224	
甘肃	1763476	1741226	231086	155896	75190	
青海	983192	540066	117628	67583	50045	
宁夏	200343	191343	87685	54300	33385	
新疆	652011	612348	329843	226010	103833	

(地方其他教育机构)

单位:千元

公用部分	商品和服务支出	其他资本性支出			基本建设支出
			专项公用支出	专项项目支出	
37290748	**12909937**	**24380811**	**5871569**	**18509242**	**1408335**
697511	435064	262447	17145	245302	26360
4587255	620269	3966986	1722363	2244623	200000
928301	273705	654596	36077	618519	41231
264230	197764	66466	19981	46485	26627
424530	147828	276702	61758	214944	35857
7122096	1626768	5495328	1738231	3757097	75583
4728897	1727843	3001054	417881	2583173	
410071	264151	145920	38608	107312	12000
278345	246952	31393	27309	4084	971
1669105	475748	1193357	67604	1125753	3618
1851794	892365	959429	92600	866829	5250
1070840	348594	722246	28088	694158	
231338	179236	52102	18650	33452	120
938181	229684	708497	177631	530866	
1505947	386230	1119717	56318	1063399	23000
602264	298980	303284	88384	214900	16338
1177926	365155	812771	25884	786887	74519
1410773	506393	904380	45882	858498	127312
1868557	1013556	855001	622335	232666	17597
707627	156195	551432	52951	498481	78216
98027	68168	29859	12159	17700	
155881	125383	30498	10998	19500	11035
1127541	393152	734389	74086	660303	49328
239872	117570	122302	114052	8250	9600
237320	150550	86770	28081	58689	16584
27900	14571	13329	7022	6307	22700
609878	196709	413169	44569	368600	20450
1510140	1065670	444470	80359	364111	22250
422438	114998	307440	81066	226374	443126
103658	79095	24563	14921	9642	9000
282505	191591	90914	48576	42338	39663

第五部分

各地区各级各类教育机构公共财政预算教育事业费和基本建设支出明细

5-1 公共财政预算教育事业费和

地区	合计	事业费支出	个人部分	工资福利支出	对个人和家庭的补助支出	#助学金
合计	**1868761624**	**1799139779**	**1071909353**	**758397184**	**313512169**	**92664560**
北京	87417287	82333549	41536916	26462934	15073982	6100848
天津	37104828	35996329	20130704	11195097	8935607	662341
河北	74729564	73392243	45994623	34758085	11236538	3495090
山西	45934671	44768999	28614571	22173150	6441421	2159949
内蒙古	38748783	37613071	24866018	21101019	3764999	2409114
辽宁	69593933	65314851	34281140	24306432	9974708	1928087
吉林	44995543	44515968	24722068	16143264	8578804	1313682
黑龙江	55332257	50813193	28493897	17436142	11057755	1887843
上海	58128538	57089327	28385648	22762356	5623292	1527921
江苏	119756881	119007326	82069525	53681207	28388318	3346766
浙江	75855962	75241676	55071845	40056678	15015167	2831995
安徽	68278098	66128007	34748842	25824531	8924311	2775256
福建	47990458	47093863	31367254	23209409	8157845	1801709
江西	60181018	58979109	28885983	19744719	9141264	3654275
山东	124128160	123806620	74519063	56592522	17926541	4270144
河南	98431938	95824039	47960046	39772070	8187976	6212806
湖北	61707194	58455648	37782334	23792772	13989562	3454657
湖南	71143125	68679689	36199990	26092311	10107679	3037888
广东	126991656	119693334	80186434	60374014	19812420	4561496
广西	53625349	51619631	31374496	18231565	13142931	4438502
海南	14496522	13332276	7469129	6238860	1230269	643325
重庆	43166946	40066179	21609459	16327212	5282247	3118846
四川	98094916	94246992	59962578	39118077	20844501	6822012
贵州	45316153	43719141	30286354	18557166	11729188	2897242
云南	60243023	57489529	31570432	21959490	9610942	6495175
西藏	8880083	7712055	5170469	2931801	2238668	1357286
陕西	67725764	65225963	35866801	24880295	10986506	4024031
甘肃	36067010	34018104	21326324	15453157	5873167	2264657
青海	16068573	11257052	5716090	3962652	1753438	820971
宁夏	10335735	9930511	5334699	4547066	787633	625450
新疆	48291656	45775505	30405621	20711131	9694490	1725196

基本建设支出明细(各级各类教育机构)

单位:千元

公用部分	商品和服务支出	其他资本性支出			基本建设支出
			专项公用支出	专项项目支出	
727230426	**327181657**	**400048769**	**123964889**	**276083880**	**69621845**
40796633	26676060	14120573	8615293	5505280	5083738
15865625	4999962	10865663	2514890	8350773	1108499
27397620	10528380	16869240	6516569	10352671	1337321
16154428	8835276	7319152	3585967	3733185	1165672
12747053	6295666	6451387	2195551	4255836	1135712
31033711	13232570	17801141	5789812	12011329	4279082
19793900	9330659	10463241	2729256	7733985	479575
22319296	11306193	11013103	2910706	8102397	4519064
28703679	23562965	5140714	3796359	1344355	1039211
36937801	15979886	20957915	5033478	15924437	749555
20169831	10348844	9820987	3204442	6616545	614286
31379165	10008788	21370377	4676788	16693589	2150091
15726609	7150447	8576162	1914162	6662000	896595
30093126	8002265	22090861	5767613	16323248	1201909
49287557	12675378	36612179	5055795	31556384	321540
47863993	23401339	24462654	5976027	18486627	2607899
20673314	10498844	10174470	2679547	7494923	3251546
32479699	11772063	20707636	5331951	15375685	2463436
39506900	21191133	18315767	9491138	8824629	7298322
20245135	6990866	13254269	3561725	9692544	2005718
5863147	2018763	3844384	1182952	2661432	1164246
18456720	7436834	11019886	3350739	7669147	3100767
34284414	16924795	17359619	6629084	10730535	3847924
13432787	7305880	6126907	2587182	3539725	1597012
25919097	10054043	15865054	4941695	10923359	2753494
2541586	1340310	1201276	440045	761231	1168028
29359162	11015143	18344019	7208856	11135163	2499801
12691780	6207275	6484505	1925855	4558650	2048906
5540962	2002829	3538133	1341067	2197066	4811521
4595812	1757551	2838261	973195	1865066	405224
15369884	8330650	7039234	2037150	5002084	2516151

5-2 公共财政预算教育事业费和

地区	合计	事业费支出	个人部分	工资福利支出	对个人和家庭的补助支出	#助学金
合计	**118921631**	**111814439**	**58106517**	**32426294**	**25680223**	**10915170**
北京	33986309	31741831	14703404	6482664	8220740	5258363
天津	2747742	2475262	1441551	887318	554233	146902
河北	830258	801818	366777	273077	93700	23774
山西	5977	5977	5977	470	5507	5507
内蒙古						
辽宁	3506906	3150955	1629870	1019883	609987	247236
吉林	3383192	3286162	1991085	1209661	781424	196212
黑龙江	4965060	4593096	2849936	1950999	898937	213932
上海	10612865	10257935	3645918	2691886	954032	587314
江苏	8257575	7745825	4251525	2235307	2016218	471301
浙江	2512022	2462482	1309016	659984	649032	114368
安徽	2215165	2195165	942343	543460	398883	86141
福建	2232829	2102279	1111278	632780	478498	194488
江西	2306	2306	2239		2239	2239
山东	2955598	2857498	1897682	1126667	771015	261209
河南	81469	81469	35370	30623	4747	3947
湖北	9595870	9079770	5797400	3067324	2730076	792444
湖南	2940975	2676805	1848635	961382	887253	324906
广东	5644010	5356194	2722603	1543080	1179523	275689
广西						
海南	11974	11974	9334	6022	3312	
重庆	2921791	2873291	1720223	990173	730050	349924
四川	6233316	5885557	3036578	1861088	1175490	430633
贵州	9772	9772	7197	1358	5839	4302
云南						
西藏						
陕西	6215383	5673543	2806933	1476210	1330723	533506
甘肃	1770820	1653130	792479	427469	365010	124823
青海						
宁夏	475285	418581	127923	87006	40917	24095
新疆	4807162	4415762	3053241	2260403	792838	241915

基本建设支出明细(中央属各级各类教育机构)

单位:千元

公用部分	商品和服务支出	其他资本性支出	专项公用支出	专项项目支出	基本建设支出
53707922	**36939413**	**16768509**	**11616638**	**5151871**	**7107192**
17038427	13027721	4010706	2511674	1499032	2244478
1033711	835160	198551	174701	23850	272480
435041	311580	123461	107128	16333	28440
1521085	948806	572279	478503	93776	355951
1295077	830559	464518	437388	27130	97030
1743160	844700	898460	684427	214033	371964
6612017	5281686	1330331	1124488	205843	354930
3494300	2108389	1385911	887599	498312	511750
1153466	707905	445561	445561		49540
1252822	700412	552410	124890	427520	20000
991001	605623	385378	312936	72442	130550
67	43	24	24		
959816	468856	490960	346192	144768	98100
46099	20086	26013	13013	13000	
3282370	2553350	729020	458123	270897	516100
828170	385333	442837	401739	41098	264170
2633591	1541740	1091851	875230	216621	287816
2640	1749	891	891		
1153068	888280	264788	235538	29250	48500
2848979	1900044	948935	685426	263509	347759
2575	2575				
2866610	1658604	1208006	641823	566183	541840
860651	475137	385514	342051	43463	117690
290658	152841	137817	130166	7651	56704
1362521	688234	674287	197127	477160	391400

5-3 公共财政预算教育事业费和

地区	合计	事业费支出	个人部分	工资福利支出	对个人和家庭的补助支出	#助学金
合计	**1749839993**	**1687325340**	**1013802836**	**725970890**	**287831946**	**81749390**
北京	53430978	50591718	26833512	19980270	6853242	842485
天津	34357086	33521067	18689153	10307779	8381374	515439
河北	73899306	72590425	45627846	34485008	11142838	3471316
山西	45928694	44763022	28608594	22172680	6435914	2154442
内蒙古	38748783	37613071	24866018	21101019	3764999	2409114
辽宁	66087027	62163896	32651270	23286549	9364721	1680851
吉林	41612351	41229806	22730983	14933603	7797380	1117470
黑龙江	50367197	46220097	25643961	15485143	10158818	1673911
上海	47515673	46831392	24739730	20070470	4669260	940607
江苏	111499306	111261501	77818000	51445900	26372100	2875465
浙江	73343940	72779194	53762829	39396694	14366135	2717627
安徽	66062933	63932842	33806499	25281071	8525428	2689115
福建	45757629	44991584	30255976	22576629	7679347	1607221
江西	60178712	58976803	28883744	19744719	9139025	3652036
山东	121172562	120949122	72621381	55465855	17155526	4008935
河南	98350469	95742570	47924676	39741447	8183229	6208859
湖北	52111324	49375878	31984934	20725448	11259486	2662213
湖南	68202150	66002884	34351355	25130929	9220426	2712982
广东	121347646	114337140	77463831	58830934	18632897	4285807
广西	53625349	51619631	31374496	18231565	13142931	4438502
海南	14484548	13320302	7459795	6232838	1226957	643325
重庆	40245155	37192888	19889236	15337039	4552197	2768922
四川	91861600	88361435	56926000	37256989	19669011	6391379
贵州	45306381	43709369	30279157	18555808	11723349	2892940
云南	60243023	57489529	31570432	21959490	9610942	6495175
西藏	8880083	7712055	5170469	2931801	2238668	1357286
陕西	61510381	59552420	33059868	23404085	9655783	3490525
甘肃	34296190	32364974	20533845	15025688	5508157	2139834
青海	16068573	11257052	5716090	3962652	1753438	820971
宁夏	9860450	9511930	5206776	4460060	746716	601355
新疆	43484494	41359743	27352380	18450728	8901652	1483281

基本建设支出明细(地方各级各类教育机构)

单位:千元

公用部分	商品和服务支出	其他资本性支出			基本建设支出
			专项公用支出	专项项目支出	
673522504	**290242244**	**383280260**	**112348251**	**270932009**	**62514653**
23758206	13648339	10109867	6103619	4006248	2839260
14831914	4164802	10667112	2340189	8326923	836019
26962579	10216800	16745779	6409441	10336338	1308881
16154428	8835276	7319152	3585967	3733185	1165672
12747053	6295666	6451387	2195551	4255836	1135712
29512626	12283764	17228862	5311309	11917553	3923131
18498823	8500100	9998723	2291868	7706855	382545
20576136	10461493	10114643	2226279	7888364	4147100
22091662	18281279	3810383	2671871	1138512	684281
33443501	13871497	19572004	4145879	15426125	237805
19016365	9640939	9375426	2758881	6616545	564746
30126343	9308376	20817967	4551898	16266069	2130091
14735608	6544824	8190784	1601226	6589558	766045
30093059	8002222	22090837	5767589	16323248	1201909
48327741	12206522	36121219	4709603	31411616	223440
47817894	23381253	24436641	5963014	18473627	2607899
17390944	7945494	9445450	2221424	7224026	2735446
31651529	11386730	20264799	4930212	15334587	2199266
36873309	19649393	17223916	8615908	8608008	7010506
20245135	6990866	13254269	3561725	9692544	2005718
5860507	2017014	3843493	1182061	2661432	1164246
17303652	6548554	10755098	3115201	7639897	3052267
31435435	15024751	16410684	5943658	10467026	3500165
13430212	7303305	6126907	2587182	3539725	1597012
25919097	10054043	15865054	4941695	10923359	2753494
2541586	1340310	1201276	440045	761231	1168028
26492552	9356539	17136013	6567033	10568980	1957961
11831129	5732138	6098991	1583804	4515187	1931216
5540962	2002829	3538133	1341067	2197066	4811521
4305154	1604710	2700444	843029	1857415	348520
14007363	7642416	6364947	1840023	4524924	2124751

5-4 公共财政预算教育事业费和

地区	合计	事业费支出	个人部分	工资福利支出	对个人和家庭的补助支出	#助学金
合计	**401832898**	**385695232**	**174388268**	**100319717**	**74068551**	**33892499**
北京	41502545	38605589	20005360	9352932	10652428	5774738
天津	12782389	12388909	4878231	2788894	2089337	500156
河北	15552051	15459326	5363321	3008815	2354506	1095677
山西	8337193	8162796	4136954	2573987	1562967	763910
内蒙古	6831596	6674313	3524914	2624325	900589	718767
辽宁	16364581	13841998	6651638	4400653	2250985	1290253
吉林	11380902	11215409	5581046	3175504	2405542	733241
黑龙江	11744596	11248007	6051118	2789073	3262045	1499521
上海	22648996	22294066	6529530	4934111	1595419	849297
江苏	27053288	26465086	13116900	6483224	6633676	1840348
浙江	12446365	12284825	6931142	4326342	2604800	841125
安徽	13052436	12728727	4681761	2742615	1939146	903876
福建	9190951	9036351	3929718	2230720	1698998	688676
江西	14141730	14078548	4403914	2409453	1994461	1092164
山东	22865008	22626268	10699080	6521434	4177646	1557457
河南	15837545	15669971	6446446	4623090	1823356	1555973
湖北	19218732	18044084	10093259	5432229	4661030	1768117
湖南	16144639	15463976	6701516	3895649	2805867	1382093
广东	22943909	20865134	12163917	7797551	4366366	1417244
广西	7246201	7085249	2878080	1143938	1734142	1033904
海南	2004154	1483951	675406	433504	241902	190409
重庆	9103127	9000810	3610749	2077393	1533356	944689
四川	17292289	16779763	7587780	4273798	3313982	1596280
贵州	4563951	4309346	2613759	1345881	1267878	557052
云南	10502875	10199962	2463798	1534881	928917	626249
西藏	932642	905575	436702	282492	154210	56603
陕西	15564648	14896608	5860671	3058352	2802319	1468323
甘肃	6060483	5719093	2548712	1638420	910292	546392
青海	1049792	1038174	475122	321582	153540	61678
宁夏	2143520	2049746	682887	492727	190160	136544
新疆	5329764	5073572	2664837	1606148	1058689	401743

基本建设支出明细(高等学校)

单位:千元

公用部分	商品和服务支出	其他资本性支出			基本建设支出
			专项公用支出	专项项目支出	
211306964	**95275519**	**116031445**	**54614299**	**61417146**	**16137666**
18600229	11434764	7165465	4844248	2321217	2896956
7510678	2186627	5324051	1307200	4016851	393480
10096005	2144282	7951723	4965830	2985893	92725
4025842	1877744	2148098	1249842	898256	174397
3149399	1303262	1846137	893316	952821	157283
7190360	4783382	2406978	1661680	745298	2522583
5634363	2463970	3170393	1134574	2035819	165493
5196889	2845877	2351012	1251525	1099487	496589
15764536	13709089	2055447	1783454	271993	354930
13348186	6945489	6402697	3103606	3299091	588202
5353683	2673129	2680554	1503953	1176601	161540
8046966	1740124	6306842	1702368	4604474	323709
5106633	1914997	3191636	843027	2348609	154600
9674634	1941101	7733533	3376931	4356602	63182
11927188	3110992	8816196	2013628	6802568	238740
9223525	3793117	5430408	1882995	3547413	167574
7950825	4881568	3069257	1055072	2014185	1174648
8762460	2862857	5899603	2385310	3514293	680663
8701217	4703688	3997529	2152092	1845437	2078775
4207169	1217558	2989611	1018370	1971241	160952
808545	315270	493275	426604	66671	520203
5390061	2174138	3215923	1048262	2167661	102317
9191983	4766110	4425873	3124601	1301272	512526
1695587	814468	881119	689763	191356	254605
7736164	1557476	6178688	2661055	3517633	302913
468873	217383	251490	186730	64760	27067
9035937	3332498	5703439	4637134	1066305	668040
3170381	1354150	1816231	929910	886321	341390
563052	239584	323468	83065	240403	11618
1366859	471611	895248	395227	500021	93774
2408735	1499214	909521	302927	606594	256192

5-5 公共财政预算教育事业费和

地区	合计	事业费支出	个人部分	工资福利支出	对个人和家庭的补助支出	#助学金
合计	**105219912**	**98564200**	**52825964**	**28405902**	**24420062**	**10681568**
北京	26987943	24743465	13776171	5900874	7875297	5241531
天津	2699035	2426555	1405136	865303	539833	145241
河北	830258	801818	366777	273077	93700	23774
山西						
内蒙古						
辽宁	3486239	3130288	1619203	1009351	609852	247236
吉林	3272542	3175512	1923658	1157863	765795	196008
黑龙江	3084120	2775236	1555139	848607	706532	200543
上海	10412839	10057909	3564208	2621317	942891	587314
江苏	8254446	7742696	4250048	2234205	2015843	470976
浙江	2512022	2462482	1309016	659984	649032	114368
安徽	2195316	2175316	925304	527796	397508	84952
福建	2183241	2052691	1105974	628446	477528	194488
江西	2231	2231	2231		2231	2231
山东	2955598	2857498	1897682	1126667	771015	261209
河南	74469	74469	28370	24623	3747	3747
湖北	9348459	8832359	5686807	2988745	2698062	792196
湖南	2936227	2672057	1848509	961382	887127	324780
广东	5593417	5305601	2682194	1508194	1174000	272020
广西						
海南						
重庆	2791642	2743142	1656186	936870	719316	348901
四川	6176778	5829019	3002288	1830509	1171779	426960
贵州	6804	6804	4729	1358	3371	1834
云南						
西藏						
陕西	6106887	5565047	2804607	1473978	1330629	533412
甘肃	1768003	1650313	791787	427469	364318	124131
青海						
宁夏	475285	418581	127923	87006	40917	24095
新疆	1066111	1063111	492017	312278	179739	59621

基本建设支出明细(中央属高等学校)

单位:千元

公用部分	商品和服务支出	其他资本性支出			基本建设支出
			专项公用支出	专项项目支出	
45738236	**30312738**	**15425498**	**11093051**	**4332447**	**6655712**
10967294	7471154	3496140	2375066	1121074	2244478
1021419	830257	191162	171162	20000	272480
435041	311580	123461	107128	16333	28440
1511085	938806	572279	478503	93776	355951
1251854	803580	448274	433344	14930	97030
1220097	509266	710831	604380	106451	308884
6493701	5207517	1286184	1117822	168362	354930
3492648	2107219	1385429	887117	498312	511750
1153466	707905	445561	445561		49540
1250012	697602	552410	124890	427520	20000
946717	579599	367118	312932	54186	130550
959816	468856	490960	346192	144768	98100
46099	20086	26013	13013	13000	
3145552	2457351	688201	427714	260487	516100
823548	380711	442837	401739	41098	264170
2623407	1534173	1089234	873034	216200	287816
1086956	871225	215731	215731		48500
2826731	1883540	943191	685396	257795	347759
2075	2075				
2760440	1657149	1103291	537108	566183	541840
858526	473028	385498	342035	43463	117690
290658	152841	137817	130166	7651	56704
571094	247218	323876	63018	260858	3000

5-6 公共财政预算教育事业费和

地区	合计	事业费支出	个人部分	工资福利支出	对个人和家庭的补助支出	#助学金
合计	**296612986**	**287131032**	**121562304**	**71913815**	**49648489**	**23210931**
北京	14514602	13862124	6229189	3452058	2777131	533207
天津	10083354	9962354	3473095	1923591	1549504	354915
河北	14721793	14657508	4996544	2735738	2260806	1071903
山西	8337193	8162796	4136954	2573987	1562967	763910
内蒙古	6831596	6674313	3524914	2624325	900589	718767
辽宁	12878342	10711710	5032435	3391302	1641133	1043017
吉林	8108360	8039897	3657388	2017641	1639747	537233
黑龙江	8660476	8472771	4495979	1940466	2555513	1298978
上海	12236157	12236157	2965322	2312794	652528	261983
江苏	18798842	18722390	8866852	4249019	4617833	1369372
浙江	9934343	9822343	5622126	3666358	1955768	726757
安徽	10857120	10553411	3756457	2214819	1541638	818924
福建	7007710	6983660	2823744	1602274	1221470	494188
江西	14139499	14076317	4401683	2409453	1992230	1089933
山东	19909410	19768770	8801398	5394767	3406631	1296248
河南	15763076	15595502	6418076	4598467	1819609	1552226
湖北	9870273	9211725	4406452	2443484	1962968	975921
湖南	13208412	12791919	4853007	2934267	1918740	1057313
广东	17350492	15559533	9481723	6289357	3192366	1145224
广西	7246201	7085249	2878080	1143938	1734142	1033904
海南	2004154	1483951	675406	433504	241902	190409
重庆	6311485	6257668	1954563	1140523	814040	595788
四川	11115511	10950744	4585492	2443289	2142203	1169320
贵州	4557147	4302542	2609030	1344523	1264507	555218
云南	10502875	10199962	2463798	1534881	928917	626249
西藏	932642	905575	436702	282492	154210	56603
陕西	9457761	9331561	3056064	1584374	1471690	934911
甘肃	4292480	4068780	1756925	1210951	545974	422261
青海	1049792	1038174	475122	321582	153540	61678
宁夏	1668235	1631165	554964	405721	149243	112449
新疆	4263653	4010461	2172820	1293870	878950	342122

基本建设支出明细(地方高等学校)

单位:千元

公用部分	商品和服务支出	其他资本性支出	专项公用支出	专项项目支出	基本建设支出
165568728	**64962781**	**100605947**	**43521248**	**57084699**	**9481954**
7632935	3963610	3669325	2469182	1200143	652478
6489259	1356370	5132889	1136038	3996851	121000
9660964	1832702	7828262	4858702	2969560	64285
4025842	1877744	2148098	1249842	898256	174397
3149399	1303262	1846137	893316	952821	157283
5679275	3844576	1834699	1183177	651522	2166632
4382509	1660390	2722119	701230	2020889	68463
3976792	2336611	1640181	647145	993036	187705
9270835	8501572	769263	665632	103631	
9855538	4838270	5017268	2216489	2800779	76452
4200217	1965224	2234993	1058392	1176601	112000
6796954	1042522	5754432	1577478	4176954	303709
4159916	1335398	2824518	530095	2294423	24050
9674634	1941101	7733533	3376931	4356602	63182
10967372	2642136	8325236	1667436	6657800	140640
9177426	3773031	5404395	1869982	3534413	167574
4805273	2424217	2381056	627358	1753698	658548
7938912	2482146	5456766	1983571	3473195	416493
6077810	3169515	2908295	1279058	1629237	1790959
4207169	1217558	2989611	1018370	1971241	160952
808545	315270	493275	426604	66671	520203
4303105	1302913	3000192	832531	2167661	53817
6365252	2882570	3482682	2439205	1043477	164767
1693512	812393	881119	689763	191356	254605
7736164	1557476	6178688	2661055	3517633	302913
468873	217383	251490	186730	64760	27067
6275497	1675349	4600148	4100026	500122	126200
2311855	881122	1430733	587875	842858	223700
563052	239584	323468	83065	240403	11618
1076201	318770	757431	265061	492370	37070
1837641	1251996	585645	239909	345736	253192

5-7 公共财政预算教育事业费和

地区	合计	事业费支出	个人部分	工资福利支出	对个人和家庭的补助支出	#助学金
合计	**394980606**	**378938343**	**170226437**	**97558464**	**72667973**	**33582548**
北京	40998941	38119545	19698711	9152772	10545939	5774439
天津	12359835	11966355	4717857	2699056	2018801	499010
河北	15198198	15113374	5104155	2835325	2268830	1039924
山西	8204334	8030601	4032689	2489376	1543313	760865
内蒙古	6785746	6628463	3496587	2600915	895672	715474
辽宁	16161047	13638464	6516163	4287423	2228740	1288611
吉林	11025973	10860480	5300042	3036097	2263945	702139
黑龙江	11454957	10958368	5855163	2684657	3170506	1492054
上海	21817537	21462607	6066852	4566218	1500634	847329
江苏	26596328	26008126	12799167	6313321	6485846	1802432
浙江	12137859	11976319	6687395	4151266	2536129	829561
安徽	12913841	12606132	4596856	2682246	1914610	903055
福建	9026603	8872003	3829928	2166164	1663764	685236
江西	13793784	13731602	4292777	2337530	1955247	1068392
山东	22522871	22294401	10505074	6405518	4099556	1540165
河南	15548775	15386601	6271026	4483155	1787871	1525951
湖北	19103978	17929330	10036332	5399814	4636518	1758054
湖南	16067278	15386615	6636368	3851151	2785217	1377467
广东	22621822	20554269	11919384	7622810	4296574	1406100
广西	7056229	6907673	2783486	1095800	1687686	1023853
海南	1978476	1458273	651556	418869	232687	182888
重庆	9088014	8985697	3601440	2069096	1532344	944436
四川	17123457	16617121	7492763	4214144	3278619	1584847
贵州	4484087	4233282	2567009	1315139	1251870	556674
云南	10421076	10118163	2411050	1494226	916824	626028
西藏	932642	905575	436702	282492	154210	56603
陕西	15430578	14762538	5799547	3013384	2786163	1457151
甘肃	6010834	5669444	2515031	1611769	903262	543699
青海	1029676	1018058	464594	316602	147992	61678
宁夏	2143520	2049746	682887	492727	190160	136544
新疆	4942310	4689118	2457846	1469402	988444	391889

基本建设支出明细(普通高等学校)

单位:千元

公用部分	商品和服务支出	其他资本性支出	专项公用支出	专项项目支出	基本建设支出
208711906	**93763622**	**114948284**	**54323772**	**60624512**	**16042263**
18420834	11311962	7108872	4797603	2311269	2879396
7248498	2162162	5086336	1303796	3782540	393480
10009219	2118085	7891134	4945410	2945724	84824
3997912	1851568	2146344	1248088	898256	173733
3131876	1286404	1845472	892651	952821	157283
7122301	4737804	2384497	1649803	734694	2522583
5560438	2407347	3153091	1124345	2028746	165493
5103205	2759368	2343837	1246010	1097827	496589
15395755	13424295	1971460	1755192	216268	354930
13208959	6855619	6353340	3091431	3261909	588202
5288924	2625146	2663778	1491658	1172120	161540
8009276	1717865	6291411	1686952	4604459	307709
5042075	1864274	3177801	841459	2336342	154600
9438825	1905616	7533209	3370882	4162327	62182
11789327	3028796	8760531	1989220	6771311	228470
9115575	3714606	5400969	1864193	3536776	162174
7892998	4824203	3068795	1054665	2014130	1174648
8750247	2853072	5897175	2384002	3513173	680663
8634885	4654946	3979939	2144724	1835215	2067553
4124187	1188081	2936106	998046	1938060	148556
806717	313442	493275	426604	66671	520203
5384257	2168334	3215923	1048262	2167661	102317
9124358	4726082	4398276	3100720	1297556	506336
1666273	788639	877634	686440	191194	250805
7707113	1533075	6174038	2656405	3517633	302913
468873	217383	251490	186730	64760	27067
8962991	3262480	5700511	4634406	1066105	668040
3154413	1339419	1814994	928673	886321	341390
553464	231507	321957	81930	240027	11618
1366859	471611	895248	395227	500021	93774
2231272	1420431	810841	298245	512596	253192

5-8 公共财政预算教育事业费和

地区	合计	事业费支出	个人部分	工资福利支出	对个人和家庭的补助支出	#助学金
合计	**105080133**	**98444981**	**52774313**	**28382216**	**24392097**	**10681434**
北京	26875375	24648457	13741117	5889041	7852076	5241531
天津	2699035	2426555	1405136	865303	539833	145241
河北	830258	801818	366777	273077	93700	23774
山西						
内蒙古						
辽宁	3486239	3130288	1619203	1009351	609852	247236
吉林	3272542	3175512	1923658	1157863	765795	196008
黑龙江	3084120	2775236	1555139	848607	706532	200543
上海	10412839	10057909	3564208	2621317	942891	587314
江苏	8254446	7742696	4250048	2234205	2015843	470976
浙江	2512022	2462482	1309016	659984	649032	114368
安徽	2195316	2175316	925304	527796	397508	84952
福建	2183241	2052691	1105974	628446	477528	194488
江西	2231	2231	2231		2231	2231
山东	2955598	2857498	1897682	1126667	771015	261209
河南	74469	74469	28370	24623	3747	3747
湖北	9348459	8832359	5686807	2988745	2698062	792196
湖南	2936227	2672057	1848509	961382	887127	324780
广东	5593417	5305601	2682194	1508194	1174000	272020
广西						
海南						
重庆	2791642	2743142	1656186	936870	719316	348901
四川	6176778	5829019	3002288	1830509	1171779	426960
贵州	6804	6804	4729	1358	3371	1834
云南						
西藏						
陕西	6106887	5565047	2804607	1473978	1330629	533412
甘肃	1768003	1650313	791787	427469	364318	124131
青海						
宁夏	475285	418581	127923	87006	40917	24095
新疆	1038900	1038900	475420	300425	174995	59487

基本建设支出明细(中央属普通高等学校)

单位:千元

公用部分	商品和服务支出	其他资本性支出			基本建设支出
			专项公用支出	专项项目支出	
45670668	**30271653**	**15399015**	**11070134**	**4328881**	**6635152**
10907340	7433732	3473608	2353100	1120508	2226918
1021419	830257	191162	171162	20000	272480
435041	311580	123461	107128	16333	28440
1511085	938806	572279	478503	93776	355951
1251854	803580	448274	433344	14930	97030
1220097	509266	710831	604380	106451	308884
6493701	5207517	1286184	1117822	168362	354930
3492648	2107219	1385429	887117	498312	511750
1153466	707905	445561	445561		49540
1250012	697602	552410	124890	427520	20000
946717	579599	367118	312932	54186	130550
959816	468856	490960	346192	144768	98100
46099	20086	26013	13013	13000	
3145552	2457351	688201	427714	260487	516100
823548	380711	442837	401739	41098	264170
2623407	1534173	1089234	873034	216200	287816
1086956	871225	215731	215731		48500
2826731	1883540	943191	685396	257795	347759
2075	2075				
2760440	1657149	1103291	537108	566183	541840
858526	473028	385498	342035	43463	117690
290658	152841	137817	130166	7651	56704
563480	243555	319925	62067	257858	

5-9 公共财政预算教育事业费和

地区	合计	事业费支出	个人部分	工资福利支出	对个人和家庭的补助支出	#助学金
合计	**289900473**	**280493362**	**117452124**	**69176248**	**48275876**	**22901114**
北京	14123566	13471088	5957594	3263731	2693863	532908
天津	9660800	9539800	3312721	1833753	1478968	353769
河北	14367940	14311556	4737378	2562248	2175130	1016150
山西	8204334	8030601	4032689	2489376	1543313	760865
内蒙古	6785746	6628463	3496587	2600915	895672	715474
辽宁	12674808	10508176	4896960	3278072	1618888	1041375
吉林	7753431	7684968	3376384	1878234	1498150	506131
黑龙江	8370837	8183132	4300024	1836050	2463974	1291511
上海	11404698	11404698	2502644	1944901	557743	260015
江苏	18341882	18265430	8549119	4079116	4470003	1331456
浙江	9625837	9513837	5378379	3491282	1887097	715193
安徽	10718525	10430816	3671552	2154450	1517102	818103
福建	6843362	6819312	2723954	1537718	1186236	490748
江西	13791553	13729371	4290546	2337530	1953016	1066161
山东	19567273	19436903	8607392	5278851	3328541	1278956
河南	15474306	15312132	6242656	4458532	1784124	1522204
湖北	9755519	9096971	4349525	2411069	1938456	965858
湖南	13131051	12714558	4787859	2889769	1898090	1052687
广东	17028405	15248668	9237190	6114616	3122574	1134080
广西	7056229	6907673	2783486	1095800	1687686	1023853
海南	1978476	1458273	651556	418869	232687	182888
重庆	6296372	6242555	1945254	1132226	813028	595535
四川	10946679	10788102	4490475	2383635	2106840	1157887
贵州	4477283	4226478	2562280	1313781	1248499	554840
云南	10421076	10118163	2411050	1494226	916824	626028
西藏	932642	905575	436702	282492	154210	56603
陕西	9323691	9197491	2994940	1539406	1455534	923739
甘肃	4242831	4019131	1723244	1184300	538944	419568
青海	1029676	1018058	464594	316602	147992	61678
宁夏	1668235	1631165	554964	405721	149243	112449
新疆	3903410	3650218	1982426	1168977	813449	332402

基本建设支出明细(地方普通高等学校)

单位:千元

公用部分	商品和服务支出	其他资本性支出			基本建设支出
			专项公用支出	专项项目支出	
163041238	**63491969**	**99549269**	**43253638**	**56295631**	**9407111**
7513494	3878230	3635264	2444503	1190761	652478
6227079	1331905	4895174	1132634	3762540	121000
9574178	1806505	7767673	4838282	2929391	56384
3997912	1851568	2146344	1248088	898256	173733
3131876	1286404	1845472	892651	952821	157283
5611216	3798998	1812218	1171300	640918	2166632
4308584	1603767	2704817	691001	2013816	68463
3883108	2250102	1633006	641630	991376	187705
8902054	8216778	685276	637370	47906	
9716311	4748400	4967911	2204314	2763597	76452
4135458	1917241	2218217	1046097	1172120	112000
6759264	1020263	5739001	1562062	4176939	287709
4095358	1284675	2810683	528527	2282156	24050
9438825	1905616	7533209	3370882	4162327	62182
10829511	2559940	8269571	1643028	6626543	130370
9069476	3694520	5374956	1851180	3523776	162174
4747446	2366852	2380594	626951	1753643	658548
7926699	2472361	5454338	1982263	3472075	416493
6011478	3120773	2890705	1271690	1619015	1779737
4124187	1188081	2936106	998046	1938060	148556
806717	313442	493275	426604	66671	520203
4297301	1297109	3000192	832531	2167661	53817
6297627	2842542	3455085	2415324	1039761	158577
1664198	786564	877634	686440	191194	250805
7707113	1533075	6174038	2656405	3517633	302913
468873	217383	251490	186730	64760	27067
6202551	1605331	4597220	4097298	499922	126200
2295887	866391	1429496	586638	842858	223700
553464	231507	321957	81930	240027	11618
1076201	318770	757431	265061	492370	37070
1667792	1176876	490916	236178	254738	253192

5-10 公共财政预算教育事业费和

地区	合计	事业费支出	个人部分	工资福利支出	对个人和家庭的补助支出	#助学金
合计	**325784282**	**313349070**	**137957783**	**77953102**	**60004681**	**27010920**
北京	38012507	35384841	18486957	8384670	10102287	5668449
天津	9540635	9199155	3807811	2213709	1594102	393331
河北	12605326	12525886	3649881	1867551	1782330	788652
山西	6184487	6018293	2896507	1767891	1128616	546016
内蒙古	4362479	4245087	2310836	1731884	578952	492108
辽宁	13587267	11817169	5549508	3629820	1919688	1152923
吉林	9220700	9119930	4720129	2724797	1995332	616751
黑龙江	9695311	9273607	4951891	2242943	2708948	1288067
上海	21184484	20829554	5865821	4386857	1478964	838119
江苏	20999348	20425146	10347239	4895150	5452089	1410856
浙江	9219761	9058221	4794786	2900561	1894225	599421
安徽	9649856	9479347	3464708	2015028	1449680	615592
福建	7706101	7552701	3108381	1754690	1353691	522344
江西	11169454	11158454	3161843	1702327	1459516	777540
山东	18144124	17928674	8194807	4899868	3294939	1147180
河南	12019608	11969920	4330123	3150618	1179505	995489
湖北	16642799	15820901	8785906	4804028	3981878	1371687
湖南	12136249	11789308	4842457	2783367	2059090	959867
广东	17643376	16014065	9124034	5749103	3374931	921761
广西	5485905	5339905	1927321	745356	1181965	755746
海南	1345053	1185745	504035	328300	175735	136156
重庆	7442059	7381249	3163021	1871976	1291045	783403
四川	13991982	13586073	6174570	3543356	2631214	1220348
贵州	3279087	3042293	1838984	938232	900752	420688
云南	8591544	8589544	1885913	1174786	711127	466132
西藏	758539	752222	351773	217773	134000	51092
陕西	13733473	13065433	4953782	2520129	2433653	1220477
甘肃	5105482	4773792	2003191	1265135	738056	413073
青海	854765	851765	353100	249107	103993	41994
宁夏	1590681	1518407	539345	380736	158609	105946
新疆	3881840	3652383	1869123	1113354	755769	289712

基本建设支出明细(普通高等本科学校)

单位:千元

公用部分	商品和服务支出	其他资本性支出			基本建设支出
			专项公用支出	专项项目支出	
175391287	**80840462**	**94550825**	**47094780**	**47456045**	**12435212**
16897884	10340579	6557305	4342112	2215193	2627666
5391344	1942790	3448554	1113532	2335022	341480
8876005	1740976	7135029	4712475	2422554	79440
3121786	1446786	1675000	948021	726979	166194
1934251	890526	1043725	615387	428338	117392
6267661	4237258	2030403	1452648	577755	1770098
4399801	2145612	2254189	1061447	1192742	100770
4321716	2493363	1828353	1149367	678986	421704
14963733	13085817	1877916	1661696	216220	354930
10077907	5278485	4799422	2438778	2360644	574202
4263435	1960928	2302507	1243278	1059229	161540
6014639	1343777	4670862	1377981	3292881	170509
4444320	1581011	2863309	746213	2117096	153400
7996611	1375906	6620705	2925942	3694763	11000
9733867	2508974	7224893	1679198	5545695	215450
7639797	2989571	4650226	1553902	3096324	49688
7034995	4555343	2479652	919583	1560069	821898
6946851	2077661	4869190	2019666	2849524	346941
6890031	3818771	3071260	1669307	1401953	1629311
3412584	852743	2559841	782045	1777796	146000
681710	260594	421116	387407	33709	159308
4218228	1878171	2340057	838643	1501414	60810
7411503	4035443	3376060	2350510	1025550	405909
1203309	624220	579089	508374	70715	236794
6703631	1293327	5410304	2597535	2812769	2000
400449	188149	212300	158397	53903	6317
8111651	2960917	5150734	4386088	764646	668040
2770601	1184657	1585944	825595	760349	331690
498665	190945	307720	71442	236278	3000
979062	433451	545611	341120	204491	72274
1783260	1123711	659549	217091	442458	229457

5-11 公共财政预算教育事业费和

地区	合计	事业费支出	个人部分	工资福利支出	对个人和家庭的补助支出	#助学金
合计	**104203212**	**97815498**	**52409657**	**28127840**	**24281817**	**10605028**
北京	26839875	24612957	13722205	5871744	7850461	5240477
天津	2699035	2426555	1405136	865303	539833	145241
河北	826058	797618	366777	273077	93700	23774
山西						
内蒙古						
辽宁	3486239	3130288	1619203	1009351	609852	247236
吉林	3272542	3175512	1923658	1157863	765795	196008
黑龙江	3035518	2732314	1518046	824476	693570	197144
上海	10404323	10049393	3557246	2614355	942891	587314
江苏	8254446	7742696	4250048	2234205	2015843	470976
浙江	2512022	2462482	1309016	659984	649032	114368
安徽	2191849	2171849	921837	527796	394041	81485
福建	2183241	2052691	1105974	628446	477528	194488
江西						
山东	2955598	2857498	1897682	1126667	771015	261209
河南						
湖北	9324723	8808623	5663071	2988745	2674326	768460
湖南	2910665	2646495	1833583	952306	881277	324481
广东	5201522	5155464	2583751	1430966	1152785	266400
广西						
海南						
重庆	2770762	2722262	1648796	936870	711926	341511
四川	6063128	5715369	2952378	1794609	1157769	412950
贵州						
云南						
西藏						
陕西	6106887	5565047	2804607	1473978	1330629	533412
甘肃	1768003	1650313	791787	427469	364318	124131
青海						
宁夏	475285	418581	127923	87006	40917	24095
新疆	921491	921491	406933	242624	164309	49868

基本建设支出明细(中央属普通高等本科学校)

单位:千元

公用部分	商品和服务支出	其他资本性支出	专项公用支出	专项项目支出	基本建设支出
45405841	**30077533**	**15328308**	**11021906**	**4306402**	**6387714**
10890752	7417969	3472783	2352275	1120508	2226918
1021419	830257	191162	171162	20000	272480
430841	311580	119261	102928	16333	28440
1511085	938806	572279	478503	93776	355951
1251854	803580	448274	433344	14930	97030
1214268	503866	710402	604316	106086	303204
6492147	5206082	1286065	1117703	168362	354930
3492648	2107219	1385429	887117	498312	511750
1153466	707905	445561	445561		49540
1250012	697602	552410	124890	427520	20000
946717	579599	367118	312932	54186	130550
959816	468856	490960	346192	144768	98100
3145552	2457351	688201	427714	260487	516100
812912	372651	440261	399861	40400	264170
2571713	1500467	1071246	855934	215312	46058
1073466	857735	215731	215731		48500
2762991	1825800	937191	679396	257795	347759
2760440	1657149	1103291	537108	566183	541840
858526	473028	385498	342035	43463	117690
290658	152841	137817	130166	7651	56704
514558	207190	307368	57038	250330	

5-12 公共财政预算教育事业费和

地区	合计	事业费支出	个人部分	工资福利支出	对个人和家庭的补助支出	#助学金
合计	**221581070**	**215533572**	**85548126**	**49825262**	**35722864**	**16405892**
北京	11172632	10771884	4764752	2512926	2251826	427972
天津	6841600	6772600	2402675	1348406	1054269	248090
河北	11779268	11728268	3283104	1594474	1688630	764878
山西	6184487	6018293	2896507	1767891	1128616	546016
内蒙古	4362479	4245087	2310836	1731884	578952	492108
辽宁	10101028	8686881	3930305	2620469	1309836	905687
吉林	5948158	5944418	2796471	1566934	1229537	420743
黑龙江	6659793	6541293	3433845	1418467	2015378	1090923
上海	10780161	10780161	2308575	1772502	536073	250805
江苏	12744902	12682450	6097191	2660945	3436246	939880
浙江	6707739	6595739	3485770	2240577	1245193	485053
安徽	7458007	7307498	2542871	1487232	1055639	534107
福建	5522860	5500010	2002407	1126244	876163	327856
江西	11169454	11158454	3161843	1702327	1459516	777540
山东	15188526	15071176	6297125	3773201	2523924	885971
河南	12019608	11969920	4330123	3150618	1179505	995489
湖北	7318076	7012278	3122835	1815283	1307552	603227
湖南	9225584	9142813	3008874	1831061	1177813	635386
广东	12441854	10858601	6540283	4318137	2222146	655361
广西	5485905	5339905	1927321	745356	1181965	755746
海南	1345053	1185745	504035	328300	175735	136156
重庆	4671297	4658987	1514225	935106	579119	441892
四川	7928854	7870704	3222192	1748747	1473445	807398
贵州	3279087	3042293	1838984	938232	900752	420688
云南	8591544	8589544	1885913	1174786	711127	466132
西藏	758539	752222	351773	217773	134000	51092
陕西	7626586	7500386	2149175	1046151	1103024	687065
甘肃	3337479	3123479	1211404	837666	373738	288942
青海	854765	851765	353100	249107	103993	41994
宁夏	1115396	1099826	411422	293730	117692	81851
新疆	2960349	2730892	1462190	870730	591460	239844

基本建设支出明细（地方普通高等本科学校）

单位：千元

公用部分	商品和服务支出	其他资本性支出	专项公用支出	专项项目支出	基本建设支出
129985446	**50762929**	**79222517**	**36072874**	**43149643**	**6047498**
6007132	2922610	3084522	1989837	1094685	400748
4369925	1112533	3257392	942370	2315022	69000
8445164	1429396	7015768	4609547	2406221	51000
3121786	1446786	1675000	948021	726979	166194
1934251	890526	1043725	615387	428338	117392
4756576	3298452	1458124	974145	483979	1414147
3147947	1342032	1805915	628103	1177812	3740
3107448	1989497	1117951	545051	572900	118500
8471586	7879735	591851	543993	47858	
6585259	3171266	3413993	1551661	1862332	62452
3109969	1253023	1856946	797717	1059229	112000
4764627	646175	4118452	1253091	2865361	150509
3497603	1001412	2496191	433281	2062910	22850
7996611	1375906	6620705	2925942	3694763	11000
8774051	2040118	6733933	1333006	5400927	117350
7639797	2989571	4650226	1553902	3096324	49688
3889443	2097992	1791451	491869	1299582	305798
6133939	1705010	4428929	1619805	2809124	82771
4318318	2318304	2000014	813373	1186641	1583253
3412584	852743	2559841	782045	1777796	146000
681710	260594	421116	387407	33709	159308
3144762	1020436	2124326	622912	1501414	12310
4648512	2209643	2438869	1671114	767755	58150
1203309	624220	579089	508374	70715	236794
6703631	1293327	5410304	2597535	2812769	2000
400449	188149	212300	158397	53903	6317
5351211	1303768	4047443	3848980	198463	126200
1912075	711629	1200446	483560	716886	214000
498665	190945	307720	71442	236278	3000
688404	280610	407794	210954	196840	15570
1268702	916521	352181	160053	192128	229457

5-13 公共财政预算教育事业费和

地区	合计	事业费支出	个人部分			
				工资福利支出	对个人和家庭的补助支出	
						#助学金
合计	**69196324**	**65589273**	**32268654**	**19605362**	**12663292**	**6571628**
北京	2986434	2734704	1211754	768102	443652	105990
天津	2819200	2767200	910046	485347	424699	105679
河北	2592872	2587488	1454274	967774	486500	251272
山西	2019847	2012308	1136182	721485	414697	214849
内蒙古	2423267	2383376	1185751	869031	316720	223366
辽宁	2573780	1821295	966655	657603	309052	135688
吉林	1805273	1740550	579913	311300	268613	85388
黑龙江	1759646	1684761	903272	441714	461558	203987
上海	633053	633053	201031	179361	21670	9210
江苏	5596980	5582980	2451928	1418171	1033757	391576
浙江	2918098	2918098	1892609	1250705	641904	230140
安徽	3263985	3126785	1132148	667218	464930	287463
福建	1320502	1319302	721547	411474	310073	162892
江西	2624330	2573148	1130934	635203	495731	290852
山东	4378747	4365727	2310267	1505650	804617	392985
河南	3529167	3416681	1940903	1332537	608366	530462
湖北	2461179	2108429	1250426	595786	654640	386367
湖南	3931029	3597307	1793911	1067784	726127	417600
广东	4978446	4540204	2795350	1873707	921643	484339
广西	1570324	1567768	856165	350444	505721	268107
海南	633423	272528	147521	90569	56952	46732
重庆	1645955	1604448	438419	197120	241299	161033
四川	3131475	3031048	1318193	670788	647405	364499
贵州	1205000	1190989	728025	376907	351118	135986
云南	1829532	1528619	525137	319440	205697	159896
西藏	174103	153353	84929	64719	20210	5511
陕西	1697105	1697105	845765	493255	352510	236674
甘肃	905352	895652	511840	346634	165206	130626
青海	174911	166293	111494	67495	43999	19684
宁夏	552839	531339	143542	111991	31551	30598
新疆	1060470	1036735	588723	356048	232675	102177

基本建设支出明细(普通高职高专学校)

单位:千元

公用部分	商品和服务支出	其他资本性支出			基本建设支出
			专项公用支出	专项项目支出	
33320619	**12923160**	**20397459**	**7228992**	**13168467**	**3607051**
1522950	971383	551567	455491	96076	251730
1857154	219372	1637782	190264	1447518	52000
1133214	377109	756105	232935	523170	5384
876126	404782	471344	300067	171277	7539
1197625	395878	801747	277264	524483	39891
854640	500546	354094	197155	156939	752485
1160637	261735	898902	62898	836004	64723
781489	266005	515484	96643	418841	74885
432022	338478	93544	93496	48	
3131052	1577134	1553918	652653	901265	14000
1025489	664218	361271	248380	112891	
1994637	374088	1620549	308971	1311578	137200
597755	283263	314492	95246	219246	1200
1442214	529710	912504	444940	467564	51182
2055460	519822	1535638	310022	1225616	13020
1475778	725035	750743	310291	440452	112486
858003	268860	589143	135082	454061	352750
1803396	775411	1027985	364336	663649	333722
1744854	836175	908679	475417	433262	438242
711603	335338	376265	216001	160264	2556
125007	52848	72159	39197	32962	360895
1166029	290163	875866	209619	666247	41507
1712855	690639	1022216	750210	272006	100427
462964	164419	298545	178066	120479	14011
1003482	239748	763734	58870	704864	300913
68424	29234	39190	28333	10857	20750
851340	301563	549777	248318	301459	
383812	154762	229050	103078	125972	9700
54799	40562	14237	10488	3749	8618
387797	38160	349637	54107	295530	21500
448012	296720	151292	81154	70138	23735

5-14 公共财政预算教育事业费和

地区	合计	事业费支出	个人部分	工资福利支出	对个人和家庭的补助支出	#助学金
合计	**876921**	**629483**	**364656**	**254376**	**110280**	**76406**
北京	35500	35500	18912	17297	1615	1054
天津						
河北	4200	4200				
山西						
内蒙古						
辽宁						
吉林						
黑龙江	48602	42922	37093	24131	12962	3399
上海	8516	8516	6962	6962		
江苏						
浙江						
安徽	3467	3467	3467		3467	3467
福建						
江西	2231	2231	2231		2231	2231
山东						
河南	74469	74469	28370	24623	3747	3747
湖北	23736	23736	23736		23736	23736
湖南	25562	25562	14926	9076	5850	299
广东	391895	150137	98443	77228	21215	5620
广西						
海南						
重庆	20880	20880	7390		7390	7390
四川	113650	113650	49910	35900	14010	14010
贵州	6804	6804	4729	1358	3371	1834
云南						
西藏						
陕西						
甘肃						
青海						
宁夏						
新疆	117409	117409	68487	57801	10686	9619

基本建设支出明细(中央属普通高职高专学校)

单位:千元

公用部分					基本建设支出
	商品和服务支出	其他资本性支出			
			专项公用支出	专项项目支出	
264827	**194120**	**70707**	**48228**	**22479**	**247438**
16588	15763	825	825		
4200		4200	4200		
5829	5400	429	64	365	5680
1554	1435	119	119		
46099	20086	26013	13013	13000	
10636	8060	2576	1878	698	
51694	33706	17988	17100	888	241758
13490	13490				
63740	57740	6000	6000		
2075	2075				
48922	36365	12557	5029	7528	

5-15 公共财政预算教育事业费和

地区	合计	事业费支出	个人部分	工资福利支出	对个人和家庭的补助支出	#助学金
合计	**68319403**	**64959790**	**31903998**	**19350986**	**12553012**	**6495222**
北京	2950934	2699204	1192842	750805	442037	104936
天津	2819200	2767200	910046	485347	424699	105679
河北	2588672	2583288	1454274	967774	486500	251272
山西	2019847	2012308	1136182	721485	414697	214849
内蒙古	2423267	2383376	1185751	869031	316720	223366
辽宁	2573780	1821295	966655	657603	309052	135688
吉林	1805273	1740550	579913	311300	268613	85388
黑龙江	1711044	1641839	866179	417583	448596	200588
上海	624537	624537	194069	172399	21670	9210
江苏	5596980	5582980	2451928	1418171	1033757	391576
浙江	2918098	2918098	1892609	1250705	641904	230140
安徽	3260518	3123318	1128681	667218	461463	283996
福建	1320502	1319302	721547	411474	310073	162892
江西	2622099	2570917	1128703	635203	493500	288621
山东	4378747	4365727	2310267	1505650	804617	392985
河南	3454698	3342212	1912533	1307914	604619	526715
湖北	2437443	2084693	1226690	595786	630904	362631
湖南	3905467	3571745	1778985	1058708	720277	417301
广东	4586551	4390067	2696907	1796479	900428	478719
广西	1570324	1567768	856165	350444	505721	268107
海南	633423	272528	147521	90569	56952	46732
重庆	1625075	1583568	431029	197120	233909	153643
四川	3017825	2917398	1268283	634888	633395	350489
贵州	1198196	1184185	723296	375549	347747	134152
云南	1829532	1528619	525137	319440	205697	159896
西藏	174103	153353	84929	64719	20210	5511
陕西	1697105	1697105	845765	493255	352510	236674
甘肃	905352	895652	511840	346634	165206	130626
青海	174911	166293	111494	67495	43999	19684
宁夏	552839	531339	143542	111991	31551	30598
新疆	943061	919326	520236	298247	221989	92558

基本建设支出明细(地方普通高职高专学校)

单位:千元

公用部分	商品和服务支出	其他资本性支出			基本建设支出
			专项公用支出	专项项目支出	
33055792	**12729040**	**20326752**	**7180764**	**13145988**	**3359613**
1506362	955620	550742	454666	96076	251730
1857154	219372	1637782	190264	1447518	52000
1129014	377109	751905	228735	523170	5384
876126	404782	471344	300067	171277	7539
1197625	395878	801747	277264	524483	39891
854640	500546	354094	197155	156939	752485
1160637	261735	898902	62898	836004	64723
775660	260605	515055	96579	418476	69205
430468	337043	93425	93377	48	
3131052	1577134	1553918	652653	901265	14000
1025489	664218	361271	248380	112891	
1994637	374088	1620549	308971	1311578	137200
597755	283263	314492	95246	219246	1200
1442214	529710	912504	444940	467564	51182
2055460	519822	1535638	310022	1225616	13020
1429679	704949	724730	297278	427452	112486
858003	268860	589143	135082	454061	352750
1792760	767351	1025409	362458	662951	333722
1693160	802469	890691	458317	432374	196484
711603	335338	376265	216001	160264	2556
125007	52848	72159	39197	32962	360895
1152539	276673	875866	209619	666247	41507
1649115	632899	1016216	744210	272006	100427
460889	162344	298545	178066	120479	14011
1003482	239748	763734	58870	704864	300913
68424	29234	39190	28333	10857	20750
851340	301563	549777	248318	301459	
383812	154762	229050	103078	125972	9700
54799	40562	14237	10488	3749	8618
387797	38160	349637	54107	295530	21500
399090	260355	138735	76125	62610	23735

5-16 公共财政预算教育事业费和

地区	合计	事业费支出	个人部分	工资福利支出	对个人和家庭的补助支出	#助学金
合计	**6852292**	**6756889**	**4161831**	**2761253**	**1400578**	**309951**
北京	503604	486044	306649	200160	106489	299
天津	422554	422554	160374	89838	70536	1146
河北	353853	345952	259166	173490	85676	55753
山西	132859	132195	104265	84611	19654	3045
内蒙古	45850	45850	28327	23410	4917	3293
辽宁	203534	203534	135475	113230	22245	1642
吉林	354929	354929	281004	139407	141597	31102
黑龙江	289639	289639	195955	104416	91539	7467
上海	831459	831459	462678	367893	94785	1968
江苏	456960	456960	317733	169903	147830	37916
浙江	308506	308506	243747	175076	68671	11564
安徽	138595	122595	84905	60369	24536	821
福建	164348	164348	99790	64556	35234	3440
江西	347946	346946	111137	71923	39214	23772
山东	342137	331867	194006	115916	78090	17292
河南	288770	283370	175420	139935	35485	30022
湖北	114754	114754	56927	32415	24512	10063
湖南	77361	77361	65148	44498	20650	4626
广东	322087	310865	244533	174741	69792	11144
广西	189972	177576	94594	48138	46456	10051
海南	25678	25678	23850	14635	9215	7521
重庆	15113	15113	9309	8297	1012	253
四川	168832	162642	95017	59654	35363	11433
贵州	79864	76064	46750	30742	16008	378
云南	81799	81799	52748	40655	12093	221
西藏						
陕西	134070	134070	61124	44968	16156	11172
甘肃	49649	49649	33681	26651	7030	2693
青海	20116	20116	10528	4980	5548	
宁夏						
新疆	387454	384454	206991	136746	70245	9854

基本建设支出明细(成人高等学校)

单位:千元

公用部分	商品和服务支出	其他资本性支出	专项公用支出	专项项目支出	基本建设支出
2595058	**1511897**	**1083161**	**290527**	**792634**	**95403**
179395	122802	56593	46645	9948	17560
262180	24465	237715	3404	234311	
86786	26197	60589	20420	40169	7901
27930	26176	1754	1754		664
17523	16858	665	665		
68059	45578	22481	11877	10604	
73925	56623	17302	10229	7073	
93684	86509	7175	5515	1660	
368781	284794	83987	28262	55725	
139227	89870	49357	12175	37182	
64759	47983	16776	12295	4481	
37690	22259	15431	15416	15	16000
64558	50723	13835	1568	12267	
235809	35485	200324	6049	194275	1000
137861	82196	55665	24408	31257	10270
107950	78511	29439	18802	10637	5400
57827	57365	462	407	55	
12213	9785	2428	1308	1120	
66332	48742	17590	7368	10222	11222
82982	29477	53505	20324	33181	12396
1828	1828				
5804	5804				
67625	40028	27597	23881	3716	6190
29314	25829	3485	3323	162	3800
29051	24401	4650	4650		
72946	70018	2928	2728	200	
15968	14731	1237	1237		
9588	8077	1511	1135	376	
177463	78783	98680	4682	93998	3000

5-17 公共财政预算教育事业费和

地区	合计	事业费支出	个人部分	工资福利支出	对个人和家庭的补助支出	#助学金
合计	**139779**	**119219**	**51651**	**23686**	**27965**	**134**
北京	112568	95008	35054	11833	23221	
天津						
河北						
山西						
内蒙古						
辽宁						
吉林						
黑龙江						
上海						
江苏						
浙江						
安徽						
福建						
江西						
山东						
河南						
湖北						
湖南						
广东						
广西						
海南						
重庆						
四川						
贵州						
云南						
西藏						
陕西						
甘肃						
青海						
宁夏						
新疆	27211	24211	16597	11853	4744	134

基本建设支出明细(中央属成人高等学校)

单位:千元

公用部分	商品和服务支出	其他资本性支出			基本建设支出
			专项公用支出	专项项目支出	
67568	**41085**	**26483**	**22917**	**3566**	**20560**
59954	37422	22532	21966	566	17560
7614	3663	3951	951	3000	3000

5-18 公共财政预算教育事业费和

地 区	合 计	事业费支出	个人部分	工资福利支出	对个人和家庭的补助支出	#助学金
合 计	**6712513**	**6637670**	**4110180**	**2737567**	**1372613**	**309817**
北 京	391036	391036	271595	188327	83268	299
天 津	422554	422554	160374	89838	70536	1146
河 北	353853	345952	259166	173490	85676	55753
山 西	132859	132195	104265	84611	19654	3045
内蒙古	45850	45850	28327	23410	4917	3293
辽 宁	203534	203534	135475	113230	22245	1642
吉 林	354929	354929	281004	139407	141597	31102
黑龙江	289639	289639	195955	104416	91539	7467
上 海	831459	831459	462678	367893	94785	1968
江 苏	456960	456960	317733	169903	147830	37916
浙 江	308506	308506	243747	175076	68671	11564
安 徽	138595	122595	84905	60369	24536	821
福 建	164348	164348	99790	64556	35234	3440
江 西	347946	346946	111137	71923	39214	23772
山 东	342137	331867	194006	115916	78090	17292
河 南	288770	283370	175420	139935	35485	30022
湖 北	114754	114754	56927	32415	24512	10063
湖 南	77361	77361	65148	44498	20650	4626
广 东	322087	310865	244533	174741	69792	11144
广 西	189972	177576	94594	48138	46456	10051
海 南	25678	25678	23850	14635	9215	7521
重 庆	15113	15113	9309	8297	1012	253
四 川	168832	162642	95017	59654	35363	11433
贵 州	79864	76064	46750	30742	16008	378
云 南	81799	81799	52748	40655	12093	221
西 藏						
陕 西	134070	134070	61124	44968	16156	11172
甘 肃	49649	49649	33681	26651	7030	2693
青 海	20116	20116	10528	4980	5548	
宁 夏						
新 疆	360243	360243	190394	124893	65501	9720

基本建设支出明细（地方成人高等学校）

单位：千元

公用部分	商品和服务支出	其他资本性支出			基本建设支出
			专项公用支出	专项项目支出	
2527490	**1470812**	**1056678**	**267610**	**789068**	**74843**
119441	85380	34061	24679	9382	
262180	24465	237715	3404	234311	
86786	26197	60589	20420	40169	7901
27930	26176	1754	1754		664
17523	16858	665	665		
68059	45578	22481	11877	10604	
73925	56623	17302	10229	7073	
93684	86509	7175	5515	1660	
368781	284794	83987	28262	55725	
139227	89870	49357	12175	37182	
64759	47983	16776	12295	4481	
37690	22259	15431	15416	15	16000
64558	50723	13835	1568	12267	
235809	35485	200324	6049	194275	1000
137861	82196	55665	24408	31257	10270
107950	78511	29439	18802	10637	5400
57827	57365	462	407	55	
12213	9785	2428	1308	1120	
66332	48742	17590	7368	10222	11222
82982	29477	53505	20324	33181	12396
1828	1828				
5804	5804				
67625	40028	27597	23881	3716	6190
29314	25829	3485	3323	162	3800
29051	24401	4650	4650		
72946	70018	2928	2728	200	
15968	14731	1237	1237		
9588	8077	1511	1135	376	
169849	75120	94729	3731	90998	

5-19 公共财政预算教育事业费和

地区	合计	事业费支出	个人部分	工资福利支出	对个人和家庭的补助支出	#助学金
合计	**114486965**	**107453641**	**65252735**	**40851831**	**24400904**	**12801346**
北京	3401794	3293619	1883049	1289622	593427	125571
天津	2157420	2157420	1301303	614534	686769	126146
河北	5090428	4969341	3637299	2431378	1205921	732149
山西	3586566	3418385	2177039	1570853	606186	345998
内蒙古	2741374	2615661	1563547	1250317	313230	232148
辽宁	3863495	3290839	1933250	1387617	545633	197914
吉林	2178291	2125411	1477187	866272	610915	131749
黑龙江	2785764	2555887	1515556	865461	650095	156318
上海	2597714	2577714	1555726	1256176	299550	55807
江苏	8443921	8407709	5756541	3721691	2034850	713128
浙江	5685398	5474122	3900641	2712125	1188516	548590
安徽	4279148	3750187	1759087	1110671	648416	436511
福建	2992135	2865487	2064877	1313829	751048	404107
江西	2208086	2141539	1118041	624122	493919	323564
山东	9845161	9833661	5558581	3519929	2038652	1111243
河南	6997753	6557600	3793091	2384610	1408481	1229281
湖北	2591340	2447831	1689736	858261	831475	412641
湖南	3825642	3659290	1923278	1077294	845984	510027
广东	9899808	8799708	5378793	3423429	1955364	951715
广西	3056428	2944080	1778575	806857	971718	547838
海南	1200848	1166838	656667	387658	269009	219209
重庆	3157809	2524469	1275565	731711	543854	408194
四川	6737932	6261775	3729982	1862751	1867231	1166378
贵州	2193603	2026401	1171412	621215	550197	303568
云南	3991950	3291514	1951548	1213998	737550	558366
西藏	353808	235458	124643	53378	71265	40952
陕西	2976763	2842235	1609806	1004508	605298	356591
甘肃	1948299	1809489	1181250	773594	407656	196613
青海	646226	553135	253611	160315	93296	55406
宁夏	511107	483607	257503	165445	92058	80418
新疆	2540954	2373229	1275551	792210	483341	123206

基本建设支出明细(中等职业学校)

单位:千元

公用部分	商品和服务支出	其他资本性支出			基本建设支出
			专项公用支出	专项项目支出	
42200906	**17502762**	**24698144**	**6857815**	**17840329**	**7033324**
1410570	629441	781129	502447	278682	108175
856117	214128	641989	30820	611169	
1332042	721511	610531	148277	462254	121087
1241346	754850	486496	263289	223207	168181
1052114	517061	535053	182120	352933	125713
1357589	898419	459170	170621	288549	572656
648224	386345	261879	117695	144184	52880
1040331	371735	668596	75280	593316	229877
1021988	702634	319354	208753	110601	20000
2651168	944931	1706237	273250	1432987	36212
1573481	909644	663837	208088	455749	211276
1991100	416809	1574291	285032	1289259	528961
800610	533441	267169	121224	145945	126648
1023498	395920	627578	208379	419199	66547
4275080	910101	3364979	303812	3061167	11500
2764509	1110172	1654337	323586	1330751	440153
758095	243364	514731	107056	407675	143509
1736012	576568	1159444	191558	967886	166352
3420915	1576892	1844023	645008	1199015	1100100
1165505	361820	803685	404369	399316	112348
510171	264516	245655	135744	109911	34010
1248904	526239	722665	234307	488358	633340
2531793	997443	1534350	649562	884788	476157
854989	297470	557519	135785	421734	167202
1339966	618705	721261	133054	588207	700436
110815	57201	53614	36237	17377	118350
1232429	448488	783941	231673	552268	134528
628239	337516	290723	164232	126491	138810
299524	105195	194329	58782	135547	93091
226104	89150	136954	70345	66609	27500
1097678	585053	512625	237430	275195	167725

5-20 公共财政预算教育事业费和

地区	合计	事业费支出	个人部分	工资福利支出	对个人和家庭的补助支出	#助学金
合计	**591646**	**531646**	**259208**	**175581**	**83627**	**38666**
北京	120485	120485	47800	35822	11978	2475
天津	10983	10983	9383	4054	5329	1661
河北						
山西	5460	5460	5460		5460	5460
内蒙古						
辽宁						
吉林						
黑龙江	90494	90494	74288	52702	21586	2412
上海	6380	6380	6380	6380		
江苏	807	807	325		325	325
浙江						
安徽	712	712	712		712	712
福建						
江西						
山东						
河南	7000	7000	7000	6000	1000	200
湖北						
湖南	4748	4748	126		126	126
广东	10210	10210	8488	4630	3858	3304
广西						
海南						
重庆	682	682	682	682		
四川	26419	26419	9002	6085	2917	2917
贵州	2968	2968	2468		2468	2468
云南						
西藏						
陕西	104500	104500				
甘肃						
青海						
宁夏						
新疆	199798	139798	87094	59226	27868	16606

基本建设支出明细(中央属中等职业学校)

单位:千元

公用部分	商品和服务支出	其他资本性支出		基本建设支出
			专项公用支出	专项项目支出	
272438	**91597**	**180841**	**140881**	**39960**	**60000**
72685	39735	32950	12163	20787	
1600		1600	1600		
16206	11479	4727	458	4269	
482		482	482		
4622	4622				
1722	639	1083	753	330	
17417	12417	5000		5000	
500	500				
104500		104500	104500		
52704	22205	30499	20925	9574	60000

5-21 公共财政预算教育事业费和

地区	合计	事业费支出	个人部分	工资福利支出	对个人和家庭的补助支出	#助学金
合 计	**113895319**	**106921995**	**64993527**	**40676250**	**24317277**	**12762680**
北 京	3281309	3173134	1835249	1253800	581449	123096
天 津	2146437	2146437	1291920	610480	681440	124485
河 北	5090428	4969341	3637299	2431378	1205921	732149
山 西	3581106	3412925	2171579	1570853	600726	340538
内蒙古	2741374	2615661	1563547	1250317	313230	232148
辽 宁	3863495	3290839	1933250	1387617	545633	197914
吉 林	2178291	2125411	1477187	866272	610915	131749
黑龙江	2695270	2465393	1441268	812759	628509	153906
上 海	2591334	2571334	1549346	1249796	299550	55807
江 苏	8443114	8406902	5756216	3721691	2034525	712803
浙 江	5685398	5474122	3900641	2712125	1188516	548590
安 徽	4278436	3749475	1758375	1110671	647704	435799
福 建	2992135	2865487	2064877	1313829	751048	404107
江 西	2208086	2141539	1118041	624122	493919	323564
山 东	9845161	9833661	5558581	3519929	2038652	1111243
河 南	6990753	6550600	3786091	2378610	1407481	1229081
湖 北	2591340	2447831	1689736	858261	831475	412641
湖 南	3820894	3654542	1923152	1077294	845858	509901
广 东	9889598	8789498	5370305	3418799	1951506	948411
广 西	3056428	2944080	1778575	806857	971718	547838
海 南	1200848	1166838	656667	387658	269009	219209
重 庆	3157127	2523787	1274883	731029	543854	408194
四 川	6711513	6235356	3720980	1856666	1864314	1163461
贵 州	2190635	2023433	1168944	621215	547729	301100
云 南	3991950	3291514	1951548	1213998	737550	558366
西 藏	353808	235458	124643	53378	71265	40952
陕 西	2872263	2737735	1609806	1004508	605298	356591
甘 肃	1948299	1809489	1181250	773594	407656	196613
青 海	646226	553135	253611	160315	93296	55406
宁 夏	511107	483607	257503	165445	92058	80418
新 疆	2341156	2233431	1188457	732984	455473	106600

基本建设支出明细(地方中等职业学校)

单位:千元

公用部分	商品和服务支出	其他资本性支出	专项公用支出	专项项目支出	基本建设支出
41928468	**17411165**	**24517303**	**6716934**	**17800369**	**6973324**
1337885	589706	748179	490284	257895	108175
854517	214128	640389	29220	611169	
1332042	721511	610531	148277	462254	121087
1241346	754850	486496	263289	223207	168181
1052114	517061	535053	182120	352933	125713
1357589	898419	459170	170621	288549	572656
648224	386345	261879	117695	144184	52880
1024125	360256	663869	74822	589047	229877
1021988	702634	319354	208753	110601	20000
2650686	944931	1705755	272768	1432987	36212
1573481	909644	663837	208088	455749	211276
1991100	416809	1574291	285032	1289259	528961
800610	533441	267169	121224	145945	126648
1023498	395920	627578	208379	419199	66547
4275080	910101	3364979	303812	3061167	11500
2764509	1110172	1654337	323586	1330751	440153
758095	243364	514731	107056	407675	143509
1731390	571946	1159444	191558	967886	166352
3419193	1576253	1842940	644255	1198685	1100100
1165505	361820	803685	404369	399316	112348
510171	264516	245655	135744	109911	34010
1248904	526239	722665	234307	488358	633340
2514376	985026	1529350	649562	879788	476157
854489	296970	557519	135785	421734	167202
1339966	618705	721261	133054	588207	700436
110815	57201	53614	36237	17377	118350
1127929	448488	679441	127173	552268	134528
628239	337516	290723	164232	126491	138810
299524	105195	194329	58782	135547	93091
226104	89150	136954	70345	66609	27500
1044974	562848	482126	216505	265621	107725

5-22 公共财政预算教育事业费和

地区	合计	事业费支出	个人部分	工资福利支出	对个人和家庭的补助支出	#助学金
合计	**49822634**	**47026191**	**28396190**	**16811210**	**11584980**	**6357274**
北京	1141716	1071846	609011	322954	286057	113522
天津	1315943	1315943	1018895	462296	556599	109463
河北	1590222	1567922	1161061	680083	480978	309254
山西	1594144	1508275	1044210	730848	313362	168554
内蒙古	1187420	1155350	641331	494642	146689	109413
辽宁	1712157	1597015	1022535	725690	296845	129634
吉林	802600	782600	540645	308353	232292	58267
黑龙江	846470	666196	430128	244469	185659	47115
上海	1247251	1247251	716589	591322	125267	32589
江苏	4149527	4140315	2658295	1689594	968701	377878
浙江	593578	588578	430279	271558	158721	78092
安徽	1628083	1443288	782772	474991	307781	206311
福建	1946286	1852638	1387298	890055	497243	275537
江西	873791	860891	425810	219570	206240	133361
山东	4585233	4580233	2133570	1325100	808470	417872
河南	3329854	3028654	1965873	1060267	905606	819410
湖北	1306913	1270603	946663	507882	438781	236758
湖南	1020918	990518	554569	317651	236918	127914
广东	4719727	4492605	2714149	1703395	1010754	503239
广西	2427529	2327837	1339756	589335	750421	439172
海南	926862	893302	507640	289431	218209	175827
重庆	529507	474107	265916	115232	150684	126075
四川	2386312	2262671	1249865	559046	690819	456558
贵州	1056631	973851	593007	265367	327640	181080
云南	2294891	1717994	841524	482664	358860	284574
西藏	353808	235458	124643	53378	71265	40952
陕西	692934	680446	397084	235801	161283	108021
甘肃	1317654	1244784	769040	503051	265989	126526
青海	264447	217253	114798	67032	47766	27574
宁夏	287180	271680	163199	96290	66909	56387
新疆	1693046	1566087	846035	533863	312172	80345

基本建设支出明细(中等专业学校)

单位:千元

公用部分	商品和服务支出	其他资本性支出			基本建设支出
			专项公用支出	专项项目支出	
18630001	**7911793**	**10718208**	**3305792**	**7412416**	**2796443**
462835	184449	278386	165547	112839	69870
297048	189240	107808	21639	86169	
406861	190033	216828	35817	181011	22300
464065	340366	123699	71774	51925	85869
514019	233169	280850	84614	196236	32070
574480	417505	156975	95255	61720	115142
241955	157933	84022	35689	48333	20000
236068	95447	140621	17444	123177	180274
530662	365378	165284	147991	17293	
1482020	539983	942037	131451	810586	9212
158299	121581	36718	19203	17515	5000
660516	138623	521893	64468	457425	184795
465340	311589	153751	71142	82609	93648
435081	196175	238906	101172	137734	12900
2446663	392130	2054533	124718	1929815	5000
1062781	530522	532259	169164	363095	301200
323940	122305	201635	66661	134974	36310
435949	199134	236815	67290	169525	30400
1778456	734743	1043713	393594	650119	227122
988081	292876	695205	352097	343108	99692
385662	197084	188578	90014	98564	33560
208191	96941	111250	32566	78684	55400
1012806	362295	650511	339942	310569	123641
380844	190496	190348	59846	130502	82780
876470	339848	536622	47361	489261	576897
110815	57201	53614	36237	17377	118350
283362	135338	148024	128603	19421	12488
475744	243058	232686	139502	93184	72870
102455	52723	49732	42468	7264	47194
108481	47721	60760	28996	31764	15500
720052	435907	284145	123527	160618	126959

5-23 公共财政预算教育事业费和

地区	合计	事业费支出	个人部分	工资福利支出	对个人和家庭的补助支出	#助学金
合计	**488582**	**428582**	**196552**	**138198**	**58354**	**25701**
北京	120485	120485	47800	35822	11978	2475
天津	8208	8208	8208	4054	4154	486
河北						
山西	5460	5460	5460		5460	5460
内蒙古						
辽宁						
吉林						
黑龙江	40967	40967	37098	27561	9537	1505
上海	6380	6380	6380	6380		
江苏						
浙江						
安徽	712	712	712		712	712
福建						
江西						
山东						
河南	7000	7000	7000	6000	1000	200
湖北						
湖南						
广东						
广西						
海南						
重庆						
四川						
贵州	2968	2968	2468		2468	2468
云南						
西藏						
陕西	104500	104500				
甘肃						
青海						
宁夏						
新疆	191902	131902	81426	58381	23045	12395

基本建设支出明细(中央属中等专业学校)

单位:千元

公用部分	商品和服务支出	其他资本性支出			基本建设支出
			专项公用支出	专项项目支出	
232030	**65981**	**166049**	**135688**	**30361**	**60000**
72685	39735	32950	12163	20787	
3869	3869				
500	500				
104500		104500	104500		
50476	21877	28599	19025	9574	60000

5-24 公共财政预算教育事业费和

地区	合计	事业费支出	个人部分	工资福利支出	对个人和家庭的补助支出	#助学金
合计	**49334052**	**46597609**	**28199638**	**16673012**	**11526626**	**6331573**
北京	1021231	951361	561211	287132	274079	111047
天津	1307735	1307735	1010687	458242	552445	108977
河北	1590222	1567922	1161061	680083	480978	309254
山西	1588684	1502815	1038750	730848	307902	163094
内蒙古	1187420	1155350	641331	494642	146689	109413
辽宁	1712157	1597015	1022535	725690	296845	129634
吉林	802600	782600	540645	308353	232292	58267
黑龙江	805503	625229	393030	216908	176122	45610
上海	1240871	1240871	710209	584942	125267	32589
江苏	4149527	4140315	2658295	1689594	968701	377878
浙江	593578	588578	430279	271558	158721	78092
安徽	1627371	1442576	782060	474991	307069	205599
福建	1946286	1852638	1387298	890055	497243	275537
江西	873791	860891	425810	219570	206240	133361
山东	4585233	4580233	2133570	1325100	808470	417872
河南	3322854	3021654	1958873	1054267	904606	819210
湖北	1306913	1270603	946663	507882	438781	236758
湖南	1020918	990518	554569	317651	236918	127914
广东	4719727	4492605	2714149	1703395	1010754	503239
广西	2427529	2327837	1339756	589335	750421	439172
海南	926862	893302	507640	289431	218209	175827
重庆	529507	474107	265916	115232	150684	126075
四川	2386312	2262671	1249865	559046	690819	456558
贵州	1053663	970883	590539	265367	325172	178612
云南	2294891	1717994	841524	482664	358860	284574
西藏	353808	235458	124643	53378	71265	40952
陕西	588434	575946	397084	235801	161283	108021
甘肃	1317654	1244784	769040	503051	265989	126526
青海	264447	217253	114798	67032	47766	27574
宁夏	287180	271680	163199	96290	66909	56387
新疆	1501144	1434185	764609	475482	289127	67950

基本建设支出明细(地方中等专业学校)

单位:千元

公用部分	商品和服务支出	其他资本性支出			基本建设支出
			专项公用支出	专项项目支出	
18397971	**7845812**	**10552159**	**3170104**	**7382055**	**2736443**
390150	144714	245436	153384	92052	69870
297048	189240	107808	21639	86169	
406861	190033	216828	35817	181011	22300
464065	340366	123699	71774	51925	85869
514019	233169	280850	84614	196236	32070
574480	417505	156975	95255	61720	115142
241955	157933	84022	35689	48333	20000
232199	91578	140621	17444	123177	180274
530662	365378	165284	147991	17293	
1482020	539983	942037	131451	810586	9212
158299	121581	36718	19203	17515	5000
660516	138623	521893	64468	457425	184795
465340	311589	153751	71142	82609	93648
435081	196175	238906	101172	137734	12900
2446663	392130	2054533	124718	1929815	5000
1062781	530522	532259	169164	363095	301200
323940	122305	201635	66661	134974	36310
435949	199134	236815	67290	169525	30400
1778456	734743	1043713	393594	650119	227122
988081	292876	695205	352097	343108	99692
385662	197084	188578	90014	98564	33560
208191	96941	111250	32566	78684	55400
1012806	362295	650511	339942	310569	123641
380344	189996	190348	59846	130502	82780
876470	339848	536622	47361	489261	576897
110815	57201	53614	36237	17377	118350
178862	135338	43524	24103	19421	12488
475744	243058	232686	139502	93184	72870
102455	52723	49732	42468	7264	47194
108481	47721	60760	28996	31764	15500
669576	414030	255546	104502	151044	66959

5-25 公共财政预算教育事业费和

地区	合计	事业费支出	个人部分	工资福利支出	对个人和家庭的补助支出	#助学金
合计	**46350106**	**43417339**	**26130086**	**17330056**	**8800030**	**4668262**
北京	1259016	1220711	818924	687029	131895	7493
天津						
河北	2462677	2363890	1723421	1237629	485792	310098
山西	1501324	1422512	823521	611880	211641	151420
内蒙古	1247121	1190313	716306	569992	146314	110567
辽宁	1737585	1388628	711269	511868	199401	52943
吉林	847485	814605	542416	327776	214640	63916
黑龙江	1262480	1227900	714432	420717	293715	63819
上海	973890	953890	632209	491048	141161	22960
江苏	3238375	3211375	2311717	1558233	753484	238681
浙江	4206432	4129592	2947862	2086667	861195	434312
安徽	2348666	2090600	872930	575064	297866	201473
福建	524261	507261	375960	246209	129751	65672
江西	1053022	999375	539976	293691	246285	181228
山东	3502601	3502601	2138641	1520735	617906	248127
河南	2455585	2397175	1147532	803719	343813	313257
湖北	1078399	987999	592074	280342	311732	142283
湖南	2380706	2249254	1076672	565971	510701	330795
广东	2048546	1839033	1295227	911846	383381	125570
广西	233904	233904	154772	96531	58241	20610
海南	158511	158061	82191	66098	16093	13180
重庆	2163331	1638391	795527	498391	297136	241596
四川	3610538	3300522	1989573	1036480	953093	622731
贵州	977738	893316	422348	245147	177201	82036
云南	1253131	1158292	794284	481918	312366	234770
西藏						
陕西	2097845	1975805	1085944	667613	418331	246964
甘肃	568772	502832	368298	244596	123702	61151
青海	377627	331730	136832	91779	45053	27832
宁夏	218159	206159	90914	65772	25142	24031
新疆	562379	521613	228314	135315	92999	28747

基本建设支出明细(职业高中)

单位:千元

公用部分	商品和服务支出	其他资本性支出	专项公用支出	专项项目支出	基本建设支出
17287253	**6403376**	**10883877**	**2447842**	**8436035**	**2932767**
401787	241964	159823	65210	94613	38305
640469	342421	298048	92034	206014	98787
598991	314513	284478	143105	141373	78812
474007	234861	239146	89041	150105	56808
677359	412968	264391	61292	203099	348957
272189	132390	139799	47313	92486	32880
513468	177919	335549	46966	288583	34580
321681	185887	135794	42786	93008	20000
899658	256161	643497	95441	548056	27000
1181730	629918	551812	150342	401470	76840
1217670	235922	981748	204520	777228	258066
131301	76606	54695	26251	28444	17000
459399	93504	365895	103521	262374	53647
1363960	327187	1036773	67179	969594	
1249643	356877	892766	68659	824107	58410
395925	105222	290703	27593	263110	90400
1172582	278917	893665	113327	780338	131452
543806	269789	274017	84211	189806	209513
79132	25174	53958	16021	37937	
75870	37409	38461	27114	11347	450
842864	311831	531033	182520	348513	524940
1310949	507341	803608	268279	535329	310016
470968	103797	367171	75939	291232	84422
364008	198466	165542	68444	97098	94839
889861	268662	621199	99872	521327	122040
134534	81513	53021	21808	31213	65940
194898	50791	144107	16314	127793	45897
115245	39842	75403	40558	34845	12000
293299	105524	187775	102182	85593	40766

5-26 公共财政预算教育事业费和

地区	合计	事业费支出	个人部分	工资福利支出	对个人和家庭的补助支出	#助学金
合计	**46326329**	**43393562**	**26115668**	**17319943**	**8795725**	**4666504**
北京	1259016	1220711	818924	687029	131895	7493
天津						
河北	2462677	2363890	1723421	1237629	485792	310098
山西	1501324	1422512	823521	611880	211641	151420
内蒙古	1247121	1190313	716306	569992	146314	110567
辽宁	1737585	1388628	711269	511868	199401	52943
吉林	847485	814605	542416	327776	214640	63916
黑龙江	1244971	1210391	700865	410604	290261	62912
上海	973890	953890	632209	491048	141161	22960
江苏	3238375	3211375	2311717	1558233	753484	238681
浙江	4206432	4129592	2947862	2086667	861195	434312
安徽	2348666	2090600	872930	575064	297866	201473
福建	524261	507261	375960	246209	129751	65672
江西	1053022	999375	539976	293691	246285	181228
山东	3502601	3502601	2138641	1520735	617906	248127
河南	2455585	2397175	1147532	803719	343813	313257
湖北	1078399	987999	592074	280342	311732	142283
湖南	2380706	2249254	1076672	565971	510701	330795
广东	2048546	1839033	1295227	911846	383381	125570
广西	233904	233904	154772	96531	58241	20610
海南	158511	158061	82191	66098	16093	13180
重庆	2163331	1638391	795527	498391	297136	241596
四川	3604270	3294254	1988722	1036480	952242	621880
贵州	977738	893316	422348	245147	177201	82036
云南	1253131	1158292	794284	481918	312366	234770
西藏						
陕西	2097845	1975805	1085944	667613	418331	246964
甘肃	568772	502832	368298	244596	123702	61151
青海	377627	331730	136832	91779	45053	27832
宁夏	218159	206159	90914	65772	25142	24031
新疆	562379	521613	228314	135315	92999	28747

基本建设支出明细(地方职业高中)

单位:千元

公用部分	商品和服务支出	其他资本性支出			基本建设支出
			专项公用支出	专项项目支出	
17277894	**6399544**	**10878350**	**2447480**	**8430870**	**2932767**
401787	241964	159823	65210	94613	38305
640469	342421	298048	92034	206014	98787
598991	314513	284478	143105	141373	78812
474007	234861	239146	89041	150105	56808
677359	412968	264391	61292	203099	348957
272189	132390	139799	47313	92486	32880
509526	174504	335022	46604	288418	34580
321681	185887	135794	42786	93008	20000
899658	256161	643497	95441	548056	27000
1181730	629918	551812	150342	401470	76840
1217670	235922	981748	204520	777228	258066
131301	76606	54695	26251	28444	17000
459399	93504	365895	103521	262374	53647
1363960	327187	1036773	67179	969594	
1249643	356877	892766	68659	824107	58410
395925	105222	290703	27593	263110	90400
1172582	278917	893665	113327	780338	131452
543806	269789	274017	84211	189806	209513
79132	25174	53958	16021	37937	
75870	37409	38461	27114	11347	450
842864	311831	531033	182520	348513	524940
1305532	506924	798608	268279	530329	310016
470968	103797	367171	75939	291232	84422
364008	198466	165542	68444	97098	94839
889861	268662	621199	99872	521327	122040
134534	81513	53021	21808	31213	65940
194898	50791	144107	16314	127793	45897
115245	39842	75403	40558	34845	12000
293299	105524	187775	102182	85593	40766

5-27 公共财政预算教育事业费和

地 区	合 计	事业费支出	个人部分			
				工资福利支出	对个人和家庭的补助支出	
						#助学金
合 计	**6281438**	**5884622**	**3315182**	**2270462**	**1044720**	**626584**
北 京	126744	113419	68138	57807	10331	2341
天 津						
河 北	280615	262615	187168	133612	53556	38539
山 西	191512	167508	91683	65371	26312	18962
内蒙古	85942	75942	41211	33830	7381	6597
辽 宁	88197	88197	46257	28971	17286	6762
吉 林	15674	15674	9696	6555	3141	694
黑龙江	16532	16532	14416	9764	4652	955
上 海	138697	138697	50678	46243	4435	679
江 苏	434937	434937	243212	158768	84444	32363
浙 江	722166	652166	502902	366033	136869	78715
安 徽	667702	644902	298682	204365	94317	59493
福 建	57182	57182	34201	25357	8844	4187
江 西	77449	67449	30645	18030	12615	8410
山 东	321996	321996	135332	99092	36240	22878
河 南	400932	390652	224361	184986	39375	34234
湖 北	29593	19593	16595	8630	7965	3369
湖 南	327138	300638	159906	82601	77305	31320
广 东	323506	321787	202460	154715	47745	24221
广 西	17148	17148	11422	7055	4367	1854
海 南	18046	18046	15585	13797	1788	1374
重 庆	273502	253502	131706	84133	47573	44789
四 川	943165	874556	452213	255739	196474	134449
贵 州	168475	146475	33411	20582	12829	5475
云 南	126958	92549	61937	29813	32124	23224
西 藏						
陕 西	287084	277084	161144	108438	52706	27414
甘 肃	137139	111969	86904	63063	23841	13263
青 海						
宁 夏						
新 疆	3407	3407	3317	3112	205	23

基本建设支出明细(农村职业高中)

单位:千元

公用部分	商品和服务支出	其他资本性支出		基本建设支出
			专项公用支出	专项项目支出	
2569440	**831553**	**1737887**	**348957**	**1388930**	**396816**
45281	14624	30657	7657	23000	13325
75447	47924	27523	17140	10383	18000
75825	38257	37568	13163	24405	24004
34731	16134	18597	11597	7000	10000
41940	10788	31152	8232	22920	
5978	4635	1343	1343		
2116	2056	60	60		
88019	17552	70467	467	70000	
191725	33165	158560	12107	146453	
149264	64833	84431	31336	53095	70000
346220	101825	244395	77499	166896	22800
22981	7559	15422	750	14672	
36804	16279	20525	3855	16670	10000
186664	13298	173366	1327	172039	
166291	75972	90319	15199	75120	10280
2998	2422	576	576		10000
140732	24020	116712	2841	113871	26500
119327	68336	50991	5424	45567	1719
5726	2230	3496	507	2989	
2461	2290	171	171		
121796	68959	52837	27780	25057	20000
422343	115547	306796	71887	234909	68609
113064	6727	106337	5766	100571	22000
30612	18305	12307	7155	5152	34409
115940	38312	77628	24345	53283	10000
25065	19414	5651	773	4878	25170
90	90				

5-28 公共财政预算教育事业费和

地区	合计	事业费支出	个人部分	工资福利支出	对个人和家庭的补助支出	#助学金
合计	**12555405**	**11307417**	**6628959**	**3804134**	**2824825**	**1609050**
北京	963788	963788	431361	262681	168680	4556
天津	798582	798582	242091	136247	105844	16683
河北	525828	525828	319965	174806	145159	106782
山西	249081	245581	117558	79752	37806	25771
内蒙古	95698	85198	56461	40975	15486	12168
辽宁	388866	282309	183477	141712	41765	12529
吉林	37410	37410	29174	17319	11855	8607
黑龙江	458078	444176	223365	113691	109674	32663
上海	92860	92860	49897	42131	7766	207
江苏	688054	688054	464673	285819	178854	91423
浙江	550073	420637	276311	191729	84582	30260
安徽	200796	115796	44899	23262	21637	16490
福建	459823	443823	259639	142911	116728	61950
江西	82008	82008	15924	9793	6131	4105
山东	1326163	1319663	974515	430249	544266	433791
河南	722255	651712	430369	299970	130399	79317
湖北	92543	76014	61172	36561	24611	12470
湖南	236517	232017	160742	95520	65222	45352
广东	2911833	2253368	1232346	710223	522123	310861
广西	336102	325246	244846	100427	144419	86587
海南	97557	97557	55576	21063	34513	30202
重庆	267236	214236	100320	33782	66538	27486
四川	297047	263047	161532	74013	87519	64640
贵州	141053	141053	140503	104190	36313	36313
云南	289253	260553	188848	130634	58214	38692
西藏						
陕西	30496	30496	16796	13945	2851	1606
甘肃	22333	22333	13745	4466	9279	7750
青海						
宁夏						
新疆	194072	194072	132854	86263	46591	9789

基本建设支出明细(技工学校)

单位:千元

公用部分	商品和服务支出	其他资本性支出			基本建设支出
			专项公用支出	专项项目支出	
4678458	**2118554**	**2559904**	**925762**	**1634142**	**1247988**
532427	193258	339169	267939	71230	
556491	22509	533982	8982	525000	
205863	129890	75973	10778	65195	
128023	66750	61273	43917	17356	3500
28737	17836	10901	6401	4500	10500
98832	61062	37770	14040	23730	106557
8236	8230	6	6		
220811	66715	154096	8740	145356	13902
42963	28288	14675	14375	300	
223381	114188	109193	41023	68170	
144326	80088	64238	34569	29669	129436
70897	10777	60120	11380	48740	85000
184184	132864	51320	22242	29078	16000
66084	65242	842	842		
345148	156265	188883	106438	82445	6500
221343	110160	111183	65680	45503	70543
14842	3914	10928	8386	2542	16529
71275	56624	14651	1331	13320	4500
1021022	533399	487623	150421	337202	658465
80400	36968	43432	31673	11759	10856
41981	23601	18380	18380		
113916	50354	63562	7251	56311	53000
101515	55667	45848	26982	18866	34000
550	550				
71705	56696	15009	14694	315	28700
13700	2730	10970		10970	
8588	7759	829	829		
61218	26170	35048	8463	26585	

5-29 公共财政预算教育事业费和

地区	合计	事业费支出	个人部分	工资福利支出	对个人和家庭的补助支出	#助学金
合计	**64929**	**64929**	**37636**	**22004**	**15632**	**6996**
北京						
天津	2775	2775	1175		1175	1175
河北						
山西						
内蒙古						
辽宁						
吉林						
黑龙江	25556	25556	18689	10607	8082	
上海						
江苏	807	807	325		325	325
浙江						
安徽						
福建						
江西						
山东						
河南						
湖北						
湖南	4748	4748	126		126	126
广东	10210	10210	8488	4630	3858	3304
广西						
海南						
重庆	682	682	682	682		
四川	20151	20151	8151	6085	2066	2066
贵州						
云南						
西藏						
陕西						
甘肃						
青海						
宁夏						
新疆						

基本建设支出明细(中央属技工学校)

单位:千元

公用部分	商品和服务支出	其他资本性支出	专项公用支出	专项项目支出	基本建设支出
27293	**20304**	**6989**	**2835**	**4154**	
1600		1600	1600		
6867	3043	3824		3824	
482		482	482		
4622	4622				
1722	639	1083	753	330	
12000	12000				

5-30 公共财政预算教育事业费和

地 区	合 计	事业费支出	个人部分			
				工资福利支出	对个人和家庭的补助支出	
						#助学金
合 计	**12490476**	**11242488**	**6591323**	**3782130**	**2809193**	**1602054**
北 京	963788	963788	431361	262681	168680	4556
天 津	795807	795807	240916	136247	104669	15508
河 北	525828	525828	319965	174806	145159	106782
山 西	249081	245581	117558	79752	37806	25771
内蒙古	95698	85198	56461	40975	15486	12168
辽 宁	388866	282309	183477	141712	41765	12529
吉 林	37410	37410	29174	17319	11855	8607
黑龙江	432522	418620	204676	103084	101592	32663
上 海	92860	92860	49897	42131	7766	207
江 苏	687247	687247	464348	285819	178529	91098
浙 江	550073	420637	276311	191729	84582	30260
安 徽	200796	115796	44899	23262	21637	16490
福 建	459823	443823	259639	142911	116728	61950
江 西	82008	82008	15924	9793	6131	4105
山 东	1326163	1319663	974515	430249	544266	433791
河 南	722255	651712	430369	299970	130399	79317
湖 北	92543	76014	61172	36561	24611	12470
湖 南	231769	227269	160616	95520	65096	45226
广 东	2901623	2243158	1223858	705593	518265	307557
广 西	336102	325246	244846	100427	144419	86587
海 南	97557	97557	55576	21063	34513	30202
重 庆	266554	213554	99638	33100	66538	27486
四 川	276896	242896	153381	67928	85453	62574
贵 州	141053	141053	140503	104190	36313	36313
云 南	289253	260553	188848	130634	58214	38692
西 藏						
陕 西	30496	30496	16796	13945	2851	1606
甘 肃	22333	22333	13745	4466	9279	7750
青 海						
宁 夏						
新 疆	194072	194072	132854	86263	46591	9789

基本建设支出明细(地方技工学校)

单位:千元

公用部分	商品和服务支出	其他资本性支出			基本建设支出
			专项公用支出	专项项目支出	
4651165	**2098250**	**2552915**	**922927**	**1629988**	**1247988**
532427	193258	339169	267939	71230	
554891	22509	532382	7382	525000	
205863	129890	75973	10778	65195	
128023	66750	61273	43917	17356	3500
28737	17836	10901	6401	4500	10500
98832	61062	37770	14040	23730	106557
8236	8230	6	6		
213944	63672	150272	8740	141532	13902
42963	28288	14675	14375	300	
222899	114188	108711	40541	68170	
144326	80088	64238	34569	29669	129436
70897	10777	60120	11380	48740	85000
184184	132864	51320	22242	29078	16000
66084	65242	842	842		
345148	156265	188883	106438	82445	6500
221343	110160	111183	65680	45503	70543
14842	3914	10928	8386	2542	16529
66653	52002	14651	1331	13320	4500
1019300	532760	486540	149668	336872	658465
80400	36968	43432	31673	11759	10856
41981	23601	18380	18380		
113916	50354	63562	7251	56311	53000
89515	43667	45848	26982	18866	34000
550	550				
71705	56696	15009	14694	315	28700
13700	2730	10970		10970	
8588	7759	829	829		
61218	26170	35048	8463	26585	

5-31 公共财政预算教育事业费和

地区	合计	事业费支出	个人部分	工资福利支出	对个人和家庭的补助支出	#助学金
合计	**5758820**	**5702694**	**4097500**	**2906431**	**1191069**	**166760**
北京	37274	37274	23753	16958	6795	
天津	42895	42895	40317	15991	24326	
河北	511701	511701	432852	338860	93992	6015
山西	242017	242017	191750	148373	43377	253
内蒙古	211135	184800	149449	144708	4741	
辽宁	24887	22887	15969	8347	7622	2808
吉林	490796	490796	364952	212824	152128	959
黑龙江	218736	217615	147631	86584	61047	12721
上海	283713	283713	157031	131675	25356	51
江苏	367965	367965	321856	188045	133811	5146
浙江	335315	335315	246189	162171	84018	5926
安徽	101603	100503	58486	37354	21132	12237
福建	61765	61765	41980	34654	7326	948
江西	199265	199265	136331	101068	35263	4870
山东	431164	431164	311855	243845	68010	11453
河南	490059	480059	249317	220654	28663	17297
湖北	113485	113215	89827	33476	56351	21130
湖南	187501	187501	131295	98152	33143	5966
广东	219702	214702	137071	97965	39106	12045
广西	58893	57093	39201	20564	18637	1469
海南	17918	17918	11260	11066	194	
重庆	197735	197735	113802	84306	29496	13037
四川	444035	435535	329012	193212	135800	22449
贵州	18181	18181	15554	6511	9043	4139
云南	154675	154675	126892	118782	8110	330
西藏						
陕西	155488	155488	109982	87149	22833	
甘肃	39540	39540	30167	21481	8686	1186
青海	4152	4152	1981	1504	477	
宁夏	5768	5768	3390	3383	7	
新疆	91457	91457	68348	36769	31579	4325

基本建设支出明细(成人中等专业学校)

单位:千元

公用部分	商品和服务支出	其他资本性支出		基本建设支出
			专项公用支出	专项项目支出	
1605194	**1069039**	**536155**	**178419**	**357736**	**56126**
13521	9770	3751	3751		
2578	2379	199	199		
78849	59167	19682	9648	10034	
50267	33221	17046	4493	12553	
35351	31195	4156	2064	2092	26335
6918	6884	34	34		2000
125844	87792	38052	34687	3365	
69984	31654	38330	2130	36200	1121
126682	123081	3601	3601		
46109	34599	11510	5335	6175	
89126	78057	11069	3974	7095	
42017	31487	10530	4664	5866	1100
19785	12382	7403	1589	5814	
62934	40999	21935	2844	19091	
119309	34519	84790	5477	79313	
230742	112613	118129	20083	98046	10000
23388	11923	11465	4416	7049	270
56206	41893	14313	9610	4703	
77631	38961	38670	16782	21888	5000
17892	6802	11090	4578	6512	1800
6658	6422	236	236		
83933	67113	16820	11970	4850	
106523	72140	34383	14359	20024	8500
2627	2627				
27783	23695	4088	2555	1533	
45506	41758	3748	3198	550	
9373	5186	4187	2093	2094	
2171	1681	490		490	
2378	1587	791	791		
23109	17452	5657	3258	2399	

5-32 公共财政预算教育事业费和

地 区	合 计	事业费支出	个人部分	工资福利支出	对个人和家庭的补助支出	#助学金
合 计	**5744462**	**5688336**	**4086898**	**2901165**	**1185733**	**162549**
北 京	37274	37274	23753	16958	6795	
天 津	42895	42895	40317	15991	24326	
河 北	511701	511701	432852	338860	93992	6015
山 西	242017	242017	191750	148373	43377	253
内蒙古	211135	184800	149449	144708	4741	
辽 宁	24887	22887	15969	8347	7622	2808
吉 林	490796	490796	364952	212824	152128	959
黑龙江	212274	211153	142697	82163	60534	12721
上 海	283713	283713	157031	131675	25356	51
江 苏	367965	367965	321856	188045	133811	5146
浙 江	335315	335315	246189	162171	84018	5926
安 徽	101603	100503	58486	37354	21132	12237
福 建	61765	61765	41980	34654	7326	948
江 西	199265	199265	136331	101068	35263	4870
山 东	431164	431164	311855	243845	68010	11453
河 南	490059	480059	249317	220654	28663	17297
湖 北	113485	113215	89827	33476	56351	21130
湖 南	187501	187501	131295	98152	33143	5966
广 东	219702	214702	137071	97965	39106	12045
广 西	58893	57093	39201	20564	18637	1469
海 南	17918	17918	11260	11066	194	
重 庆	197735	197735	113802	84306	29496	13037
四 川	444035	435535	329012	193212	135800	22449
贵 州	18181	18181	15554	6511	9043	4139
云 南	154675	154675	126892	118782	8110	330
西 藏						
陕 西	155488	155488	109982	87149	22833	
甘 肃	39540	39540	30167	21481	8686	1186
青 海	4152	4152	1981	1504	477	
宁 夏	5768	5768	3390	3383	7	
新 疆	83561	83561	62680	35924	26756	114

基本建设支出明细(地方成人中等专业学校)

单位:千元

公用部分	商品和服务支出	其他资本性支出	专项公用支出	专项项目支出	基本建设支出
1601438	**1067559**	**533879**	**176423**	**357456**	**56126**
13521	9770	3751	3751		
2578	2379	199	199		
78849	59167	19682	9648	10034	
50267	33221	17046	4493	12553	
35351	31195	4156	2064	2092	26335
6918	6884	34	34		2000
125844	87792	38052	34687	3365	
68456	30502	37954	2034	35920	1121
126682	123081	3601	3601		
46109	34599	11510	5335	6175	
89126	78057	11069	3974	7095	
42017	31487	10530	4664	5866	1100
19785	12382	7403	1589	5814	
62934	40999	21935	2844	19091	
119309	34519	84790	5477	79313	
230742	112613	118129	20083	98046	10000
23388	11923	11465	4416	7049	270
56206	41893	14313	9610	4703	
77631	38961	38670	16782	21888	5000
17892	6802	11090	4578	6512	1800
6658	6422	236	236		
83933	67113	16820	11970	4850	
106523	72140	34383	14359	20024	8500
2627	2627				
27783	23695	4088	2555	1533	
45506	41758	3748	3198	550	
9373	5186	4187	2093	2094	
2171	1681	490		490	
2378	1587	791	791		
20881	17124	3757	1358	2399	

5-33 公共财政预算教育事业费和

地区	合计	事业费支出	个人部分	工资福利支出	对个人和家庭的补助支出	#助学金
合计	**570254961**	**546897606**	**364551149**	**277044067**	**87507082**	**25075729**
北京	15594982	14091654	8337472	6861962	1475510	108806
天津	8318954	8051874	6332210	3583370	2748840	34923
河北	22403433	21954279	15538747	12498336	3040411	916131
山西	14859388	14358398	9463708	7888627	1575081	645244
内蒙古	12998508	12512577	8474240	7142171	1332069	881287
辽宁	19436164	18579710	11603939	8725193	2878746	210559
吉林	10803530	10620032	7231060	5019439	2211621	301852
黑龙江	16686589	14875911	9060451	6394594	2665857	192018
上海	13578322	13018495	8695591	7069911	1625680	300007
江苏	34653497	34559827	27882389	20600547	7281842	383268
浙江	23152234	22969422	18693307	14757492	3935815	679581
安徽	23020398	22310265	12734106	10220405	2513701	824263
福建	14367006	14063894	10838300	8623903	2214397	453805
江西	17706827	17134348	9646988	7095139	2551849	1216713
山东	42740271	42691971	27922595	22508133	5414462	868778
河南	34716184	33469952	17088215	14490967	2597248	1974253
湖北	19114159	17989092	12728173	8637325	4090848	817553
湖南	22446062	21727584	12684755	9618878	3065877	731633
广东	41970977	40224659	29380165	23664798	5715367	1072057
广西	17317561	16347455	10569415	6526212	4043203	1731347
海南	5237778	4815948	2536367	2192462	343905	153129
重庆	13980528	12699631	7939503	6381692	1557811	1064957
四川	30978650	29920314	21038668	15085947	5952721	2264999
贵州	15504114	14948855	10350571	6712901	3637670	1092248
云南	16988968	16282102	11085247	7751509	3333738	2425903
西藏	2391956	2046490	1539607	923756	615851	420599
陕西	21847783	20935169	12678758	9499200	3179558	1166515
甘肃	12278419	11483080	8007170	5860242	2146928	981391
青海	4954872	3263323	1884533	1390219	494314	253943
宁夏	3565801	3411651	1945754	1721056	224698	183189
新疆	16641046	15539644	10639145	7597681	3041464	724778

基本建设支出明细(中学)

单位:千元

公用部分	商品和服务支出	其他资本性支出			基本建设支出
			专项公用支出	专项项目支出	
182346457	**78702823**	**103643634**	**23538590**	**80105044**	**23357355**
5754182	3321906	2432276	1374627	1057649	1503328
1719664	702806	1016858	402351	614507	267080
6415532	2914033	3501499	511295	2990204	449154
4894690	2556965	2337725	904130	1433595	500990
4038337	2146449	1891888	549441	1342447	485931
6975771	2562258	4413513	1024290	3389223	856454
3388972	1836025	1552947	341951	1210996	183498
5815460	2821154	2994306	560249	2434057	1810678
4322904	3103688	1219216	754341	464875	559827
6677438	2565921	4111517	526276	3585241	93670
4276115	2250539	2025576	411917	1613659	182812
9576159	3552268	6023891	1249751	4774140	710133
3225594	1444694	1780900	269020	1511880	303112
7487360	2100898	5386462	886136	4500326	572479
14769376	3403937	11365439	1007821	10357618	48300
16381737	7376612	9005125	1924971	7080154	1246232
5260919	2361191	2899728	641702	2258026	1125067
9042829	3009769	6033060	1226193	4806867	718478
10844494	6339633	4504861	1821071	2683790	1746318
5778040	1946017	3832023	749278	3082745	970106
2279581	607849	1671732	260516	1411216	421830
4760128	1888313	2871815	948142	1923673	1280897
8881646	4596915	4284731	1107381	3177350	1058336
4598284	2401221	2197063	770457	1426606	555259
5196855	2610153	2586702	696674	1890028	706866
506883	330935	175948	44639	131309	345466
8256411	2870562	5385849	1024179	4361670	912614
3475910	1570524	1905386	439620	1465766	795339
1378790	535148	843642	325445	518197	1691549
1465897	505780	960117	270176	689941	154150
4900499	2468660	2431839	514550	1917289	1101402

5-34 公共财政预算教育事业费和

地区	合计	事业费支出	个人部分	工资福利支出	对个人和家庭的补助支出	#助学金
合计	**3780831**	**3657869**	**2485787**	**1960429**	**525358**	**93217**
北京	543411	543411	297774	203533	94241	419
天津						
河北						
山西						
内蒙古						
辽宁	20000	20000	10000	10000		
吉林	73930	73930	40503	29520	10983	204
黑龙江	1097256	1051045	746132	632856	113276	10850
上海	97935	97935	49593	44957	4636	
江苏						
浙江						
安徽	12612	12612	10442	9840	602	416
福建						
江西						
山东						
河南						
湖北	219019	219019	91699	66210	25489	248
湖南						
广东	21504	21504	18972	18428	544	148
广西						
海南	6858	6858	5248	2911	2337	
重庆	108021	108021	48112	40980	7132	1023
四川	15075	15075	12547	11796	751	730
贵州						
云南						
西藏						
陕西						
甘肃	1151	1151	348		348	348
青海						
宁夏						
新疆	1564059	1487308	1154417	889398	265019	78831

基本建设支出明细(中央属中学)

单位:千元

公用部分	商品和服务支出	其他资本性支出	专项公用支出	专项项目支出	基本建设支出
1172082	**629923**	**542159**	**182727**	**359432**	**122962**
245637	102587	143050	32634	110416	
10000	10000				
33427	18006	15421	3221	12200	
304913	188961	115952	47713	68239	46211
48342	11137	37205		37205	
2170	2170				
127320	89172	38148	28778	9370	
2532	1972	560	540	20	
1610	1069	541	541		
59909	11141	48768	19518	29250	
2528	2528				
803	803				
332891	190377	142514	49782	92732	76751

5-35 公共财政预算教育事业费和

地 区	合 计	事业费支出	个人部分	工资福利支出	对个人和家庭的补助支出	#助学金
合 计	**566474130**	**543239737**	**362065362**	**275083638**	**86981724**	**24982512**
北 京	15051571	13548243	8039698	6658429	1381269	108387
天 津	8318954	8051874	6332210	3583370	2748840	34923
河 北	22403433	21954279	15538747	12498336	3040411	916131
山 西	14859388	14358398	9463708	7888627	1575081	645244
内蒙古	12998508	12512577	8474240	7142171	1332069	881287
辽 宁	19416164	18559710	11593939	8715193	2878746	210559
吉 林	10729600	10546102	7190557	4989919	2200638	301648
黑龙江	15589333	13824866	8314319	5761738	2552581	181168
上 海	13480387	12920560	8645998	7024954	1621044	300007
江 苏	34653497	34559827	27882389	20600547	7281842	383268
浙 江	23152234	22969422	18693307	14757492	3935815	679581
安 徽	23007786	22297653	12723664	10210565	2513099	823847
福 建	14367006	14063894	10838300	8623903	2214397	453805
江 西	17706827	17134348	9646988	7095139	2551849	1216713
山 东	42740271	42691971	27922595	22508133	5414462	868778
河 南	34716184	33469952	17088215	14490967	2597248	1974253
湖 北	18895140	17770073	12636474	8571115	4065359	817305
湖 南	22446062	21727584	12684755	9618878	3065877	731633
广 东	41949473	40203155	29361193	23646370	5714823	1071909
广 西	17317561	16347455	10569415	6526212	4043203	1731347
海 南	5230920	4809090	2531119	2189551	341568	153129
重 庆	13872507	12591610	7891391	6340712	1550679	1063934
四 川	30963575	29905239	21026121	15074151	5951970	2264269
贵 州	15504114	14948855	10350571	6712901	3637670	1092248
云 南	16988968	16282102	11085247	7751509	3333738	2425903
西 藏	2391956	2046490	1539607	923756	615851	420599
陕 西	21847783	20935169	12678758	9499200	3179558	1166515
甘 肃	12277268	11481929	8006822	5860242	2146580	981043
青 海	4954872	3263323	1884533	1390219	494314	253943
宁 夏	3565801	3411651	1945754	1721056	224698	183189
新 疆	15076987	14052336	9484728	6708283	2776445	645947

基本建设支出明细(地方中学)

单位:千元

公用部分	商品和服务支出	其他资本性支出	专项公用支出	专项项目支出	基本建设支出
181174375	**78072900**	**103101475**	**23355863**	**79745612**	**23234393**
5508545	3219319	2289226	1341993	947233	1503328
1719664	702806	1016858	402351	614507	267080
6415532	2914033	3501499	511295	2990204	449154
4894690	2556965	2337725	904130	1433595	500990
4038337	2146449	1891888	549441	1342447	485931
6965771	2552258	4413513	1024290	3389223	856454
3355545	1818019	1537526	338730	1198796	183498
5510547	2632193	2878354	512536	2365818	1764467
4274562	3092551	1182011	754341	427670	559827
6677438	2565921	4111517	526276	3585241	93670
4276115	2250539	2025576	411917	1613659	182812
9573989	3550098	6023891	1249751	4774140	710133
3225594	1444694	1780900	269020	1511880	303112
7487360	2100898	5386462	886136	4500326	572479
14769376	3403937	11365439	1007821	10357618	48300
16381737	7376612	9005125	1924971	7080154	1246232
5133599	2272019	2861580	612924	2248656	1125067
9042829	3009769	6033060	1226193	4806867	718478
10841962	6337661	4504301	1820531	2683770	1746318
5778040	1946017	3832023	749278	3082745	970106
2277971	606780	1671191	259975	1411216	421830
4700219	1877172	2823047	928624	1894423	1280897
8879118	4594387	4284731	1107381	3177350	1058336
4598284	2401221	2197063	770457	1426606	555259
5196855	2610153	2586702	696674	1890028	706866
506883	330935	175948	44639	131309	345466
8256411	2870562	5385849	1024179	4361670	912614
3475107	1569721	1905386	439620	1465766	795339
1378790	535148	843642	325445	518197	1691549
1465897	505780	960117	270176	689941	154150
4567608	2278283	2289325	464768	1824557	1024651

5-36 公共财政预算教育事业费和

地区	合计	事业费支出	个人部分	工资福利支出	对个人和家庭的补助支出	#助学金
合计	**569660578**	**546303223**	**364302980**	**276846708**	**87456272**	**25075168**
北京	15594982	14091654	8337472	6861962	1475510	108806
天津	8296524	8029444	6309789	3565881	2743908	34923
河北	22400260	21951106	15535574	12496014	3039560	916131
山西	14859388	14358398	9463708	7888627	1575081	645244
内蒙古	12998508	12512577	8474240	7142171	1332069	881287
辽宁	19436164	18579710	11603939	8725193	2878746	210559
吉林	10800504	10617006	7228216	5018339	2209877	301852
黑龙江	16686589	14875911	9060451	6394594	2665857	192018
上海	13505242	12945415	8653692	7032268	1621424	299940
江苏	34400456	34306786	27856384	20583294	7273090	382908
浙江	22936379	22753567	18559097	14648684	3910413	679447
安徽	23020398	22310265	12734106	10220405	2513701	824263
福建	14361660	14058548	10834843	8621038	2213805	453805
江西	17706827	17134348	9646988	7095139	2551849	1216713
山东	42740271	42691971	27922595	22508133	5414462	868778
河南	34716184	33469952	17088215	14490967	2597248	1974253
湖北	19109484	17984417	12725847	8635292	4090555	817553
湖南	22446062	21727584	12684755	9618878	3065877	731633
广东	41963516	40217198	29373861	23660514	5713347	1072057
广西	17317561	16347455	10569415	6526212	4043203	1731347
海南	5237778	4815948	2536367	2192462	343905	153129
重庆	13980368	12699471	7939503	6381692	1557811	1064957
四川	30976005	29917669	21036616	15084406	5952210	2264999
贵州	15504114	14948855	10350571	6712901	3637670	1092248
云南	16988968	16282102	11085247	7751509	3333738	2425903
西藏	2391956	2046490	1539607	923756	615851	420599
陕西	21847096	20934482	12678074	9498577	3179497	1166515
甘肃	12278419	11483080	8007170	5860242	2146928	981391
青海	4954872	3263323	1884533	1390219	494314	253943
宁夏	3565801	3411651	1945754	1721056	224698	183189
新疆	16638242	15536840	10636351	7596283	3040068	724778

基本建设支出明细(普通中学)

单位:千元

公用部分	商品和服务支出	其他资本性支出			基本建设支出
			专项公用支出	专项项目支出	
182000243	**78587349**	**103412894**	**23529632**	**79883262**	**23357355**
5754182	3321906	2432276	1374627	1057649	1503328
1719655	702797	1016858	402351	614507	267080
6415532	2914033	3501499	511295	2990204	449154
4894690	2556965	2337725	904130	1433595	500990
4038337	2146449	1891888	549441	1342447	485931
6975771	2562258	4413513	1024290	3389223	856454
3388790	1835843	1552947	341951	1210996	183498
5815460	2821154	2994306	560249	2434057	1810678
4291723	3074229	1217494	752619	464875	559827
6450402	2560433	3889969	526057	3363912	93670
4194470	2175854	2018616	405410	1613206	182812
9576159	3552268	6023891	1249751	4774140	710133
3223705	1442910	1780795	268915	1511880	303112
7487360	2100898	5386462	886136	4500326	572479
14769376	3403937	11365439	1007821	10357618	48300
16381737	7376612	9005125	1924971	7080154	1246232
5258570	2359032	2899538	641512	2258026	1125067
9042829	3009769	6033060	1226193	4806867	718478
10843337	6338691	4504646	1820856	2683790	1746318
5778040	1946017	3832023	749278	3082745	970106
2279581	607849	1671732	260516	1411216	421830
4759968	1888153	2871815	948142	1923673	1280897
8881053	4596322	4284731	1107381	3177350	1058336
4598284	2401221	2197063	770457	1426606	555259
5196855	2610153	2586702	696674	1890028	706866
506883	330935	175948	44639	131309	345466
8256408	2870559	5385849	1024179	4361670	912614
3475910	1570524	1905386	439620	1465766	795339
1378790	535148	843642	325445	518197	1691549
1465897	505780	960117	270176	689941	154150
4900489	2468650	2431839	514550	1917289	1101402

5-37 公共财政预算教育事业费和

地区	合计	事业费支出	个人部分	工资福利支出	对个人和家庭的补助支出	#助学金
合计	**3780831**	**3657869**	**2485787**	**1960429**	**525358**	**93217**
北京	543411	543411	297774	203533	94241	419
天津						
河北						
山西						
内蒙古						
辽宁	20000	20000	10000	10000		
吉林	73930	73930	40503	29520	10983	204
黑龙江	1097256	1051045	746132	632856	113276	10850
上海	97935	97935	49593	44957	4636	
江苏						
浙江						
安徽	12612	12612	10442	9840	602	416
福建						
江西						
山东						
河南						
湖北	219019	219019	91699	66210	25489	248
湖南						
广东	21504	21504	18972	18428	544	148
广西						
海南	6858	6858	5248	2911	2337	
重庆	108021	108021	48112	40980	7132	1023
四川	15075	15075	12547	11796	751	730
贵州						
云南						
西藏						
陕西						
甘肃	1151	1151	348		348	348
青海						
宁夏						
新疆	1564059	1487308	1154417	889398	265019	78831

基本建设支出明细(中央属普通中学)

单位:千元

公用部分	商品和服务支出	其他资本性支出	专项公用支出	专项项目支出	基本建设支出
1172082	**629923**	**542159**	**182727**	**359432**	**122962**
245637	102587	143050	32634	110416	
10000	10000				
33427	18006	15421	3221	12200	
304913	188961	115952	47713	68239	46211
48342	11137	37205		37205	
2170	2170				
127320	89172	38148	28778	9370	
2532	1972	560	540	20	
1610	1069	541	541		
59909	11141	48768	19518	29250	
2528	2528				
803	803				
332891	190377	142514	49782	92732	76751

5-38　公共财政预算教育事业费和

地　区	合　计	事业费支　出	个　　人部　　分	工资福利支　出	对个人和家庭的补助支出	#助学金
合　计	**565879747**	**542645354**	**361817193**	**274886279**	**86930914**	**24981951**
北　京	15051571	13548243	8039698	6658429	1381269	108387
天　津	8296524	8029444	6309789	3565881	2743908	34923
河　北	22400260	21951106	15535574	12496014	3039560	916131
山　西	14859388	14358398	9463708	7888627	1575081	645244
内蒙古	12998508	12512577	8474240	7142171	1332069	881287
辽　宁	19416164	18559710	11593939	8715193	2878746	210559
吉　林	10726574	10543076	7187713	4988819	2198894	301648
黑龙江	15589333	13824866	8314319	5761738	2552581	181168
上　海	13407307	12847480	8604099	6987311	1616788	299940
江　苏	34400456	34306786	27856384	20583294	7273090	382908
浙　江	22936379	22753567	18559097	14648684	3910413	679447
安　徽	23007786	22297653	12723664	10210565	2513099	823847
福　建	14361660	14058548	10834843	8621038	2213805	453805
江　西	17706827	17134348	9646988	7095139	2551849	1216713
山　东	42740271	42691971	27922595	22508133	5414462	868778
河　南	34716184	33469952	17088215	14490967	2597248	1974253
湖　北	18890465	17765398	12634148	8569082	4065066	817305
湖　南	22446062	21727584	12684755	9618878	3065877	731633
广　东	41942012	40195694	29354889	23642086	5712803	1071909
广　西	17317561	16347455	10569415	6526212	4043203	1731347
海　南	5230920	4809090	2531119	2189551	341568	153129
重　庆	13872347	12591450	7891391	6340712	1550679	1063934
四　川	30960930	29902594	21024069	15072610	5951459	2264269
贵　州	15504114	14948855	10350571	6712901	3637670	1092248
云　南	16988968	16282102	11085247	7751509	3333738	2425903
西　藏	2391956	2046490	1539607	923756	615851	420599
陕　西	21847096	20934482	12678074	9498577	3179497	1166515
甘　肃	12277268	11481929	8006822	5860242	2146580	981043
青　海	4954872	3263323	1884533	1390219	494314	253943
宁　夏	3565801	3411651	1945754	1721056	224698	183189
新　疆	15074183	14049532	9481934	6706885	2775049	645947

基本建设支出明细(地方普通中学)

单位:千元

公用部分	商品和服务支出	其他资本性支出			基本建设支出
			专项公用支出	专项项目支出	
180828161	**77957426**	**102870735**	**23346905**	**79523830**	**23234393**
5508545	3219319	2289226	1341993	947233	1503328
1719655	702797	1016858	402351	614507	267080
6415532	2914033	3501499	511295	2990204	449154
4894690	2556965	2337725	904130	1433595	500990
4038337	2146449	1891888	549441	1342447	485931
6965771	2552258	4413513	1024290	3389223	856454
3355363	1817837	1537526	338730	1198796	183498
5510547	2632193	2878354	512536	2365818	1764467
4243381	3063092	1180289	752619	427670	559827
6450402	2560433	3889969	526057	3363912	93670
4194470	2175854	2018616	405410	1613206	182812
9573989	3550098	6023891	1249751	4774140	710133
3223705	1442910	1780795	268915	1511880	303112
7487360	2100898	5386462	886136	4500326	572479
14769376	3403937	11365439	1007821	10357618	48300
16381737	7376612	9005125	1924971	7080154	1246232
5131250	2269860	2861390	612734	2248656	1125067
9042829	3009769	6033060	1226193	4806867	718478
10840805	6336719	4504086	1820316	2683770	1746318
5778040	1946017	3832023	749278	3082745	970106
2277971	606780	1671191	259975	1411216	421830
4700059	1877012	2823047	928624	1894423	1280897
8878525	4593794	4284731	1107381	3177350	1058336
4598284	2401221	2197063	770457	1426606	555259
5196855	2610153	2586702	696674	1890028	706866
506883	330935	175948	44639	131309	345466
8256408	2870559	5385849	1024179	4361670	912614
3475107	1569721	1905386	439620	1465766	795339
1378790	535148	843642	325445	518197	1691549
1465897	505780	960117	270176	689941	154150
4567598	2278273	2289325	464768	1824557	1024651

5-39 公共财政预算教育事业费和

地区	合计	事业费支出	个人部分	工资福利支出	对个人和家庭的补助支出	#助学金
合计	**182649892**	**175274759**	**116785895**	**89855249**	**26930646**	**7722193**
北京	6476796	5779278	3310166	2731690	578476	61135
天津	2986768	2963228	2334411	1301560	1032851	28977
河北	7843793	7813738	5388794	4282748	1106046	374749
山西	5481524	5243440	3344895	2767888	577007	251699
内蒙古	5064309	4896909	3110225	2500378	609847	374393
辽宁	5777330	5659792	3419077	2689755	729322	82183
吉林	3589073	3524085	2233214	1539379	693835	140429
黑龙江	4719928	4387427	2639889	1904102	735787	133271
上海	4444138	4239563	2822963	2360471	462492	54449
江苏	11904940	11878719	9593554	7192941	2400613	206091
浙江	7308778	7208681	5731926	4529185	1202741	179807
安徽	7663983	7462730	4049017	3259238	789779	327698
福建	4882452	4780099	3914931	3083647	831284	97513
江西	5156749	5024300	2697552	2035524	662028	251351
山东	12947263	12946263	8552411	6975098	1577313	286551
河南	9581841	9175049	4832576	4173775	658801	573313
湖北	5885564	5528249	3838713	2623918	1214795	346797
湖南	5933055	5848491	3650057	2852036	798021	260886
广东	16133183	15128323	11107593	8979212	2128381	306877
广西	4448326	4330592	2772485	1763637	1008848	352829
海南	1888232	1788099	843385	676925	166460	77023
重庆	4912461	4424224	2675802	2160588	515214	356374
四川	8903793	8576422	6173722	4431553	1742169	724871
贵州	4330260	4155886	3044875	1976281	1068594	238750
云南	4455295	4206289	2805473	2250030	555443	373501
西藏	687450	609291	450447	265564	184883	114089
陕西	7559317	7353576	4285977	3197194	1088783	430040
甘肃	3972166	3729658	2673737	2068871	604866	278585
青海	1911758	1097245	624866	475250	149616	66149
宁夏	1150935	1132935	710733	619055	91678	75716
新疆	4648432	4382178	3152429	2187756	964673	296097

基本建设支出明细(普通高中)

单位:千元

公用部分	商品和服务支出	其他资本性支出	专项公用支出	专项项目支出	基本建设支出
58488864	**21943900**	**36544964**	**7744866**	**28800098**	**7375133**
2469112	1364327	1104785	673927	430858	697518
628817	245243	383574	185573	198001	23540
2424944	726917	1698027	183691	1514336	30055
1898545	786381	1112164	218988	893176	238084
1786684	978219	808465	200879	607586	167400
2240715	836361	1404354	260025	1144329	117538
1290871	613994	676877	138753	538124	64988
1747538	700038	1047500	138383	909117	332501
1416600	966280	450320	220133	230187	204575
2285165	733338	1551827	185989	1365838	26221
1476755	770602	706153	137216	568937	100097
3413713	1245701	2168012	318465	1849547	201253
865168	343280	521888	96461	425427	102353
2326748	484351	1842397	350833	1491564	132449
4393852	612793	3781059	226384	3554675	1000
4342473	1536073	2806400	936138	1870262	406792
1689536	590178	1099358	165046	934312	357315
2198434	450246	1748188	302576	1445612	84564
4020730	2246380	1774350	615260	1159090	1004860
1558107	418069	1140038	153035	987003	117734
944714	286793	657921	94707	563214	100133
1748422	672871	1075551	384755	690796	488237
2402700	991875	1410825	336430	1074395	327371
1111011	369718	741293	193346	547947	174374
1400816	768015	632801	183028	449773	249006
158844	93442	65402	13841	51561	78159
3067599	899695	2167904	381397	1786507	205741
1055921	449799	606122	112851	493271	242508
472379	127101	345278	93234	252044	814513
422202	116917	305285	133847	171438	18000
1229749	518903	710846	109675	601171	266254

5-40 公共财政预算教育事业费和

地区	合计	事业费支出	个人部分	工资福利支出	对个人和家庭的补助支出	#助学金
合计	**1679859**	**1635479**	**1057437**	**813015**	**244422**	**40109**
北京	388754	388754	229974	156991	72983	287
天津						
河北						
山西						
内蒙古						
辽宁	20000	20000	10000	10000		
吉林	73930	73930	40503	29520	10983	204
黑龙江	361352	331352	231141	178104	53037	10451
上海	97935	97935	49593	44957	4636	
江苏						
浙江						
安徽	10165	10165	8235	7658	577	391
福建						
江西						
山东						
河南						
湖北	154437	154437	64359	46635	17724	163
湖南						
广东	11872	11872	11591	11591		
广西						
海南	3591	3591	2690	1204	1486	
重庆	70508	70508	31409	26745	4664	676
四川	7650	7650	6505	5855	650	640
贵州						
云南						
西藏						
陕西						
甘肃	839	839	276		276	276
青海						
宁夏						
新疆	478826	464446	371161	293755	77406	27021

基本建设支出明细(中央属普通高中)

单位:千元

公用部分	商品和服务支出	其他资本性支出			基本建设支出
			专项公用支出	专项项目支出	
578042	**298371**	**279671**	**85363**	**194308**	**44380**
158780	64878	93902	22585	71317	
10000	10000				
33427	18006	15421	3221	12200	
100211	56545	43666	11239	32427	30000
48342	11137	37205		37205	
1930	1930				
90078	61230	28848	21623	7225	
281	281				
901	600	301	301		
39099	7274	31825	12737	19088	
1145	1145				
563	563				
93285	64782	28503	13657	14846	14380

5-41 公共财政预算教育事业费和

地区	合计	事业费支出	个人部分	工资福利支出	对个人和家庭的补助支出	#助学金
合计	**180970033**	**173639280**	**115728458**	**89042234**	**26686224**	**7682084**
北京	6088042	5390524	3080192	2574699	505493	60848
天津	2986768	2963228	2334411	1301560	1032851	28977
河北	7843793	7813738	5388794	4282748	1106046	374749
山西	5481524	5243440	3344895	2767888	577007	251699
内蒙古	5064309	4896909	3110225	2500378	609847	374393
辽宁	5757330	5639792	3409077	2679755	729322	82183
吉林	3515143	3450155	2192711	1509859	682852	140225
黑龙江	4358576	4056075	2408748	1725998	682750	122820
上海	4346203	4141628	2773370	2315514	457856	54449
江苏	11904940	11878719	9593554	7192941	2400613	206091
浙江	7308778	7208681	5731926	4529185	1202741	179807
安徽	7653818	7452565	4040782	3251580	789202	327307
福建	4882452	4780099	3914931	3083647	831284	97513
江西	5156749	5024300	2697552	2035524	662028	251351
山东	12947263	12946263	8552411	6975098	1577313	286551
河南	9581841	9175049	4832576	4173775	658801	573313
湖北	5731127	5373812	3774354	2577283	1197071	346634
湖南	5933055	5848491	3650057	2852036	798021	260886
广东	16121311	15116451	11096002	8967621	2128381	306877
广西	4448326	4330592	2772485	1763637	1008848	352829
海南	1884641	1784508	840695	675721	164974	77023
重庆	4841953	4353716	2644393	2133843	510550	355698
四川	8896143	8568772	6167217	4425698	1741519	724231
贵州	4330260	4155886	3044875	1976281	1068594	238750
云南	4455295	4206289	2805473	2250030	555443	373501
西藏	687450	609291	450447	265564	184883	114089
陕西	7559317	7353576	4285977	3197194	1088783	430040
甘肃	3971327	3728819	2673461	2068871	604590	278309
青海	1911758	1097245	624866	475250	149616	66149
宁夏	1150935	1132935	710733	619055	91678	75716
新疆	4169606	3917732	2781268	1894001	887267	269076

基本建设支出明细(地方普通高中)

单位:千元

公用部分	商品和服务支出	其他资本性支出	专项公用支出	专项项目支出	基本建设支出
57910822	**21645529**	**36265293**	**7659503**	**28605790**	**7330753**
2310332	1299449	1010883	651342	359541	697518
628817	245243	383574	185573	198001	23540
2424944	726917	1698027	183691	1514336	30055
1898545	786381	1112164	218988	893176	238084
1786684	978219	808465	200879	607586	167400
2230715	826361	1404354	260025	1144329	117538
1257444	595988	661456	135532	525924	64988
1647327	643493	1003834	127144	876690	302501
1368258	955143	413115	220133	192982	204575
2285165	733338	1551827	185989	1365838	26221
1476755	770602	706153	137216	568937	100097
3411783	1243771	2168012	318465	1849547	201253
865168	343280	521888	96461	425427	102353
2326748	484351	1842397	350833	1491564	132449
4393852	612793	3781059	226384	3554675	1000
4342473	1536073	2806400	936138	1870262	406792
1599458	528948	1070510	143423	927087	357315
2198434	450246	1748188	302576	1445612	84564
4020449	2246099	1774350	615260	1159090	1004860
1558107	418069	1140038	153035	987003	117734
943813	286193	657620	94406	563214	100133
1709323	665597	1043726	372018	671708	488237
2401555	990730	1410825	336430	1074395	327371
1111011	369718	741293	193346	547947	174374
1400816	768015	632801	183028	449773	249006
158844	93442	65402	13841	51561	78159
3067599	899695	2167904	381397	1786507	205741
1055358	449236	606122	112851	493271	242508
472379	127101	345278	93234	252044	814513
422202	116917	305285	133847	171438	18000
1136464	454121	682343	96018	586325	251874

5-42 公共财政预算教育事业费和

地区	合计	事业费支出	个人部分	工资福利支出	对个人和家庭的补助支出	#助学金
合计	**25847767**	**25308588**	**18082813**	**14264817**	**3817996**	**1301190**
北京	573148	568326	307282	273580	33702	6669
天津	632297	626757	384852	255671	129181	7902
河北	784532	783781	568472	465848	102624	33681
山西	273606	258122	198706	160045	38661	17913
内蒙古	173516	173516	114665	89248	25417	18412
辽宁	416058	416058	235587	182993	52594	7346
吉林	184010	184010	157368	122259	35109	7334
黑龙江	67954	59592	36616	25102	11514	1771
上海	261841	261841	195837	170449	25388	6926
江苏	2704978	2704978	2214721	1756709	458012	48231
浙江	1593582	1593322	1333430	1040791	292639	49821
安徽	1526463	1483414	993248	796221	197027	78352
福建	1744696	1718973	1401376	1148193	253183	45057
江西	229075	225524	148202	109335	38867	18521
山东	1337761	1337761	844488	697665	146823	23717
河南	991736	968030	557946	488786	69160	55350
湖北	812988	778821	615269	447618	167651	69908
湖南	1177748	1153198	793716	633532	160184	64704
广东	2263783	2263783	1610630	1360217	250413	58468
广西	339448	335744	257733	181990	75743	29004
海南	147283	144967	111416	75039	36377	32610
重庆	1388964	1332456	809306	646791	162515	131506
四川	2189731	2145990	1566121	1166938	399183	194337
贵州	590878	579359	421827	289284	132543	49585
云南	558983	464630	353506	267220	86286	65351
西藏						
陕西	1641852	1620235	1010370	764658	245712	89408
甘肃	890045	819950	601905	463743	138162	70190
青海	51051	37227	22879	19144	3735	1769
宁夏	6698	6698	4009	3253	756	756
新疆	293062	261525	211330	162495	48835	16591

基本建设支出明细(农村高中)

单位:千元

公用部分	商品和服务支出	其他资本性支出	专项公用支出	专项项目支出	基本建设支出
7225775	**2625993**	**4599782**	**906602**	**3693180**	**539179**
261044	134223	126821	55795	71026	4822
241905	41026	200879	110191	90688	5540
215309	81814	133495	11542	121953	751
59416	47719	11697	6653	5044	15484
58851	37587	21264	4825	16439	
180471	49810	130661	24760	105901	
26642	15613	11029	2424	8605	
22976	9454	13522	2711	10811	8362
66004	51202	14802	14510	292	
490257	155533	334724	44936	289788	
259892	129585	130307	29754	100553	260
490166	105039	385127	36789	348338	43049
317597	115224	202373	20195	182178	25723
77322	40229	37093	8035	29058	3551
493273	42420	450853	11279	439574	
410084	133935	276149	113571	162578	23706
163552	78380	85172	24894	60278	34167
359482	85202	274280	56426	217854	24550
653153	386418	266735	56067	210668	
78011	32512	45499	7598	37901	3704
33551	20477	13074	3548	9526	2316
523150	173049	350101	82372	267729	56508
579869	286467	293402	49676	243726	43741
157532	55248	102284	24181	78103	11519
111124	53847	57277	15707	41570	94353
609865	153066	456799	60738	396061	21617
218045	77731	140314	22375	117939	70095
14348	4766	9582	360	9222	13824
2689	2689				
50195	25728	24467	4690	19777	31537

5-43 公共财政预算教育事业费和

地区	合计	事业费支出	个人部分	工资福利支出	对个人和家庭的补助支出	#助学金
合计	**25675412**	**25150613**	**17953119**	**14162042**	**3791077**	**1291571**
北京	573148	568326	307282	273580	33702	6669
天津	632297	626757	384852	255671	129181	7902
河北	784532	783781	568472	465848	102624	33681
山西	273606	258122	198706	160045	38661	17913
内蒙古	173516	173516	114665	89248	25417	18412
辽宁	416058	416058	235587	182993	52594	7346
吉林	184010	184010	157368	122259	35109	7334
黑龙江	67954	59592	36616	25102	11514	1771
上海	261841	261841	195837	170449	25388	6926
江苏	2704978	2704978	2214721	1756709	458012	48231
浙江	1593582	1593322	1333430	1040791	292639	49821
安徽	1526463	1483414	993248	796221	197027	78352
福建	1744696	1718973	1401376	1148193	253183	45057
江西	229075	225524	148202	109335	38867	18521
山东	1337761	1337761	844488	697665	146823	23717
河南	991736	968030	557946	488786	69160	55350
湖北	812988	778821	615269	447618	167651	69908
湖南	1177748	1153198	793716	633532	160184	64704
广东	2263783	2263783	1610630	1360217	250413	58468
广西	339448	335744	257733	181990	75743	29004
海南	143692	141376	108726	73835	34891	32610
重庆	1388964	1332456	809306	646791	162515	131506
四川	2189731	2145990	1566121	1166938	399183	194337
贵州	590878	579359	421827	289284	132543	49585
云南	558983	464630	353506	267220	86286	65351
西藏						
陕西	1641852	1620235	1010370	764658	245712	89408
甘肃	889206	819111	601629	463743	137886	69914
青海	51051	37227	22879	19144	3735	1769
宁夏	6698	6698	4009	3253	756	756
新疆	125137	107980	84602	60924	23678	7248

基本建设支出明细(地方农村高中)

单位:千元

公用部分	商品和服务支出	其他资本性支出	专项公用支出	专项项目支出	基本建设支出
7197494	**2608652**	**4588842**	**902560**	**3686282**	**524799**
261044	134223	126821	55795	71026	4822
241905	41026	200879	110191	90688	5540
215309	81814	133495	11542	121953	751
59416	47719	11697	6653	5044	15484
58851	37587	21264	4825	16439	
180471	49810	130661	24760	105901	
26642	15613	11029	2424	8605	
22976	9454	13522	2711	10811	8362
66004	51202	14802	14510	292	
490257	155533	334724	44936	289788	
259892	129585	130307	29754	100553	260
490166	105039	385127	36789	348338	43049
317597	115224	202373	20195	182178	25723
77322	40229	37093	8035	29058	3551
493273	42420	450853	11279	439574	
410084	133935	276149	113571	162578	23706
163552	78380	85172	24894	60278	34167
359482	85202	274280	56426	217854	24550
653153	386418	266735	56067	210668	
78011	32512	45499	7598	37901	3704
32650	19877	12773	3247	9526	2316
523150	173049	350101	82372	267729	56508
579869	286467	293402	49676	243726	43741
157532	55248	102284	24181	78103	11519
111124	53847	57277	15707	41570	94353
609865	153066	456799	60738	396061	21617
217482	77168	140314	22375	117939	70095
14348	4766	9582	360	9222	13824
2689	2689				
23378	9550	13828	949	12879	17157

5-44 公共财政预算教育事业费和

地区	合计	事业费支出	个人部分	工资福利支出	对个人和家庭的补助支出	#助学金
合计	**387010686**	**371028464**	**247517085**	**186991459**	**60525626**	**17352975**
北京	9118186	8312376	5027306	4130272	897034	47671
天津	5309756	5066216	3975378	2264321	1711057	5946
河北	14556467	14137368	10146780	8213266	1933514	541382
山西	9377864	9114958	6118813	5120739	998074	393545
内蒙古	7934199	7615668	5364015	4641793	722222	506894
辽宁	13658834	12919918	8184862	6035438	2149424	128376
吉林	7211431	7092921	4995002	3478960	1516042	161423
黑龙江	11966661	10488484	6420562	4490492	1930070	58747
上海	9061104	8705852	5830729	4671797	1158932	245491
江苏	22495516	22428067	18262830	13390353	4872477	176817
浙江	15627601	15544886	12827171	10119499	2707672	499640
安徽	15356415	14847535	8685089	6961167	1723922	496565
福建	9479208	9278449	6919912	5537391	1382521	356292
江西	12550078	12110048	6949436	5059615	1889821	965362
山东	29793008	29745708	19370184	15533035	3837149	582227
河南	25134343	24294903	12255639	10317192	1938447	1400940
湖北	13223920	12456168	8887134	6011374	2875760	470756
湖南	16513007	15879093	9034698	6766842	2267856	470747
广东	25830333	25088875	18266268	14681302	3584966	765180
广西	12869235	12016863	7796930	4762575	3034355	1378518
海南	3349546	3027849	1692982	1515537	177445	76106
重庆	9067907	8275247	5263701	4221104	1042597	708583
四川	22072212	21341247	14862894	10652853	4210041	1540128
贵州	11173854	10792969	7305696	4736620	2569076	853498
云南	12533673	12075813	8279774	5501479	2778295	2052402
西藏	1704506	1437199	1089160	658192	430968	306510
陕西	14287779	13580906	8392097	6301383	2090714	736475
甘肃	8306253	7753422	5333433	3791371	1542062	702806
青海	3043114	2166078	1259667	914969	344698	187794
宁夏	2414866	2278716	1235021	1102001	133020	107473
新疆	11989810	11154662	7483922	5408527	2075395	428681

基本建设支出明细(普通初中)

单位:千元

公用部分	商品和服务支出	其他资本性支出	专项公用支出	专项项目支出	基本建设支出
123511379	**56643449**	**66867930**	**15784766**	**51083164**	**15982222**
3285070	1957579	1327491	700700	626791	805810
1090838	457554	633284	216778	416506	243540
3990588	2187116	1803472	327604	1475868	419099
2996145	1770584	1225561	685142	540419	262906
2251653	1168230	1083423	348562	734861	318531
4735056	1725897	3009159	764265	2244894	738916
2097919	1221849	876070	203198	672872	118510
4067922	2121116	1946806	421866	1524940	1478177
2875123	2107949	767174	532486	234688	355252
4165237	1827095	2338142	340068	1998074	67449
2717715	1405252	1312463	268194	1044269	82715
6162446	2306567	3855879	931286	2924593	508880
2358537	1099630	1258907	172454	1086453	200759
5160612	1616547	3544065	535303	3008762	440030
10375524	2791144	7584380	781437	6802943	47300
12039264	5840539	6198725	988833	5209892	839440
3569034	1768854	1800180	476466	1323714	767752
6844395	2559523	4284872	923617	3361255	633914
6822607	4092311	2730296	1205596	1524700	741458
4219933	1527948	2691985	596243	2095742	852372
1334867	321056	1013811	165809	848002	321697
3011546	1215282	1796264	563387	1232877	792660
6478353	3604447	2873906	770951	2102955	730965
3487273	2031503	1455770	577111	878659	380885
3796039	1842138	1953901	513646	1440255	457860
348039	237493	110546	30798	79748	267307
5188809	1970864	3217945	642782	2575163	706873
2419989	1120725	1299264	326769	972495	552831
906411	408047	498364	232211	266153	877036
1043695	388863	654832	136329	518503	136150
3670740	1949747	1720993	404875	1316118	835148

5-45 公共财政预算教育事业费和

地区	合计	事业费支出	个人部分	工资福利支出	对个人和家庭的补助支出	#助学金
合计	**2100972**	**2022390**	**1428350**	**1147414**	**280936**	**53108**
北京	154657	154657	67800	46542	21258	132
天津						
河北						
山西						
内蒙古						
辽宁						
吉林						
黑龙江	735904	719693	514991	454752	60239	399
上海						
江苏						
浙江						
安徽	2447	2447	2207	2182	25	25
福建						
江西						
山东						
河南						
湖北	64582	64582	27340	19575	7765	85
湖南						
广东	9632	9632	7381	6837	544	148
广西						
海南	3267	3267	2558	1707	851	
重庆	37513	37513	16703	14235	2468	347
四川	7425	7425	6042	5941	101	90
贵州						
云南						
西藏						
陕西						
甘肃	312	312	72		72	72
青海						
宁夏						
新疆	1085233	1022862	783256	595643	187613	51810

基本建设支出明细(中央属普通初中)

单位:千元

公用部分	商品和服务支出	其他资本性支出			基本建设支出
			专项公用支出	专项项目支出	
594040	**331552**	**262488**	**97364**	**165124**	**78582**
86857	37709	49148	10049	39099	
204702	132416	72286	36474	35812	16211
240	240				
37242	27942	9300	7155	2145	
2251	1691	560	540	20	
709	469	240	240		
20810	3867	16943	6781	10162	
1383	1383				
240	240				
239606	125595	114011	36125	77886	62371

5-46 公共财政预算教育事业费和

地区	合计	事业费支出	个人部分	工资福利支出	对个人和家庭的补助支出	#助学金
合计	**384909714**	**369006074**	**246088735**	**185844045**	**60244690**	**17299867**
北京	8963529	8157719	4959506	4083730	875776	47539
天津	5309756	5066216	3975378	2264321	1711057	5946
河北	14556467	14137368	10146780	8213266	1933514	541382
山西	9377864	9114958	6118813	5120739	998074	393545
内蒙古	7934199	7615668	5364015	4641793	722222	506894
辽宁	13658834	12919918	8184862	6035438	2149424	128376
吉林	7211431	7092921	4995002	3478960	1516042	161423
黑龙江	11230757	9768791	5905571	4035740	1869831	58348
上海	9061104	8705852	5830729	4671797	1158932	245491
江苏	22495516	22428067	18262830	13390353	4872477	176817
浙江	15627601	15544886	12827171	10119499	2707672	499640
安徽	15353968	14845088	8682882	6958985	1723897	496540
福建	9479208	9278449	6919912	5537391	1382521	356292
江西	12550078	12110048	6949436	5059615	1889821	965362
山东	29793008	29745708	19370184	15533035	3837149	582227
河南	25134343	24294903	12255639	10317192	1938447	1400940
湖北	13159338	12391586	8859794	5991799	2867995	470671
湖南	16513007	15879093	9034698	6766842	2267856	470747
广东	25820701	25079243	18258887	14674465	3584422	765032
广西	12869235	12016863	7796930	4762575	3034355	1378518
海南	3346279	3024582	1690424	1513830	176594	76106
重庆	9030394	8237734	5246998	4206869	1040129	708236
四川	22064787	21333822	14856852	10646912	4209940	1540038
贵州	11173854	10792969	7305696	4736620	2569076	853498
云南	12533673	12075813	8279774	5501479	2778295	2052402
西藏	1704506	1437199	1089160	658192	430968	306510
陕西	14287779	13580906	8392097	6301383	2090714	736475
甘肃	8305941	7753110	5333361	3791371	1541990	702734
青海	3043114	2166078	1259667	914969	344698	187794
宁夏	2414866	2278716	1235021	1102001	133020	107473
新疆	10904577	10131800	6700666	4812884	1887782	376871

基本建设支出明细(地方普通初中)

单位:千元

公用部分	商品和服务支出	其他资本性支出	专项公用支出	专项项目支出	基本建设支出
122917339	**56311897**	**66605442**	**15687402**	**50918040**	**15903640**
3198213	1919870	1278343	690651	587692	805810
1090838	457554	633284	216778	416506	243540
3990588	2187116	1803472	327604	1475868	419099
2996145	1770584	1225561	685142	540419	262906
2251653	1168230	1083423	348562	734861	318531
4735056	1725897	3009159	764265	2244894	738916
2097919	1221849	876070	203198	672872	118510
3863220	1988700	1874520	385392	1489128	1461966
2875123	2107949	767174	532486	234688	355252
4165237	1827095	2338142	340068	1998074	67449
2717715	1405252	1312463	268194	1044269	82715
6162206	2306327	3855879	931286	2924593	508880
2358537	1099630	1258907	172454	1086453	200759
5160612	1616547	3544065	535303	3008762	440030
10375524	2791144	7584380	781437	6802943	47300
12039264	5840539	6198725	988833	5209892	839440
3531792	1740912	1790880	469311	1321569	767752
6844395	2559523	4284872	923617	3361255	633914
6820356	4090620	2729736	1205056	1524680	741458
4219933	1527948	2691985	596243	2095742	852372
1334158	320587	1013571	165569	848002	321697
2990736	1211415	1779321	556606	1222715	792660
6476970	3603064	2873906	770951	2102955	730965
3487273	2031503	1455770	577111	878659	380885
3796039	1842138	1953901	513646	1440255	457860
348039	237493	110546	30798	79748	267307
5188809	1970864	3217945	642782	2575163	706873
2419749	1120485	1299264	326769	972495	552831
906411	408047	498364	232211	266153	877036
1043695	388863	654832	136329	518503	136150
3431134	1824152	1606982	368750	1238232	772777

5-47 公共财政预算教育事业费和

地 区	合 计	事业费支出	个人部分	工资福利支出	对个人和家庭的补助支出	#助学金
合 计	**227199374**	**218090838**	**146036664**	**109515114**	**36521550**	**12843387**
北 京	3023614	2815152	1648351	1353739	294612	31762
天 津	2314000	2087560	1585768	1050296	535472	394
河 北	7785410	7447516	5493678	4399991	1093687	442875
山 西	5027570	4891123	3138814	2516355	622459	302469
内蒙古	2029506	1993345	1460969	1305737	155232	99881
辽 宁	6907900	6329471	3863215	2885458	977757	102206
吉 林	3931514	3855880	2672396	1921182	751214	144070
黑龙江	4913174	3945076	2369416	1618503	750913	40316
上 海	2801507	2801507	2027852	1660040	367812	89889
江 苏	12120506	12082206	9995175	7439328	2555847	97954
浙 江	9166625	9164299	7605799	5983576	1622223	290116
安 徽	11011477	10648646	6299084	4962500	1336584	416471
福 建	6598861	6448747	4772994	3809284	963710	337126
江 西	7645826	7366652	4680476	3266855	1413621	842307
山 东	21682571	21635271	14316166	11536305	2779861	529871
河 南	16392244	15800006	8045031	6639447	1405584	1043920
湖 北	8537567	8024147	5618988	3788334	1830654	398351
湖 南	11145341	10694402	6597997	4834943	1763054	376969
广 东	11863976	11819411	8249385	6750331	1499054	536651
广 西	8439478	7819001	5268283	3209713	2058570	917289
海 南	1656396	1594983	951225	875660	75565	28725
重 庆	5734233	5286409	3425118	2676803	748315	567081
四 川	14847807	14297978	9940704	7071935	2868769	1267246
贵 州	8280830	7971870	5356905	3490226	1866679	765258
云 南	9220212	8854453	6007064	3781421	2225643	1666719
西 藏						
陕 西	9142549	8757355	5666431	4216947	1449484	506794
甘 肃	6085938	5652334	3879108	2637150	1241958	600429
青 海	903150	648380	416151	309015	107136	59790
宁 夏	1163339	1088219	529759	456383	73376	61464
新 疆	6826253	6269439	4154362	3067657	1086705	278994

基本建设支出明细(农村初中)

单位:千元

公用部分	商品和服务支出	其他资本性支出	专项公用支出	专项项目支出	基本建设支出
72054174	**33361474**	**38692700**	**8878505**	**29814195**	**9108536**
1166801	657376	509425	212959	296466	208462
501792	168695	333097	78240	254857	226440
1953838	1139098	814740	156059	658681	337894
1752309	947321	804988	495779	309209	136447
532376	331740	200636	43812	156824	36161
2466256	872271	1593985	275699	1318286	578429
1183484	655277	528207	117391	410816	75634
1575660	878207	697453	139446	558007	968098
773655	592119	181536	174201	7335	
2087031	935083	1151948	166390	985558	38300
1558500	777968	780532	173599	606933	2326
4349562	1787959	2561603	717666	1843937	362831
1675753	724681	951072	117466	833606	150114
2686176	1041155	1645021	279309	1365712	279174
7319105	1938137	5380968	531788	4849180	47300
7754975	4049059	3705916	586035	3119881	592238
2405159	1159355	1245804	319306	926498	513420
4096405	1844585	2251820	486209	1765611	450939
3570026	1980174	1589852	794156	795696	44565
2550718	1019398	1531320	294328	1236992	620477
643758	177120	466638	109642	356996	61413
1861291	724047	1137244	304225	833019	447824
4357274	2487678	1869596	508799	1360797	549829
2614965	1532760	1082205	468233	613972	308960
2847389	1438847	1408542	371967	1036575	365759
3090924	1201817	1889107	358078	1531029	385194
1773226	758802	1014424	255643	758781	433604
232229	102356	129873	79194	50679	254770
558460	144406	414054	35759	378295	75120
2115077	1293983	821094	227127	593967	556814

5-48 公共财政预算教育事业费和

地区	合计	事业费支出	个人部分	工资福利支出	对个人和家庭的补助支出	#助学金
合计	**226295902**	**217249737**	**145386857**	**109016648**	**36370209**	**12795470**
北京	3023614	2815152	1648351	1353739	294612	31762
天津	2314000	2087560	1585768	1050296	535472	394
河北	7785410	7447516	5493678	4399991	1093687	442875
山西	5027570	4891123	3138814	2516355	622459	302469
内蒙古	2029506	1993345	1460969	1305737	155232	99881
辽宁	6907900	6329471	3863215	2885458	977757	102206
吉林	3931514	3855880	2672396	1921182	751214	144070
黑龙江	4913174	3945076	2369416	1618503	750913	40316
上海	2801507	2801507	2027852	1660040	367812	89889
江苏	12120506	12082206	9995175	7439328	2555847	97954
浙江	9166625	9164299	7605799	5983576	1622223	290116
安徽	11011477	10648646	6299084	4962500	1336584	416471
福建	6598861	6448747	4772994	3809284	963710	337126
江西	7645826	7366652	4680476	3266855	1413621	842307
山东	21682571	21635271	14316166	11536305	2779861	529871
河南	16392244	15800006	8045031	6639447	1405584	1043920
湖北	8537567	8024147	5618988	3788334	1830654	398351
湖南	11145341	10694402	6597997	4834943	1763054	376969
广东	11854344	11809779	8242004	6743494	1498510	536503
广西	8439478	7819001	5268283	3209713	2058570	917289
海南	1653129	1591716	948667	873953	74714	28725
重庆	5734233	5286409	3425118	2676803	748315	567081
四川	14847807	14297978	9940704	7071935	2868769	1267246
贵州	8280830	7971870	5356905	3490226	1866679	765258
云南	9220212	8854453	6007064	3781421	2225643	1666719
西藏						
陕西	9142549	8757355	5666431	4216947	1449484	506794
甘肃	6085626	5652022	3879036	2637150	1241886	600357
青海	903150	648380	416151	309015	107136	59790
宁夏	1163339	1088219	529759	456383	73376	61464
新疆	5935992	5441549	3514566	2577735	936831	231297

基本建设支出明细(地方农村初中)

单位:千元

公用部分	商品和服务支出	其他资本性支出	专项公用支出	专项项目支出	基本建设支出
71862880	**33260804**	**38602076**	**8852226**	**29749850**	**9046165**
1166801	657376	509425	212959	296466	208462
501792	168695	333097	78240	254857	226440
1953838	1139098	814740	156059	658681	337894
1752309	947321	804988	495779	309209	136447
532376	331740	200636	43812	156824	36161
2466256	872271	1593985	275699	1318286	578429
1183484	655277	528207	117391	410816	75634
1575660	878207	697453	139446	558007	968098
773655	592119	181536	174201	7335	
2087031	935083	1151948	166390	985558	38300
1558500	777968	780532	173599	606933	2326
4349562	1787959	2561603	717666	1843937	362831
1675753	724681	951072	117466	833606	150114
2686176	1041155	1645021	279309	1365712	279174
7319105	1938137	5380968	531788	4849180	47300
7754975	4049059	3705916	586035	3119881	592238
2405159	1159355	1245804	319306	926498	513420
4096405	1844585	2251820	486209	1765611	450939
3567775	1978483	1589292	793616	795676	44565
2550718	1019398	1531320	294328	1236992	620477
643049	176651	466398	109402	356996	61413
1861291	724047	1137244	304225	833019	447824
4357274	2487678	1869596	508799	1360797	549829
2614965	1532760	1082205	468233	613972	308960
2847389	1438847	1408542	371967	1036575	365759
3090924	1201817	1889107	358078	1531029	385194
1772986	758562	1014424	255643	758781	433604
232229	102356	129873	79194	50679	254770
558460	144406	414054	35759	378295	75120
1926983	1195713	731270	201628	529642	494443

5-49 公共财政预算教育事业费和

地区	合计	事业费支出	个人部分	工资福利支出	对个人和家庭的补助支出	#助学金
合计	**594383**	**594383**	**248169**	**197359**	**50810**	**561**
北京						
天津	22430	22430	22421	17489	4932	
河北	3173	3173	3173	2322	851	
山西						
内蒙古						
辽宁						
吉林	3026	3026	2844	1100	1744	
黑龙江						
上海	73080	73080	41899	37643	4256	67
江苏	253041	253041	26005	17253	8752	360
浙江	215855	215855	134210	108808	25402	134
安徽						
福建	5346	5346	3457	2865	592	
江西						
山东						
河南						
湖北	4675	4675	2326	2033	293	
湖南						
广东	7461	7461	6304	4284	2020	
广西						
海南						
重庆	160	160				
四川	2645	2645	2052	1541	511	
贵州						
云南						
西藏						
陕西	687	687	684	623	61	
甘肃						
青海						
宁夏						
新疆	2804	2804	2794	1398	1396	

基本建设支出明细(成人中学)

单位:千元

公用部分	商品和服务支出	其他资本性支出			基本建设支出
			专项公用支出	专项项目支出	
346214	**115474**	**230740**	**8958**	**221782**	
9	9				
182	182				
31181	29459	1722	1722		
227036	5488	221548	219	221329	
81645	74685	6960	6507	453	
1889	1784	105	105		
2349	2159	190	190		
1157	942	215	215		
160	160				
593	593				
3	3				
10	10				

5-50 公共财政预算教育事业费和

地区	合计	事业费支出	个人部分	工资福利支出	对个人和家庭的补助支出	#助学金
合计	**583256686**	**569238837**	**398769436**	**290293763**	**108475673**	**19445707**
北京	13350204	13200811	7501474	6125162	1376312	74708
天津	7806111	7570152	5843097	3219224	2623873	278
河北	25148025	24800800	17739932	13685173	4054759	708784
山西	15084688	14917597	10883191	8644264	2238927	374177
内蒙古	12319525	12084498	9229686	8273549	956137	509538
辽宁	17276251	17051949	11476970	8106907	3370063	208475
吉林	12213411	12167908	8923890	6111740	2812150	139369
黑龙江	16245357	14701311	10148927	6376160	3772767	36491
上海	10710485	10646774	7164135	5618783	1545352	298411
江苏	37844486	37825876	30009393	19080879	10928514	250229
浙江	25320794	25301544	21138494	15096865	6041629	749861
安徽	23283353	22965195	14241318	10668864	3572454	584879
福建	16342070	16094788	12214154	9173522	3040632	244041
江西	20794893	20488568	12485897	8764402	3721495	1004629
山东	37219387	37219387	25973960	20801475	5172485	486600
河南	35304165	34687327	18505192	16325823	2179369	1389045
湖北	16949126	16322952	11402629	7695236	3707393	446836
湖南	23283300	22727499	13251119	10193333	3057786	387745
广东	39265092	38044362	29359320	22881803	6477517	1074246
广西	20744795	20195466	14629666	8886968	5742698	1095673
海南	5102612	4939795	3327818	3019140	308678	64681
重庆	12875812	12179941	7931965	6501121	1430844	648594
四川	35163062	33795733	24258059	15739345	8518714	1751413
贵州	19764672	19358253	14581502	8971066	5610436	938351
云南	21044419	20375917	14394865	10304983	4089882	2848429
西藏	3681391	3385176	2445034	1391295	1053739	728647
陕西	20909313	20303805	13462821	9675535	3787286	894536
甘肃	11939757	11408749	8443854	6303084	2140770	500085
青海	5324594	4088848	2546138	1779853	766285	425776
宁夏	3410936	3358156	2117957	1856041	261916	223822
新疆	17534600	17029700	13136979	9022168	4114811	357358

基本建设支出明细(小学)

单位:千元

公用部分	商品和服务支出	其他资本性支出			基本建设支出
			专项公用支出	专项项目支出	
170469401	**85909299**	**84560102**	**21203072**	**63357030**	**14017849**
5699337	3364806	2334531	1185405	1149126	149393
1727055	741086	985969	240795	745174	235959
7060868	3897844	3163024	699997	2463027	347225
4034406	2569883	1464523	782229	682294	167091
2854812	1591086	1263726	306662	957064	235027
5574979	2327128	3247851	768761	2479090	224302
3244018	1822202	1421816	486918	934898	45503
4552384	2470575	2081809	460602	1621207	1544046
3482639	2699854	782785	533334	249451	63711
7816483	3485277	4331206	586881	3744325	18610
4163050	2318732	1844318	393104	1451214	19250
8723877	3454196	5269681	1146755	4122926	318158
3880634	2005005	1875629	381242	1494387	247282
8002671	2897863	5104808	804551	4300257	306325
11245427	3970592	7274835	1118546	6156289	
16182135	9469754	6712381	1384207	5328174	616838
4920323	2252321	2668002	644825	2023177	626174
9476380	3969097	5507283	1137238	4370045	555801
8685042	5757943	2927099	1433517	1493582	1220730
5565800	2624292	2941508	932826	2008682	549329
1611977	634973	977004	270259	706745	162817
4247976	1867372	2380604	768691	1611913	695871
9537674	5074211	4463463	1129702	3333761	1367329
4776751	2952568	1824183	817913	1006270	406419
5981052	3053661	2927391	693115	2234276	668502
940142	387295	552847	85848	466999	296215
6840984	3009242	3831742	634424	3197318	605508
2964895	1607563	1357332	294165	1063167	531008
1542710	663311	879399	399144	480255	1235746
1240199	559610	680589	188268	492321	52780
3892721	2409957	1482764	493148	989616	504900

5-51 公共财政预算教育事业费和

地区	合计	事业费支出	个人部分	工资福利支出	对个人和家庭的补助支出	#助学金
合计	**2623291**	**2536253**	**1846412**	**1465699**	**380713**	**84915**
北京	170748	170748	78810	60994	17816	
天津	37724	37724	27032	17961	9071	
河北						
山西						
内蒙古						
辽宁						
吉林	36720	36720	26924	22278	4646	
黑龙江	646296	632507	449819	397625	52194	127
上海						
江苏						
浙江						
安徽	6525	6525	5885	5824	61	61
福建						
江西	75	75	8		8	8
山东						
河南						
湖北	28316	28316	18894	12369	6525	
湖南						
广东	18879	18879	12949	11828	1121	217
广西						
海南	5116	5116	4086	3111	975	
重庆	21446	21446	15243	11641	3602	
四川	9514	9514	7715	7673	42	26
贵州						
云南						
西藏						
陕西	267	267				
甘肃	1666	1666	344		344	344
青海						
宁夏						
新疆	1639999	1566750	1198703	914395	284308	84132

基本建设支出明细(中央属小学)

单位:千元

公用部分	商品和服务支出	其他资本性支出			基本建设支出
			专项公用支出	专项项目支出	
689841	**391107**	**298734**	**100164**	**198570**	**87038**
91938	40105	51833	4356	47477	
10692	4903	5789	1939	3850	
9796	8973	823	823		
182688	118762	63926	31382	32544	13789
640	640				
67	43	24	24		
9422	6751	2671	1631	1040	
5930	4956	974	903	71	
1030	680	350	350		
6203	5914	289	289		
1799	1479	320	30	290	
267	267				
1322	1306	16	16		
368047	196328	171719	58421	113298	73249

5-52 公共财政预算教育事业费和

地区	合计	事业费支出	个人部分	工资福利支出	对个人和家庭的补助支出	#助学金
合计	**580633395**	**566702584**	**396923024**	**288828064**	**108094960**	**19360792**
北京	13179456	13030063	7422664	6064168	1358496	74708
天津	7768387	7532428	5816065	3201263	2614802	278
河北	25148025	24800800	17739932	13685173	4054759	708784
山西	15084688	14917597	10883191	8644264	2238927	374177
内蒙古	12319525	12084498	9229686	8273549	956137	509538
辽宁	17276251	17051949	11476970	8106907	3370063	208475
吉林	12176691	12131188	8896966	6089462	2807504	139369
黑龙江	15599061	14068804	9699108	5978535	3720573	36364
上海	10710485	10646774	7164135	5618783	1545352	298411
江苏	37844486	37825876	30009393	19080879	10928514	250229
浙江	25320794	25301544	21138494	15096865	6041629	749861
安徽	23276828	22958670	14235433	10663040	3572393	584818
福建	16342070	16094788	12214154	9173522	3040632	244041
江西	20794818	20488493	12485889	8764402	3721487	1004621
山东	37219387	37219387	25973960	20801475	5172485	486600
河南	35304165	34687327	18505192	16325823	2179369	1389045
湖北	16920810	16294636	11383735	7682867	3700868	446836
湖南	23283300	22727499	13251119	10193333	3057786	387745
广东	39246213	38025483	29346371	22869975	6476396	1074029
广西	20744795	20195466	14629666	8886968	5742698	1095673
海南	5097496	4934679	3323732	3016029	307703	64681
重庆	12854366	12158495	7916722	6489480	1427242	648594
四川	35153548	33786219	24250344	15731672	8518672	1751387
贵州	19764672	19358253	14581502	8971066	5610436	938351
云南	21044419	20375917	14394865	10304983	4089882	2848429
西藏	3681391	3385176	2445034	1391295	1053739	728647
陕西	20909046	20303538	13462821	9675535	3787286	894536
甘肃	11938091	11407083	8443510	6303084	2140426	499741
青海	5324594	4088848	2546138	1779853	766285	425776
宁夏	3410936	3358156	2117957	1856041	261916	223822
新疆	15894601	15462950	11938276	8107773	3830503	273226

基本建设支出明细(地方小学)

单位:千元

公用部分	商品和服务支出	其他资本性支出			基本建设支出
			专项公用支出	专项项目支出	
169779560	**85518192**	**84261368**	**21102908**	**63158460**	**13930811**
5607399	3324701	2282698	1181049	1101649	149393
1716363	736183	980180	238856	741324	235959
7060868	3897844	3163024	699997	2463027	347225
4034406	2569883	1464523	782229	682294	167091
2854812	1591086	1263726	306662	957064	235027
5574979	2327128	3247851	768761	2479090	224302
3234222	1813229	1420993	486095	934898	45503
4369696	2351813	2017883	429220	1588663	1530257
3482639	2699854	782785	533334	249451	63711
7816483	3485277	4331206	586881	3744325	18610
4163050	2318732	1844318	393104	1451214	19250
8723237	3453556	5269681	1146755	4122926	318158
3880634	2005005	1875629	381242	1494387	247282
8002604	2897820	5104784	804527	4300257	306325
11245427	3970592	7274835	1118546	6156289	
16182135	9469754	6712381	1384207	5328174	616838
4910901	2245570	2665331	643194	2022137	626174
9476380	3969097	5507283	1137238	4370045	555801
8679112	5752987	2926125	1432614	1493511	1220730
5565800	2624292	2941508	932826	2008682	549329
1610947	634293	976654	269909	706745	162817
4241773	1861458	2380315	768402	1611913	695871
9535875	5072732	4463143	1129672	3333471	1367329
4776751	2952568	1824183	817913	1006270	406419
5981052	3053661	2927391	693115	2234276	668502
940142	387295	552847	85848	466999	296215
6840717	3008975	3831742	634424	3197318	605508
2963573	1606257	1357316	294149	1063167	531008
1542710	663311	879399	399144	480255	1235746
1240199	559610	680589	188268	492321	52780
3524674	2213629	1311045	434727	876318	431651

5-53 公共财政预算教育事业费和

地区	合计	事业费支出	个人部分	工资福利支出	对个人和家庭的补助支出	#助学金
合计	**583221609**	**569203760**	**398738850**	**290265039**	**108473811**	**19445702**
北京	13350204	13200811	7501474	6125162	1376312	74708
天津	7806111	7570152	5843097	3219224	2623873	278
河北	25145479	24798254	17737508	13682749	4054759	708784
山西	15084688	14917597	10883191	8644264	2238927	374177
内蒙古	12319525	12084498	9229686	8273549	956137	509538
辽宁	17276251	17051949	11476970	8106907	3370063	208475
吉林	12213411	12167908	8923890	6111740	2812150	139369
黑龙江	16245357	14701311	10148927	6376160	3772767	36491
上海	10710485	10646774	7164135	5618783	1545352	298411
江苏	37844486	37825876	30009393	19080879	10928514	250229
浙江	25320794	25301544	21138494	15096865	6041629	749861
安徽	23283353	22965195	14241318	10668864	3572454	584879
福建	16321379	16074097	12195472	9156439	3039033	244041
江西	20794893	20488568	12485897	8764402	3721495	1004629
山东	37219387	37219387	25973960	20801475	5172485	486600
河南	35304165	34687327	18505192	16325823	2179369	1389045
湖北	16947994	16321820	11401663	7694270	3707393	446836
湖南	23283300	22727499	13251119	10193333	3057786	387745
广东	39265092	38044362	29359320	22881803	6477517	1074246
广西	20744745	20195416	14629666	8886968	5742698	1095673
海南	5102612	4939795	3327818	3019140	308678	64681
重庆	12868082	12172211	7925110	6494342	1430768	648589
四川	35161181	33793852	24256452	15737925	8518527	1751413
贵州	19764672	19358253	14581502	8971066	5610436	938351
云南	21043372	20374870	14394813	10304931	4089882	2848429
西藏	3681391	3385176	2445034	1391295	1053739	728647
陕西	20909313	20303805	13462821	9675535	3787286	894536
甘肃	11939757	11408749	8443854	6303084	2140770	500085
青海	5324594	4088848	2546138	1779853	766285	425776
宁夏	3410936	3358156	2117957	1856041	261916	223822
新疆	17534600	17029700	13136979	9022168	4114811	357358

基本建设支出明细（普通小学）

单位：千元

公用部分	商品和服务支出	其他资本性支出			基本建设支出
			专项公用支出	专项项目支出	
170464910	**85904982**	**84559928**	**21202898**	**63357030**	**14017849**
5699337	3364806	2334531	1185405	1149126	149393
1727055	741086	985969	240795	745174	235959
7060746	3897722	3163024	699997	2463027	347225
4034406	2569883	1464523	782229	682294	167091
2854812	1591086	1263726	306662	957064	235027
5574979	2327128	3247851	768761	2479090	224302
3244018	1822202	1421816	486918	934898	45503
4552384	2470575	2081809	460602	1621207	1544046
3482639	2699854	782785	533334	249451	63711
7816483	3485277	4331206	586881	3744325	18610
4163050	2318732	1844318	393104	1451214	19250
8723877	3454196	5269681	1146755	4122926	318158
3878625	2003165	1875460	381073	1494387	247282
8002671	2897863	5104808	804551	4300257	306325
11245427	3970592	7274835	1118546	6156289	
16182135	9469754	6712381	1384207	5328174	616838
4920157	2252160	2667997	644820	2023177	626174
9476380	3969097	5507283	1137238	4370045	555801
8685042	5757943	2927099	1433517	1493582	1220730
5565750	2624242	2941508	932826	2008682	549329
1611977	634973	977004	270259	706745	162817
4247101	1866497	2380604	768691	1611913	695871
9537400	5073937	4463463	1129702	3333761	1367329
4776751	2952568	1824183	817913	1006270	406419
5980057	3052666	2927391	693115	2234276	668502
940142	387295	552847	85848	466999	296215
6840984	3009242	3831742	634424	3197318	605508
2964895	1607563	1357332	294165	1063167	531008
1542710	663311	879399	399144	480255	1235746
1240199	559610	680589	188268	492321	52780
3892721	2409957	1482764	493148	989616	504900

5-54 公共财政预算教育事业费和

地区	合计	事业费支出	个人部分	工资福利支出	对个人和家庭的补助支出	#助学金
合计	**2623291**	**2536253**	**1846412**	**1465699**	**380713**	**84915**
北京	170748	170748	78810	60994	17816	
天津	37724	37724	27032	17961	9071	
河北						
山西						
内蒙古						
辽宁						
吉林	36720	36720	26924	22278	4646	
黑龙江	646296	632507	449819	397625	52194	127
上海						
江苏						
浙江						
安徽	6525	6525	5885	5824	61	61
福建						
江西	75	75	8		8	8
山东						
河南						
湖北	28316	28316	18894	12369	6525	
湖南						
广东	18879	18879	12949	11828	1121	217
广西						
海南	5116	5116	4086	3111	975	
重庆	21446	21446	15243	11641	3602	
四川	9514	9514	7715	7673	42	26
贵州						
云南						
西藏						
陕西	267	267				
甘肃	1666	1666	344		344	344
青海						
宁夏						
新疆	1639999	1566750	1198703	914395	284308	84132

基本建设支出明细(中央属普通小学)

单位:千元

公用部分	商品和服务支出	其他资本性支出	专项公用支出	专项项目支出	基本建设支出
689841	**391107**	**298734**	**100164**	**198570**	**87038**
91938	40105	51833	4356	47477	
10692	4903	5789	1939	3850	
9796	8973	823	823		
182688	118762	63926	31382	32544	13789
640	640				
67	43	24	24		
9422	6751	2671	1631	1040	
5930	4956	974	903	71	
1030	680	350	350		
6203	5914	289	289		
1799	1479	320	30	290	
267	267				
1322	1306	16	16		
368047	196328	171719	58421	113298	73249

5-55 公共财政预算教育事业费和

地区	合计	事业费支出	个人部分	工资福利支出	对个人和家庭的补助支出	#助学金
合计	**580598318**	**566667507**	**396892438**	**288799340**	**108093098**	**19360787**
北京	13179456	13030063	7422664	6064168	1358496	74708
天津	7768387	7532428	5816065	3201263	2614802	278
河北	25145479	24798254	17737508	13682749	4054759	708784
山西	15084688	14917597	10883191	8644264	2238927	374177
内蒙古	12319525	12084498	9229686	8273549	956137	509538
辽宁	17276251	17051949	11476970	8106907	3370063	208475
吉林	12176691	12131188	8896966	6089462	2807504	139369
黑龙江	15599061	14068804	9699108	5978535	3720573	36364
上海	10710485	10646774	7164135	5618783	1545352	298411
江苏	37844486	37825876	30009393	19080879	10928514	250229
浙江	25320794	25301544	21138494	15096865	6041629	749861
安徽	23276828	22958670	14235433	10663040	3572393	584818
福建	16321379	16074097	12195472	9156439	3039033	244041
江西	20794818	20488493	12485889	8764402	3721487	1004621
山东	37219387	37219387	25973960	20801475	5172485	486600
河南	35304165	34687327	18505192	16325823	2179369	1389045
湖北	16919678	16293504	11382769	7681901	3700868	446836
湖南	23283300	22727499	13251119	10193333	3057786	387745
广东	39246213	38025483	29346371	22869975	6476396	1074029
广西	20744745	20195416	14629666	8886968	5742698	1095673
海南	5097496	4934679	3323732	3016029	307703	64681
重庆	12846636	12150765	7909867	6482701	1427166	648589
四川	35151667	33784338	24248737	15730252	8518485	1751387
贵州	19764672	19358253	14581502	8971066	5610436	938351
云南	21043372	20374870	14394813	10304931	4089882	2848429
西藏	3681391	3385176	2445034	1391295	1053739	728647
陕西	20909046	20303538	13462821	9675535	3787286	894536
甘肃	11938091	11407083	8443510	6303084	2140426	499741
青海	5324594	4088848	2546138	1779853	766285	425776
宁夏	3410936	3358156	2117957	1856041	261916	223822
新疆	15894601	15462950	11938276	8107773	3830503	273226

基本建设支出明细(地方普通小学)

单位:千元

公用部分	商品和服务支出	其他资本性支出	专项公用支出	专项项目支出	基本建设支出
169775069	**85513875**	**84261194**	**21102734**	**63158460**	**13930811**
5607399	3324701	2282698	1181049	1101649	149393
1716363	736183	980180	238856	741324	235959
7060746	3897722	3163024	699997	2463027	347225
4034406	2569883	1464523	782229	682294	167091
2854812	1591086	1263726	306662	957064	235027
5574979	2327128	3247851	768761	2479090	224302
3234222	1813229	1420993	486095	934898	45503
4369696	2351813	2017883	429220	1588663	1530257
3482639	2699854	782785	533334	249451	63711
7816483	3485277	4331206	586881	3744325	18610
4163050	2318732	1844318	393104	1451214	19250
8723237	3453556	5269681	1146755	4122926	318158
3878625	2003165	1875460	381073	1494387	247282
8002604	2897820	5104784	804527	4300257	306325
11245427	3970592	7274835	1118546	6156289	
16182135	9469754	6712381	1384207	5328174	616838
4910735	2245409	2665326	643189	2022137	626174
9476380	3969097	5507283	1137238	4370045	555801
8679112	5752987	2926125	1432614	1493511	1220730
5565750	2624242	2941508	932826	2008682	549329
1610947	634293	976654	269909	706745	162817
4240898	1860583	2380315	768402	1611913	695871
9535601	5072458	4463143	1129672	3333471	1367329
4776751	2952568	1824183	817913	1006270	406419
5980057	3052666	2927391	693115	2234276	668502
940142	387295	552847	85848	466999	296215
6840717	3008975	3831742	634424	3197318	605508
2963573	1606257	1357316	294149	1063167	531008
1542710	663311	879399	399144	480255	1235746
1240199	559610	680589	188268	492321	52780
3524674	2213629	1311045	434727	876318	431651

5-56 公共财政预算教育事业费和

地区	合计	事业费支出	个人部分	工资福利支出	对个人和家庭的补助支出	#助学金
合计	**386638531**	**377907746**	**268220731**	**193681503**	**74539228**	**16490580**
北京	4934041	4819859	2903682	2340599	563083	39801
天津	3650691	3434362	2407773	1463906	943867	3
河北	17863854	17587989	12542677	9589552	2953125	683961
山西	10262565	10141615	7424176	5706902	1717274	351392
内蒙古	6250219	6172926	4828963	4355251	473712	229230
辽宁	10039919	9856114	6629507	4678774	1950733	171374
吉林	7954827	7909324	5869269	4140435	1728834	135229
黑龙江	8495775	7560674	5488493	3365501	2122992	28040
上海	3786726	3786726	2678871	2159508	519363	125824
江苏	22522837	22520577	17989281	11111135	6878146	176343
浙江	15809170	15790120	13234982	9137607	4097375	477521
安徽	17284665	17125462	10832958	7910245	2922713	526645
福建	11256888	11111841	8496094	6309318	2186776	233646
江西	15061312	14847387	9440575	6507735	2932840	934278
山东	28677415	28677415	20502393	16639553	3862840	449712
河南	26139271	25748522	13864184	12118333	1745851	1130778
湖北	10893123	10461445	7287930	5049087	2238843	396652
湖南	15835953	15506551	9514881	7352926	2161955	343253
广东	18631530	18553948	14269899	11291584	2978315	813083
广西	16437748	16020421	11858839	7128996	4729843	891611
海南	3481491	3380492	2478667	2265019	213648	41416
重庆	8446299	8058132	5561333	4499118	1062215	585755
四川	26504438	25454237	18341986	11712179	6629807	1644792
贵州	16086704	15755070	11812854	7375071	4437783	904765
云南	17387392	16846899	12052058	8355109	3696949	2635752
西藏	2510118	2247373	1583479	882506	700973	538109
陕西	14505045	14118918	9783847	6982761	2801086	700604
甘肃	9282914	8774777	6539321	4839350	1699971	453442
青海	3040638	2447564	1578924	1076108	502816	307902
宁夏	2276532	2232432	1425049	1179463	245586	216718
新疆	11328431	10958574	8997786	6157872	2839914	322949

基本建设支出明细(农村小学)

单位:千元

公用部分	商品和服务支出	其他资本性支出	专项公用支出	专项项目支出	基本建设支出
109687015	**55040096**	**54646919**	**12808930**	**41837989**	**8730785**
1916177	1159640	756537	315108	441429	114182
1026589	327506	699083	120240	578843	216329
5045312	2753602	2291710	461319	1830391	275865
2717439	1673347	1044092	608902	435190	120950
1343963	741530	602433	93916	508517	77293
3226607	1189550	2037057	470271	1566786	183805
2040055	1174438	865617	221960	643657	45503
2072181	1234920	837261	183449	653812	935101
1107855	869305	238550	166044	72506	
4531296	2162262	2369034	330035	2038999	2260
2555138	1353853	1201285	263848	937437	19050
6292504	2702528	3589976	825886	2764090	159203
2615747	1268138	1347609	243613	1103996	145047
5406812	2028239	3378573	493601	2884972	213925
8175022	2970785	5204237	853087	4351150	
11884338	7336943	4547395	891481	3655914	390749
3173515	1500066	1673449	445856	1227593	431678
5991670	2724775	3266895	662525	2604370	329402
4284049	2464388	1819661	909664	909997	77582
4161582	2138915	2022667	490810	1531857	417327
901825	383659	518166	141883	376283	100999
2496799	1140677	1356122	357833	998289	388167
7112251	3831963	3280288	801646	2478642	1050201
3942216	2407204	1535012	692853	842159	331634
4794841	2261375	2533466	564630	1968836	540493
663894	234229	429665	56579	373086	262745
4335071	1970945	2364126	417172	1946954	386127
2235456	1146563	1088893	196852	892041	508137
868640	378217	490423	221389	269034	593074
807383	331615	475768	118579	357189	44100
1960788	1178919	781869	187899	593970	369857

5-57 公共财政预算教育事业费和

地区	合计	事业费支出	个人部分			
				工资福利支出	对个人和家庭的补助支出	
						#助学金
合计	**385227762**	**376570226**	**267185521**	**192885922**	**74299599**	**16411020**
北京	4934041	4819859	2903682	2340599	563083	39801
天津	3650691	3434362	2407773	1463906	943867	3
河北	17863854	17587989	12542677	9589552	2953125	683961
山西	10262565	10141615	7424176	5706902	1717274	351392
内蒙古	6250219	6172926	4828963	4355251	473712	229230
辽宁	10039919	9856114	6629507	4678774	1950733	171374
吉林	7954827	7909324	5869269	4140435	1728834	135229
黑龙江	8495775	7560674	5488493	3365501	2122992	28040
上海	3786726	3786726	2678871	2159508	519363	125824
江苏	22522837	22520577	17989281	11111135	6878146	176343
浙江	15809170	15790120	13234982	9137607	4097375	477521
安徽	17284665	17125462	10832958	7910245	2922713	526645
福建	11256888	11111841	8496094	6309318	2186776	233646
江西	15061312	14847387	9440575	6507735	2932840	934278
山东	28677415	28677415	20502393	16639553	3862840	449712
河南	26139271	25748522	13864184	12118333	1745851	1130778
湖北	10893123	10461445	7287930	5049087	2238843	396652
湖南	15835953	15506551	9514881	7352926	2161955	343253
广东	18612790	18535208	14257089	11279895	2977194	812866
广西	16437748	16020421	11858839	7128996	4729843	891611
海南	3476375	3375376	2474581	2261908	212673	41416
重庆	8446299	8058132	5561333	4499118	1062215	585755
四川	26504438	25454237	18341986	11712179	6629807	1644792
贵州	16086704	15755070	11812854	7375071	4437783	904765
云南	17387392	16846899	12052058	8355109	3696949	2635752
西藏	2510118	2247373	1583479	882506	700973	538109
陕西	14505045	14118918	9783847	6982761	2801086	700604
甘肃	9281654	8773517	6538977	4839350	1699627	453098
青海	3040638	2447564	1578924	1076108	502816	307902
宁夏	2276532	2232432	1425049	1179463	245586	216718
新疆	9942778	9646170	7979816	5377091	2602725	243950

基本建设支出明细(地方农村小学)

单位:千元

公用部分	商品和服务支出	其他资本性支出			基本建设支出
			专项公用支出	专项项目支出	
109384705	**54873441**	**54511264**	**12764222**	**41747042**	**8657536**
1916177	1159640	756537	315108	441429	114182
1026589	327506	699083	120240	578843	216329
5045312	2753602	2291710	461319	1830391	275865
2717439	1673347	1044092	608902	435190	120950
1343963	741530	602433	93916	508517	77293
3226607	1189550	2037057	470271	1566786	183805
2040055	1174438	865617	221960	643657	45503
2072181	1234920	837261	183449	653812	935101
1107855	869305	238550	166044	72506	
4531296	2162262	2369034	330035	2038999	2260
2555138	1353853	1201285	263848	937437	19050
6292504	2702528	3589976	825886	2764090	159203
2615747	1268138	1347609	243613	1103996	145047
5406812	2028239	3378573	493601	2884972	213925
8175022	2970785	5204237	853087	4351150	
11884338	7336943	4547395	891481	3655914	390749
3173515	1500066	1673449	445856	1227593	431678
5991670	2724775	3266895	662525	2604370	329402
4278119	2459432	1818687	908761	909926	77582
4161582	2138915	2022667	490810	1531857	417327
900795	382979	517816	141533	376283	100999
2496799	1140677	1356122	357833	998289	388167
7112251	3831963	3280288	801646	2478642	1050201
3942216	2407204	1535012	692853	842159	331634
4794841	2261375	2533466	564630	1968836	540493
663894	234229	429665	56579	373086	262745
4335071	1970945	2364126	417172	1946954	386127
2234540	1145647	1088893	196852	892041	508137
868640	378217	490423	221389	269034	593074
807383	331615	475768	118579	357189	44100
1666354	1018816	647538	144444	503094	296608

5-58 公共财政预算教育事业费和

地 区	合 计	事业费支出	个人部分	工资福利支出	对个人和家庭的补助支出	#助学金
合 计	**35077**	**35077**	**30586**	**28724**	**1862**	**5**
北 京						
天 津						
河 北	2546	2546	2424	2424		
山 西						
内蒙古						
辽 宁						
吉 林						
黑龙江						
上 海						
江 苏						
浙 江						
安 徽						
福 建	20691	20691	18682	17083	1599	
江 西						
山 东						
河 南						
湖 北	1132	1132	966	966		
湖 南						
广 东						
广 西	50	50				
海 南						
重 庆	7730	7730	6855	6779	76	5
四 川	1881	1881	1607	1420	187	
贵 州						
云 南	1047	1047	52	52		
西 藏						
陕 西						
甘 肃						
青 海						
宁 夏						
新 疆						

基本建设支出明细(成人小学)

单位:千元

公用部分	商品和服务支出	其他资本性支出	专项公用支出	专项项目支出	基本建设支出
4491	**4317**	**174**	**174**		
122	122				
2009	1840	169	169		
166	161	5	5		
50	50				
875	875				
274	274				
995	995				

5-59　公共财政预算教育事业费和

地　区	合　计	事业费支出	个人部分	工资福利支出	对个人和家庭的补助支出	#助学金
合　计	**6765378**	**6534117**	**4070971**	**3084755**	**986216**	**173878**
北　京	306310	305434	192192	155081	37111	3087
天　津	193086	186106	114983	62687	52296	301
河　北	245598	242798	176140	147134	29006	7099
山　西	129826	127026	93543	80537	13006	2578
内蒙古	140563	138275	88250	81838	6412	2790
辽　宁	289014	289014	207696	149344	58352	1246
吉　林	218813	215963	134343	89382	44961	1971
黑龙江	301186	282445	164511	98832	65679	3066
上　海	476502	466502	309104	256835	52269	7430
江　苏	580516	580516	407750	278193	129557	8143
浙　江	328014	318014	228138	181232	46906	6683
安　徽	165755	153750	87784	71148	16636	4729
福　建	198202	191652	141622	112335	29287	3422
江　西	168760	153749	58472	43015	15457	3118
山　东	532273	532273	365328	282969	82359	16339
河　南	283386	279116	149072	139637	9435	6173
湖　北	180411	172484	109136	72329	36807	8049
湖　南	191486	181196	101657	80303	21354	4248
广　东	489542	486912	296513	242996	53517	1569
广　西	112610	103509	57694	43051	14643	3240
海　南	24364	19478	10129	8865	1264	1263
重　庆	129400	118647	64569	54172	10397	7458
四　川	330881	283085	151072	114048	37024	11785
贵　州	111501	102651	82314	54773	27541	2000
云　南	133762	121745	64835	49037	15798	8291
西　藏	13053	13053	6212	4608	1604	1295
陕　西	114208	114008	65625	51314	14311	3879
甘　肃	119284	109284	78170	29927	48243	39924
青　海	176617	165477	12841	10017	2824	1300
宁　夏	19226	19226	8733	8358	375	130
新　疆	61229	60729	42543	30758	11785	1272

基本建设支出明细(特殊教育)

单位:千元

公用部分	商品和服务支出	其他资本性支出			基本建设支出
			专项公用支出	专项项目支出	
2463146	**1113050**	**1350096**	**324386**	**1025710**	**231261**
113242	59731	53511	26582	26929	876
71123	25112	46011	11936	34075	6980
66658	41580	25078	8422	16656	2800
33483	23848	9635	4216	5419	2800
50025	21030	28995	18162	10833	2288
81318	55018	26300	18147	8153	
81620	39353	42267	27093	15174	2850
117934	59301	58633	10696	47937	18741
157398	133267	24131	21135	2996	10000
172766	54297	118469	10100	108369	
89876	58432	31444	11981	19463	10000
65966	27989	37977	6439	31538	12005
50030	30505	19525	4960	14565	6550
95277	22965	72312	15631	56681	15011
166945	78294	88651	9118	79533	
130044	49093	80951	8151	72800	4270
63348	21283	42065	9409	32656	7927
79539	37783	41756	11596	30160	10290
190399	90165	100234	30742	69492	2630
45815	12888	32927	5348	27579	9101
9349	4330	5019	1132	3887	4886
54078	24125	29953	6230	23723	10753
132013	52899	79114	16054	63060	47796
20337	14463	5874	1772	4102	8850
56910	19860	37050	9317	27733	12017
6841	1903	4938	338	4600	
48383	25059	23324	10661	12663	200
31114	13303	17811	6066	11745	10000
152636	2367	150269	269	150000	11140
10493	2543	7950	710	7240	
18186	10264	7922	1973	5949	500

5-60 公共财政预算教育事业费和

地区	合计	事业费支出	个人部分	工资福利支出	对个人和家庭的补助支出	#助学金
合计	**6539940**	**6309319**	**3910662**	**2966917**	**943745**	**172423**
北京	283976	283100	177105	143707	33398	2994
天津	168346	161366	96985	53267	43718	301
河北	244845	242045	175417	146933	28484	7099
山西	129826	127026	93543	80537	13006	2578
内蒙古	140563	138275	88250	81838	6412	2790
辽宁	254489	254489	180555	131402	49153	1221
吉林	207229	204379	124647	83536	41111	1971
黑龙江	297257	278516	161928	97300	64628	3066
上海	476502	466502	309104	256835	52269	7430
江苏	568758	568758	397772	270751	127021	8116
浙江	316347	306347	221129	175663	45466	6404
安徽	164634	152629	86761	70125	16636	4729
福建	191059	184509	136093	107682	28411	3382
江西	168455	153444	58194	42905	15289	3118
山东	532273	532273	365328	282969	82359	16339
河南	278080	273810	145412	136027	9385	6173
湖北	173787	165860	103720	68873	34847	7609
湖南	191486	181196	101657	80303	21354	4248
广东	443924	441934	268646	218071	50575	1390
广西	111146	102045	56468	42342	14126	3240
海南	24364	19478	10129	8865	1264	1263
重庆	126964	116211	62307	51977	10330	7417
四川	311994	264198	139063	103452	35611	11529
贵州	100824	91974	74926	50897	24029	2000
云南	129195	117178	61399	45678	15721	8216
西藏	13053	13053	6212	4608	1604	1295
陕西	114208	114008	65625	51314	14311	3879
甘肃	119284	109284	78170	29927	48243	39924
青海	176617	165477	12841	10017	2824	1300
宁夏	19226	19226	8733	8358	375	130
新疆	61229	60729	42543	30758	11785	1272

基本建设支出明细(特殊教育学校)

单位:千元

公用部分	商品和服务支出	其他资本性支出			基本建设支出
			专项公用支出	专项项目支出	
2398657	**1062091**	**1336566**	**315177**	**1021389**	**230621**
105995	54654	51341	26423	24918	876
64381	20312	44069	11667	32402	6980
66628	41552	25076	8420	16656	2800
33483	23848	9635	4216	5419	2800
50025	21030	28995	18162	10833	2288
73934	48160	25774	17668	8106	
79732	37465	42267	27093	15174	2850
116588	58219	58369	10432	47937	18741
157398	133267	24131	21135	2996	10000
170986	53112	117874	9505	108369	
85218	54510	30708	11245	19463	10000
65868	27896	37972	6434	31538	12005
48416	28891	19525	4960	14565	6550
95250	22938	72312	15631	56681	15011
166945	78294	88651	9118	79533	
128398	47575	80823	8023	72800	4270
62140	20113	42027	9371	32656	7927
79539	37783	41756	11596	30160	10290
173288	77785	95503	26011	69492	1990
45577	12710	32867	5288	27579	9101
9349	4330	5019	1132	3887	4886
53904	24081	29823	6186	23637	10753
125135	47955	77180	14425	62755	47796
17048	11292	5756	1702	4054	8850
55779	18880	36899	9317	27582	12017
6841	1903	4938	338	4600	
48383	25059	23324	10661	12663	200
31114	13303	17811	6066	11745	10000
152636	2367	150269	269	150000	11140
10493	2543	7950	710	7240	
18186	10264	7922	1973	5949	500

5-61 公共财政预算教育事业费和

地区	合计	事业费支出	个人部分	工资福利支出	对个人和家庭的补助支出	#助学金
合计	**225438**	**224798**	**160309**	**117838**	**42471**	**1455**
北京	22334	22334	15087	11374	3713	93
天津	24740	24740	17998	9420	8578	
河北	753	753	723	201	522	
山西						
内蒙古						
辽宁	34525	34525	27141	17942	9199	25
吉林	11584	11584	9696	5846	3850	
黑龙江	3929	3929	2583	1532	1051	
上海						
江苏	11758	11758	9978	7442	2536	27
浙江	11667	11667	7009	5569	1440	279
安徽	1121	1121	1023	1023		
福建	7143	7143	5529	4653	876	40
江西	305	305	278	110	168	
山东						
河南	5306	5306	3660	3610	50	
湖北	6624	6624	5416	3456	1960	440
湖南						
广东	45618	44978	27867	24925	2942	179
广西	1464	1464	1226	709	517	
海南						
重庆	2436	2436	2262	2195	67	41
四川	18887	18887	12009	10596	1413	256
贵州	10677	10677	7388	3876	3512	
云南	4567	4567	3436	3359	77	75
西藏						
陕西						
甘肃						
青海						
宁夏						
新疆						

基本建设支出明细(工读学校)

单位:千元

公用部分	商品和服务支出	其他资本性支出	专项公用支出	专项项目支出	基本建设支出
64489	**50959**	**13530**	**9209**	**4321**	**640**
7247	5077	2170	159	2011	
6742	4800	1942	269	1673	
30	28	2	2		
7384	6858	526	479	47	
1888	1888				
1346	1082	264	264		
1780	1185	595	595		
4658	3922	736	736		
98	93	5	5		
1614	1614				
27	27				
1646	1518	128	128		
1208	1170	38	38		
17111	12380	4731	4731		640
238	178	60	60		
174	44	130	44	86	
6878	4944	1934	1629	305	
3289	3171	118	70	48	
1131	980	151		151	

5-62 公共财政预算教育事业费和

地区	合计	事业费支出	个人部分	工资福利支出	对个人和家庭的补助支出	#助学金
合计	**58832593**	**55234948**	**27762832**	**22556552**	**5206280**	**1253158**
北京	1988401	1914383	1285106	1135522	149584	
天津	1306217	1306217	778066	477870	300196	537
河北	3420004	3144284	2094213	1884052	210161	32893
山西	1202683	1109487	575133	493646	81487	28042
内蒙古	1738966	1654959	1035949	903498	132451	64584
辽宁	1149117	1132077	435978	349122	86856	19640
吉林	1046589	1017238	427960	319385	108575	5500
黑龙江	1245825	1065097	344283	262400	81883	230
上海	4494107	4464335	3109661	2783039	326622	16665
江苏	4480526	4480526	2646070	2152563	493507	151650
浙江	3173496	3149518	1983846	1672853	310993	5994
安徽	2027124	1781757	498954	430175	68779	20998
福建	1881083	1835171	1219332	1074911	144421	7652
江西	1448729	1284491	335256	254534	80722	12116
山东	3974077	3974077	1388471	1030359	358112	229727
河南	2237095	2120851	812840	735227	77613	58081
湖北	1213795	1135246	539383	420061	119322	1461
湖南	1496194	1301554	415244	353272	61972	22142
广东	2064129	1766718	1240624	944188	296436	44109
广西	1733752	1608086	436080	278160	157920	26500
海南	417307	396807	87423	62933	24490	14634
重庆	1036829	921753	300380	236381	63999	44944
四川	2917303	2694487	1260250	942237	318013	31109
贵州	1114813	1029563	497622	363563	134059	4000
云南	1561885	1476923	625234	565367	59867	27932
西藏	603645	331615	227816	90225	137591	109190
陕西	3562085	3456098	1101217	835474	265743	134187
甘肃	1275667	1084194	454907	400127	54780	252
青海	584954	351813	143910	98878	45032	22868
宁夏	327289	259269	119098	115838	3260	1347
新疆	2108907	1986354	1342526	890692	451834	114174

基本建设支出明细(幼儿园)

单位:千元

公用部分	商品和服务支出	其他资本性支出			基本建设支出
			专项公用支出	专项项目支出	
27472116	**7232091**	**20240025**	**3194721**	**17045304**	**3597645**
629277	423145	206132	106548	99584	74018
528151	103294	424857	121310	303547	
1050071	227957	822114	102674	719440	275720
534354	142833	391521	38500	353021	93196
619010	238995	380015	46645	333370	84007
696099	252264	443835	54053	389782	17040
589278	212301	376977	67386	309591	29351
720814	148406	572408	73534	498874	180728
1354674	970606	384068	280350	103718	29772
1834456	448063	1386393	198607	1187786	
1165672	394642	771030	184445	586585	23978
1282803	129132	1153671	72608	1081063	245367
615839	173130	442709	86245	356464	45912
949235	64821	884414	100655	783759	164238
2585606	259731	2325875	205630	2120245	
1308011	396510	911501	139254	772247	116244
595863	90972	504891	32220	472671	78549
886310	158004	728306	125758	602548	194640
526094	258248	267846	92121	175725	297411
1172006	132753	1039253	116817	922436	125666
309384	17863	291521	36163	255358	20500
621373	214484	406889	102729	304160	115076
1434237	288325	1145912	108468	1037444	222816
531941	121430	410511	71541	338970	85250
851689	182211	669478	76024	593454	84962
103799	55362	48437	23217	25220	272030
2354881	710453	1644428	406300	1238128	105987
629287	66837	562450	26472	535978	191473
207903	56860	151043	22167	128876	233141
140171	17355	122816	22683	100133	68020
643828	275104	368724	53597	315127	122553

5-63 公共财政预算教育事业费和

地区	合计	事业费支出	个人部分	工资福利支出	对个人和家庭的补助支出	#助学金
合计	**164751**	**81671**	**63513**	**54021**	**9492**	**201**
北京	173	173				
天津						
河北						
山西	517	517	517	470	47	47
内蒙古						
辽宁	667	667	667	532	135	
吉林						
黑龙江	22976	19896	13249	11060	2189	
上海						
江苏	2322	2322	1152	1102	50	
浙江						
安徽						
福建						
江西						
山东						
河南						
湖北	76	76				
湖南						
广东						
广西						
海南						
重庆						
四川	5530	5530	5026	5025	1	
贵州						
云南						
西藏						
陕西	3729	3729	2326	2232	94	94
甘肃						
青海						
宁夏						
新疆	128761	48761	40576	33600	6976	60

基本建设支出明细(中央属幼儿园)

单位:千元

公用部分	商品和服务支出	其他资本性支出			基本建设支出
			专项公用支出	专项项目支出	
18158	**14105**	**4053**	**1099**	**2954**	**83080**
173	92	81	81		
6647	4117	2530		2530	3080
1170	1170				
76	76				
504	80	424		424	
1403	1188	215	215		
8185	7382	803	803		80000

5-64 公共财政预算教育事业费和

地 区	合 计	事业费支出	个人部分	工资福利支出	对个人和家庭的补助支出	#助学金
合 计	**58667842**	**55153277**	**27699319**	**22502531**	**5196788**	**1252957**
北 京	1988228	1914210	1285106	1135522	149584	
天 津	1306217	1306217	778066	477870	300196	537
河 北	3420004	3144284	2094213	1884052	210161	32893
山 西	1202166	1108970	574616	493176	81440	27995
内蒙古	1738966	1654959	1035949	903498	132451	64584
辽 宁	1148450	1131410	435311	348590	86721	19640
吉 林	1046589	1017238	427960	319385	108575	5500
黑龙江	1222849	1045201	331034	251340	79694	230
上 海	4494107	4464335	3109661	2783039	326622	16665
江 苏	4478204	4478204	2644918	2151461	493457	151650
浙 江	3173496	3149518	1983846	1672853	310993	5994
安 徽	2027124	1781757	498954	430175	68779	20998
福 建	1881083	1835171	1219332	1074911	144421	7652
江 西	1448729	1284491	335256	254534	80722	12116
山 东	3974077	3974077	1388471	1030359	358112	229727
河 南	2237095	2120851	812840	735227	77613	58081
湖 北	1213719	1135170	539383	420061	119322	1461
湖 南	1496194	1301554	415244	353272	61972	22142
广 东	2064129	1766718	1240624	944188	296436	44109
广 西	1733752	1608086	436080	278160	157920	26500
海 南	417307	396807	87423	62933	24490	14634
重 庆	1036829	921753	300380	236381	63999	44944
四 川	2911773	2688957	1255224	937212	318012	31109
贵 州	1114813	1029563	497622	363563	134059	4000
云 南	1561885	1476923	625234	565367	59867	27932
西 藏	603645	331615	227816	90225	137591	109190
陕 西	3558356	3452369	1098891	833242	265649	134093
甘 肃	1275667	1084194	454907	400127	54780	252
青 海	584954	351813	143910	98878	45032	22868
宁 夏	327289	259269	119098	115838	3260	1347
新 疆	1980146	1937593	1301950	857092	444858	114114

基本建设支出明细(地方幼儿园)

单位:千元

公用部分	商品和服务支出	其他资本性支出	专项公用支出	专项项目支出	基本建设支出
27453958	**7217986**	**20235972**	**3193622**	**17042350**	**3514565**
629104	423053	206051	106467	99584	74018
528151	103294	424857	121310	303547	
1050071	227957	822114	102674	719440	275720
534354	142833	391521	38500	353021	93196
619010	238995	380015	46645	333370	84007
696099	252264	443835	54053	389782	17040
589278	212301	376977	67386	309591	29351
714167	144289	569878	73534	496344	177648
1354674	970606	384068	280350	103718	29772
1833286	446893	1386393	198607	1187786	
1165672	394642	771030	184445	586585	23978
1282803	129132	1153671	72608	1081063	245367
615839	173130	442709	86245	356464	45912
949235	64821	884414	100655	783759	164238
2585606	259731	2325875	205630	2120245	
1308011	396510	911501	139254	772247	116244
595787	90896	504891	32220	472671	78549
886310	158004	728306	125758	602548	194640
526094	258248	267846	92121	175725	297411
1172006	132753	1039253	116817	922436	125666
309384	17863	291521	36163	255358	20500
621373	214484	406889	102729	304160	115076
1433733	288245	1145488	108468	1037020	222816
531941	121430	410511	71541	338970	85250
851689	182211	669478	76024	593454	84962
103799	55362	48437	23217	25220	272030
2353478	709265	1644213	406085	1238128	105987
629287	66837	562450	26472	535978	191473
207903	56860	151043	22167	128876	233141
140171	17355	122816	22683	100133	68020
635643	267722	367921	52794	315127	42553

5-65 公共财政预算教育事业费和

地区	合计	事业费支出	个人部分	工资福利支出	对个人和家庭的补助支出	#助学金
合计	**26282265**	**24073211**	**9532204**	**8006103**	**1526101**	**758589**
北京	500439	500439	271613	250980	20633	
天津	325583	325583	130787	92132	38655	198
河北	2072301	1836811	1169209	1109607	59602	21064
山西	422892	355446	115638	92691	22947	16404
内蒙古	457064	388615	227008	213707	13301	7160
辽宁	373204	356364	67885	63709	4176	339
吉林	379736	363298	119966	105589	14377	3084
黑龙江	230078	155434	42038	40404	1634	
上海	1621290	1621290	1111581	1027838	83743	3851
江苏	2083126	2083126	1100950	897750	203200	102641
浙江	1168836	1162958	681454	610941	70513	3423
安徽	1266635	1103248	185303	165788	19515	9142
福建	846224	818402	501466	451560	49906	4497
江西	546513	455793	35785	32233	3552	2112
山东	2738152	2738152	847128	622659	224469	170330
河南	1018496	912972	286475	249492	36983	34996
湖北	601923	532494	161966	151159	10807	83
湖南	847008	675568	157908	144572	13336	11289
广东	391303	389827	219929	172892	47037	21899
广西	947749	850176	80694	53414	27280	19238
海南	189275	176775	17004	6936	10068	2820
重庆	558908	467952	96201	64498	31703	29240
四川	1514186	1365152	375960	318637	57323	17862
贵州	517950	460230	167583	139693	27890	2825
云南	744554	672207	91466	69515	21951	17778
西藏	357646	132796	87661	20508	67153	63890
陕西	1697506	1637220	438500	334444	104056	81398
甘肃	628566	516923	122930	115363	7567	25
青海	126698	62083	31159	17038	14121	12681
宁夏	119670	76680	13956	13506	450	448
新疆	988754	879197	575001	356848	218153	97872

基本建设支出明细(农村幼儿园)

单位:千元

公用部分	商品和服务支出	其他资本性支出			基本建设支出
			专项公用支出	专项项目支出	
14541007	**2844168**	**11696839**	**1320248**	**10376591**	**2209054**
228826	99509	129317	52207	77110	
194796	11275	183521	15337	168184	
667602	92339	575263	70298	504965	235490
239808	39525	200283	14384	185899	67446
161607	50150	111457	2873	108584	68449
288479	89875	198604	7202	191402	16840
243332	61032	182300	12600	169700	16438
113396	25843	87553	19415	68138	74644
509709	397947	111762	90345	21417	
982176	179987	802189	85577	716612	
481504	172586	308918	87312	221606	5878
917945	64000	853945	32532	821413	163387
316936	87322	229614	42210	187404	27822
420008	2710	417298	28894	388404	90720
1891024	163143	1727881	117367	1610514	
626497	172624	453873	58633	395240	105524
370528	13914	356614	8198	348416	69429
517660	73866	443794	72595	371199	171440
169898	46930	122968	32817	90151	1476
769482	95647	673835	67265	606570	97573
159771	6965	152806	15204	137602	12500
371751	99746	272005	68671	203334	90956
989192	119820	869372	62496	806876	149034
292647	47814	244833	27863	216970	57720
580741	64565	516176	46000	470176	72347
45135	23905	21230	10851	10379	224850
1198720	342048	856672	125115	731557	60286
393993	24882	369111	11324	357787	111643
30924	8476	22448	4720	17728	64615
62724	836	61888	9819	52069	42990
304196	164887	139309	20124	119185	109557

5-66 公共财政预算教育事业费和

地区	合计	事业费支出	个人部分	工资福利支出	对个人和家庭的补助支出	#助学金
合计	**26181990**	**24052936**	**9516750**	**7992047**	**1524703**	**758529**
北京	500439	500439	271613	250980	20633	
天津	325583	325583	130787	92132	38655	198
河北	2072301	1836811	1169209	1109607	59602	21064
山西	422892	355446	115638	92691	22947	16404
内蒙古	457064	388615	227008	213707	13301	7160
辽宁	373204	356364	67885	63709	4176	339
吉林	379736	363298	119966	105589	14377	3084
黑龙江	229834	155190	41894	40260	1634	
上海	1621290	1621290	1111581	1027838	83743	3851
江苏	2083126	2083126	1100950	897750	203200	102641
浙江	1168836	1162958	681454	610941	70513	3423
安徽	1266635	1103248	185303	165788	19515	9142
福建	846224	818402	501466	451560	49906	4497
江西	546513	455793	35785	32233	3552	2112
山东	2738152	2738152	847128	622659	224469	170330
河南	1018496	912972	286475	249492	36983	34996
湖北	601923	532494	161966	151159	10807	83
湖南	847008	675568	157908	144572	13336	11289
广东	391303	389827	219929	172892	47037	21899
广西	947749	850176	80694	53414	27280	19238
海南	189275	176775	17004	6936	10068	2820
重庆	558908	467952	96201	64498	31703	29240
四川	1514186	1365152	375960	318637	57323	17862
贵州	517950	460230	167583	139693	27890	2825
云南	744554	672207	91466	69515	21951	17778
西藏	357646	132796	87661	20508	67153	63890
陕西	1697506	1637220	438500	334444	104056	81398
甘肃	628566	516923	122930	115363	7567	25
青海	126698	62083	31159	17038	14121	12681
宁夏	119670	76680	13956	13506	450	448
新疆	888723	859166	559691	342936	216755	97812

基本建设支出明细(地方农村幼儿园)

单位:千元

公用部分	商品和服务支出	其他资本性支出			基本建设支出
			专项公用支出	专项项目支出	
14536186	**2839687**	**11696499**	**1319908**	**10376591**	**2129054**
228826	99509	129317	52207	77110	
194796	11275	183521	15337	168184	
667602	92339	575263	70298	504965	235490
239808	39525	200283	14384	185899	67446
161607	50150	111457	2873	108584	68449
288479	89875	198604	7202	191402	16840
243332	61032	182300	12600	169700	16438
113296	25743	87553	19415	68138	74644
509709	397947	111762	90345	21417	
982176	179987	802189	85577	716612	
481504	172586	308918	87312	221606	5878
917945	64000	853945	32532	821413	163387
316936	87322	229614	42210	187404	27822
420008	2710	417298	28894	388404	90720
1891024	163143	1727881	117367	1610514	
626497	172624	453873	58633	395240	105524
370528	13914	356614	8198	348416	69429
517660	73866	443794	72595	371199	171440
169898	46930	122968	32817	90151	1476
769482	95647	673835	67265	606570	97573
159771	6965	152806	15204	137602	12500
371751	99746	272005	68671	203334	90956
989192	119820	869372	62496	806876	149034
292647	47814	244833	27863	216970	57720
580741	64565	516176	46000	470176	72347
45135	23905	21230	10851	10379	224850
1198720	342048	856672	125115	731557	60286
393993	24882	369111	11324	357787	111643
30924	8476	22448	4720	17728	64615
62724	836	61888	9819	52069	42990
299475	160506	138969	19784	119185	29557

5-67 公共财政预算教育事业费和

地区	合计	事业费支出	个人部分	工资福利支出	对个人和家庭的补助支出	#助学金
合计	**29226129**	**27810327**	**10272380**	**6763617**	**3508763**	
北京	433827	433827	284877	237931	46946	
天津	271771	266771	171559	87708	83851	
河北	436127	436127	284722	201105	83617	
山西	798032	798032	428962	308297	120665	
内蒙古	593245	577782	269056	229619	39437	
辽宁	613432	612528	264164	162307	101857	
吉林	446689	446689	151302	92441	58861	
黑龙江	2745299	2618470	369285	142704	226581	
上海	198672	198672	150357	111583	38774	
江苏	1528093	1528093	636992	375555	261437	
浙江	608728	608728	412995	287037	125958	
安徽	577935	577935	252794	185338	67456	
福建	609151	608095	210127	157782	52345	
江西	940366	926239	260468	175434	85034	
山东	1770500	1770500	913915	687037	226878	
河南	797628	797378	263916	252625	11291	
湖北	694309	674516	337748	203164	134584	
湖南	1271350	1261450	558907	426621	132286	
广东	2432551	2108986	744271	534503	209768	
广西	813557	813557	252978	141680	111298	
海南	307510	307510	96315	68391	27924	
重庆	703802	645902	178848	139216	39632	
四川	1592985	1585313	654628	325378	329250	
贵州	1334540	1227485	505910	257184	248726	
云南	2884814	2760807	395474	199007	196467	
西藏	181420	181420	97365	67278	30087	
陕西	546386	546386	257264	170429	86835	
甘肃	268426	258516	113936	81787	32149	
青海	893266	510711	132887	42389	90498	
宁夏	96927	96927	61136	57697	3439	
新疆	1834791	1624975	559222	354390	204832	

基本建设支出明细(教育行政单位)

单位:千元

公用部分	商品和服务支出	其他资本性支出			基本建设支出
			专项公用支出	专项项目支出	
17537947	**8863862**	**8674085**	**2460205**	**6213880**	**1415802**
148950	136627	12323	12323		
95212	87877	7335	7335		5000
151405	135416	15989	11667	4322	
369070	279245	89825	58229	31596	
308726	198822	109904	44347	65557	15463
348364	199814	148550	63099	85451	904
295387	279807	15580	12784	2796	
2249185	943886	1305299	181011	1124288	126829
48315	46459	1856	1856		
891101	581251	309850	64597	245253	
195733	166993	28740	26130	2610	
325141	209646	115495	92043	23452	
397968	174334	223634	123197	100437	1056
665771	186888	478883	45156	433727	14127
856585	382484	474101	102744	371357	
533462	458135	75327	37097	38230	250
336768	189359	147409	37529	109880	19793
702543	497462	205081	91222	113859	9900
1364715	811141	553574	97778	455796	323565
560579	195775	364804	63140	301664	
211195	98927	112268	23763	88505	
467054	280580	186474	81259	105215	57900
930685	447014	483671	210137	273534	7672
721575	504664	216911	85254	131657	107055
2365333	612353	1752980	329385	1423595	124007
84055	61446	22609	6817	15792	
289122	198379	90743	14648	76095	
144580	96126	48454	22049	26405	9910
377824	106562	271262	153954	117308	382555
35791	33472	2319	2319		
1065753	262918	802835	357336	445499	209816

5-68 公共财政预算教育事业费和

地区	合计	事业费支出	个人部分	工资福利支出	对个人和家庭的补助支出	#助学金
合计	**29104300**	**27688498**	**10201138**	**6700324**	**3500814**	
北京	347419	347419	232932	186372	46560	
天津	271771	266771	171559	87708	83851	
河北	436127	436127	284722	201105	83617	
山西	798032	798032	428962	308297	120665	
内蒙古	593245	577782	269056	229619	39437	
辽宁	613432	612528	264164	162307	101857	
吉林	446689	446689	151302	92441	58861	
黑龙江	2739466	2612637	367256	140766	226490	
上海	198672	198672	150357	111583	38774	
江苏	1528093	1528093	636992	375555	261437	
浙江	608728	608728	412995	287037	125958	
安徽	577935	577935	252794	185338	67456	
福建	609151	608095	210127	157782	52345	
江西	940366	926239	260468	175434	85034	
山东	1770500	1770500	913915	687037	226878	
河南	797628	797378	263916	252625	11291	
湖北	694309	674516	337748	203164	134584	
湖南	1271350	1261450	558907	426621	132286	
广东	2432551	2108986	744271	534503	209768	
广西	813557	813557	252978	141680	111298	
海南	307510	307510	96315	68391	27924	
重庆	703802	645902	178848	139216	39632	
四川	1592985	1585313	654628	325378	329250	
贵州	1334540	1227485	505910	257184	248726	
云南	2884814	2760807	395474	199007	196467	
西藏	181420	181420	97365	67278	30087	
陕西	546386	546386	257264	170429	86835	
甘肃	268426	258516	113936	81787	32149	
青海	893266	510711	132887	42389	90498	
宁夏	96927	96927	61136	57697	3439	
新疆	1805203	1595387	541954	344594	197360	

基本建设支出明细(地方教育行政单位)

单位:千元

公用部分	商品和服务支出	其他资本性支出	专项公用支出	专项项目支出	基本建设支出
17487360	**8816343**	**8671017**	**2457137**	**6213880**	**1415802**
114487	104016	10471	10471		
95212	87877	7335	7335		5000
151405	135416	15989	11667	4322	
369070	279245	89825	58229	31596	
308726	198822	109904	44347	65557	15463
348364	199814	148550	63099	85451	904
295387	279807	15580	12784	2796	
2245381	940082	1305299	181011	1124288	126829
48315	46459	1856	1856		
891101	581251	309850	64597	245253	
195733	166993	28740	26130	2610	
325141	209646	115495	92043	23452	
397968	174334	223634	123197	100437	1056
665771	186888	478883	45156	433727	14127
856585	382484	474101	102744	371357	
533462	458135	75327	37097	38230	250
336768	189359	147409	37529	109880	19793
702543	497462	205081	91222	113859	9900
1364715	811141	553574	97778	455796	323565
560579	195775	364804	63140	301664	
211195	98927	112268	23763	88505	
467054	280580	186474	81259	105215	57900
930685	447014	483671	210137	273534	7672
721575	504664	216911	85254	131657	107055
2365333	612353	1752980	329385	1423595	124007
84055	61446	22609	6817	15792	
289122	198379	90743	14648	76095	
144580	96126	48454	22049	26405	9910
377824	106562	271262	153954	117308	382555
35791	33472	2319	2319		
1053433	251814	801619	356120	445499	209816

5-69 公共财政预算教育事业费和

地区	合计	事业费支出	个人部分	工资福利支出	对个人和家庭的补助支出	#助学金
合计	**64480826**	**62119966**	**18484824**	**11948119**	**6536705**	
北京	9635044	9310412	1644188	1062722	581466	
天津	1680672	1680672	579856	290536	289320	
河北	1174857	1162857	800666	645224	155442	
山西	1467429	1435039	604066	417753	186313	
内蒙古	823870	823870	473200	414685	58515	
辽宁	3439888	3430288	1192649	830449	362200	
吉林	1754173	1754173	517330	314837	202493	
黑龙江	3001713	2902137	633923	377707	256216	
上海	2895865	2895865	642033	548689	93344	
江苏	3162587	3150226	1054991	651173	403818	
浙江	3684984	3684804	1374798	774308	600490	
安徽	686570	674812	224579	179802	44777	
福建	2024243	2012928	552593	368824	183769	
江西	1757617	1757617	384632	249273	135359	
山东	3307776	3307776	1154481	839791	314690	
河南	1447213	1447213	639389	570389	69000	
湖北	1023815	1022455	635984	324244	311740	
湖南	970851	970851	309466	237290	72176	
广东	5878672	5359460	966208	533592	432616	
广西	1731202	1731202	595761	293380	302381	
海南	126252	126252	43518	39413	4105	
重庆	1990711	1797133	235577	136886	98691	
四川	1800141	1694177	811165	489349	321816	
贵州	308014	305242	176502	93836	82666	
云南	2797625	2660418	412261	170949	241312	
西藏	629864	543664	239859	82185	157674	
陕西	1457208	1404734	585300	422577	162723	
甘肃	606570	597844	314839	213411	101428	
青海	1548886	824331	182943	94876	88067	
宁夏	128873	128873	87314	80827	6487	
新疆	1537641	1522641	414753	199142	215611	

基本建设支出明细（教育事业单位）

单位：千元

公用部分	商品和服务支出	其他资本性支出			基本建设支出
			专项公用支出	专项项目支出	
43635142	**21967533**	**21667609**	**8021141**	**13646468**	**2360860**
7666224	6881701	784523	536850	247673	324632
1100816	332480	768336	39580	728756	
362191	220320	141871	37044	104827	12000
830973	501338	329635	269323	60312	32390
350670	183839	166831	100354	66477	
2237639	833226	1404413	428791	975622	9600
1236843	605396	631447	132035	499412	
2268214	1401751	866463	287946	578517	99576
2253832	1935939	317893	181532	136361	
2095235	596880	1498355	222052	1276303	12361
2310006	1004074	1305932	410866	895066	180
450233	223649	226584	99825	126759	11758
1460335	744086	716249	71625	644624	11315
1372985	228778	1144207	159024	985183	
2153295	263699	1889596	246435	1643161	
807824	484310	323514	197364	126150	
386471	198919	187552	130132	57420	1360
661385	259567	401818	123455	278363	
4393252	881641	3511611	2828922	682689	519212
1135441	376984	758457	220228	538229	
82734	43690	39044	24904	14140	
1561556	377658	1183898	153931	1029967	193578
883012	400138	482874	236783	246091	105964
128740	112989	15751	4968	10783	2772
2248157	1315398	932759	324863	607896	137207
303805	216941	86864	51790	35074	86200
819434	324741	494693	213001	281692	52474
283005	135070	147935	27355	120580	8726
641388	188426	452962	217566	235396	724555
41559	29708	11851	11671	180	
1107888	664197	443691	30926	412765	15000

5-70 公共财政预算教育事业费和

地区	合计	事业费支出	个人部分	工资福利支出	对个人和家庭的补助支出	#助学金
合计	**59072937**	**56712077**	**18226469**	**11811796**	**6414673**	
北京	4252654	3928022	1405099	940164	464935	
天津	1680672	1680672	579856	290536	289320	
河北	1174857	1162857	800666	645224	155442	
山西	1467429	1435039	604066	417753	186313	
内蒙古	823870	823870	473200	414685	58515	
辽宁	3439888	3430288	1192649	830449	362200	
吉林	1754173	1754173	517330	314837	202493	
黑龙江	2995265	2895689	629748	374787	254961	
上海	2895865	2895865	642033	548689	93344	
江苏	3162587	3150226	1054991	651173	403818	
浙江	3684984	3684804	1374798	774308	600490	
安徽	686570	674812	224579	179802	44777	
福建	2024243	2012928	552593	368824	183769	
江西	1757617	1757617	384632	249273	135359	
山东	3307776	3307776	1154481	839791	314690	
河南	1447213	1447213	639389	570389	69000	
湖北	1023815	1022455	635984	324244	311740	
湖南	970851	970851	309466	237290	72176	
广东	5878672	5359460	966208	533592	432616	
广西	1731202	1731202	595761	293380	302381	
海南	126252	126252	43518	39413	4105	
重庆	1990711	1797133	235577	136886	98691	
四川	1800141	1694177	811165	489349	321816	
贵州	308014	305242	176502	93836	82666	
云南	2797625	2660418	412261	170949	241312	
西藏	629864	543664	239859	82185	157674	
陕西	1457208	1404734	585300	422577	162723	
甘肃	606570	597844	314839	213411	101428	
青海	1548886	824331	182943	94876	88067	
宁夏	128873	128873	87314	80827	6487	
新疆	1518590	1503590	399662	188297	211365	

基本建设支出明细(地方教育事业单位)

单位:千元

公用部分	商品和服务支出	其他资本性支出			基本建设支出
			专项公用支出	专项项目支出	
38485608	**16902497**	**21583111**	**7954625**	**13628486**	**2360860**
2522923	1822692	700231	470540	229691	324632
1100816	332480	768336	39580	728756	
362191	220320	141871	37044	104827	12000
830973	501338	329635	269323	60312	32390
350670	183839	166831	100354	66477	
2237639	833226	1404413	428791	975622	9600
1236843	605396	631447	132035	499412	
2265941	1399478	866463	287946	578517	99576
2253832	1935939	317893	181532	136361	
2095235	596880	1498355	222052	1276303	12361
2310006	1004074	1305932	410866	895066	180
450233	223649	226584	99825	126759	11758
1460335	744086	716249	71625	644624	11315
1372985	228778	1144207	159024	985183	
2153295	263699	1889596	246435	1643161	
807824	484310	323514	197364	126150	
386471	198919	187552	130132	57420	1360
661385	259567	401818	123455	278363	
4393252	881641	3511611	2828922	682689	519212
1135441	376984	758457	220228	538229	
82734	43690	39044	24904	14140	
1561556	377658	1183898	153931	1029967	193578
883012	400138	482874	236783	246091	105964
128740	112989	15751	4968	10783	2772
2248157	1315398	932759	324863	607896	137207
303805	216941	86864	51790	35074	86200
819434	324741	494693	213001	281692	52474
283005	135070	147935	27355	120580	8726
641388	188426	452962	217566	235396	724555
41559	29708	11851	11671	180	
1103928	660443	443485	30720	412765	15000

5-71 公共财政预算教育事业费和

地区	合计	事业费支出	个人部分	工资福利支出	对个人和家庭的补助支出	#助学金
合 计	**39625188**	**38155105**	**8356758**	**5534763**	**2821995**	**22243**
北 京	1204180	1177820	403198	242000	161198	13938
天 津	2588208	2388208	131399	70274	61125	
河 北	1259041	1222431	359583	256868	102715	2357
山 西	468866	442239	251975	195186	56789	
内蒙古	561136	531136	207176	181017	26159	
辽 宁	7161991	7086448	514856	194840	320016	
吉 林	4953145	4953145	277950	154264	123686	
黑龙江	575928	563928	205843	129211	76632	199
上 海	527875	526904	229511	183229	46282	304
江 苏	2009967	2009467	558499	337382	221117	
浙 江	1455949	1450699	408484	248424	160060	161
安 徽	1185379	1185379	268459	215513	52946	
福 建	385617	385497	196531	153583	42948	6
江 西	1014010	1014010	192315	129347	62968	1971
山 东	1873707	1850707	542652	401395	141257	
河 南	810969	794631	261885	249702	12183	
湖 北	721507	646988	246286	149923	96363	
湖 南	1513601	1386289	254048	209671	44377	
广 东	2046976	2037395	656623	351154	305469	556
广 西	869243	791027	176247	111319	64928	
海 南	75697	75697	35486	26494	8992	
重 庆	188928	177893	72303	68640	3663	10
四 川	1281673	1232345	470974	285224	185750	48
贵 州	420945	411345	306762	136747	170015	23
云 南	336725	320141	177170	169759	7411	5
西 藏	92304	69604	53231	36584	16647	
陕 西	747370	726920	245339	162906	82433	
甘 肃	1570105	1547855	183486	152565	30921	
青 海	889366	461240	84105	64523	19582	
宁 夏	132056	123056	54317	49077	5240	
新 疆	702724	564661	330065	217942	112123	2665

基本建设支出明细(其他教育机构)

单位:千元

公用部分	商品和服务支出	其他资本性支出	专项公用支出	专项项目支出	基本建设支出
29798347	**10614718**	**19183629**	**3750660**	**15432969**	**1470083**
774622	423939	350683	26263	324420	26360
2256809	606552	1650257	353563	1296694	200000
862848	225437	637411	31363	606048	36610
190264	128570	61694	16209	45485	26627
323960	95122	228838	54504	174334	30000
6571592	1321061	5250531	1600370	3650161	75543
4675195	1685260	2989935	408820	2581115	
358085	243508	114577	9863	104714	12000
297393	261429	35964	31604	4360	971
1450968	357777	1093191	48109	1045082	500
1042215	572659	469556	53958	415598	5250
916920	254975	661945	21967	639978	
188966	130255	58711	13622	45089	120
821695	163031	658664	171150	487514	
1308055	295548	1012507	48061	964446	23000
532746	263636	269110	78402	190708	16338
400702	259867	140835	21602	119233	74519
1132241	400956	731285	39621	691664	127312
1380772	771782	608990	389887	219103	9581
614780	122779	492001	51349	440652	78216
40211	31345	8866	3867	4999	
105590	83925	21665	7188	14477	11035
761371	301740	459631	46396	413235	49328
104583	86607	17976	9729	8247	9600
142971	84226	58745	18208	40537	16584
16373	11844	4529	4429	100	22700
481581	95721	385860	36836	349024	20450
1364369	1026186	338183	15986	322197	22250
377135	105376	271759	80675	191084	428126
68739	48322	20417	11796	8621	9000
234596	155283	79313	45263	34050	138063

5-72 公共财政预算教育事业费和

地　区	合 计	事业费支出	个人部分	工资福利支出	对个人和家庭的补助支出	#助学金
合　计	**1011482**	**913082**	**296036**	**165046**	**130990**	**16603**
北　京	694751	694751	211815	107324	104491	13938
天　津						
河　北						
山　西						
内蒙古						
辽　宁						
吉　林						
黑龙江	11637	11637	5105	3291	1814	
上　海	95711	95711	25737	19232	6505	
江　苏						
浙　江						
安　徽						
福　建	49588	49588	5304	4334	970	
江　西						
山　东						
河　南						
湖　北						
湖　南						
广　东						
广　西						
海　南						
重　庆						
四　川						
贵　州						
云　南						
西　藏						
陕　西						
甘　肃						
青　海						
宁　夏						
新　疆	159795	61395	48075	30865	17210	2665

基本建设支出明细(中央属其他教育机构)

单位:千元

公用部分	商品和服务支出	其他资本性支出			基本建设支出
			专项公用支出	专项项目支出	
617046	**387388**	**229658**	**29132**	**200526**	**98400**
482936	282428	200508	19212	181296	
6532	6038	494	494		
69974	63032	6942	6666	276	
44284	26024	18260	4	18256	
13320	9866	3454	2756	698	98400

5-73 公共财政预算教育事业费和

地区	合计	事业费支出	个人部分	工资福利支出	对个人和家庭的补助支出	#助学金
合计	**38613706**	**37242023**	**8060722**	**5369717**	**2691005**	**5640**
北京	509429	483069	191383	134676	56707	
天津	2588208	2388208	131399	70274	61125	
河北	1259041	1222431	359583	256868	102715	2357
山西	468866	442239	251975	195186	56789	
内蒙古	561136	531136	207176	181017	26159	
辽宁	7161991	7086448	514856	194840	320016	
吉林	4953145	4953145	277950	154264	123686	
黑龙江	564291	552291	200738	125920	74818	199
上海	432164	431193	203774	163997	39777	304
江苏	2009967	2009467	558499	337382	221117	
浙江	1455949	1450699	408484	248424	160060	161
安徽	1185379	1185379	268459	215513	52946	
福建	336029	335909	191227	149249	41978	6
江西	1014010	1014010	192315	129347	62968	1971
山东	1873707	1850707	542652	401395	141257	
河南	810969	794631	261885	249702	12183	
湖北	721507	646988	246286	149923	96363	
湖南	1513601	1386289	254048	209671	44377	
广东	2046976	2037395	656623	351154	305469	556
广西	869243	791027	176247	111319	64928	
海南	75697	75697	35486	26494	8992	
重庆	188928	177893	72303	68640	3663	10
四川	1281673	1232345	470974	285224	185750	48
贵州	420945	411345	306762	136747	170015	23
云南	336725	320141	177170	169759	7411	5
西藏	92304	69604	53231	36584	16647	
陕西	747370	726920	245339	162906	82433	
甘肃	1570105	1547855	183486	152565	30921	
青海	889366	461240	84105	64523	19582	
宁夏	132056	123056	54317	49077	5240	
新疆	542929	503266	281990	187077	94913	

基本建设支出明细(地方其他教育机构)

单位:千元

公用部分	商品和服务支出	其他资本性支出	专项公用支出	专项项目支出	基本建设支出
29181301	**10227330**	**18953971**	**3721528**	**15232443**	**1371683**
291686	141511	150175	7051	143124	26360
2256809	606552	1650257	353563	1296694	200000
862848	225437	637411	31363	606048	36610
190264	128570	61694	16209	45485	26627
323960	95122	228838	54504	174334	30000
6571592	1321061	5250531	1600370	3650161	75543
4675195	1685260	2989935	408820	2581115	
351553	237470	114083	9369	104714	12000
227419	198397	29022	24938	4084	971
1450968	357777	1093191	48109	1045082	500
1042215	572659	469556	53958	415598	5250
916920	254975	661945	21967	639978	
144682	104231	40451	13618	26833	120
821695	163031	658664	171150	487514	
1308055	295548	1012507	48061	964446	23000
532746	263636	269110	78402	190708	16338
400702	259867	140835	21602	119233	74519
1132241	400956	731285	39621	691664	127312
1380772	771782	608990	389887	219103	9581
614780	122779	492001	51349	440652	78216
40211	31345	8866	3867	4999	
105590	83925	21665	7188	14477	11035
761371	301740	459631	46396	413235	49328
104583	86607	17976	9729	8247	9600
142971	84226	58745	18208	40537	16584
16373	11844	4529	4429	100	22700
481581	95721	385860	36836	349024	20450
1364369	1026186	338183	15986	322197	22250
377135	105376	271759	80675	191084	428126
68739	48322	20417	11796	8621	9000
221276	145417	75859	42507	33352	39663

第六部分

各地区教育和其他部门各级各类学校生均教育经费支出

6-1 生均教育经费支出(高等学校)

单位:元

地 区	教育经费支出	事业性经费支出	个人部分	公用部分	基本建设支出
合 计	**26106.61**	**25323.96**	**10077.74**	**15246.23**	**782.64**
北 京	54033.46	51512.09	21165.52	30346.57	2521.38
天 津	33943.77	33054.00	12374.30	20679.71	889.77
河 北	21893.07	21763.23	7564.37	14198.85	129.85
山 西	19202.68	18926.30	8642.92	10283.38	276.38
内蒙古	21190.49	20834.13	9639.14	11194.99	356.36
辽 宁	28061.02	25537.95	10764.21	14773.73	2523.07
吉 林	22865.18	22631.91	9362.47	13269.44	233.28
黑龙江	24129.34	23511.65	8838.42	14673.23	617.68
上 海	45572.87	45146.82	14658.53	30488.29	426.05
江 苏	29350.06	28828.97	12888.43	15940.54	521.09
浙 江	30567.99	30393.42	13562.84	16830.58	174.57
安 徽	20528.16	20181.01	7475.82	12705.19	347.15
福 建	24242.47	23362.25	10439.29	12922.96	880.22
江 西	22073.67	21950.13	7026.24	14923.88	123.54
山 东	20195.37	19725.98	7152.01	12573.97	469.39
河 南	17035.86	16926.12	6363.60	10562.52	109.74
湖 北	28288.73	27248.04	10631.47	16616.57	1040.69
湖 南	20630.14	20084.15	7176.04	12908.11	545.98
广 东	23807.02	22350.36	11370.07	10980.29	1456.66
广 西	18042.92	17795.10	7401.84	10393.26	247.82
海 南	22712.52	17516.74	8509.76	9006.98	5195.78
重 庆	26220.15	25930.85	10177.95	15752.91	289.30
四 川	24649.41	23733.11	9291.18	14441.93	916.30
贵 州	15562.55	14725.54	7363.31	7362.23	837.01
云 南	27903.17	27324.75	8289.36	19035.39	578.42
西 藏	26764.83	26084.06	12452.60	13631.45	680.78
陕 西	29043.66	28303.56	9100.59	19202.96	740.11
甘 肃	19977.07	18662.49	7971.92	10690.57	1314.58
青 海	23728.67	23533.80	11470.66	12063.14	194.87
宁 夏	28914.85	27935.41	10502.87	17432.54	979.44
新 疆	19388.93	18514.56	9083.09	9431.47	874.37

6-2 生均公共财政预算教育经费支出(高等学校)

单位:元

地 区	公共财政预算教育经费支出	事业费支出	个人部分	公用部分	基本建设支出
合 计	**16935.79**	**16242.13**	**7319.77**	**8922.36**	**693.67**
北 京	35577.38	33089.21	17138.41	15950.81	2488.17
天 津	22282.22	21487.46	9354.29	12133.17	794.76
河 北	16302.92	16203.55	5393.18	10810.38	99.37
山 西	14238.66	13938.02	6998.03	6939.99	300.64
内蒙古	15004.74	14657.50	7746.41	6911.09	347.24
辽 宁	17332.24	14635.53	6966.92	7668.61	2696.71
吉 林	18152.02	17885.93	8834.86	9051.07	266.08
黑龙江	15136.57	14486.73	7615.00	6871.73	649.85
上 海	31708.49	31209.35	9134.27	22075.08	499.14
江 苏	16764.58	16395.14	8132.28	8262.87	369.43
浙 江	15050.74	14849.74	8485.59	6364.14	201.00
安 徽	13742.74	13397.27	4838.45	8558.82	345.47
福 建	14526.86	14279.60	6124.70	8154.90	247.26
江 西	18040.87	17958.41	5522.27	12436.13	82.47
山 东	14040.65	13888.92	6644.30	7244.62	151.73
河 南	10863.30	10746.99	4372.49	6374.50	116.30
湖 北	15128.50	14191.61	7854.46	6337.15	936.90
湖 南	14494.37	13875.31	5942.89	7932.43	619.05
广 东	16839.04	15303.29	8904.14	6399.15	1535.75
广 西	12581.87	12296.24	5051.24	7245.00	285.63
海 南	16448.48	12137.77	5440.80	6696.98	4310.71
重 庆	15688.22	15508.78	6125.81	9382.98	179.44
四 川	14975.94	14528.83	6474.15	8054.68	447.11
贵 州	10570.39	9974.58	6026.24	3948.34	595.81
云 南	21650.26	21017.55	4934.75	16082.80	632.72
西 藏	25856.92	25106.51	12107.29	12999.21	750.42
陕 西	15798.14	15108.13	5783.70	9324.43	690.01
甘 肃	13891.60	13104.41	5794.03	7310.38	787.19
青 海	20317.11	20092.26	9195.26	10897.01	224.85
宁 夏	22736.74	21644.68	7663.08	13981.60	1092.06
新 疆	15420.89	14505.08	7858.24	6646.84	915.81

6-3 生均教育经费支出(中央属高等学校)

单位:元

地区	教育经费支出	事业性经费支出	个人部分	公用部分	基本建设支出
合计	**43999.99**	**42014.39**	**17179.45**	**24834.94**	**1985.60**
北京	55414.72	52667.18	21133.57	31533.61	2747.54
天津	36650.34	34159.87	15759.37	18400.50	2490.47
河北	26297.87	24862.25	10903.73	13958.52	1435.62
山西					
内蒙古					
辽宁	47475.59	45100.72	16861.36	28239.36	2374.87
吉林	28519.71	27987.82	12387.02	15600.80	531.89
黑龙江	47885.24	45648.57	15038.69	30609.88	2236.67
上海	52070.09	51111.37	16733.98	34377.38	958.73
江苏	44436.66	42577.29	18936.59	23640.70	1859.36
浙江	80007.37	79410.92	29504.70	49906.22	596.44
安徽	43725.50	43360.44	15116.41	28244.03	365.06
福建	41526.39	37762.99	19998.70	17764.29	3763.39
江西					
山东	39901.17	37094.53	14584.16	22510.36	2806.64
河南	28008.33	28008.33	16917.60	11090.73	
湖北	33791.44	32468.19	15676.60	16791.59	1323.25
湖南	31758.33	30046.60	13805.43	16241.17	1711.73
广东	39895.01	38356.17	17055.70	21300.46	1538.84
广西					
海南					
重庆	32049.52	31576.86	13410.58	18166.28	472.66
四川	39297.36	36585.08	15511.13	21073.95	2712.28
贵州					
云南					
西藏					
陕西	39713.01	37706.25	14745.87	22960.38	2006.76
甘肃	37406.89	32140.43	14065.34	18075.09	5266.45
青海					
宁夏	33511.87	30033.74	8750.66	21283.08	3478.13
新疆					

6-4 生均公共财政预算教育经费支出(中央属高等学校)

单位:元

地区	公共财政预算教育经费支出	事业费支出	个人部分	公用部分	基本建设支出
合 计	**25244.78**	**23632.19**	**12677.48**	**10954.71**	**1612.58**
北 京	30570.97	28028.51	15605.15	12423.36	2542.46
天 津	19708.61	17718.94	10260.44	7458.50	1989.67
河 北	17552.67	16948.36	7793.54	9154.82	604.31
山 西					
内蒙古					
辽 宁	24180.50	21711.62	11230.76	10480.86	2468.87
吉 林	21011.06	20388.08	12350.67	8037.41	622.97
黑龙江	23587.94	21226.86	11771.25	9455.61	2361.08
上 海	31190.98	30127.81	10676.35	19451.46	1063.17
江 苏	23859.35	22380.15	12284.70	10095.45	1479.21
浙 江	30419.99	29820.07	15851.87	13968.20	599.92
安 徽	26585.59	26343.00	11181.24	15161.77	242.59
福 建	25524.83	23998.54	12930.23	11068.31	1526.29
江 西					
山 东	20150.11	19481.30	12937.65	6543.65	668.81
河 南	19609.15	19609.15	7470.38	12138.77	
湖 北	20610.39	19469.65	12517.06	6952.60	1140.73
湖 南	21106.83	19207.86	13287.86	5920.01	1898.96
广 东	27241.77	25840.01	13063.16	12776.85	1401.76
广 西					
海 南					
重 庆	20730.48	20370.32	12298.68	8071.64	360.16
四 川	21682.44	20461.70	10538.98	9922.72	1220.74
贵 州					
云 南					
西 藏					
陕 西	24855.66	22650.32	11415.04	11235.28	2205.34
甘 肃	26157.12	24415.92	11714.27	12701.65	1741.19
青 海					
宁 夏	29165.15	25685.59	7849.80	17835.79	3479.56
新 疆					

6-5　生均教育经费支出(地方高等学校)

单位:元

地　区	教育经费支出	事业性经费支出	个人部分	公用部分	基本建设支出
合　计	**22304.37**	**21777.35**	**8568.66**	**13208.68**	**527.02**
北　京	50041.89	48174.07	21257.85	26916.22	1867.82
天　津	32963.98	32653.67	11148.88	21504.79	310.30
河　北	21674.03	21609.12	7398.32	14210.80	64.91
山　西	19202.68	18926.30	8642.92	10283.38	276.38
内蒙古	21190.49	20834.13	9639.14	11194.99	356.36
辽　宁	24684.43	22135.58	9703.80	12431.79	2548.85
吉　林	20907.86	20777.95	8315.52	12462.43	129.91
黑龙江	19307.66	19018.58	7579.97	11438.62	289.08
上　海	40376.17	40376.17	12998.51	27377.66	
江　苏	25182.76	25031.33	11217.78	13813.56	151.42
浙　江	25764.07	25630.49	12013.80	13616.69	133.58
安　徽	18331.16	17985.71	6752.19	11233.52	345.45
福　建	21652.43	21204.26	9006.79	12197.47	448.17
江　西	22073.67	21950.13	7026.24	14923.88	123.54
山　东	18205.83	17972.42	6401.65	11570.77	233.41
河　南	17002.97	16892.91	6331.97	10560.94	110.07
湖　北	25235.16	24351.26	7831.81	16519.44	883.90
湖　南	19057.92	18676.64	6239.43	12437.21	381.28
广　东	21221.90	19778.45	10456.47	9321.98	1443.45
广　西	18042.92	17795.10	7401.84	10393.26	247.82
海　南	22712.52	17516.74	8509.76	9006.98	5195.78
重　庆	24140.20	23916.32	9024.52	14891.80	223.88
四　川	20116.25	19755.76	7366.27	12389.49	360.49
贵　州	15562.55	14725.54	7363.31	7362.23	837.01
云　南	27903.17	27324.75	8289.36	19035.39	578.42
西　藏	26764.83	26084.06	12452.60	13631.45	680.78
陕　西	25341.44	25040.86	7141.71	17899.15	300.59
甘　肃	16845.72	16241.11	6877.21	9363.90	604.61
青　海	23728.67	23533.80	11470.66	12063.14	194.87
宁　夏	27971.42	27504.78	10862.47	16642.30	466.65
新　疆	19388.93	18514.56	9083.09	9431.47	874.37

6-6 生均公共财政预算教育经费支出(地方高等学校)

单位:元

地 区	公共财政预算教育经费支出	事业费支出			基本建设支出
			个人部分	公用部分	
合 计	**15145.12**	**14649.49**	**6165.12**	**8484.37**	**495.63**
北 京	51277.81	48959.93	21946.80	27013.13	2317.88
天 津	23266.31	22928.46	9007.80	13920.66	337.85
河 北	16236.55	16164.00	5265.69	10898.31	72.55
山 西	14238.66	13938.02	6998.03	6939.99	300.64
内蒙古	15004.74	14657.50	7746.41	6911.09	347.24
辽 宁	16084.41	13346.18	6189.99	7156.19	2738.23
吉 林	17196.84	17049.99	7660.27	9389.72	146.85
黑龙江	13405.64	13106.27	6763.75	6342.52	299.37
上 海	32166.45	32166.45	7769.61	24396.83	
江 苏	14794.98	14733.63	6979.51	7754.12	61.35
浙 江	13290.70	13135.39	7642.03	5493.35	155.32
安 徽	12503.71	12148.31	4226.52	7921.79	355.40
福 建	12783.91	12739.35	5046.16	7693.18	44.56
江 西	18040.87	17958.41	5522.27	12436.13	82.47
山 东	13412.59	13314.02	5997.34	7316.68	98.57
河 南	10840.18	10723.57	4364.31	6359.27	116.61
湖 北	12033.48	11211.67	5221.99	5989.68	821.81
湖 南	13536.57	13102.91	4878.99	8223.92	433.66
广 东	14978.89	13419.19	8160.45	5258.74	1559.71
广 西	12581.87	12296.24	5051.24	7245.00	285.63
海 南	16448.48	12137.77	5440.80	6696.98	4310.71
重 庆	14129.23	14005.67	4217.24	9788.43	123.56
四 川	12744.74	12555.01	5121.81	7433.20	189.73
贵 州	10570.39	9974.58	6026.24	3948.34	595.81
云 南	21650.26	21017.55	4934.75	16082.80	632.72
西 藏	25856.92	25106.51	12107.29	12999.21	750.42
陕 西	12717.87	12543.19	3868.61	8674.59	174.68
甘 肃	11627.00	11015.95	4700.97	6314.99	611.05
青 海	20317.11	20092.26	9195.26	10897.01	224.85
宁 夏	21230.98	20698.16	7619.34	13078.81	532.82
新 疆	15420.89	14505.08	7858.24	6646.84	915.81

6-7 生均教育经费支出(普通高等学校)

单位:元

地 区	教育经费支出	事业性经费支出	个人部分	公用部分	基本建设支出
合 计	**26850.26**	**26037.94**	**10325.51**	**15712.43**	**812.32**
北 京	55261.45	52648.41	21605.77	31042.64	2613.05
天 津	34193.25	33267.23	12423.99	20843.24	926.02
河 北	22462.98	22333.73	7609.06	14724.67	129.25
山 西	19659.97	19372.47	8775.30	10597.17	287.51
内蒙古	21353.26	20989.82	9682.32	11307.51	363.44
辽 宁	28249.02	25670.22	10790.08	14880.14	2578.80
吉 林	23398.67	23152.12	9402.47	13749.64	246.55
黑龙江	24497.40	23855.69	8871.94	14983.76	641.71
上 海	46819.15	46364.72	14699.28	31665.43	454.44
江 苏	29936.34	29396.22	13083.89	16312.33	540.12
浙 江	32113.94	31924.03	14230.03	17694.00	189.91
安 徽	20822.54	20480.76	7544.87	12935.90	341.78
福 建	26004.15	25081.12	11170.88	13910.25	923.02
江 西	22620.01	22490.62	7192.80	15297.81	129.40
山 东	20851.95	20389.10	7372.04	13017.07	462.85
河 南	17492.81	17381.52	6497.03	10884.49	111.29
湖 北	28612.72	27553.37	10745.77	16807.60	1059.35
湖 南	21223.85	20655.50	7377.29	13278.21	568.35
广 东	24529.98	22999.86	11712.02	11287.84	1530.12
广 西	18772.31	18526.93	7670.83	10856.10	245.37
海 南	23286.97	17855.50	8702.87	9152.64	5431.46
重 庆	26338.08	26046.85	10221.14	15825.71	291.23
四 川	25212.00	24255.42	9557.57	14697.85	956.58
贵 州	18563.09	17796.25	8934.41	8861.84	766.84
云 南	29592.37	28956.58	8878.32	20078.26	635.79
西 藏	26764.83	26084.06	12452.60	13631.45	680.78
陕 西	30065.96	29292.02	9412.81	19879.21	773.94
甘 肃	20512.23	19140.99	8179.41	10961.58	1371.24
青 海	25023.60	24815.12	12082.22	12732.90	208.47
宁 夏	28914.85	27935.41	10502.87	17432.54	979.44
新 疆	20200.71	19199.35	9469.54	9729.81	1001.35

6-8 生均公共财政预算教育经费支出(普通高等学校)

单位:元

地 区	公共财政预算教育经费支出	事业费支出	个人部分	公用部分	基本建设支出
合 计	**17074.81**	**16367.21**	**7327.19**	**9040.02**	**707.60**
北 京	35154.25	32680.50	16879.55	15800.95	2473.75
天 津	21517.25	20719.21	9067.67	11651.54	798.04
河 北	16498.71	16404.53	5300.16	11104.37	94.18
山 西	14506.89	14196.77	7060.31	7136.47	310.12
内蒙古	15028.31	14678.16	7748.21	6929.95	350.14
辽 宁	17177.46	14470.85	6847.12	7623.73	2706.61
吉 林	18144.66	17870.05	8651.65	9218.40	274.61
黑龙江	15055.75	14392.57	7506.46	6886.11	663.18
上 海	30622.35	30121.86	8506.70	21615.16	500.49
江 苏	16895.62	16516.81	8133.98	8382.84	378.81
浙 江	14905.37	14701.10	8315.36	6385.74	204.27
安 徽	13747.58	13415.49	4801.18	8614.31	332.09
福 建	15235.17	14971.08	6371.24	8599.84	264.10
江 西	18075.40	17991.99	5526.63	12465.36	83.42
山 东	14163.82	14015.05	6681.69	7333.36	148.78
河 南	11148.72	11031.04	4444.43	6586.61	117.68
湖 北	15197.61	14250.70	7892.47	6358.23	946.90
湖 南	14773.52	14139.47	6026.20	8113.26	634.05
广 东	16683.22	15148.21	8766.64	6381.57	1535.01
广 西	12724.45	12450.49	5074.69	7375.80	273.96
海 南	16578.03	12176.44	5353.72	6822.72	4401.60
重 庆	15666.40	15486.91	6111.31	9375.60	179.49
四 川	15057.99	14609.45	6490.02	8119.44	448.54
贵 州	12725.06	12005.79	7251.14	4754.65	719.28
云 南	23340.61	22653.06	5242.62	17410.44	687.54
西 藏	25856.92	25106.51	12107.29	12999.21	750.42
陕 西	16081.87	15373.79	5877.83	9495.96	708.08
甘 肃	14155.25	13346.45	5873.26	7473.19	808.80
青 海	19927.80	19702.95	8991.50	10711.45	224.85
宁 夏	22736.74	21644.68	7663.08	13981.60	1092.06
新 疆	15567.31	14557.47	7905.65	6651.82	1009.83

6-9　生均教育经费支出(中央属普通高等学校)

单位:元

地区	教育经费支出	事业性经费支出	个人部分	公用部分	基本建设支出
合　计	**43940.85**	**41955.47**	**17171.10**	**24784.37**	**1985.38**
北　京	55173.87	52424.73	21105.19	31319.54	2749.14
天　津	36650.34	34159.87	15759.37	18400.50	2490.47
河　北	26297.87	24862.25	10903.73	13958.52	1435.62
山　西					
内蒙古					
辽　宁	47864.89	45468.38	16981.03	28487.35	2396.51
吉　林	28519.71	27987.82	12387.02	15600.80	531.89
黑龙江	47885.24	45648.57	15038.69	30609.88	2236.67
上　海	52070.09	51111.36	16733.98	34377.38	958.73
江　苏	44436.66	42577.29	18936.59	23640.70	1859.36
浙　江	80007.37	79410.92	29504.70	49906.22	596.44
安　徽	43725.50	43360.44	15116.41	28244.03	365.06
福　建	41526.39	37762.99	19998.70	17764.29	3763.39
江　西					
山　东	39901.17	37094.53	14584.16	22510.36	2806.64
河　南	28008.33	28008.33	16917.60	11090.73	
湖　北	33791.44	32468.19	15676.60	16791.59	1323.25
湖　南	31758.33	30046.60	13805.43	16241.17	1711.73
广　东	39895.01	38356.17	17055.70	21300.46	1538.84
广　西					
海　南					
重　庆	32049.52	31576.86	13410.58	18166.28	472.66
四　川	39297.36	36585.08	15511.13	21073.95	2712.28
贵　州					
云　南					
西　藏					
陕　西	39713.01	37706.25	14745.87	22960.38	2006.76
甘　肃	37406.89	32140.43	14065.34	18075.09	5266.45
青　海					
宁　夏	33511.87	30033.74	8750.66	21283.08	3478.13
新　疆					

6-10 生均公共财政预算教育经费支出(中央属普通高等学校)

单位:元

地区	公共财政预算教育经费支出	事业费支出			基本建设支出
			个人部分	公用部分	
合计	**25217.46**	**23609.14**	**12668.98**	**10940.16**	**1608.32**
北京	30443.46	27920.89	15565.44	12355.44	2522.57
天津	19708.61	17718.94	10260.44	7458.50	1989.67
河北	17552.67	16948.36	7793.54	9154.82	604.31
山西					
内蒙古					
辽宁	24180.38	21711.52	11230.71	10480.81	2468.86
吉林	21011.06	20388.08	12350.67	8037.41	622.97
黑龙江	23587.94	21226.86	11771.25	9455.61	2361.08
上海	31190.98	30127.81	10676.35	19451.46	1063.17
江苏	23859.35	22380.15	12284.70	10095.45	1479.21
浙江	30419.99	29820.07	15851.87	13968.20	599.92
安徽	26585.59	26343.00	11181.24	15161.77	242.59
福建	25524.83	23998.54	12930.23	11068.31	1526.29
江西					
山东	20150.11	19481.30	12937.65	6543.65	668.81
河南	19609.15	19609.15	7470.38	12138.77	
湖北	20610.39	19469.65	12517.06	6952.60	1140.73
湖南	21106.83	19207.86	13287.86	5920.01	1898.96
广东	27241.77	25840.01	13063.16	12776.85	1401.76
广西					
海南					
重庆	20730.48	20370.32	12298.68	8071.64	360.16
四川	21682.44	20461.70	10538.98	9922.72	1220.74
贵州					
云南					
西藏					
陕西	24855.66	22650.32	11415.04	11235.28	2205.34
甘肃	26157.12	24415.92	11714.27	12701.65	1741.19
青海					
宁夏	29165.15	25685.59	7849.80	17835.79	3479.56
新疆					

6-11 生均教育经费支出(地方普通高等学校)

单位:元

地 区	教育经费支出	事业性经费支出	个人部分	公用部分	基本建设支出
合 计	**22999.86**	**22451.82**	**8783.25**	**13668.58**	**548.04**
北 京	55552.29	53391.13	23267.97	30123.17	2161.15
天 津	33253.67	32925.89	11148.55	21777.34	327.78
河 北	22260.78	22200.41	7435.35	14765.07	60.37
山 西	19659.97	19372.47	8775.30	10597.17	287.51
内蒙古	21353.26	20989.82	9682.32	11307.51	363.44
辽 宁	24785.80	22174.82	9697.05	12477.77	2610.98
吉 林	21487.46	21347.40	8288.62	13058.78	140.06
黑龙江	19526.53	19223.82	7561.25	11662.57	302.71
上 海	42087.28	42087.28	12865.71	29221.57	
江 苏	25742.44	25583.89	11391.13	14192.76	158.55
浙 江	27007.80	26861.23	12601.52	14259.71	146.57
安 徽	18578.37	18238.88	6802.96	11435.92	339.49
福 建	23420.43	22970.20	9701.46	13268.73	450.24
江 西	22620.01	22490.62	7192.80	15297.81	129.40
山 东	18819.04	18606.32	6602.37	12003.95	212.72
河 南	17459.78	17348.14	6464.30	10883.84	111.64
湖 北	25658.02	24749.23	7932.50	16816.73	908.79
湖 南	19665.52	19266.30	6426.40	12839.90	399.22
广 东	21900.27	20371.64	10797.46	9574.18	1528.63
广 西	18772.31	18526.93	7670.83	10856.10	245.37
海 南	23286.97	17855.50	8702.87	9152.64	5431.46
重 庆	24281.76	24055.86	9072.84	14983.02	225.90
四 川	20553.43	20177.52	7588.50	12589.03	375.91
贵 州	18563.09	17796.25	8934.41	8861.84	766.84
云 南	29592.37	28956.58	8878.32	20078.26	635.79
西 藏	26764.83	26084.06	12452.60	13631.45	680.78
陕 西	26509.02	26189.62	7446.46	18743.16	319.40
甘 肃	17321.49	16685.90	7067.79	9618.11	635.59
青 海	25023.60	24815.12	12082.22	12732.90	208.47
宁 夏	27971.42	27504.78	10862.47	16642.30	466.65
新 疆	20200.71	19199.35	9469.54	9729.81	1001.35

6-12 生均公共财政预算教育经费支出(地方普通高等学校)

单位:元

地 区	公共财政预算教育经费支出	事业费支出			基本建设支出
			个人部分	公用部分	
合 计	**15264.29**	**14756.97**	**6139.44**	**8617.53**	**507.32**
北 京	49943.98	47623.53	21005.24	26618.30	2320.45
天 津	22212.79	21873.01	8608.97	13264.04	339.78
河 北	16440.60	16374.54	5162.69	11211.86	66.06
山 西	14506.89	14196.77	7060.31	7136.47	310.12
内蒙古	15028.31	14678.16	7748.21	6929.95	350.14
辽 宁	15895.90	13145.78	6044.91	7100.87	2750.12
吉 林	17145.66	16992.46	7362.45	9630.00	153.20
黑龙江	13264.89	12958.10	6611.31	6346.79	306.80
上 海	30116.56	30116.56	6576.81	23539.75	
江 苏	14899.29	14835.94	6944.07	7891.87	63.35
浙 江	13096.43	12938.29	7436.63	5501.66	158.14
安 徽	12493.74	12152.91	4178.07	7974.84	340.83
福 建	13474.45	13426.34	5248.89	8177.45	48.11
江 西	18075.40	17991.99	5526.63	12465.36	83.42
山 东	13531.66	13437.80	6021.05	7416.75	93.86
河 南	11125.34	11007.33	4436.06	6571.27	118.01
湖 北	12090.21	11254.58	5237.57	6017.02	835.63
湖 南	13830.62	13384.89	4945.09	8439.79	445.73
广 东	14784.19	13225.21	7993.88	5231.33	1558.98
广 西	12724.45	12450.49	5074.69	7375.80	273.96
海 南	16578.03	12176.44	5353.72	6822.72	4401.60
重 庆	14100.04	13976.43	4197.51	9778.93	123.61
四 川	12808.29	12622.00	5114.96	7507.03	186.29
贵 州	12725.06	12005.79	7251.14	4754.65	719.28
云 南	23340.61	22653.06	5242.62	17410.44	687.54
西 藏	25856.92	25106.51	12107.29	12999.21	750.42
陕 西	12992.44	12811.57	3928.06	8883.51	180.87
甘 肃	11866.91	11235.89	4759.58	6476.31	631.02
青 海	19927.80	19702.95	8991.50	10711.45	224.85
宁 夏	21230.98	20698.16	7619.34	13078.81	532.82
新 疆	15567.31	14557.47	7905.65	6651.82	1009.83

6-13 生均教育经费支出(普通高等本科学校)

单位:元

地 区	教育经费支出	事业性经费支出	个人部分	公用部分	基本建设支出
合 计	**30630.19**	**29744.64**	**11597.15**	**18147.50**	**885.55**
北 京	55517.97	52961.48	21612.77	31348.71	2556.50
天 津	37718.78	36687.34	13159.74	23527.59	1031.44
河 北	26186.99	26004.16	8038.85	17965.30	182.84
山 西	23360.11	22908.61	10150.06	12758.55	451.50
内蒙古	21892.58	21461.61	10103.96	11357.65	430.97
辽 宁	29372.17	27183.62	11197.24	15986.38	2188.55
吉 林	23383.71	23208.85	9688.86	13520.00	174.86
黑龙江	25980.72	25317.77	9248.10	16069.67	662.94
上 海	48469.63	47982.48	15014.93	32967.55	487.15
江 苏	34659.93	33892.84	15324.81	18568.03	767.08
浙 江	37549.02	37255.06	16131.51	21123.56	293.95
安 徽	24210.31	23905.97	8880.74	15025.23	304.34
福 建	29816.89	28833.67	12558.99	16274.68	983.21
江 西	26857.35	26836.84	8048.00	18788.84	20.52
山 东	23490.30	22874.79	8316.99	14557.80	615.51
河 南	20903.15	20848.03	7563.96	13284.07	55.12
湖 北	32702.99	31635.93	12304.95	19330.99	1067.05
湖 南	25971.55	25485.44	8964.48	16520.96	486.11
广 东	28602.90	26761.10	13405.81	13355.29	1841.79
广 西	21353.73	20974.02	8144.66	12829.36	379.72
海 南	23551.04	20910.21	10281.76	10628.45	2640.83
重 庆	28086.47	27791.78	11266.01	16525.77	294.69
四 川	27953.26	26902.38	10473.88	16428.50	1050.88
贵 州	21016.84	19882.19	9971.15	9911.04	1134.65
云 南	31640.26	31635.25	9502.20	22133.05	5.01
西 藏	29096.01	28884.46	13532.43	15352.03	211.55
陕 西	33255.79	32410.75	9992.00	22418.75	845.03
甘 肃	22840.34	20981.43	9058.73	11922.70	1858.91
青 海	29073.76	28997.30	13614.21	15383.09	76.46
宁 夏	28976.58	27829.66	12122.75	15706.92	1146.92
新 疆	23350.79	21951.11	10567.93	11383.18	1399.68

6-14 生均公共财政预算教育经费支出(普通高等本科学校)

单位:元

地区	公共财政预算教育经费支出	事业费支出			基本建设支出
			个人部分	公用部分	
合计	**19874.20**	**19105.08**	**8359.97**	**10745.12**	**769.11**
北京	34625.66	32228.49	16839.14	15389.35	2397.17
天津	24338.03	23465.03	9681.96	13783.07	873.00
河北	20833.62	20698.75	5635.54	15063.20	134.88
山西	18789.56	18279.65	8701.49	9578.17	509.91
内蒙古	15288.87	14876.93	8089.55	6787.39	411.93
辽宁	17547.18	15238.86	7078.04	8160.82	2308.32
吉林	17928.30	17730.49	9103.58	8626.92	197.81
黑龙江	15933.73	15224.49	7955.98	7268.51	709.25
上海	32089.49	31551.85	8885.33	22666.52	537.64
江苏	19601.59	19057.34	9685.30	9372.04	544.25
浙江	17644.78	17324.89	9304.29	8020.60	319.88
安徽	16376.74	16084.43	5808.16	10276.27	292.31
福建	18021.69	17660.06	7184.71	10475.34	361.63
江西	22700.04	22677.41	6230.28	16447.13	22.63
山东	16722.42	16518.81	7703.14	8815.67	203.62
河南	14325.80	14266.14	5101.32	9164.81	59.66
湖北	18035.21	17136.28	9446.77	7689.51	898.93
湖南	18590.75	18052.89	7310.37	10742.52	537.86
广东	19867.61	18021.92	10254.21	7767.72	1845.68
广西	16340.33	15897.85	5759.62	10138.23	442.48
海南	17406.24	15319.39	6391.40	8927.99	2086.85
重庆	17068.72	16927.60	7152.59	9775.01	141.12
四川	16584.24	16101.00	7227.20	8873.80	483.24
贵州	14867.56	13786.82	8298.50	5488.33	1080.74
云南	25620.25	25614.25	5499.54	20114.71	6.00
西藏	28983.58	28742.21	13441.16	15301.05	241.37
陕西	17923.52	17039.55	6306.05	10733.51	883.96
甘肃	16832.92	15732.99	6545.29	9187.70	1099.93
青海	24046.05	23961.66	9933.33	14028.33	84.40
宁夏	25556.57	24248.83	9478.19	14770.64	1307.74
新疆	18350.56	16928.21	9063.80	7864.41	1422.35

6-15 生均教育经费支出(中央属普通高等本科学校)

单位:元

地 区	教育经费支出	事业性经费支出	个人部分	公用部分	基本建设支出
合 计	**44325.80**	**42383.13**	**17310.32**	**25072.81**	**1942.67**
北 京	55259.16	52502.66	21136.13	31366.53	2756.50
天 津	36650.34	34159.87	15759.37	18400.50	2490.47
河 北	26297.87	24862.25	10903.73	13958.52	1435.62
山 西					
内蒙古					
辽 宁	47864.89	45468.38	16981.03	28487.35	2396.51
吉 林	28519.71	27987.82	12387.02	15600.80	531.89
黑龙江	47885.24	45648.57	15038.69	30609.88	2236.67
上 海	52182.31	51219.90	16738.40	34481.50	962.40
江 苏	44436.66	42577.29	18936.59	23640.70	1859.36
浙 江	80007.37	79410.92	29504.70	49906.22	596.44
安 徽	43725.50	43360.44	15116.41	28244.03	365.06
福 建	41526.39	37762.99	19998.70	17764.29	3763.39
江 西					
山 东	39901.17	37094.53	14584.16	22510.36	2806.64
河 南					
湖 北	33791.44	32468.19	15676.60	16791.59	1323.25
湖 南	33109.59	31294.31	14279.59	17014.73	1815.28
广 东	42466.16	42234.99	18353.73	23881.26	231.17
广 西					
海 南					
重 庆	33129.67	32630.22	13896.08	18734.14	499.45
四 川	40306.73	37548.86	15880.20	21668.66	2757.86
贵 州					
云 南					
西 藏					
陕 西	39713.01	37706.25	14745.87	22960.38	2006.76
甘 肃	37406.89	32140.43	14065.34	18075.09	5266.45
青 海					
宁 夏	33511.87	30033.74	8750.66	21283.08	3478.13
新 疆					

6-16 生均公共财政预算教育经费支出(中央属普通高等本科学校)

单位:元

地 区	公共财政预算教育经费支出	事业费支出	个人部分	公用部分	基本建设支出
合 计	**25466.20**	**23891.08**	**12821.54**	**11069.54**	**1575.12**
北 京	30495.76	27965.51	15591.32	12374.19	2530.25
天 津	19708.61	17718.94	10260.44	7458.50	1989.67
河 北	17552.67	16948.36	7793.54	9154.82	604.31
山 西					
内蒙古					
辽 宁	24180.38	21711.52	11230.71	10480.81	2468.86
吉 林	21011.06	20388.08	12350.67	8037.41	622.97
黑龙江	23587.94	21226.86	11771.25	9455.61	2361.08
上 海	31298.13	30230.44	10700.86	19529.58	1067.70
江 苏	23859.35	22380.15	12284.70	10095.45	1479.21
浙 江	30419.99	29820.07	15851.87	13968.20	599.92
安 徽	26585.59	26343.00	11181.24	15161.77	242.59
福 建	25524.83	23998.54	12930.23	11068.31	1526.29
江 西					
山 东	20150.11	19481.30	12937.65	6543.65	668.81
河 南					
湖 北	20610.39	19469.65	12517.06	6952.60	1140.73
湖 南	22336.52	20309.28	14070.97	6238.31	2027.25
广 东	29487.75	29226.65	14647.45	14579.20	261.11
广 西					
海 南					
重 庆	22032.90	21647.23	13111.11	8536.12	385.67
四 川	22224.16	20949.46	10821.83	10127.64	1274.70
贵 州					
云 南					
西 藏					
陕 西	24855.66	22650.32	11415.04	11235.28	2205.34
甘 肃	26157.12	24415.92	11714.27	12701.65	1741.19
青 海					
宁 夏	29165.15	25685.59	7849.80	17835.79	3479.56
新 疆					

6-17 生均教育经费支出(地方普通高等本科学校)

单位:元

地 区	教育经费支出	事业性经费支出	个人部分	公用部分	基本建设支出
合 计	**26070.74**	**25537.12**	**9695.16**	**15841.97**	**533.62**
北 京	56619.22	54913.75	23640.87	31272.89	1705.47
天 津	38284.56	38025.72	11783.16	26242.56	258.84
河 北	26178.14	26095.39	7809.96	18285.44	82.74
山 西	23360.11	22908.61	10150.06	12758.55	451.50
内蒙古	21892.58	21461.61	10103.96	11357.65	430.97
辽 宁	25296.62	23153.90	9922.57	13231.33	2142.71
吉 林	21005.00	20995.50	8439.22	12556.28	9.50
黑龙江	19986.75	19754.44	7663.56	12090.88	232.31
上 海	44664.06	44664.06	13248.35	31415.71	
江 苏	29950.95	29709.97	13585.19	16124.77	240.99
浙 江	30107.79	29866.85	13787.73	16079.12	240.94
安 徽	21079.85	20785.25	7880.47	12904.78	294.60
福 建	26964.71	26658.69	10746.85	15911.84	306.02
江 西	26857.35	26836.84	8048.00	18788.84	20.52
山 东	20913.97	20642.45	7333.11	13309.34	271.52
河 南	20903.15	20848.03	7563.96	13284.07	55.12
湖 北	31672.96	30848.35	9114.29	21734.06	824.61
湖 南	24143.31	23997.63	7603.13	16394.50	145.68
广 东	25248.73	23017.25	12208.68	10808.57	2231.48
广 西	21353.73	20974.02	8144.66	12829.36	379.72
海 南	23551.04	20910.21	10281.76	10628.45	2640.83
重 庆	25624.74	25430.01	9982.20	15447.81	194.74
四 川	22259.66	21995.52	7982.16	14013.36	264.15
贵 州	21016.84	19882.19	9971.15	9911.04	1134.65
云 南	31640.26	31635.25	9502.20	22133.05	5.01
西 藏	29096.01	28884.46	13532.43	15352.03	211.55
陕 西	30052.04	29783.39	7633.37	22150.02	268.65
甘 肃	18760.80	17856.21	7656.56	10199.65	904.59
青 海	29073.76	28997.30	13614.21	15383.09	76.46
宁 夏	27393.74	27060.43	13299.62	13760.82	333.31
新 疆	23350.79	21951.11	10567.93	11383.18	1399.68

6-18 生均公共财政预算教育经费支出(地方普通高等本科学校)

单位:元

地区	公共财政预算教育经费支出	事业费支出			基本建设支出
			个人部分	公用部分	
合计	**18001.53**	**17502.33**	**6865.85**	**10636.48**	**499.20**
北京	51450.71	49595.70	21922.73	27672.97	1855.01
天津	26831.97	26560.54	9370.33	17190.22	271.43
河北	21118.55	21024.44	5448.14	15576.30	94.11
山西	18789.56	18279.65	8701.49	9578.17	509.91
内蒙古	15288.87	14876.93	8089.55	6787.39	411.93
辽宁	16011.26	13740.12	6116.50	7623.62	2271.14
吉林	16570.71	16560.13	7673.61	8886.52	10.57
黑龙江	13825.17	13570.96	6904.96	6666.01	254.20
上海	32892.15	32892.15	7043.86	25848.29	
江苏	17524.20	17436.12	8417.03	9019.09	88.07
浙江	15147.35	14882.21	8024.31	6857.90	265.14
安徽	14696.32	14395.82	4923.72	9472.10	300.50
福建	16126.62	16059.15	5733.57	10325.58	67.47
江西	22700.04	22677.41	6230.28	16447.13	22.63
山东	16170.80	16042.05	6860.74	9181.31	128.75
河南	14325.80	14266.14	5101.32	9164.81	59.66
湖北	15512.72	14850.64	6439.29	8411.35	662.08
湖南	17642.46	17481.65	5598.83	11882.82	160.81
广东	17465.26	15223.87	9157.12	6066.75	2241.38
广西	16340.33	15897.85	5759.62	10138.23	442.48
海南	17406.24	15319.39	6391.40	8927.99	2086.85
重庆	15022.91	14982.57	4696.99	10285.58	40.34
四川	13848.26	13748.97	5483.41	8265.56	99.29
贵州	14867.56	13786.82	8298.50	5488.33	1080.74
云南	25620.25	25614.25	5499.54	20114.71	6.00
西藏	28983.58	28742.21	13441.16	15301.05	241.37
陕西	14584.19	14336.75	3844.96	10491.80	247.43
甘肃	14139.18	13224.51	5051.98	8172.53	914.67
青海	24046.05	23961.66	9933.33	14028.33	84.40
宁夏	24047.55	23648.01	10159.15	13488.86	399.54
新疆	18350.56	16928.21	9063.80	7864.41	1422.35

6-19 生均教育经费支出(地方普通高职高专学校)

单位:元

地 区	教育经费支出	事业性经费支出	个人部分	公用部分	基本建设支出
合 计	**16860.77**	**16283.91**	**6960.22**	**9323.69**	**576.86**
北 京	51806.71	48045.84	21958.85	26086.98	3760.87
天 津	20178.79	19671.83	9499.24	10172.58	506.97
河 北	14659.43	14642.48	6708.44	7934.04	16.95
山 西	13893.26	13861.34	6632.72	7228.62	31.92
内蒙古	20349.42	20111.66	8897.49	11214.18	237.75
辽 宁	22728.41	18231.40	8788.72	9442.68	4497.01
吉 林	23489.51	22807.64	7663.67	15143.96	681.88
黑龙江	17925.63	17377.99	7205.33	10172.66	547.63
上 海	23918.32	23918.32	10167.73	13750.58	
江 苏	19416.71	19382.06	8093.28	11288.78	34.65
浙 江	22193.13	22193.13	10759.20	11433.93	
安 徽	14651.93	14241.97	5111.65	9130.32	409.96
福 建	15771.15	15009.68	7445.32	7564.36	761.47
江 西	13971.31	13619.67	5447.28	8172.39	351.63
山 东	14371.73	14283.84	5051.08	9232.76	87.89
河 南	11828.09	11624.00	4665.78	6958.22	204.09
湖 北	16525.36	15488.77	6138.17	9350.60	1036.59
湖 南	14310.45	13608.02	5019.12	8588.90	702.43
广 东	16528.78	16127.64	8533.61	7594.02	401.15
广 西	14279.68	14268.11	6846.19	7421.92	11.57
海 南	22766.55	11835.44	5591.26	6244.18	10931.10
重 庆	21177.41	20879.45	6970.81	13908.65	297.95
四 川	16777.47	16154.24	6717.31	9436.92	623.23
贵 州	14163.03	14055.74	7075.33	6980.41	107.29
云 南	22233.79	19331.49	6636.59	12694.90	2902.31
西 藏	19731.97	17635.58	9194.89	8440.70	2096.38
陕 西	16258.47	15792.26	6905.72	8886.54	466.22
甘 肃	14340.97	14262.43	5848.56	8413.87	78.55
青 海	15390.12	14867.66	8438.31	6429.34	522.46
宁 夏	28796.00	28139.03	7383.70	20755.33	656.97
新 疆	14292.85	14038.55	7409.56	6628.99	254.30

6-20 生均公共财政预算教育经费支出(地方普通高职高专学校)

单位:元

地 区	公共财政预算教育经费支出	事业费支出			基本建设支出
			个人部分	公用部分	
合 计	**10107.84**	**9585.22**	**4771.02**	**4814.20**	**522.62**
北 京	44947.81	41084.02	17962.93	23121.09	3863.79
天 津	10689.24	10178.93	6709.60	3469.33	510.31
河 北	8306.26	8288.99	4666.32	3622.66	17.28
山 西	8548.94	8516.76	4777.13	3739.63	32.18
内蒙古	14576.14	14333.23	7155.87	7177.36	242.91
辽 宁	15461.00	10905.31	5775.06	5130.25	4555.69
吉 林	19327.06	18632.73	6181.91	12450.83	694.32
黑龙江	11471.82	10996.70	5671.53	5325.17	475.12
上 海	10995.36	10995.36	3359.27	7636.09	
江 苏	11159.80	11131.67	4845.66	6286.02	28.13
浙 江	10065.41	10065.41	6568.12	3497.29	
安 徽	9280.07	8880.40	3090.12	5790.28	399.67
福 建	7902.84	7895.39	4230.68	3664.72	7.44
江 西	9410.41	9213.10	4208.23	5004.87	197.30
山 东	8494.63	8467.36	4418.43	4048.94	27.26
河 南	6202.28	5994.52	3412.73	2581.78	207.76
湖 北	7244.31	6162.94	3536.06	2626.89	1081.36
湖 南	9155.40	8360.20	4143.28	4216.92	795.20
广 东	10432.87	9981.42	6105.96	3875.46	451.45
广 西	7104.44	7092.40	4010.12	3082.28	12.04
海 南	15067.15	6442.79	3460.69	2982.10	8624.36
重 庆	11937.59	11618.85	3027.11	8591.74	318.73
四 川	10692.72	10329.45	4365.45	5964.00	363.27
贵 州	9102.55	8994.43	5480.27	3514.16	108.12
云 南	16260.76	13456.57	4444.72	9011.85	2804.19
西 藏	17589.72	15493.33	8580.42	6912.91	2096.38
陕 西	8667.59	8667.59	4153.87	4513.72	
甘 肃	7456.58	7376.11	4192.05	3184.06	80.47
青 海	10848.32	10313.81	6915.07	3398.74	534.50
宁 夏	17644.31	16941.76	4385.11	12556.65	702.55
新 疆	10545.22	10279.74	5815.89	4463.84	265.48

6-21 生均教育经费支出(地方中等职业学校)

单位:元

地 区	教育经费支出	事业性经费支出	个人部分	公用部分	基本建设支出
合 计	**12352.91**	**11810.97**	**5846.15**	**5964.82**	**541.94**
北 京	35841.04	35101.23	18171.86	16929.37	739.80
天 津	23897.69	23897.69	14928.48	8969.21	
河 北	8587.06	8431.84	4941.14	3490.70	155.22
山 西	10695.42	10286.77	5575.73	4711.04	408.65
内蒙古	16521.72	15936.57	9155.17	6781.40	585.14
辽 宁	14141.12	12714.54	6493.85	6220.70	1426.58
吉 林	15361.05	15081.62	8186.78	6894.83	279.43
黑龙江	12548.79	11655.85	5960.26	5695.58	892.94
上 海	36376.00	36233.90	18193.84	18040.05	142.10
江 苏	16059.49	16022.45	7470.17	8552.28	37.04
浙 江	17124.78	16713.33	9290.07	7423.26	411.45
安 徽	12767.01	11824.35	4142.74	7681.61	942.66
福 建	13162.83	12718.38	6590.46	6127.92	444.45
江 西	8158.42	7966.73	3652.21	4314.52	191.69
山 东	14326.29	14304.28	5952.76	8351.53	22.00
河 南	8283.74	7887.84	3987.42	3900.42	395.90
湖 北	9013.17	8708.48	4629.63	4078.86	304.69
湖 南	11839.61	11482.06	4895.62	6586.44	357.55
广 东	11122.64	10293.65	5312.23	4981.41	828.99
广 西	9131.15	8910.22	4358.64	4551.58	220.93
海 南	10299.24	10065.13	4996.21	5068.92	234.11
重 庆	12670.27	10819.62	4962.90	5856.72	1850.65
四 川	10666.91	10013.58	5118.88	4894.70	653.33
贵 州	9866.59	9243.67	4157.33	5086.35	622.92
云 南	10800.37	9440.23	5028.23	4412.00	1360.14
西 藏	21720.90	14971.54	7309.67	7661.88	6749.36
陕 西	9879.49	9501.49	4941.03	4560.46	378.00
甘 肃	9495.68	9015.02	4901.74	4113.29	480.66
青 海	12330.02	10683.98	4563.82	6120.17	1646.04
宁 夏	9937.54	9574.47	4681.56	4892.92	363.07
新 疆	17003.20	16213.44	7296.54	8916.91	789.76

6-22 生均公共财政预算教育经费支出(地方中等职业学校)

单位:元

地 区	公共财政预算教育经费支出	事业费支出	个人部分	公用部分	基本建设支出
合 计	**8061.65**	**7548.50**	**4582.76**	**2965.73**	**513.15**
北 京	22440.70	21700.90	12551.15	9149.75	739.80
天 津	17175.20	17175.20	13120.90	4054.30	
河 北	6097.69	5942.47	4403.46	1539.01	155.22
山 西	8428.39	8019.75	5103.94	2915.80	408.65
内蒙古	12369.18	11784.04	7010.24	4773.80	585.14
辽 宁	9432.17	8027.38	4711.87	3315.51	1404.79
吉 林	11382.53	11103.10	7689.17	3413.93	279.43
黑龙江	10304.10	9411.16	5453.60	3957.57	892.94
上 海	18022.00	17879.89	10828.61	7051.29	142.10
江 苏	8559.54	8522.50	5824.35	2698.15	37.04
浙 江	9931.15	9555.28	6796.64	2758.64	375.87
安 徽	7359.47	6420.71	2934.67	3486.04	938.76
福 建	7542.46	7205.94	5303.84	1902.10	336.53
江 西	6052.75	5861.06	2983.67	2877.39	191.69
山 东	9504.46	9493.04	5422.60	4070.44	11.42
河 南	5952.24	5562.02	3181.88	2380.14	390.23
湖 北	5375.97	5072.43	3482.31	1590.12	303.55
湖 南	7851.33	7493.77	3882.98	3610.80	357.55
广 东	6644.12	5886.86	3566.15	2320.70	757.27
广 西	5943.77	5722.84	3443.70	2279.14	220.93
海 南	7847.33	7613.22	4105.46	3507.76	234.11
重 庆	7986.46	6332.86	3144.74	3188.11	1653.60
四 川	7811.74	7198.93	4250.81	2948.12	612.81
贵 州	7583.54	6960.62	3787.11	3173.51	622.92
云 南	7221.34	5922.11	3450.71	2471.40	1299.23
西 藏	20177.25	13427.89	7108.24	6319.65	6749.36
陕 西	7783.40	7405.40	4293.31	3112.10	378.00
甘 肃	6633.40	6152.75	4007.66	2145.08	480.66
青 海	9410.64	8031.31	3607.53	4423.78	1379.33
宁 夏	6701.09	6338.02	3368.45	2969.57	363.07
新 疆	12508.03	11932.11	6349.31	5582.81	575.91

6-23 生均教育经费支出(地方中等专业学校)

单位:元

地区	教育经费支出	事业性经费支出	个人部分	公用部分	基本建设支出
合 计	**12664.81**	**12171.34**	**6019.83**	**6151.52**	**493.47**
北 京	34221.29	32517.73	19220.51	13297.22	1703.56
天 津	24228.43	24228.43	14808.46	9419.97	
河 北	9373.61	9270.82	5640.01	3630.81	102.78
山 西	10085.85	9666.72	5577.97	4088.75	419.13
内蒙古	16849.57	16500.05	9296.55	7203.51	349.51
辽 宁	14528.74	13949.26	7290.23	6659.03	579.48
吉 林	15586.54	15337.17	7192.06	8145.11	249.37
黑龙江	14929.26	12337.14	6454.21	5882.93	2592.12
上 海	34725.65	34725.65	17223.61	17502.05	
江 苏	16054.33	16035.57	7313.46	8722.11	18.76
浙 江	14841.92	14781.99	8506.89	6275.11	59.93
安 徽	13875.38	13041.89	4895.82	8146.07	833.49
福 建	13231.05	12725.11	6704.43	6020.67	505.95
江 西	7867.71	7787.07	3480.89	4306.18	80.64
山 东	14913.90	14901.57	5469.16	9432.41	12.33
河 南	8915.37	8328.96	4591.42	3737.54	586.42
湖 北	8460.24	8335.30	4371.61	3963.69	124.94
湖 南	10416.10	10205.45	4688.34	5517.11	210.65
广 东	11955.40	11605.37	5982.93	5622.43	350.03
广 西	9846.72	9577.56	4497.56	5080.00	269.16
海 南	9497.09	9205.65	4621.04	4584.61	291.43
重 庆	9812.19	8604.36	4412.01	4192.35	1207.83
四 川	12031.79	11406.42	5701.05	5705.37	625.37
贵 州	10098.08	9519.57	4621.17	4898.40	578.51
云 南	13672.72	11135.20	5368.65	5766.55	2537.52
西 藏	21720.90	14971.54	7309.67	7661.88	6749.36
陕 西	12057.17	11896.41	6741.30	5155.12	160.75
甘 肃	9705.64	9340.74	4848.34	4492.39	364.90
青 海	15438.53	12703.76	6164.60	6539.16	2734.76
宁 夏	10891.32	10520.53	5479.16	5041.36	370.80
新 疆	17211.51	16274.19	7833.68	8440.51	937.32

6-24 生均公共财政预算教育经费支出(地方中等专业学校)

单位:元

地 区	公共财政预算教育经费支出	事业费支出	个人部分	公用部分	基本建设支出
合 计	**7912.95**	**7460.00**	**4481.32**	**2978.68**	**452.95**
北 京	24899.57	23196.01	13683.40	9512.61	1703.56
天 津	17254.45	17254.45	13011.77	4242.69	
河 北	6531.41	6428.62	4830.29	1598.34	102.78
山 西	7673.80	7254.67	4997.99	2256.68	419.13
内蒙古	12503.96	12154.44	6653.67	5500.77	349.51
辽 宁	8107.20	7560.98	4843.47	2717.51	546.22
吉 林	9977.58	9728.21	6712.26	3015.96	249.37
黑龙江	11221.79	8629.67	5335.07	3294.61	2592.12
上 海	13950.72	13950.72	8075.41	5875.31	
江 苏	8372.70	8353.94	5342.84	3011.10	18.76
浙 江	7021.59	6961.66	5064.34	1897.32	59.93
安 徽	6964.41	6140.72	3248.02	2892.69	823.69
福 建	7415.04	7050.43	5270.23	1780.19	364.62
江 西	5374.40	5293.76	2585.88	2707.88	80.64
山 东	10509.10	10497.53	4861.60	5635.93	11.57
河 南	6116.23	5542.02	3572.54	1969.48	574.22
湖 北	4411.67	4286.73	3183.22	1103.51	124.94
湖 南	6952.02	6741.37	3750.65	2990.71	210.65
广 东	6731.91	6396.72	3820.45	2576.27	335.20
广 西	6474.64	6205.48	3555.36	2650.13	269.16
海 南	7520.60	7229.17	3885.15	3344.02	291.43
重 庆	4756.29	4244.99	2413.45	1831.54	511.30
四 川	8416.64	7900.39	4345.71	3554.68	516.25
贵 州	7346.25	6767.74	4115.66	2652.08	578.51
云 南	9462.02	7021.18	3319.00	3702.19	2440.84
西 藏	20177.25	13427.89	7108.24	6319.65	6749.36
陕 西	7506.42	7345.67	5048.94	2296.73	160.75
甘 肃	6550.39	6185.48	3817.41	2368.07	364.90
青 海	10783.38	8803.68	4546.29	4257.39	1979.70
宁 夏	6785.32	6414.53	3847.57	2566.96	370.80
新 疆	13141.83	12555.04	6693.45	5861.59	586.79

6-25 生均教育经费支出(地方职业高中)

单位:元

地区	教育经费支出	事业性经费支出	个人部分	公用部分	基本建设支出
合计	**11787.34**	**11252.29**	**5394.66**	**5857.63**	**535.05**
北京	40718.85	40123.23	20105.32	20017.91	595.62
天津					
河北	7004.16	6804.43	3789.05	3015.37	199.73
山西	9829.97	9382.05	4639.93	4742.12	447.93
内蒙古	14545.78	14025.36	7567.93	6457.43	520.42
辽宁	15290.81	12787.96	6012.00	6775.96	2502.85
吉林	11984.36	11612.04	6269.38	5342.66	372.32
黑龙江	13049.47	12737.11	6643.94	6093.17	312.36
上海	34532.00	34109.11	17578.48	16530.63	422.90
江苏	16388.22	16310.54	7678.92	8631.62	77.68
浙江	16554.07	16320.59	9181.64	7138.95	233.48
安徽	11873.64	11013.92	3524.22	7489.70	859.72
福建	13669.02	13406.53	6351.82	7054.71	262.50
江西	6905.66	6598.95	3064.04	3534.91	306.71
山东	14988.92	14988.92	6192.34	8796.58	
河南	6969.60	6835.56	2855.12	3980.44	134.04
湖北	9936.20	9332.50	4880.75	4451.74	603.71
湖南	13204.02	12676.70	4862.09	7814.61	527.32
广东	11374.14	10551.08	5848.36	4702.72	823.06
广西	7276.12	7276.12	4053.52	3222.61	
海南	11584.41	11557.70	5729.66	5828.04	26.70
重庆	14611.34	12047.68	5060.93	6986.75	2563.66
四川	9233.96	8585.41	4294.81	4290.60	648.54
贵州	9537.95	8852.52	3534.95	5317.56	685.43
云南	8035.59	7565.86	4392.14	3173.72	469.74
西藏					
陕西	8650.56	8194.90	4064.15	4130.75	455.66
甘肃	9042.02	8224.71	4918.94	3305.78	817.30
青海	10537.26	9485.81	3644.20	5841.61	1051.45
宁夏	8428.93	8071.41	3461.58	4609.83	357.52
新疆	14046.01	13271.65	4544.69	8726.96	774.36

6-26 生均公共财政预算教育经费支出(地方职业高中)

单位:元

地 区	公共财政预算教育经费支出	事业费支出	个人部分	公用部分	基本建设支出
合 计	**8089.95**	**7562.77**	**4534.82**	**3027.96**	**527.18**
北 京	19576.88	18981.26	12733.70	6247.56	595.62
天 津					
河 北	4976.62	4776.88	3481.94	1294.94	199.73
山 西	8023.40	7575.47	4396.23	3179.25	447.93
内蒙古	11111.57	10591.15	6347.13	4244.02	520.42
辽 宁	12312.81	9823.32	5022.36	4800.96	2489.49
吉 林	9355.75	8983.43	5923.57	3059.87	372.32
黑龙江	11231.83	10919.47	6317.11	4602.36	312.36
上 海	20592.69	20169.79	13367.92	6801.87	422.90
江 苏	9289.61	9211.93	6629.69	2582.24	77.68
浙 江	9918.95	9733.69	6938.44	2795.25	185.26
安 徽	7684.97	6825.26	2782.99	4042.27	859.72
福 建	7990.46	7727.96	5728.39	1999.57	262.50
江 西	5495.76	5189.05	2692.21	2496.84	306.71
山 东	9223.99	9223.99	5854.01	3369.98	
河 南	5288.39	5154.35	2400.46	2753.89	134.04
湖 北	7162.39	6558.69	3919.51	2639.18	603.71
湖 南	8968.08	8440.76	3923.83	4516.93	527.32
广 东	7707.06	6912.39	4858.54	2053.84	794.68
广 西	5784.29	5784.29	3807.28	1977.01	
海 南	9405.51	9378.80	4876.94	4501.87	26.70
重 庆	10248.42	7684.76	3602.51	4082.24	2563.66
四 川	7015.73	6376.44	3763.59	2612.86	639.29
贵 州	7870.29	7184.86	3370.44	3814.41	685.43
云 南	5481.71	5056.71	3447.95	1608.76	424.99
西 藏					
陕 西	7470.93	7015.27	3767.15	3248.12	455.66
甘 肃	6838.46	6021.16	4403.05	1618.11	817.30
青 海	8565.83	7514.38	3049.46	4464.91	1051.45
宁 夏	6499.60	6142.08	2708.60	3433.49	357.52
新 疆	10682.48	9908.12	4336.86	5571.26	774.36

6-27 生均教育经费支出(地方农村职业高中)

单位:元

地 区	教育经费支出	事业性经费支出	个人部分	公用部分	基本建设支出
合 计	**9999.33**	**9518.39**	**4430.92**	**5087.46**	**480.94**
北 京	42530.64	39905.02	15975.57	23929.46	2625.62
天 津					
河 北	5442.24	5173.66	2943.39	2230.27	268.58
山 西	9433.13	8309.87	4208.80	4101.08	1123.26
内蒙古	8604.72	7710.83	4118.35	3592.47	893.89
辽 宁	15109.87	15109.87	5636.15	9473.73	
吉 林	4042.72	4042.72	2444.11	1598.61	
黑龙江	6444.56	6444.56	5172.59	1271.98	
上 海	41898.99	41898.99	15437.12	26461.87	
江 苏	16961.96	16961.96	7240.82	9721.14	
浙 江	17137.53	16190.25	8684.06	7506.20	947.28
安 徽	8580.06	8380.44	2915.79	5464.65	199.61
福 建	8628.07	8628.07	4978.99	3649.07	
江 西	6757.37	6092.25	2130.23	3962.02	665.11
山 东	16731.58	16731.58	7724.36	9007.22	
河 南	5537.16	5431.92	2591.71	2840.22	105.24
湖 北	9670.33	7559.73	4645.42	2914.31	2110.60
湖 南	14890.30	14006.47	6243.60	7762.87	883.83
广 东	9361.74	9207.55	4505.76	4701.79	154.20
广 西	6311.43	6311.43	3726.12	2585.30	
海 南	8532.45	8532.45	7448.12	1084.33	
重 庆	8839.07	8418.46	3854.07	4564.40	420.61
四 川	8396.42	7879.70	3571.98	4307.72	516.72
贵 州	18272.94	15986.28	3703.25	12283.03	2286.66
云 南	7339.01	5300.53	3236.34	2064.19	2038.48
西 藏					
陕 西	8169.44	7941.21	4006.50	3934.70	228.23
甘 肃	9847.16	8269.90	5996.11	2273.78	1577.27
青 海					
宁 夏					
新 疆	28661.42	28661.42	26291.34	2370.08	

6-28 生均公共财政预算教育经费支出(地方农村职业高中)

单位:元

地区	公共财政预算教育经费支出	事业费支出	个人部分	公用部分	基本建设支出
合计	**7015.28**	**6554.61**	**3761.04**	**2793.58**	**460.66**
北京	24973.20	22347.59	13425.22	8922.36	2625.62
天津					
河北	4187.03	3918.46	2792.72	1125.74	268.58
山西	8479.55	7356.29	4127.09	3229.20	1123.26
内蒙古	7387.32	6493.43	3502.01	2991.42	893.89
辽宁	10537.52	10537.52	5528.31	5009.22	
吉林	3893.19	3893.19	2408.35	1484.85	
黑龙江	5931.83	5931.83	5172.59	759.24	
上海	35024.49	35024.49	12797.47	22227.02	
江苏	11089.67	11089.67	6201.22	4888.45	
浙江	9579.33	8632.05	6652.21	1979.84	947.28
安徽	5755.30	5555.68	2530.19	3025.49	199.61
福建	7331.23	7331.23	4424.45	2906.79	
江西	4858.60	4193.48	1878.62	2314.87	665.11
山东	10298.89	10298.89	7279.72	3019.17	
河南	4041.72	3936.48	2249.69	1686.79	105.24
湖北	5538.41	3427.82	2898.27	529.55	2110.60
湖南	10656.64	9772.80	5098.46	4674.35	883.83
广东	5419.72	5390.92	3392.26	1998.66	28.80
广西	5551.31	5551.31	3697.64	1853.67	
海南	7460.11	7460.11	6442.74	1017.36	
重庆	5742.02	5321.41	2769.00	2552.41	420.61
四川	6825.20	6308.48	3221.74	3086.74	516.72
贵州	17480.62	15193.95	3442.16	11751.79	2286.66
云南	5725.27	4145.28	2774.63	1370.65	1579.99
西藏					
陕西	6444.14	6215.91	3593.43	2622.48	228.23
甘肃	8585.04	7007.77	5437.08	1570.69	1577.27
青海					
宁夏					
新疆	26826.77	26826.77	26118.11	708.66	

6-29 生均教育经费支出(地方技工学校)

单位:元

地 区	教育经费支出				
		事业性经费支出			基本建设支出
			个人部分	公用部分	
合 计	**10832.31**	**10008.78**	**4980.73**	**5028.05**	**823.53**
北 京	30152.37	30152.37	14071.49	16080.88	
天 津	17582.88	17582.88	12693.08	4889.81	
河 北	11607.39	11607.39	5768.90	5838.49	
山 西	11805.95	11671.83	4617.03	7054.80	134.12
内蒙古	13197.95	11934.42	7781.47	4152.95	1263.54
辽 宁	16110.22	12782.08	7650.00	5132.09	3328.14
吉 林	2981.67	2981.67	1702.50	1279.17	
黑龙江	8163.33	7949.48	3366.12	4583.36	213.85
上 海	153846.37	153846.37	90238.98	63607.40	
江 苏	13072.92	13072.92	5694.47	7378.45	
浙 江	20677.60	17893.73	8397.74	9495.99	2783.87
安 徽	19395.49	13978.72	5625.86	8352.85	5416.77
福 建	11587.20	11157.25	6276.76	4880.49	429.95
江 西	19659.16	19659.16	3775.28	15883.89	
山 东	10629.41	10539.97	5659.61	4880.36	89.44
河 南	6884.81	6397.20	3580.26	2816.93	487.62
湖 北	9025.91	8133.75	4594.27	3539.48	892.16
湖 南	8052.29	7967.37	4005.11	3962.26	84.92
广 东	9797.94	8238.04	3983.30	4254.74	1559.90
广 西	8100.40	7958.16	4512.29	3445.87	142.24
海 南	13355.77	13355.77	6200.27	7155.50	
重 庆	8908.43	7828.30	3999.27	3829.03	1080.13
四 川	9302.87	8521.45	4387.28	4134.17	781.41
贵 州					
云 南	7202.76	6820.57	3685.48	3135.09	382.20
西 藏					
陕 西	9495.85	9495.85	4025.56	5470.29	
甘 肃	4297.71	4297.71	2821.21	1476.50	
青 海					
宁 夏					
新 疆	21626.38	21626.38	9776.94	11849.44	

6-30 生均公共财政预算教育经费支出(地方技工学校)

单位:元

地 区	公共财政预算教育经费支出	事业费支出	个人部分	公用部分	基本建设支出
合 计	**6771.49**	**6009.79**	**3643.73**	**2366.07**	**761.70**
北 京	25136.61	25136.61	11250.35	13886.26	
天 津	13353.92	13353.92	10979.99	2373.93	
河 北	7741.62	7741.62	4902.77	2838.85	
山 西	9305.83	9171.71	4265.86	4905.85	134.12
内蒙古	10355.35	9091.82	6412.64	2679.18	1263.54
辽 宁	12031.51	8703.38	5616.52	3086.86	3328.14
吉 林	2063.14	2063.14	1610.42	452.73	
黑龙江	6642.91	6429.05	3140.43	3288.63	213.85
上 海	108153.63	108153.63	54830.73	53322.90	
江 苏	5763.50	5763.50	3880.55	1882.96	
浙 江	11777.37	8993.50	5889.39	3104.12	2783.87
安 徽	11809.07	6392.30	2511.53	3880.77	5416.77
福 建	7508.99	7170.37	4856.57	2313.80	338.62
江 西	15196.21	15196.21	2800.04	12396.17	
山 东	6801.41	6766.88	5004.60	1762.28	34.54
河 南	4946.22	4458.60	2932.39	1526.21	487.62
湖 北	4886.38	3994.22	3212.07	782.16	892.16
湖 南	4334.38	4249.45	2997.70	1251.76	84.92
广 东	5943.50	4565.00	2457.71	2107.30	1378.49
广 西	4376.30	4234.06	3180.63	1053.43	142.24
海 南	7353.36	7353.36	4189.04	3164.32	
重 庆	5100.27	4020.14	1898.14	2121.99	1080.13
四 川	5371.17	4589.76	2954.84	1634.92	781.41
贵 州					
云 南	3713.30	3331.10	2391.33	939.77	382.20
西 藏					
陕 西	7023.49	7023.49	3868.26	3155.23	
甘 肃	2888.50	2888.50	1788.72	1099.79	
青 海					
宁 夏					
新 疆	11281.94	11281.94	7723.17	3558.77	

6-31 生均教育经费支出(地方普通中学)

单位:元

地 区	教育经费支出	事业性经费支出	个人部分	公用部分	基本建设支出
合 计	**10795.92**	**10435.13**	**6144.95**	**4290.18**	**360.79**
北 京	43901.17	40570.39	24088.88	16481.52	3330.77
天 津	26509.59	25860.29	16457.36	9402.93	649.30
河 北	9147.44	9000.10	5532.88	3467.23	147.34
山 西	9291.48	9042.54	4961.66	4080.88	248.94
内蒙古	13883.20	13378.59	8467.16	4911.43	504.61
辽 宁	13972.25	13459.01	7517.47	5941.54	513.24
吉 林	11183.49	11020.94	6749.89	4271.05	162.54
黑龙江	10739.19	9646.09	5394.22	4251.87	1093.10
上 海	33636.07	32550.63	17874.74	14675.88	1085.44
江 苏	17138.05	17078.15	10554.73	6523.43	59.90
浙 江	16262.48	16127.38	10798.92	5328.46	135.10
安 徽	9922.09	9691.83	5146.65	4545.19	230.25
福 建	12067.54	11867.28	7767.04	4100.24	200.27
江 西	8108.82	7880.32	4111.71	3768.61	228.50
山 东	11519.08	11508.57	6225.61	5282.96	10.51
河 南	7505.60	7291.02	3664.78	3626.24	214.58
湖 北	9447.49	9007.50	5554.04	3453.46	439.99
湖 南	10393.45	10141.38	5611.97	4529.41	252.07
广 东	9173.51	8849.42	5672.80	3176.62	324.09
广 西	7865.85	7492.33	4397.56	3094.77	373.52
海 南	13243.67	12404.44	6005.65	6398.79	839.23
重 庆	11319.63	10563.77	6428.30	4135.46	755.87
四 川	8849.79	8597.43	5282.73	3314.69	252.36
贵 州	6741.51	6530.39	4044.90	2485.48	211.12
云 南	8432.81	8122.67	5098.13	3024.54	310.14
西 藏	13888.26	11970.29	8950.53	3019.76	1917.98
陕 西	12027.49	11604.71	6339.89	5264.82	422.78
甘 肃	8090.05	7647.18	4782.89	2864.28	442.87
青 海	17967.22	12511.04	7117.63	5393.42	5456.18
宁 夏	11138.47	10781.75	5653.02	5128.73	356.71
新 疆	14252.05	13393.04	8140.72	5252.32	859.02

6-32 生均公共财政预算教育经费支出(地方普通中学)

单位:元

地　区	公共财政预算教育经费支出	事业费支出	个人部分	公用部分	基本建设支出
合　计	**8356.93**	**8010.98**	**5355.82**	**2655.17**	**345.94**
北　京	33298.98	29968.20	17804.42	12163.79	3330.77
天　津	20169.65	19520.35	15339.71	4180.65	649.30
河　北	7322.78	7175.58	5073.80	2101.78	147.20
山　西	7125.65	6882.51	4536.43	2346.09	243.14
内蒙古	10548.08	10152.54	6879.60	3272.94	395.54
辽　宁	11078.89	10590.06	6614.64	3975.42	488.84
吉　林	9497.13	9334.58	6364.06	2970.52	162.54
黑龙江	9380.15	8309.25	5001.57	3307.68	1070.91
上　海	25884.29	24798.84	16662.16	8136.68	1085.44
江　苏	11873.06	11840.47	9661.27	2179.20	32.59
浙　江	11021.35	10931.84	8947.57	1984.28	89.51
安　徽	7410.63	7180.37	4093.71	3086.67	230.25
福　建	8797.34	8610.96	6640.57	1970.39	186.38
江　西	6961.22	6734.31	3776.46	2957.85	226.91
山　东	9132.66	9122.15	6023.38	3098.77	10.51
河　南	5844.81	5630.23	2896.89	2733.34	214.58
湖　北	6973.44	6557.26	4661.10	1896.16	416.18
湖　南	7738.30	7487.97	4397.31	3090.66	250.33
广　东	6787.79	6502.30	4769.70	1732.60	285.49
广　西	6643.73	6270.20	4061.81	2208.39	373.52
海　南	10350.66	9515.18	5008.65	4506.53	835.48
重　庆	8006.22	7262.91	4558.40	2704.51	743.31
四　川	6892.28	6654.61	4690.72	1963.89	237.68
贵　州	5808.80	5599.99	3882.57	1717.42	208.82
云　南	6487.26	6216.06	4230.41	1985.65	271.20
西　藏	13270.56	11352.59	8538.45	2814.14	1917.98
陕　西	10032.24	9609.46	5838.47	3770.99	422.78
甘　肃	6657.12	6224.92	4341.00	1883.92	432.20
青　海	15569.20	10247.89	5917.49	4330.40	5321.31
宁　夏	8204.71	7848.00	4474.32	3373.68	356.71
新　疆	12523.07	11671.56	7878.76	3792.81	851.50

6-33 生均教育经费支出(地方普通高中)

单位:元

地 区	教育经费支出	事业性经费支出	个人部分	公用部分	基本建设支出
合 计	**11960.47**	**11612.71**	**6355.81**	**5256.89**	**347.76**
北 京	47673.43	43545.20	25161.21	18383.99	4128.23
天 津	24270.98	24130.64	15911.91	8218.73	140.34
河 北	9577.89	9550.68	5436.13	4114.55	27.21
山 西	11693.60	11352.97	5415.89	5937.09	340.62
内蒙古	13952.15	13548.15	7960.64	5587.51	404.00
辽 宁	12422.37	12167.07	6403.65	5763.41	255.30
吉 林	9990.84	9847.85	5445.46	4402.39	142.99
黑龙江	10497.95	9905.02	5024.79	4880.23	592.93
上 海	46199.54	44848.08	21173.14	23674.94	1351.46
江 苏	18124.28	18028.16	10354.04	7674.12	96.12
浙 江	17928.63	17781.98	11574.27	6207.71	146.65
安 徽	11086.64	10904.73	5142.59	5762.14	181.91
福 建	12091.72	11901.76	7675.77	4225.99	189.96
江 西	9881.67	9681.52	4531.94	5149.59	200.15
山 东	12890.71	12890.03	6256.01	6634.02	0.68
河 南	8180.73	7941.56	3587.39	4354.18	239.16
湖 北	9805.38	9424.33	5282.10	4142.23	381.05
湖 南	10747.93	10658.23	5598.24	5059.99	89.70
广 东	11483.53	10953.84	6511.50	4442.34	529.69
广 西	8744.09	8579.67	4626.45	3953.22	164.42
海 南	15916.64	15293.00	6249.39	9043.61	623.64
重 庆	12103.98	11314.26	6477.53	4836.73	789.72
四 川	9352.37	9121.94	5285.76	3836.19	230.43
贵 州	8969.32	8699.81	4909.94	3789.87	269.51
云 南	10436.81	9979.57	5702.12	4277.45	457.24
西 藏	15928.74	14191.95	10413.16	3778.79	1736.79
陕 西	11081.46	10846.76	5380.95	5465.80	234.70
甘 肃	8622.89	8220.23	4792.77	3427.46	402.66
青 海	21744.10	13698.21	7477.55	6220.65	8045.90
宁 夏	11413.02	11289.00	6350.85	4938.15	124.02
新 疆	14079.59	13381.57	8164.85	5216.71	698.02

6-34 生均公共财政预算教育经费支出(地方普通高中)

单位:元

地区	公共财政预算教育经费支出	事业费支出			基本建设支出
			个人部分	公用部分	
合计	**8080.55**	**7750.90**	**5170.32**	**2580.58**	**329.65**
北京	36012.02	31883.79	18223.68	13660.11	4128.23
天津	17806.89	17666.55	13917.59	3748.96	140.34
河北	7067.97	7040.76	4847.65	2193.12	27.21
山西	7699.06	7358.44	4681.19	2677.24	340.62
内蒙古	10414.25	10068.71	6398.95	3669.76	345.55
辽宁	9167.19	8979.98	5428.07	3551.91	187.21
吉林	7725.77	7582.79	4818.66	2764.13	142.99
黑龙江	8083.82	7518.25	4459.43	3058.82	565.58
上海	28622.47	27271.01	18312.04	8958.97	1351.46
江苏	10817.29	10793.22	8769.74	2023.48	24.07
浙江	10010.41	9869.79	7879.48	1990.31	140.62
安徽	6867.32	6685.41	3617.30	3068.11	181.91
福建	7781.03	7617.38	6242.52	1374.86	163.65
江西	7463.99	7269.71	3872.04	3397.67	194.28
山东	8727.02	8726.34	5762.78	2963.56	0.68
河南	5551.76	5312.60	2791.32	2521.28	239.16
湖北	5627.04	5275.12	3700.46	1574.66	351.92
湖南	6232.59	6142.89	3850.89	2292.01	89.70
广东	7736.42	7253.20	5337.58	1915.62	483.22
广西	6195.40	6030.98	3860.04	2170.94	164.42
海南	11513.75	10901.61	5136.42	5765.19	612.13
重庆	7764.80	6980.82	4240.95	2739.88	783.97
四川	6109.00	5882.14	4254.32	1627.82	226.86
贵州	6445.51	6184.97	4533.92	1651.06	260.54
云南	6862.77	6474.77	4317.09	2157.69	388.00
西藏	15250.32	13513.53	9983.82	3529.71	1736.79
陕西	8537.98	8303.28	4851.60	3451.69	234.70
甘肃	6252.11	5868.51	4202.38	1666.13	383.60
青海	18538.47	10634.95	6057.19	4577.76	7903.52
宁夏	7895.27	7771.25	4867.18	2904.07	124.02
新疆	11550.90	10852.88	7706.08	3146.80	698.02

6-35 生均教育经费支出(地方农村高中)

单位:元

地 区	教育经费支出	事业性经费支出	个人部分	公用部分	基本建设支出
合 计	**9590.44**	**9437.00**	**5691.68**	**3745.32**	**153.44**
北 京	43857.12	43555.06	23753.88	19801.18	302.05
天 津	17131.53	17010.61	9639.67	7370.94	120.93
河 北	9793.15	9785.37	6116.08	3669.29	7.79
山 西	7876.16	7548.34	4772.36	2775.98	327.83
内蒙古	10325.72	10325.72	6793.95	3531.77	
辽 宁	10583.84	10583.84	4868.30	5715.54	
吉 林	8944.41	8944.41	6572.39	2372.03	
黑龙江	8362.94	7504.41	3854.62	3649.79	858.52
上 海	25555.29	25555.29	17159.26	8396.02	
江 苏	14683.72	14676.59	8996.02	5680.57	7.14
浙 江	14768.31	14767.03	9970.02	4797.01	1.28
安 徽	8025.47	7868.63	4498.52	3370.11	156.84
福 建	10493.86	10378.06	6910.93	3467.12	115.80
江 西	6105.66	6028.68	3664.86	2363.82	76.98
山 东	11721.53	11721.53	5993.70	5727.83	
河 南	7348.23	7214.09	3649.07	3565.02	134.14
湖 北	7121.50	6926.44	4137.49	2788.94	195.07
湖 南	8437.49	8330.25	4999.65	3330.60	107.24
广 东	7711.97	7702.19	4419.80	3282.38	9.78
广 西	5715.45	5663.49	4003.76	1659.73	51.97
海 南	9417.67	9289.28	6857.52	2431.76	128.40
重 庆	9765.56	9485.50	5615.18	3870.32	280.06
四 川	7806.96	7693.14	4756.60	2936.54	113.82
贵 州	6276.77	6173.97	3913.12	2260.86	102.79
云 南	9202.41	7561.93	5176.25	2385.67	1640.48
西 藏					
陕 西	9985.19	9877.90	5437.38	4440.52	107.29
甘 肃	7490.06	7001.68	4454.08	2547.59	488.39
青 海	16091.10	11934.76	7275.11	4659.65	4156.34
宁 夏	7945.45	7945.45	4287.70	3657.75	
新 疆	12113.95	10664.75	7885.89	2778.87	1449.19

6-36 生均公共财政预算教育经费支出(地方农村高中)

单位:元

地 区	公共财政预算教育经费支出	事业费支出	个人部分	公用部分	基本建设支出
合 计	**6695.67**	**6557.35**	**4702.72**	**1854.63**	**138.32**
北 京	35902.15	35600.10	19248.31	16351.79	302.05
天 津	13801.69	13680.77	8400.50	5280.27	120.93
河 北	7982.93	7975.14	5743.46	2231.69	7.79
山 西	5589.77	5261.94	4069.21	1192.73	327.83
内蒙古	8725.32	8725.32	5770.22	2955.10	
辽 宁	8183.03	8183.03	4633.53	3549.50	
吉 林	7395.90	7395.90	6325.08	1070.82	
黑龙江	6976.80	6118.28	3759.34	2358.93	858.52
上 海	21764.07	21764.07	16355.19	5408.89	
江 苏	9394.50	9394.50	7840.56	1553.95	
浙 江	7625.46	7624.17	6491.25	1132.93	1.28
安 徽	5515.08	5358.25	3573.07	1785.18	156.84
福 建	7197.67	7091.24	5783.59	1307.65	106.43
江 西	4844.88	4767.90	3123.81	1644.09	76.98
山 东	8889.20	8889.20	5655.72	3233.48	
河 南	5552.74	5418.60	3133.43	2285.16	134.14
湖 北	4118.03	3944.86	3116.08	828.78	173.17
湖 南	5035.33	4928.08	3447.53	1480.55	107.24
广 东	5093.84	5093.84	3621.04	1472.80	
广 西	4762.31	4710.35	3615.88	1094.46	51.97
海 南	7966.07	7837.68	6027.61	1810.07	128.40
重 庆	6883.86	6603.80	4011.01	2592.79	280.06
四 川	5653.50	5539.68	4069.42	1470.26	113.82
贵 州	5244.94	5142.14	3742.51	1399.63	102.79
云 南	6599.21	5483.99	4170.55	1313.44	1115.22
西 藏					
陕 西	8103.13	7995.84	4995.52	3000.32	107.29
甘 肃	6188.90	5700.51	4185.21	1515.30	488.39
青 海	15349.07	11192.72	6878.83	4313.89	4156.34
宁 夏	7163.64	7163.64	4287.70	2875.94	
新 疆	10569.90	9120.70	7146.04	1974.66	1449.19

6-37 生均教育经费支出(地方普通初中)

单位:元

地 区	教育经费支出	事业性经费支出	个人部分	公用部分	基本建设支出
合 计	**10219.79**	**9852.56**	**6040.62**	**3811.93**	**367.24**
北 京	41644.04	38790.42	23447.25	15343.17	2853.62
天 津	28050.94	27051.21	16832.93	10218.29	999.73
河 北	8903.16	8687.65	5587.78	3099.87	215.51
山 西	8058.32	7856.45	4728.48	3127.97	201.87
内蒙古	13838.31	13268.20	8796.94	4471.25	570.11
辽 宁	14837.84	14180.54	8139.52	6041.02	657.29
吉 林	11987.24	11811.52	7628.98	4182.54	175.72
黑龙江	10855.14	9521.63	5571.79	3949.84	1333.51
上 海	28416.96	27442.03	16504.53	10937.50	974.93
江 苏	16536.19	16498.40	10677.20	5821.20	37.79
浙 江	15371.13	15242.21	10384.13	4858.08	128.92
安 徽	9270.66	9013.36	5148.92	3864.44	257.30
福 建	12052.44	11845.73	7824.07	4021.66	206.71
江 西	7452.38	7213.38	3956.11	3257.27	239.00
山 东	10874.78	10859.65	6211.33	4648.31	15.13
河 南	7225.99	7021.59	3696.84	3324.75	204.40
湖 北	9232.22	8756.78	5717.61	3039.17	475.45
湖 南	10220.06	9888.57	5618.69	4269.88	331.49
广 东	7987.01	7768.52	5242.02	2526.50	218.49
广 西	7531.54	7078.41	4310.43	2767.98	453.13
海 南	11962.59	11020.03	5888.83	5131.21	942.56
重 庆	10875.75	10139.04	6400.45	3738.60	736.71
四 川	8608.82	8345.94	5281.28	3064.66	262.88
贵 州	5992.18	5800.69	3753.94	2046.75	191.49
云 南	7778.18	7516.09	4900.83	2615.26	262.09
西 藏	13208.67	11230.35	8463.39	2766.96	1978.32
陕 西	12674.39	12123.00	6995.60	5127.39	551.40
甘 肃	7811.20	7347.29	4777.72	2569.56	463.91
青 海	16155.35	11941.53	6944.96	4996.57	4213.82
宁 夏	10999.63	10525.24	5300.13	5225.11	474.39
新 疆	14325.92	13397.95	8130.38	5267.57	927.97

6-38 生均公共财政预算教育经费支出(地方普通初中)

单位:元

地区	公共财政预算教育经费支出	事业费支出			基本建设支出
			个人部分	公用部分	
合计	**8493.66**	**8139.65**	**5447.59**	**2692.06**	**354.01**
北京	31675.63	28822.01	17553.55	11268.46	2853.62
天津	21796.49	20796.76	16318.88	4477.88	999.73
河北	7467.39	7252.09	5202.13	2049.95	215.30
山西	6831.28	6638.19	4462.11	2176.08	193.10
内蒙古	10635.21	10207.12	7192.54	3014.58	428.09
辽宁	12146.55	11489.26	7277.32	4211.94	657.29
吉林	10690.89	10515.17	7405.55	3109.61	175.72
黑龙江	10003.23	8689.44	5262.14	3427.29	1313.79
上海	24746.79	23771.86	15976.77	7795.08	974.93
江苏	12517.36	12479.57	10205.34	2274.23	37.79
浙江	11562.19	11500.02	9518.97	1981.05	62.17
安徽	7714.55	7457.25	4360.20	3097.05	257.30
福建	9432.42	9231.83	6889.31	2342.52	200.59
江西	6775.06	6536.06	3741.07	2795.00	239.00
山东	9323.21	9308.07	6145.79	3162.28	15.13
河南	5966.18	5761.78	2940.61	2821.16	204.40
湖北	7783.29	7328.46	5238.92	2089.54	454.83
湖南	8474.80	8145.90	4664.59	3481.31	328.90
广东	6300.53	6116.61	4478.02	1638.59	183.92
广西	6814.39	6361.27	4138.62	2222.64	453.13
海南	9793.23	8850.70	4947.41	3903.29	942.53
重庆	8142.84	7422.55	4738.05	2684.50	720.29
四川	7267.83	7024.97	4899.95	2125.02	242.86
贵州	5594.64	5403.22	3663.49	1739.74	191.42
云南	6364.60	6131.55	4202.10	1929.46	233.05
西藏	12611.19	10632.87	8057.05	2575.82	1978.32
陕西	11054.02	10502.62	6513.29	3989.34	551.40
甘肃	6869.06	6411.44	4413.55	1997.89	457.63
青海	14144.77	10062.21	5850.48	4211.74	4082.56
宁夏	8361.20	7886.81	4275.65	3611.17	474.39
新疆	12939.44	12022.20	7952.72	4069.48	917.24

6-39 生均教育经费支出(地方农村初中)

单位:元

地区	教育经费支出	事业性经费支出			基本建设支出
			个人部分	公用部分	
合计	**9581.89**	**9243.84**	**5807.50**	**3436.34**	**338.05**
北京	51001.97	48184.46	27007.22	21177.24	2817.51
天津	24153.26	22239.01	13585.94	8653.07	1914.25
河北	9746.35	9390.20	6238.76	3151.45	356.14
山西	8744.71	8527.80	5113.38	3414.42	216.91
内蒙古	16072.97	15850.01	10955.63	4894.38	222.96
辽宁	15254.19	14196.76	7717.39	6479.36	1057.43
吉林	13412.88	13179.61	8503.03	4676.58	233.28
黑龙江	11159.91	9032.34	5170.76	3861.58	2127.57
上海	22481.44	22481.44	15172.48	7308.97	
江苏	16704.09	16662.27	11244.84	5417.43	41.82
浙江	15033.07	14999.42	10413.45	4585.98	33.65
安徽	9186.16	8922.18	5271.31	3650.88	263.98
福建	12637.90	12407.18	8187.78	4219.40	230.72
江西	7201.49	6955.97	4302.69	2653.28	245.53
山东	10467.98	10447.31	6273.19	4174.12	20.66
河南	7055.28	6838.59	3673.15	3165.44	216.69
湖北	9015.69	8522.40	5629.73	2892.67	493.30
湖南	10136.40	9786.64	6170.52	3616.12	349.76
广东	6042.34	6005.89	3918.09	2087.80	36.44
广西	7148.76	6654.66	4324.92	2329.73	494.11
海南	11327.81	10988.37	6147.72	4840.64	339.44
重庆	10521.93	9864.08	6409.10	3454.98	657.86
四川	8132.19	7857.16	5262.59	2594.56	275.04
贵州	5863.09	5655.13	3682.99	1972.14	207.95
云南	7703.22	7404.76	4832.53	2572.23	298.46
西藏					
陕西	13207.97	12700.05	7936.36	4763.69	507.92
甘肃	8275.63	7737.13	5066.67	2670.45	538.50
青海	14827.46	10932.87	6990.20	3942.68	3894.58
宁夏	14142.49	13425.86	6249.10	7176.75	716.63
新疆	15106.65	13920.23	8496.78	5423.44	1186.43

6-40 生均公共财政预算教育经费支出(地方农村初中)

单位:元

地区	公共财政预算教育经费支出	事业费支出			基本建设支出
			个人部分	公用部分	
合计	**8237.45**	**7906.76**	**5304.57**	**2602.19**	**330.69**
北京	40865.32	38047.81	22277.67	15770.14	2817.51
天津	19561.76	17647.52	13405.54	4241.98	1914.25
河北	8184.84	7829.14	5772.46	2056.68	355.70
山西	7939.25	7722.77	4964.57	2758.19	216.48
内蒙古	12504.89	12281.93	9005.91	3276.02	222.96
辽宁	12628.38	11570.95	7062.37	4508.58	1057.43
吉林	12125.84	11892.57	8242.39	3650.18	233.28
黑龙江	10591.31	8504.26	5107.43	3396.84	2087.04
上海	20409.81	20409.81	14783.82	5625.99	
江苏	13199.07	13157.25	10905.75	2251.50	41.82
浙江	11659.96	11656.99	9677.36	1979.63	2.97
安徽	7992.41	7728.43	4566.14	3162.29	263.98
福建	10032.26	9803.84	7258.14	2545.70	228.42
江西	6714.58	6469.05	4107.55	2361.50	245.53
山东	9252.07	9231.41	6231.39	3000.02	20.66
河南	5953.66	5736.97	2924.44	2812.53	216.69
湖北	7870.49	7397.18	5179.98	2217.19	473.31
湖南	8611.92	8262.16	5109.74	3152.42	349.76
广东	4769.33	4751.30	3319.20	1432.10	18.03
广西	6719.41	6225.30	4195.09	2030.21	494.11
海南	9134.09	8794.65	5242.05	3552.60	339.44
重庆	8203.58	7560.38	4900.19	2660.19	643.21
四川	7387.89	7113.71	4948.61	2165.10	274.18
贵州	5562.30	5354.44	3600.70	1753.74	207.86
云南	6507.34	6249.16	4239.21	2009.95	258.19
西藏					
陕西	12033.15	11525.23	7463.17	4062.06	507.92
甘肃	7435.34	6905.56	4739.34	2166.22	529.77
青海	13415.23	9630.88	6181.50	3449.38	3784.35
宁夏	11098.02	10381.39	5053.79	5327.60	716.63
新疆	14094.09	12920.11	8344.79	4575.32	1173.98

6-41 生均教育经费支出(地方普通小学)

单位:元

地 区	教育经费支出	事业性经费支出	个人部分	公用部分	基本建设支出
合 计	**7445.60**	**7287.48**	**4829.29**	**2458.19**	**158.12**
北 京	27159.87	26924.77	15394.92	11529.85	235.10
天 津	18238.34	17777.29	11601.17	6176.11	461.05
河 北	5734.52	5666.24	3717.90	1948.34	68.28
山 西	6844.97	6775.21	4603.17	2172.04	69.76
内蒙古	12521.12	12347.85	9352.29	2995.56	173.27
辽 宁	9625.89	9519.73	6128.93	3390.80	106.16
吉 林	9534.53	9501.91	6553.96	2947.95	32.61
黑龙江	9352.95	8472.38	5695.35	2777.03	880.57
上 海	22601.36	22489.78	12756.72	9733.06	111.58
江 苏	11827.68	11820.54	7825.78	3994.77	7.14
浙 江	10310.55	10297.10	7335.95	2961.15	13.45
安 徽	6723.90	6646.30	4167.08	2479.23	77.60
福 建	8663.69	8552.00	5917.96	2634.04	111.69
江 西	5400.75	5328.04	3163.59	2164.45	72.70
山 东	6855.92	6855.92	4294.29	2561.62	
河 南	4212.98	4150.48	2326.16	1824.32	62.50
湖 北	5940.87	5734.65	3655.38	2079.27	206.21
湖 南	5955.22	5834.96	3427.48	2407.48	120.26
广 东	7394.00	7164.28	5311.18	1853.10	229.71
广 西	5422.59	5290.15	3683.50	1606.65	132.43
海 南	8889.16	8645.87	5733.04	2912.82	243.29
重 庆	9513.30	9146.76	6275.92	2870.85	366.54
四 川	7104.02	6853.55	4692.45	2161.11	250.47
贵 州	5466.53	5360.19	3892.94	1467.25	106.34
云 南	6623.21	6457.94	4616.21	1841.73	165.27
西 藏	14087.28	13060.77	8926.22	4134.55	1026.51
陕 西	10070.57	9808.31	6284.09	3524.22	262.25
甘 肃	6606.04	6334.78	4595.47	1739.30	271.26
青 海	11785.69	9178.62	5817.91	3360.71	2607.07
宁 夏	7299.74	7216.23	4496.33	2719.90	83.52
新 疆	10006.07	9743.75	7157.25	2586.50	262.32

6-42 生均公共财政预算教育经费支出(地方普通小学)

单位:元

地 区	公共财政预算教育经费支出	事业费支出	个人部分	公用部分	基本建设支出
合 计	**6279.95**	**6128.60**	**4299.88**	**1828.71**	**151.36**
北 京	20642.72	20407.62	11675.84	8731.79	235.10
天 津	15179.09	14718.04	11364.34	3353.70	461.05
河 北	4853.00	4785.98	3423.11	1362.87	67.02
山 西	5881.29	5815.94	4245.65	1570.29	65.35
内蒙古	9069.31	8896.05	6796.94	2099.11	173.27
辽 宁	8173.28	8067.13	5429.12	2638.00	106.16
吉 林	8727.10	8694.48	6376.51	2317.97	32.61
黑龙江	8761.48	7893.87	5451.00	2442.87	867.61
上 海	18655.36	18543.78	12522.59	6021.19	111.58
江 苏	9552.79	9548.08	7583.85	1964.23	4.71
浙 江	8203.95	8197.65	6864.49	1333.16	6.30
安 徽	5664.79	5587.19	3463.59	2123.60	77.60
福 建	6851.48	6747.47	5122.43	1625.04	104.01
江 西	4921.30	4848.60	2952.79	1895.81	72.70
山 东	6094.82	6094.82	4257.41	1837.41	
河 南	3520.52	3458.02	1852.63	1605.39	62.50
湖 北	5003.11	4817.88	3366.44	1451.44	185.23
湖 南	5012.85	4892.59	2860.12	2032.48	120.26
广 东	5866.34	5681.33	4417.09	1264.24	185.01
广 西	4996.13	4863.70	3524.56	1339.14	132.43
海 南	7602.23	7358.93	4960.00	2398.93	243.29
重 庆	6744.79	6378.25	4158.91	2219.34	366.54
四 川	6355.83	6107.61	4390.78	1716.83	248.22
贵 州	5144.17	5038.12	3802.17	1235.95	106.06
云 南	5143.40	4979.84	3519.29	1460.56	163.56
西 藏	12754.05	11727.54	8469.74	3257.80	1026.51
陕 西	9009.66	8747.40	5813.18	2934.22	262.25
甘 肃	5621.62	5371.52	3976.80	1394.72	250.10
青 海	10472.64	8037.07	5003.98	3033.09	2435.58
宁 夏	5395.72	5312.20	3351.31	1960.89	83.52
新 疆	9348.57	9094.62	7023.13	2071.50	253.95

6-43 生均教育经费支出(地方农村小学)

单位:元

地 区	教育经费支出				
		事业性经费支出	个人部分	公用部分	基本建设支出
合 计	**7132.70**	**6989.63**	**4777.37**	**2212.26**	**143.06**
北 京	28275.86	27745.10	16296.61	11448.50	530.76
天 津	17402.97	16565.21	9478.18	7087.03	837.76
河 北	5973.93	5894.20	3860.19	2034.01	79.73
山 西	8014.08	7930.16	5566.68	2363.48	83.92
内蒙古	18844.02	18677.35	14728.85	3948.50	166.68
辽 宁	10047.37	9885.32	6530.71	3354.61	162.05
吉 林	10649.01	10592.44	7490.60	3101.84	56.57
黑龙江	10215.13	9113.32	6462.84	2650.48	1101.81
上 海	16728.85	16728.85	11313.79	5415.06	
江 苏	11960.41	11959.40	8211.01	3748.38	1.01
浙 江	10275.92	10254.40	7422.94	2831.47	21.51
安 徽	6731.82	6678.26	4308.70	2369.56	53.56
福 建	9450.67	9349.44	6516.05	2833.39	101.23
江 西	5480.88	5409.29	3392.32	2016.97	71.59
山 东	6518.22	6518.22	4289.32	2228.89	
河 南	4029.36	3977.30	2277.95	1699.35	52.07
湖 北	5395.76	5194.12	3456.49	1737.63	201.64
湖 南	5716.89	5615.18	3532.67	2082.50	101.72
广 东	6133.74	6094.34	4567.66	1526.68	39.40
广 西	5316.89	5189.77	3753.64	1436.13	127.12
海 南	9177.85	8945.14	6589.99	2355.14	232.71
重 庆	9226.07	8920.95	6530.34	2390.61	305.12
四 川	7253.14	6988.04	4878.70	2109.35	265.10
贵 州	5525.63	5416.89	3949.01	1467.88	108.74
云 南	6685.65	6520.39	4726.64	1793.75	165.26
西 藏	14415.33	13062.28	8606.17	4456.11	1353.05
陕 西	11287.70	11015.40	7479.54	3535.87	272.29
甘 肃	7000.17	6642.18	4890.27	1751.91	357.99
青 海	11869.80	9621.18	6291.83	3329.35	2248.61
宁 夏	8454.75	8334.29	5143.76	3190.54	120.46
新 疆	10190.50	9895.06	7891.57	2003.49	295.44

6-44 生均公共财政预算教育经费支出(地方农村小学)

单位:元

地区	公共财政预算教育经费支出	事业费支出			基本建设支出
			个人部分	公用部分	
合 计	**6156.48**	**6017.79**	**4274.32**	**1743.47**	**138.70**
北 京	22934.97	22404.22	13497.19	8907.02	530.76
天 津	14137.75	13299.98	9324.39	3975.59	837.76
河 北	5043.67	4965.78	3541.20	1424.58	77.89
山 西	7110.86	7026.93	5147.10	1879.83	83.92
内蒙古	13468.43	13301.75	10408.74	2893.01	166.68
辽 宁	8851.75	8689.70	5844.94	2844.76	162.05
吉 林	9888.92	9832.36	7296.29	2536.06	56.57
黑龙江	9833.55	8751.15	6352.55	2398.60	1082.40
上 海	15673.60	15673.60	11145.77	4527.83	
江 苏	10059.14	10058.13	8040.18	2017.95	1.01
浙 江	8447.79	8437.57	7079.16	1358.41	10.22
安 徽	5807.87	5754.30	3638.42	2115.88	53.56
福 建	7494.78	7398.14	5658.01	1740.14	96.63
江 西	5035.49	4963.91	3156.12	1807.79	71.58
山 东	5964.97	5964.97	4270.61	1694.36	
河 南	3436.34	3384.27	1830.84	1553.43	52.07
湖 北	4782.21	4592.69	3199.44	1393.25	189.52
湖 南	4881.74	4780.02	2933.96	1846.06	101.72
广 东	4770.19	4750.18	3668.54	1081.64	20.02
广 西	5004.56	4877.44	3610.88	1266.56	127.12
海 南	8004.24	7771.53	5699.35	2072.18	232.71
重 庆	6627.65	6322.53	4365.24	1957.30	305.12
四 川	6591.21	6329.17	4566.89	1762.29	262.03
贵 州	5251.95	5143.56	3858.90	1284.66	108.39
云 南	5247.37	5084.22	3637.10	1447.12	163.14
西 藏	12926.29	11573.24	8154.40	3418.84	1353.05
陕 西	10201.94	9929.65	6886.70	3042.94	272.29
甘 肃	6007.90	5678.99	4232.60	1446.39	328.91
青 海	10668.72	8583.73	5534.35	3049.38	2084.99
宁 夏	6218.18	6097.72	3892.42	2205.31	120.46
新 疆	9680.39	9391.61	7769.23	1622.38	288.78

6-45 生均教育经费支出(地方特殊教育学校)

单位:元

地 区	教育经费支出	事业性经费支出			基本建设支出
			个人部分	公用部分	
合 计	**45780.18**	**44476.40**	**24259.86**	**20216.54**	**1303.78**
北 京	102399.52	102166.04	62209.75	39956.29	233.48
天 津	109930.91	106192.29	54239.42	51952.87	3738.62
河 北	30212.66	29912.23	20372.32	9539.91	300.43
山 西	27638.46	27108.46	18106.76	9001.70	530.00
内蒙古	56644.55	55900.49	35870.24	20030.24	744.07
辽 宁	40850.77	40850.77	27321.94	13528.83	
吉 林	41838.23	41314.91	23797.28	17517.63	523.32
黑龙江	43528.96	40913.33	22744.03	18169.30	2615.63
上 海	80974.37	79492.67	47064.16	32428.51	1481.70
江 苏	55066.94	55066.94	32018.90	23048.04	
浙 江	51728.83	50476.33	31389.53	19086.80	1252.51
安 徽	30911.42	29972.03	16306.45	13665.58	939.39
福 建	40866.29	39946.35	22601.54	17344.80	919.94
江 西	38730.58	35808.45	11536.50	24271.95	2922.13
山 东	39334.86	39334.86	24021.21	15313.65	
河 南	29249.05	28905.56	14993.89	13911.67	343.50
湖 北	30651.50	29624.16	15429.76	14194.40	1027.35
湖 南	47366.27	45285.16	17807.55	27477.61	2081.11
广 东	75367.22	74542.92	35380.19	39162.74	824.29
广 西	30278.66	28530.82	12551.37	15979.45	1747.84
海 南	58749.21	50993.65	22330.16	28663.49	7755.56
重 庆	32493.45	30290.86	16962.93	13327.94	2202.58
四 川	39134.17	34052.73	15967.57	18085.16	5081.44
贵 州	27903.19	25683.47	19198.39	6485.08	2219.71
云 南	33604.48	30910.09	15824.89	15085.20	2694.39
西 藏	50221.40	50221.40	24977.86	25243.54	
陕 西	54585.79	54518.10	22849.07	31669.04	67.68
甘 肃	56571.07	52936.02	30262.81	22673.21	3635.04
青 海	191619.15	179768.09	16644.68	163123.40	11851.06
宁 夏	42080.76	42080.76	21680.41	20400.34	
新 疆	49570.08	49275.62	26648.41	22627.21	294.46

6-46 生均公共财政预算教育经费支出(地方特殊教育学校)

单位:元

地 区	公共财政预算教育经费支出	事业费支出			基本建设支出
			个人部分	公用部分	
合 计	**36381.76**	**35123.03**	**21871.55**	**13251.48**	**1258.73**
北 京	75686.57	75453.09	47202.83	28250.27	233.48
天 津	90169.26	86430.64	51946.97	34483.66	3738.62
河 北	26270.92	25970.49	18821.57	7148.93	300.43
山 西	23987.89	23457.88	17230.74	6227.14	530.00
内蒙古	45711.54	44967.48	28699.19	16268.29	744.07
辽 宁	32824.58	32824.58	23288.40	9536.18	
吉 林	38051.60	37528.28	22887.81	14640.47	523.32
黑龙江	41487.37	38871.74	22599.86	16271.88	2615.63
上 海	70603.35	69121.65	45799.97	23321.68	1481.70
江 苏	43475.06	43475.06	30394.74	13080.32	
浙 江	39444.89	38192.38	27538.95	10653.43	1252.51
安 徽	24592.54	23659.36	13423.47	10235.90	933.18
福 建	26834.13	25914.19	19114.19	6800.00	919.94
江 西	32555.19	29633.05	11255.60	18377.46	2922.13
山 东	32230.68	32230.68	23478.50	8752.18	
河 南	22369.88	22026.39	11697.53	10328.86	343.50
湖 北	22522.94	21495.59	13442.20	8053.40	1027.35
湖 南	29970.56	28359.22	15904.01	12455.21	1611.34
广 东	52212.03	51977.36	31615.45	20361.91	234.67
广 西	21345.50	19597.66	10844.63	8753.02	1747.84
海 南	38673.02	30917.46	16077.78	14839.68	7755.56
重 庆	26006.55	23803.97	12762.60	11041.38	2202.58
四 川	33169.68	28088.24	14784.50	13303.74	5081.44
贵 州	25288.19	23068.47	18792.58	4275.90	2219.71
云 南	28954.04	26259.64	13753.14	12506.50	2694.39
西 藏	48166.05	48166.05	22922.51	25243.54	
陕 西	38265.31	38197.63	21927.24	16270.39	67.68
甘 肃	43360.23	39725.19	28415.12	11310.07	3635.04
青 海	187890.43	176039.36	13660.64	162378.72	11851.06
宁 夏	33034.36	33034.36	15005.15	18029.21	
新 疆	35934.04	35639.58	25054.77	10584.81	294.46

6-47 生均教育经费支出(地方幼儿园)

单位:元

地区	教育经费支出	事业性经费支出			基本建设支出
			个人部分	公用部分	
合计	**6152.72**	**5895.04**	**2716.04**	**3179.00**	**257.68**
北京	25994.17	25486.74	13527.88	11958.86	507.43
天津	14660.90	14660.90	7171.13	7489.77	
河北	3458.96	3250.69	1784.98	1465.71	208.27
山西	3924.23	3706.12	1699.99	2006.13	218.11
内蒙古	11075.65	10650.42	5538.58	5111.84	425.23
辽宁	6916.51	6855.90	2500.49	4355.41	60.62
吉林	7581.28	7427.09	2849.30	4577.80	154.18
黑龙江	9289.92	8117.08	2414.49	5702.59	1172.84
上海	19066.37	18971.89	11592.36	7379.53	94.47
江苏	6386.42	6315.72	3240.57	3075.15	70.71
浙江	9999.55	9950.83	5441.48	4509.34	48.72
安徽	5154.74	4693.74	1361.23	3332.52	460.99
福建	5632.57	5533.09	2841.36	2691.72	99.48
江西	6338.01	5736.33	1629.74	4106.59	601.67
山东	4816.46	4816.46	1780.58	3035.89	
河南	3557.84	3429.62	1234.80	2194.82	128.22
湖北	5308.80	5108.79	2263.43	2845.36	200.01
湖南	5758.32	5229.85	1780.79	3449.05	528.47
广东	6424.04	5893.52	3690.16	2203.36	530.52
广西	3899.86	3688.81	1114.38	2574.43	211.05
海南	13994.29	13471.56	3292.53	10179.03	522.73
重庆	4370.07	4064.61	1438.53	2626.08	305.46
四川	4524.38	4271.11	1809.21	2461.90	253.28
贵州	4077.67	3835.23	1621.87	2213.35	242.44
云南	4091.73	3915.42	1800.49	2114.93	176.31
西藏	16391.13	9278.49	5938.24	3340.24	7112.64
陕西	10062.49	9783.35	2915.77	6867.58	279.14
甘肃	6952.06	6123.53	2321.18	3802.35	828.53
青海	11960.77	7602.40	3232.86	4369.54	4358.37
宁夏	5731.69	4855.56	2318.74	2536.82	876.13
新疆	4731.86	4641.32	2889.32	1752.00	90.54

6-48　生均公共财政预算教育经费支出(地方幼儿园)

单位:元

地　区	公共财政预算教育经费支出	事业费支出	个人部分	公用部分	基本建设支出
合　计	**3922.45**	**3676.36**	**1888.55**	**1787.81**	**246.09**
北　京	13583.52	13076.10	8810.00	4266.09	507.43
天　津	8520.71	8520.71	5075.32	3445.39	
河　北	2526.52	2321.23	1556.26	764.97	205.29
山　西	2745.88	2527.77	1300.43	1227.33	218.11
内蒙古	7329.64	6969.38	4352.80	2616.59	360.26
辽　宁	4069.78	4009.16	1546.28	2462.88	60.62
吉　林	5354.65	5200.47	2231.77	2968.69	154.18
黑龙江	7932.96	6760.11	2173.30	4586.81	1172.84
上　海	14129.31	14034.83	9829.78	4205.05	94.47
江　苏	2859.38	2859.38	1712.56	1146.83	
浙　江	4725.00	4683.69	3139.04	1544.65	41.31
安　徽	3605.16	3144.17	909.98	2234.18	460.99
福　建	3422.80	3335.06	2232.01	1103.05	87.74
江　西	5023.86	4423.78	1180.72	3243.07	600.08
山　东	2881.17	2881.17	1007.67	1873.49	
河　南	2286.29	2158.07	845.03	1313.04	128.22
湖　北	3053.54	2854.94	1360.19	1494.76	198.59
湖　南	3810.21	3281.74	1118.18	2163.56	528.47
广　东	3197.05	2684.15	2020.02	664.14	512.90
广　西	2857.64	2646.58	722.64	1923.95	211.05
海　南	10382.69	9859.96	2046.36	7813.60	522.73
重　庆	2397.66	2092.20	722.48	1369.72	305.46
四　川	3117.53	2867.99	1394.70	1473.30	249.53
贵　州	3123.16	2880.72	1406.61	1474.11	242.44
云　南	2958.18	2781.87	1248.68	1533.18	176.31
西　藏	15339.88	8227.24	5643.99	2583.25	7112.64
陕　西	7720.46	7441.32	2344.35	5096.98	279.14
甘　肃	5342.18	4513.65	1962.26	2551.39	828.53
青　海	10402.80	6285.61	2603.61	3681.99	4117.19
宁　夏	4177.57	3301.44	1501.62	1799.82	876.13
新　疆	4102.10	4013.71	2696.36	1317.34	88.40

6-49 生均教育经费支出(地方农村幼儿园)

单位:元

地 区	教育经费支出	事业性经费支出	个人部分	公用部分	基本建设支出
合 计	**4018.52**	**3783.21**	**1410.37**	**2372.84**	**235.31**
北 京	28134.03	28134.03	10118.95	18015.07	
天 津	5776.60	5776.60	1959.19	3817.41	
河 北	2704.91	2474.13	1265.81	1208.32	230.78
山 西	2328.10	2070.58	738.67	1331.91	257.53
内蒙古	7671.71	6837.01	3206.01	3630.99	834.70
辽 宁	4287.89	4185.06	960.73	3224.33	102.83
吉 林	4425.83	4273.10	1149.90	3123.21	152.72
黑龙江	4524.12	3251.68	835.75	2415.93	1272.44
上 海	16166.26	16166.26	10484.77	5681.49	
江 苏	4607.24	4607.24	2126.24	2481.01	
浙 江	7003.98	6983.95	3556.26	3427.69	20.02
安 徽	4253.18	3807.15	703.08	3104.07	446.03
福 建	3692.87	3601.70	1750.84	1850.86	91.16
江 西	3906.38	3341.92	567.75	2774.18	564.46
山 东	4066.51	4066.51	1321.08	2745.43	
河 南	2238.28	2068.12	569.32	1498.80	170.16
湖 北	3959.35	3634.27	1148.33	2485.95	325.08
湖 南	4275.45	3602.39	978.74	2623.65	673.06
广 东	2555.56	2550.48	1266.59	1283.89	5.07
广 西	2895.33	2660.82	430.66	2230.16	234.52
海 南	13299.85	12613.00	1039.84	11573.16	686.85
重 庆	2909.99	2585.06	585.95	1999.11	324.94
四 川	3206.25	2955.01	797.62	2157.38	251.25
贵 州	2805.58	2561.44	785.49	1775.96	244.13
云 南	2525.93	2297.73	367.62	1930.11	228.20
西 藏	19888.75	7769.42	4873.44	2895.97	12119.33
陕 西	7599.10	7307.22	1782.06	5525.16	291.88
甘 肃	5725.87	4840.52	1127.59	3712.93	885.35
青 海	7555.72	4010.21	1995.73	2014.48	3545.51
宁 夏	2947.15	2074.29	418.28	1656.01	872.86
新 疆	2922.37	2833.08	1735.90	1097.18	89.29

6-50 生均公共财政预算教育经费支出(地方农村幼儿园)

单位:元

地 区	公共财政预算教育经费支出	事业费支出	个人部分	公用部分	基本建设支出
合 计	**2730.44**	**2496.56**	**1007.46**	**1489.10**	**233.88**
北 京	14590.48	14590.48	7918.98	6671.51	
天 津	4038.34	4038.34	1622.20	2416.13	
河 北	1990.69	1763.76	1126.27	637.49	226.93
山 西	1593.43	1335.90	427.34	908.56	257.53
内蒙古	5548.99	4714.28	2750.04	1964.25	834.70
辽 宁	2274.31	2171.49	413.08	1758.40	102.83
吉 林	3429.15	3276.43	1105.20	2171.23	152.72
黑龙江	3912.31	2639.87	714.16	1925.71	1272.44
上 海	13680.44	13680.44	9382.25	4298.19	
江 苏	2100.66	2100.66	1135.24	965.43	
浙 江	3157.46	3137.44	1962.28	1175.16	20.02
安 徽	3393.18	2947.15	499.62	2447.53	446.03
福 建	2286.56	2208.66	1382.30	826.36	77.90
江 西	3173.67	2611.91	212.11	2399.79	561.76
山 东	2623.08	2623.08	808.24	1814.85	
河 南	1520.70	1350.55	418.56	931.99	170.16
湖 北	2786.18	2463.70	750.11	1713.59	322.48
湖 南	3044.76	2371.70	617.70	1754.00	673.06
广 东	1079.87	1074.79	656.72	418.07	5.07
广 西	2224.47	1989.95	183.85	1806.10	234.52
海 南	10226.22	9539.37	842.68	8696.69	686.85
重 庆	1762.21	1437.28	293.69	1143.58	324.94
四 川	2367.23	2121.22	613.46	1507.76	246.02
贵 州	2157.29	1913.15	699.52	1213.63	244.13
云 南	2078.99	1850.79	260.70	1590.09	228.20
西 藏	19276.99	7157.66	4724.90	2432.76	12119.33
陕 西	6655.38	6363.50	1650.08	4713.42	291.88
甘 肃	4859.37	3974.01	971.69	3002.32	885.35
青 海	6823.73	3278.22	1805.89	1472.33	3545.51
宁 夏	2427.50	1554.64	283.36	1271.28	872.86
新 疆	2676.41	2587.12	1684.37	902.75	89.29

附录

全国教育经费统计指标说明

全国教育经费统计指标说明

全国教育经费指标体系是在多年的统计工作实践的基础上，通过不断修改、充实、完善建立起来的。为了便于参考和使用教育经费统计资料，现就教育经费统计指标和统计范围作简要说明。

一、全国教育经费来源

全国教育经费来源包括国家财政性教育经费，民办学校中举办者投入，社会捐赠经费，事业收入及其他教育经费。

1. 国家财政性教育经费：包括公共财政预算教育经费，各级政府征收用于教育的税费，企业办学中的企业拨款，校办产业和社会服务收入用于教育的经费，其他属于国家财政性教育经费。

（1）公共财政预算教育经费：指中央、地方各级财政或上级主管部门在本年度内安排，列入国家预算支出科目的教育经费。

①教育事业费拨款：指学校或单位从中央和地方财政取得的列入《政府收支分类科目》第205类“教育”科目中教育事业费拨款数，不含205类第09款“教育费附加安排的支出”、10款“地方教育附加安排的支出”、99款"其他教育支出"中的51项“教育企业国有资本经营预算支出”。

②科研拨款：指高等学校从中央和地方取得的《政府收支分类科目》第206类“科学技术”科目的科学研究经费。

③基本建设拨款：指学校或单位从中央和地方发展与改革部门取得的列《政府收支分类科目》经济分类第309类的“基本建设支出”拨款。

④其他拨款：指学校或单位学校从中央和地方取得的除《政府收支分类科目》第205类、206类以外的其他属于公共财政预算教育经费拨款。如第208类“社会保障和就业”中的相关经费、第210类中的“医疗保障”经费、第218类“地震灾后恢复重建支出”中的相关经费、第221类中的“住房改革支出”经费等。

（2）各级政府征收用于教育的税费：指中央和地方各级政府为发展教育事业划拨给教育部门使用的相关非税收入。例如：教育费附加，地方教育附加。

①教育费附加：指按照国家规定比例向缴纳增值税、营业税、消费税的单位和个人征收的教育费附加。

②地方教育附加：指地方各级政府根据《教育法》的有关规定，在征收教育费附加以外，开征的用于教育的地方附加。

③地方基金：指地方各级政府除公共财政预算教育经费、教育费附加、地方教育附加以

外纳入基金预算管理的用于教育的拨款。如国有土地使用权出让收入、城市基础设施配套费收入、彩票公益金收入、国有资源(资产)有偿使用收入等安排用于教育的拨款。

(3)企业办学中的企业拨款:指中央和地方所属企业在企业营业外资金列支或企业自有资金列支,并实际拨付所属学校的办学经费。

(4)校办产业和社会服务收入用于教育的经费:指学校举办的校办产业和各种经营取得的收益及投资收益中用于补充教育经费的部分。

(5)其他属于国家财政性教育经费:指高等学校从非本级财政或其他政府部门、公办科研机构取得的,未列入"科研拨款"的所有用于科学研究并源自财政拨款的经费;学校因承担农民工培训、复转军人培训、岗前培训等任务,而收到的非本级财政或其他政府部门的财政拨款;各级各类学校和教育事业单位以外的培训机构承办农民工培训、复转军人培训、岗前培训等继续教育培训任务所取得的财政拨款。

2. 民办学校中举办者投入:指办学的单位或公民个人拨给民办学校的办学经费。

3. 社会捐赠经费:指境内外社会各界及个人对教育的资助和捐赠。

4. 事业收入:指学校和单位开展教学及其辅助活动依法取得的、经财政部门核准留用的资金,以及经财政专户核拨回的资金,包括教学事业收入和科研事业收入。

其中,学杂费:指学生缴纳的学杂费(含普通高中按省级人民政府规定收取的择校费和幼儿园的保育教育费),不包括学校收取的课本费和其他代收费项目。

5. 其他收入:指除上述各项收入以外的其他各项收入。

二、全国教育经费支出

教育经费支出分为事业性经费支出和基建支出两部分。

1. 事业性经费支出:分为"个人部分支出"和"公用部分支出"两部分。

(1)个人部分支出:包括"工资福利支出"、"对个人和家庭的补助"两部分。

①工资福利支出:反映学校或单位开支的在职职工和临时聘用人员的各类劳动报酬,以及为上述人员缴纳的各项社会保险费等。

②对个人和家庭的补助:反映政府对个人和家庭的补助支出。

(2)公用部分支出:包括"商品和服务支出"和"其他资本性支出"两部分。

①商品和服务支出:反映学校或单位购买商品和服务的支出(不包括用于购置固定资产的支出)。

②其他资本性支出:反映非各级发展与改革部门集中安排用于学校或单位购置固定资产、土地和无形资产,以及购建基础设施、大型修缮所发生的支出。

2. 基本建设支出:反映各级发展和改革部门集中安排用于学校或单位购置固定资产、土地和无形资产,以及购建基础设施、大型修缮所发生的支出以及与之配套完成上述项目的非公共财政预算资金支出,不包括公共财政预算配套资金。

公共财政预算教育事业费和基建支出:反映学校或单位对应"公共财政预算教育事业费拨款"和"基本建设拨款"的支出。

本统计中央和地方教育经费支出按学校与其他教育机构隶属关系划分。中央教育经费支出指中央部委属学校及其他教育机构支出，地方教育经费支出指地方属学校及其他教育机构支出。中央和地方教育经费收入按经费来源划分。

本资料统计的范围包括：

1. 凡列入财政部制定的《政府收支分类科目》中第 205 类“教育”科目的：

县级及以上人民政府教育行政单位（部门）。

教育部门办各级各类学校、幼儿园、教育事业单位；其他部门办各级各类学校、幼儿园。

独立师资并按学校体制管理的中央、省（自治区、直辖市）、地（市）、县各级党委举办的党校，各级政府举办的社会主义学院、行政学院（不含行业、部门办的党校和行政学院）；财政部举办的国家会计学院。

除上述以外的列支《政府收支分类科目》中第 205 类“教育”科目的机构。

2. 国有及国有控股企业举办的普通高等学校、中等专业学校、职业高中、技工学校、普通中学、十二年一贯制学校、九年一贯制学校、普通小学、幼儿园和经过教育主管部门批准承认学历的成人高校、成人中等专业学校、成人中学、成人小学等。

3. 由国家机构以外的社会组织或者个人，利用非国家财政性经费，面向社会举办的，经县级以上人民政府教育行政部门按照国家规定的权限审批的普通高等学校（含按新机制和模式举办的独立学院）、中等专业学校、职业高中、普通中学、十二年一贯制学校、九年一贯制学校、普通小学、特殊教育学校、幼儿园等；或经县级以上人民政府人力资源和社会保障部门按照国家规定的权限审批的技工学校等。

4. 科研机构用于国家计划内研究生培养的财政拨款。

5. 列支《政府收支分类科目》第 206 类 07 款 03 项“科学技术普及－青少年科技活动”的财政拨款。

6. 各级各类学校和教育事业单位以外的培训机构承办农民工培训、复转军人培训、岗前培训等继续教育培训任务所取得的财政拨款。

香港、澳门和台湾省的教育经费统计资料暂缺。

本资料的统计时间：2012 年 1 月 1 日至 2012 年 12 月 31 日。